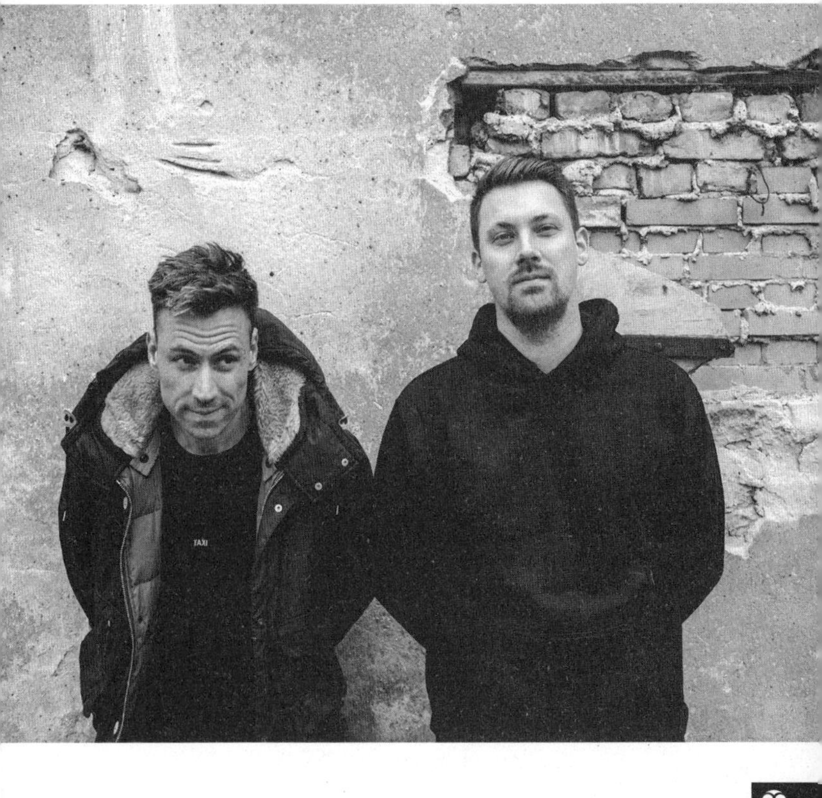

ullstein

Mit den Superstars von heute und den Protagonisten der Pionierzeit: Afrob, Ahzumjot, Akim Walta, Ali As, André Langenfeld, André Luth, Antilopen Gang, Aphroe, Audio88 & Yassin, Azad, babakONE, Bartek, Beat Gottwald, Beginner, Blokkmonsta, Bonez MC, Casper, Celo & Abdi, Chefket, Cora E., Cro, Curse, Dani Fromm, David P., Dendemann, Dexter, DJ Derezon, DJ Ron, DJ Tomekk, Dokter Renz von Fettes Brot, Duan Wasi, Eko Fresh, Elvir Omerbegovic, Falk Schacht, Falkadelic von Doppelkopf, Farid Bang, Fatma Aydemir, Fatoni, Felix Brummer von Kraftklub, Flipstar, Frauenarzt, Götz Gottschalk, grim104, Haiyti, Hiob, Jack Orsen, Jayo, Juicy Gay, K.I.Z, Kaete, Katmando, KitschKrieg, Kool Savas, Kryptik Joe von Deichkind, Kurt Prödel, Lakmann, LGoony, Mädness, Marc Leopoldseder, Marcus Staiger, Marteria, Martin Stieber, Max Herre, Max Mönster, MC Bogy, MC Rene, Megaloh, Melbeatz, Morlockk Dilemma, Moses Pelham, Murat Aslan, Nura, Olli Banjo, Peter Fox, Pillath, Prinz Pi, Ralf Kotthoff, Ralf Theil, Rick Ski, RIN, Roe Beardie, Rooz, Sabrina Setlur, Salwa Houmsi, Samy Deluxe, Schivv, Schowi, Sebastian Schweizer, Sepalot, Shindy, Sido, Smudo von Die Fantastischen Vier, Sookee, Stephan Szillus, STF, Summer Cem, The Krauts, Tobi Tobsen, Toni-L, Trettmann, V.Raeter, Visa Vie, Xatar.

DAVIDE BORTOT leitete von 2003 bis 2007 das HipHop-Magazin JUICE. Er lebt in Berlin und betreibt dort eine Firma für Design, Internet und Kategorienvermengung. Nebenher kultiviert er sein Interesse an Rap und fette Bässe.

JAN WEHN, 1986 in Hagen geboren, arbeitete als Redakteur bei SPEX und DE:BUG und schrieb für JUICE, ZEIT ONLINE und INTRO über Rapmusik und Popkultur. 2013 und 2015 wurde er dafür mit dem Rocco-Clein-Preis ausgezeichnet. Er ist Redakteur bei DAS WETTER und einer der Gründer des HipHop-Magazins ALL GOOD.

Jan Wehn | Davide Bortot

Könnt ihr uns hören?

Eine Oral History des deutschen Rap

Ullstein

Besuchen Sie uns im Internet:
www.ullstein.de

Wir verpflichten uns zu Nachhaltigkeit
- Papiere aus nachhaltiger Waldwirtschaft und anderen kontrollierten Quellen
- Druckfarben auf pflanzlicher Basis
- ullstein.de/nachhaltigkeit

MIX
Papier
FSC FSC® C083411

Ungekürzte Ausgabe im Ullstein Taschenbuch
1. Auflage Juli 2020
2. Auflage 2024

Umschlaggestaltung: zero-media.net, München, nach einer Vorlage von Favoritbuero GbR, München
Titelabbildung: © shutterstock
Autorenfotos: © Robert Winter
Die Antworten von Akim Walta entstammen dem Buch *Styles: HipHop in Deutschland* von Thomas Mania, Michael Rappe und Oliver Kautny.
Mit freundlicher Genehmigung des rock'n'popmuseums Gronau.
Satz: Pinkuin Satz und Datentechnik, Berlin
Gesetzt aus der Quadraat
Druck und Bindearbeiten: CPI books GmbH, Leck
ISBN 978-3-548-06248-8

Für Aylin.
Für Tom, der dieses Buch lustvoll gehasst,
es so aber nicht gesagt hätte.

Inhalt

Vorwort

Als die erste von vielen finalen Versionen dieser Oral History fertig war, bin ich, Davide, in ein Auto gestiegen und auf ein Rap-Konzert gefahren. In der Wuhlheide im Südosten Berlins spielten die Beginner das letzte Konzert ihrer Tour. Mit ihnen auf der Bühne standen ihre alten Lehrmeister, Torch und Toni-L. Davor standen 18000 Menschen. Es war, man kann es nicht anders sagen, ein Moment. Für mich und sie und auch für HipHop.

Am selben Abend stand ich, Jan, gut 300 Kilometer entfernt in einem ausverkauften Fußballstadion in Rostock. Dort spielte Marteria das, wie er mir später erzählte, Konzert seines Lebens. 33000 Menschen, in seiner Heimatstadt, in der Arena seines Vereins. Auch das war ein Moment. Für ihn und für mich und für HipHop sowieso.

Fünf der zehn Lieder, die an jenem Abend in den Top 10 der Charts standen, waren deutschsprachige Rap-Musik. So ist das derzeit fast immer, Standard. Deutschrap ist die größte und einflussreichste Popkultur des Landes. Vielleicht ist sie die einzige, die überhaupt noch zählt. Das ist einerseits normal – schließlich ist es kaum irgendwo anders auf der Welt. Andererseits ist es, wenn man in den Neunzigerjahren ermahnt wurde, die Hosen hochzuziehen und mal richtige Musik anzumachen, aber auch kompletter Wahnsinn.

Wie also erzählt man auf ein paar Hundert Seiten diese erstaunliche Geschichte, die auch ein bisschen die Geschichte unseres Lebens ist? Unsere Antwort war sehr RAP: Einfach machen. HipHop war immer geprägt von einer gesunden Mischung aus Aktionismus, Vermessenheit und Bereitschaft zur Zuspitzung: Das geht nicht, also muss man es tun. Im Laufe des vergangenen Jahres haben wir mit über 100 Menschen gesprochen, von denen wir glauben, dass sie etwas Substanzielles zu dieser Kultur beigetragen oder zu sagen haben. Aus diesen Gesprächen haben wir ein Narrativ montiert: die Geschichte einer mächtigen Idee, aus der erst ein Musikgenre und dann ein ganzes Paralleluniversum wurde – mit seiner eigenen Sprache, seinen eigenen Stars, seinen eigenen Gesetzen.

Fußballstadien, Streaming-Millionäre, Promi-Gossip, das alles ist weit entfernt von dem Moment, da ein junger Heidelberger Haitianer seine Pudelmütze zur Krone erklärte und damit eine wundersame Kette sich selbst erfüllender Prophezeiungen einleitete. Das war in den späten Achtzigerjahren, es ist eine Weile her. Eine Sache aber hat sich in all den Jahren nie geändert: der Wunsch, gehört zu werden. Egal, ob als Stimme der Migranten und Marginalisierten oder als Trick, sich aus dem Dauerlärm der Timeline zu erheben: Rap war nie nur Musik, sondern immer auch ein Weg, sich Aufmerksamkeit und Anerkennung zu verschaffen. Deswegen (und weil »Könnt ihr mich hör'n?« von Cora E. und Marius No. 1 so ein wichtiges Lied ist) heißt dieses Buch, wie es heißt.

Bücher über Deutschrap gibt es schon, vermutlich mehr als genug. Es gibt auch Filme, Podcasts, Ausstellungen, Symposien, Seminare und was sich eben sonst so eignet zur Erklärung und Verklärung. Vieles davon zeichnet das Bild einer Kultur, die zum Ende der Neunzigerjahre ihren Zenit hatte und dann irgendwie egal wurde. Erfolgreich, ja, okay – aber wann wird mal wieder richtig Golden Era? Unterschlagen wird dabei, dass es für die allermeisten derer, die Rap heute hören und machen und formen, erst danach so richtig losging. Und unterschlagen wird auch, dass es – noch so ein Cora-Zitat! – heute nicht so wäre, wie es ist, wär es damals nicht gewesen, wie es war. Es gibt diese Linie von den Achtzigern ins Jetzt. Es gibt eine Erzählung, die von LSD und den Fantastischen Vier sehr direkt zu den Helden

und Heldinnen des Heute führt. Diese Erzählung hält »Könnt ihr uns hören?« fest – in den Worten derer, die sie geschrieben haben.
Wir hätten locker weitere 100 Musiker, Aktivisten und Auskenner interviewen können, die genauso wichtig für dieses Ding namens Deutschrap waren und sind. Auch ihnen gebührt unser Respekt und unser ganzer Dank. Wir beide haben Rapmusik als Jugendliche entdeckt und machen noch heute, was wir lieben, und zwar 8/5: Musik ist unser Job geworden, auf die eine oder andere Weise. HipHop hat eine Welt geschaffen, in der das möglich ist. Und alle, die in diesem Buch erwähnt werden (oder lediglich aus Platzgründen nicht erwähnt werden), haben ihren Teil dazu beigetragen. Man muss DA auch mal Danke sagen – so sehr uns der ganze Zirkus oft auch nervt.
Wenn man morgens als erste Amtshandlung Twitter nachgrindet, hat meistens schon wieder einer in einem Song oder einem Interview etwas unfassbar bis gefährlich Dummes gesagt. Noch immer kommen in diesem Kosmos viel zu wenige Frauen vor, dafür umso mehr Sexismus, Ausgrenzung und Unterdrückung. Wirklich gute Musik muss man zwischen all dem Schrott etwas länger suchen. Deutschrap ist für uns das, was man wohl eine Hassliebe nennt: oft kaum auszuhalten, und doch hat nichts unseren Humor, unseren Freundeskreis, unsere Sicht der Dinge so geprägt wie diese mächtige Idee, aus der erst ein Musikgenre und dann dieses Buch wurde.
Es geht in »Könnt ihr uns hören?« um die Songs, Alben, Momente und Phänomene, die Deutschrap in den letzten 30 Jahren geprägt und vorangebracht haben. Es geht um geteilte Liebe zur Nerderei und um HipHops Zauberkraft, auch denen eine Bühne zu geben, für die unsere Gesellschaft sonst nicht allzu viel vorgesehen hat. Vor allem geht es um Menschen, die einen Traum verfolgt und damit anderen einen Traum geschenkt haben.
Schön, dass es euch gibt.

Jan Wehn & Davide Bortot
Berlin, Dezember 2018

Die Anfänge:
1983–1994

1 Ich weiß noch genau, wie das alles begann

CORA E. 1981 war ich 13 und riesiger Fan von Marius Müller-Westernhagen. Als er für einen Auftritt zu uns nach Kiel gekommen ist, habe ich überlegt, dass ich etwas Besonderes machen muss. Also habe ich seinen Namen nachts vor dem Konzert an die Wand der Ostseehalle gemalt. Das waren große, viereckige Buchstaben, schön bunt. In der Zeitung erschien dann ein großer Artikel über Vandalismus an der Ostseehalle. Ein paar Wochen später kam eine neue Ausgabe der »Werner«-Comic-Hefte, die wir immer gelesen haben. In der stand: »Wer das Graffiti an die Ostseehalle gemalt hat, soll sich bitte melden!« Da habe ich das erste Mal das Wort »Graffiti« gelesen. Ich bin dann in die Redaktion in Kiel gegangen. Dort saß mir ein junger Typ gegenüber, der gerade in den USA gewesen war, und wissen wollte, ob ich schon länger Graffiti malen würde – dabei wusste ich ja gar nicht, was das ist. Dann hat er mir Bilder gezeigt, die er von Subway Art in New York gemacht hatte. Ich bin losgezogen und habe nach Büchern zum Thema Graffiti gesucht. Ich bin sogar nach Hamburg, weil es dort eine größere Bücherei gab!
GÖTZ GOTTSCHALK HipHop kam aus New York nach Deutschland, als ganzheitliches subkulturelles Paket aus Graffiti, Breakdancing, Rap und DJing. Man kannte einige amerikanische Rap-Scheiben aus Clubs und Plattenläden mit Importen, aber die Kultur selbst konnte man nur proaktiv kennenlernen. Suchen, finden, selber machen. Es gab sonst nichts. Nichts. Es gab kein Internet und keine Handys – das verdeutlicht, glaube ich, ganz gut, was man tun musste, um dabei zu sein.

CORA E. Aus einem Buch habe ich ein Foto von Grand Mixer DST ausgeschnitten und über mein Bett gehängt. Der hatte eine bestimmte Jacke, eine beeindruckende Gürtelschnalle und ganz besondere Schuhe an. Ich bin also losgezogen und habe versucht, mich auch so anzuziehen. Die Adidas Superstars, von denen ich nicht mal wusste, dass sie ein spezieller Schuh waren, gab es natürlich bei uns nicht. Also habe ich mit einem anderen Modell vorliebgenommen, den Shell Top nachgemalt und mir dickere Schnürsenkel gebastelt. Ein Nameplate für meinen Gürtel habe ich mir aus Ton modelliert, im Backofen gebacken und dann goldfarben angesprüht. Ich war damit ganz alleine. Irgendwann saß mir gegenüber an der Bushaltestelle einer, der genauso aussah wie ich. Am nächsten Tag habe ich ihn wieder gesehen und angesprochen. Das war Swift.

RALF KOTTHOFF Damals war jeder, der etwas mit HipHop zu tun hatte, ein Outsider.

SCOPE Vielleicht hätte man mit Müh und Not 30 Leute in ganz Köln zusammenbekommen, die sich für HipHop interessiert haben.

FAST FORWARD Man war allein auf weiter Flur. Wenn wir HipHop-Platten aufgelegt haben, ging das maximal eine halbe Stunde gut. Dann war der Dancefloor leer, und man musste wieder umschwenken.

RALF KOTTHOFF Akim Walta, der Gründer von MZEE, ist teilweise einfach mit dem Zug in andere Städte gefahren, hat sich an den Bahnhof gesetzt und den Leuten auf die Schuhe und Uhren geschaut, auf der Suche nach Farbspritzern. Er hat sie dann angesprochen und gefragt, ob sie auch etwas mit HipHop zu tun haben. Dann hat man Adressen ausgetauscht und sich gegenseitig Fotos geschickt. Solchen Pionieren gehört all mein Respekt und all meine Dankbarkeit. Das waren bekloppte Menschen, die ganz außergewöhnlich für diese Sache gebrannt haben.

KATMANDO Das hat uns die Welt bedeutet! Wenn du mit zwölf nicht weißt, wohin mit dir, und du auf einmal die Möglichkeit kriegst, dich komplett neu zu erfinden, ist das unfassbar mächtig. Du schaffst dir diese neue Hülle, die nichts mit deinem Körperbau oder deiner Herkunft zu tun hat, und kannst diese Hülle füllen, wie du möchtest. Du suchst dir einfach einen Namen aus und sagst dann: Die Person, die diesen Namen trägt, kann dieses und jenes – und das machst du dann. Das ist, als würdest du deinen eigenen Marvel-Superhelden kreieren. Das hatte so eine Power! Deshalb war das auch alles so ernst: weil wir alle auf einmal mit einer neuen Identität um die Ecke kamen.

ROE BEARDIE Das erste Mal, dass ich etwas von HipHop mitbekommen habe, war ein Fernsehauftritt von der Rock Steady Crew. Das war 1983. Am nächsten Tag bin ich gleich mit einer Jogginghose und einer kurzen Turnshorts drüber in die Schule gegangen. Am Nachmittag habe ich in der Stadt nach weißen Handschuhen gesucht und sie in einem Laden für Konfirmationsbedarf gefunden.

TRETTMANN Ich komme aus einem Plattenbau in Karl-Marx-Stadt. Dadurch, dass ich 500 Meter über dem Meeresspiegel wohnte, konnte ich alle möglichen Sender aus dem Westen empfangen. So schwappte HipHop nach und nach in mein Kinderzimmer. 1984 war die Rock Steady Crew zusammen mit den New York City Breakers zu Gast im westdeutschen Fernsehen, ich glaube bei »Wetten, dass..?«. Da sah ich zum ersten Mal B-Boys tanzen und war seitdem auf'm Film.

DJ DEREZON Ich habe die Sendung mitgeschnitten. Da war ich mit dem Interesse für die Musik noch alleine. Aber bald hat sich das wie ein Virus in Berlin verbreitet. Das Problem war, dass wir auf das angewiesen waren, was die Medien preisgegeben haben. Der einzige Ort, an dem man mehr über HipHop hätte erfahren können, waren die Clubs der G.I.s. Aber für die waren wir zu jung.

RICK SKI Zwischen Ende 1982 und Anfang 1983 liefen viele Beiträge über Breakdance im Fernsehen. Einer davon war die Dokumentation »Breakout – Tanz aus dem Ghetto«. In der sah man auch mal kurze

Aufnahmen einer Block Party aus New York, was uns wirklich getriggert hat. Interessanterweise haben die europäischen Medien HipHop viel früher und intensiver gecovert als die Sender in den USA. Wenn man heute bei YouTube nach diesen Zeitdokumenten schaut, sind die meisten von Europäern aus dem Fernsehen aufgenommen und digitalisiert worden. Diese Dokumentationen waren ein wichtiger Auslöser für die sogenannte Breakdance-Welle.

DENYO Es gab damals diese Aerobic-Sendungen im Fernsehen, selbst da wurde gebreakt. Das habe ich dann mit meiner Mutter zusammen gemacht. Das war vermutlich das einzige Mal, dass wir uns in popkulturellen Fragen einig waren. (lacht) Dass da eine ganze Kultur dahintersteckt, war mir aber natürlich nicht bewusst.

PETER FOX Ich habe »Beat Street« mit meinem Vater im Kino gesehen. Die Musik hat mich nicht sooo gecatcht, aber Breakdance hat mich total fasziniert. Das habe ich sofort ausprobiert. Ich war zu dem Zeitpunkt auf einer französischsprachigen Schule in Berlin. Gerade ein paar von den Marokkanern und Tunesiern waren richtig stark im Breakdance. Die haben dann bei Berliner Meisterschaften die vorderen Plätze abgeräumt. Das waren die Schul-Heroes.

AZAD Ich war davon total fasziniert. Also habe ich versucht, das nachzumachen. Als ich wenig später bei meinen Cousins in Paris zu Besuch war, haben die mir eine Kassette vom West Street Mob geschenkt. Wieder in Deutschland habe ich die, als meine Eltern mal nicht da waren, in meinem Walkman voll aufgedreht und dazu in unserem Wohnzimmer getanzt. Ich habe richtig Gänsehaut von der Musik bekommen. Dieser Moment hat mich emotional total gepackt, das war ein sehr prägendes Ereignis. Danach wollte ich nur noch tanzen.

MARTIN STIEBER Es gab die legendäre Sendung »Ronny's Pop Show«, wo Otto Waalkes den Affen synchronisiert hat. Da lief der Song »Buffalo Gals« vom Malcolm McLaren, und da habe ich auch das erste Mal die Magnificent Force gesehen. Die haben sich auf den Kopf gedreht und gesprüht. Das muss Anfang 1983 gewesen sein. In dem Jahr ging das mit der Breakdance-Sensation in Deutschland los, und wir haben uns dem Tanz gewidmet – in der IGH, der Internationalen Gesamtschule Heidelberg. Mein Zwillingsbruder Chrissi und ich waren da in der 5. Klasse. Wir haben noch gar nicht ans Rappen gedacht. Das lag alles noch in ferner Zukunft. Wir haben erst mal nur getanzt.

ANDRÉ LANGENFELD Rap und Breakdance wurden 83, 84 von vielen nur als Gimmick wahrgenommen. Also floss das auch so in die Musik ein. Die ersten Songs in deutscher Sprache, auf denen gerappt wurde – »Das Blech« von Spliff, der »Weller Rap« vom Boxer René Weller oder »HipHop Bommi Bop« von den Toten Hosen und Fab 5 Freddy –, waren ja kein ernst gemeinter HipHop.

RICK SKI Die ersten Veröffentlichungen waren Parodien auf Rap aus den USA oder stammten von Bands, die man nicht der HipHop-Szene zuordnen konnte. Man hatte oft den Eindruck, dass Falco oder Thomas Gottschalk sich einfach gedacht haben: Ach, das kann ich auch! Sie haben Sprechgesang als Stilmittel für Inhalte benutzt, die gar nichts mit der Kultur zu tun hatten. Vom Endergebnis hat das oft gar nicht so einen großen Unterschied gemacht. Aber es war ein ganz anderer Ansatz als zum Beispiel bei Bionic Force.

MARTIN STIEBER Gerade zur Neuen Deutschen Welle bedienten sich viele des rhythmischen Rezitierens und der Metrik von Rap, kopierten aber im Grunde nur. Wie viele Cover von Ami-Tracks gab es denn in der Hitparade? Es wurden Tracks von Janis Joplin ins Deutsche übersetzt, und aus »New York New York« von Fab 5 Freddy hat Nina Hagen dann eben »Berlin Berlin« gemacht. Wenn man so will, sind das die Urväter. Es stand eben nur nicht im HipHop-Kontext.

FALK SCHACHT Wer war der Erste? Das ist ja vor allem eine Definitionsfrage. Es gab 1980 auch schon Punkmusiker, die Rapsongs gemacht haben. Aber Real Rap – also Rap-artige Musik von Angehörigen der HipHop-Szene – gab es in den frühen Achtzigerjahren kaum.

ANDRÉ LANGENFELD Bürger Lars Dietrich hat bei einem Rap-Contest vor der Wende auf Deutsch gerappt. Das waren aber eher Kinderreime wie »Ich bin Lars vom Mars«. Interessanter Zufall: Die ersten mir bekannten, auf Platte dokumentierten Rap-Versuche in der DDR sind auf einer Kinder- und einer Märchenplatte zu finden …

FALK SCHACHT 1983 gab es die Single »Electric Boogie Boots« von Cheeky. Gerappt hat ein Elfjähriger, und die Musik kam von einem Jazzer-Ehepaar: Nachdem Herbie Hancock mit »Rock It« einen weltweiten Hit gelandet hatte, wollte man sich offensichtlich auch an dieser neuen Musik versuchen.

KATMANDO In den Achtzigern gab es entweder solche Novelty-Geschichten, oder es war Accidental Deutschrap – »accidental« insofern, als auf irgendeiner Hobby-Aufnahme mal jemand etwas Deutsches eingestreut hat, weil er schlicht nicht gut genug Englisch konnte. Ich wollte ja mal eine Compilation rausbringen, die sich mit dem Themenkomplex »G.I. Rap« befasst. Ich verstehe darunter Musik, die in Deutschland stationierte US-Soldaten oder deren Angehörige gemeinsam mit Locals aufgenommen haben – ich sage bewusst »Locals« statt »Deutsche«, denn das waren meistens Türken, Jugoslawen und Griechen. Solche Aufnahmen gab es vor allem im Frankfurter oder Nürnberger Raum. Die klangen meistens grauenhaft, aber man stand sich da erstaunlich gleichberechtigt gegenüber. Und es war durchaus mal etwas auf Deutsch dabei. Trotzdem: Da jetzt vom ersten Deutschrap zu sprechen, wäre zu nerdig.

ANDRÉ LUTH In den Mitt-Achtzigern gab es die Band Hamburger Arroganz, die so eine Art Wham-Rap auf Deutsch versuchten. Die hatten sogar eine Single mit Kurtis Blow. Zu seriösen Plattenproduktionen kam es aber allgemein noch nicht.

FALK SCHACHT Es gibt auch einen Fernsehmitschnitt von 1984 mit dem Song »Tausend Tage Fete« von einer Gruppe namens Makromad. Das waren B-Boys aus dem Frankfurter Raum, die ganz offensichtlich viel geübt und sich mit der Kultur auseinandergesetzt hatten. Ebenfalls von 1984 ist der Song »Break Party Rap '84« von D.Räpp Gruuve. Darin kommt ein klassisches HipHop-Thema zum Tragen: der Kampf um Anerkennung. Der Rapper erzählt in dem Song, dass er in seiner Tanzschule nicht anerkannt wird. Also geht er mit seiner Breakdance-Crew da rein und übernimmt den Laden mit seinen Fähigkeiten. Das ist das, was man im HipHop »Bumrushing« nennt. Man findet das in extrem vielen Texten und Videos aus dieser Zeit, bei Run DMC, Public Enemy oder den Fat Boys. Es geht um das Gefühl, nicht gehört zu werden, nicht mitspielen zu dürfen – Rapmusik ist das Medium, in dem dieses Gefühl zum Ausdruck kommt. Auch die Referenzen an die Rock Steady Crew in dem Song sind ein Indiz dafür, dass man hier eventuell von einem echten HipHop-Song sprechen könnte. Eine richtige Szene gab es während der Breakdance-Welle von 1983 bis 1986 in Deutschland aber ohnehin nicht. Für die meisten Leute war das einfach eine Mode. Irgendwann war Breakdance dann out, und es gab eine Art Zusammenbruch. Aus diesen kulturellen Ruinen heraus begannen sich die wenigen zu vernetzen, für die HipHop nicht Zeitgeist, sondern eine Lebenseinstellung war. Auf diesen Strukturen fußt Deutschrap bis heute.

AKIM WALTA Im Februar 1988 habe ich im Haus der Jugend in Mainz die »HipHop Jam« veranstaltet, bei der sich die gesamtdeutsche Szene getroffen hat. Ich wurde da von einer Jam in Dortmund inspiriert und habe versucht, das weiterzuentwickeln und zu perfektionieren. Im Foyer zeigten sich Graffiti-Writer gegenseitig ihre Skizzenbücher, überall wurde trainiert und getanzt, Beatboxer reichten das Mikrofon an den nächsten MC weiter. Das Line-Up reichte von Swift Da Rock über Turbo B oder Moses Pelham bis zu Loomit und Gawki. Danach fand alle paar Monate eine Jam statt. Die Vernetzung hat sich ab 1988 extrem verstärkt.

GÖTZ GOTTSCHALK Die Leute aus der Graffiti- und Breakdance-Community haben schon früh weite Wege zurückgelegt, um zu connecten. Die waren in Deutschland viel schneller als die Musikseite. Irgendwo eine PVC-Matte hinzulegen und darauf zu tanzen oder mit der Dose an die Wand zu gehen, war einfacher als ein Studio zu finden. Studios waren unheimlich teuer und brachten zumeist keine befriedigenden Ergebnisse, weil die Mitarbeiter dort keine Ahnung hatten von dem Sound, der einem vorschwebte. Deshalb hat die Musik viel länger gebraucht, um an diesen Punkt zu kommen.

2 Vorsprung durch Technics

DOKTER RENZ Die erste deutsche Rap-Band, die ich gehört habe, war LSD mit »Watch Out For The Third Rail«. Darauf hat Tobi Tobsen mich aufmerksam gemacht. Wir haben uns die Platte bei WOM am Jungfernstieg gekauft. LSD haben auf Englisch gerappt. Der Gedanke, auf Deutsch zu rappen, war nicht da. Wir waren ja nicht mal schwarz – da konnten wir ja schon gar nicht die Sprache ändern. Um überhaupt irgendwie anknüpfen zu können, kam nur Englisch infrage.

FAST FORWARD »Watch Out For The Third Rail« machte nicht den Eindruck eines Versuchs, sondern war total professionell. Man hätte nicht gedacht, dass das aus Deutschland kommt.

ROE BEARDIE LSD haben eigentlich allen vorgemacht, wie es geht. Wie man aus einem Fundus an Platten die richtigen Samples pickt, Beats programmiert und Sprachsamples einbaut.

SCHIVV Musikalisch hatte ich noch nie so etwas Krasses gehört. Ich habe damals auch nicht verstanden, wie so was geht: rein technisch, diese ganzen Details.

RICK SKI Unser erster Sampler war ein Bausatz für einen Commodore 64, den wir in einer Computerzeitschrift entdeckt und bestellt hatten. Per Post kamen dann eine Platine und einzelne Bauteile, die wir zu einem Steckmodul mit Audio-Ein- und Ausgang zusammengelötet haben. Damit konnte man samplen. Der Sound war natürlich grausig, aber es funktionierte. Irgendwann kamen der Casio SK-1 und der Casio RZ-1 dazu. Das war der erste bezahlbare Sample-Drumcomputer. Er hatte eine Gesamt-Sample-Zeit von ca. einer Sekunde, die man auf vier Sample-Pads aufsplitten konnte, was für Kick, Snare und einzelne Effekte oder Sounds gereicht hat. So konnten wir die Rhythmus-Pattern von uns bekannten Breakbeats wie »Funky Drummer« nachproduzieren.

GÖTZ GOTTSCHALK Die Rick-Brüder waren unsere Daniel Düsentriebs. Die waren so sehr in dem HipHop-Ding drin, dass sie sich nicht nur die nötigen Geräte gekauft, sondern teilweise sogar eigene Sequencing-Software programmiert und Geräte gebaut haben. Vielleicht waren die Raps nicht das Maß aller Dinge, aber man hat es einfach gefühlt. Die Instrumentals waren ihrer Zeit um Längen voraus.

SCOPE Rick Ski und sein Bruder Future Rock haben sich mit Ko Lute und Defcon zusammengetan, die aus Bad Münstereifel kamen. Ko Lute hat gerappt. Future Rock hat das auf seinem TX16W-Yamaha-Sampler produziert. Und Rick Ski und Defcon waren die DJs. Das Seltsame war, dass die untereinander immer so einen Konkurrenzkampf hatten und sich teilweise gegenseitig nicht verraten haben, welche Samples sie benutzt haben. Irgendwann stellte sich heraus, dass Rick Ski aus Zülpich-Schwerfen kam. Zülpich findet man schon kaum auf der Landkarte, aber Schwerfen ist noch mal kleiner und besteht im Grunde aus fünf Häusern an einer Landstraße. Trotzdem ist es kurioserweise die Wiege des deutschen HipHop auf LP!

RICK SKI Future Rock hat im Alleingang – ohne mich, Ko Lute oder DJ Defcon zu fragen – ein Demotape mit vier Songs aufgenommen und ist damit ganz naiv zur Kölner Adresse von Rhythm Attack Productions gefahren, die zu der Zeit unser Lieblingslabel waren, weil sie viele unserer Lieblings-US-Platten lizenzierten. Der Betreiber des Labels, Stephan Meyner, nahm das Tape an. Weil er sich im Rap nicht so gut auskannte, holte er sich den Rat seiner befreundeten Musikjournalisten. Die waren alle hin und weg! So bekamen wir den Auftrag, einen Song zu dem Sampler »New School« beizusteuern, auf dem außer uns nur lizenzierte US-Songs waren. Das Budget für den einen Song haben wir dann genutzt, um gleich eine ganze EP aufzunehmen, und den Stephan Meyner vor vollendete Tatsachen gestellt. Die »Competent«-EP kam 1989 raus – sogar noch vor dem »New School«-Sampler.

STEPHAN SZILLUS »Competent« war krass. Ich habe das erst Jahre später durch das Reissue auf dem Label MPM so richtig entdeckt. Aber es hat mich trotzdem noch umgehauen.

RICK SKI Weil Stephan Meyner gute Connections zum WDR hatte, durften wir bald unser erstes Interview geben. Daraus wurden schnell mehr. Immer wieder mussten wir uns grundlegenden Fragen stellen wie: Warum macht ihr denn Rap? Das ist doch die Musik der Schwarzen aus den Ghettos ... Für uns war total klar, dass das eben die Musik ist, die wir verinnerlicht hatten, und dass sie sich nicht auf eine Hautfarbe beschränkt. Aber die Leute hatten einfach noch keine Ahnung, was es mit Rap aus Deutschland auf sich hat. Wir waren vier weiße deutsche Jungs, und das hat die Redakteure bei den Magazinen und im Radio total vor den Kopf gestoßen.

MARCUS STAIGER Man kann sich das heute nicht mehr vorstellen, aber das war eine hart ideologische Frage, ob man überhaupt HipHop in Deutschland machen darf, wo es doch gar keinen Grund dafür gibt, HipHop zu machen. HipHop ist ja die Sprache der Ausgegrenzten, der Unterdrückten, und das gibt es doch hier in Deutschland gar nicht. So war zumindest die Annahme.

RICK SKI Nach dem Erfolg der EP war klar, dass wir ein Album machen. Wir sind mit dem Ansatz rangegangen, das nach unseren musikalischen Ansprüchen und technischen Möglichkeiten maximal komplexe und dopeste Album überhaupt zu machen. Wir wussten, dass das rein logistisch eine Herausforderung werden würde. Also haben wir erst mal haufenweise Grundtracks produziert und für jeden einzelnen einen Arbeitszettel sowie einen entsprechenden Aktenordner angelegt. In dem wurde festgehalten, wie lang der jeweilige Track ist, auf welchen Disketten er abgespeichert ist, wie viel BPM er hat usw. Daraus haben wir dann die besten Beats ausgewählt, Ko Lute hat seine Texte dazu geschrieben, und DJ Defcon und ich haben Wochen damit verbracht, zu jeder Songidee und auch zu einzelnen Zeilen passende Zitate und Sounds zu finden, die wir dann mit Timecode und Quelle in den Ordnern für die einzelnen Songs archiviert haben. Um Studiozeit zu sparen, haben wir die meisten Scratches schon vorher in unserem Pre-Production-Studio mit dem Vierspurgerät aufgenommen, die Scratches dann abgesamplet und per Sequencer an der richtigen Stelle im Song platziert. So haben wir uns unser eigenes Hardware-Recording geschaffen. Der Sampler war mit 6 MB Speicherkapazität voll ausgebaut, und wir haben den pro Song bis zu viermal vollgeladen. Die ganze Prozedur hat ein komplettes Jahr gedauert, von der Vorproduktion über das Schreiben der Texte und Heraussuchen und Aufnehmen der Scratch-Effekte bis zum Abmischen.

PURE DOZE Wir fanden LSD richtig geil. Das Album hat uns motiviert, noch mehr an unserem Sound zu feilen. Als wir unseren ersten Sampler hatten, haben wir dann auch versucht, so viele Sounds wie möglich in einem Song zu verwenden. Das war die Kunst!

GÖTZ GOTTSCHALK Nach und nach hat man gemerkt, dass es neben den Musikern und Machern auch andere Leute gab, die sich aufrichtig für das interessierten, was man da tat. Oliver von Felbert schrieb im März 1990 unter der Überschrift »Krauts With Attitude« für die Zeitschrift *Spex* eine Titelgeschichte über HipHop-Künstler aus Deutschland. Mit dabei waren LSD, Advanced Chemistry, N-Factor und wir, Exponential Enjoyment. Wir haben alle über unsere Motivationen, Vorbilder und die noch sehr kleine, aber wachsende Community gesprochen. Angelehnt an diesen Artikel gab es 1991 auch einen Sampler mit dem Titel »Krauts With Attitude – German HipHop Vol. 1«. Die *Spex* hat dann ein Foto von uns auf die Titelseite genommen und damit die erste Coverstory eines so maßgeblichen Magazins über deutschen HipHop geschaffen. Das war schon ein krasser Moment.

RICK SKI Der Wert der Dinge bemisst sich in meinen Augen danach, wie viele Leute man auf positive Weise inspiriert hat, nicht danach, ob man angeblich irgendwas als Erster getan hat. Es gibt altgediente Rapper in der Szene, die beispielsweise behaupten, als Erste auf Deutsch gerappt zu haben. Das ist alles Bullshit. Wenn man nur lange und gründlich genug recherchiert, wird man immer jemanden finden, der früher dran war. Ich behaupte ja auch nicht, dass wir mit »Competent« die erste Rap-Platte der Szene veröffentlicht haben. Aber war die Platte für die Entwicklung der Szene wichtig? Daran besteht meiner Meinung nach kein Zweifel.

3 Kapitel 1

AKIM WALTA Das erste Mal, dass ich deutschsprachigen Rap gehört habe, war 1989 von Torch, auf einer der vielen Jams, die zu dieser Zeit vermehrt stattfanden. Er war meiner Meinung nach der Erste, der konsequent demonstriert hat, dass Rap in deutscher Sprache funktionieren kann und eine eigene Authentizität erzeugt. Entweder zeitgleich oder etwas später habe ich dann auch von Toni-L und Linguist bzw. ihrer Crew Advanced Chemistry gehört. Von da an war mir klar, dass sich deutschsprachiger Rap durchsetzen wird.
EIZI EIZ Ich habe das Demo von Advanced Chemistry auf dem Walkman gehört. Als Elfjähriger habe ich beim Basketballspielen Stefan Fabinger kennengelernt, den Cousin von Torch. Fabinger und Torch waren ziemlich eng. So war alles, was in Heidelberg passiert ist, zwei Tage später bei uns in Hamburg auf dem Tisch: Fotos von Zügen, Jam-Flyer oder eben das Demo von Advanced Chemistry. Ich kann noch heute jede einzelne Strophe von diesem Tape auswendig. Da war eine Demoversion des Songs »Heidelberg« und ein unglaublicher Freestyle drauf. Torchs Strophe auf diesem Freestyle ist unfassbar gut. »Die Pudelmütze ist meine Krone«, das war so die erste Metapher ... Als dieses Tape kam, war plötzlich alles klar. Für uns war das der Urknall.
TONI-L Jeder wusste, dass es nur funktioniert, wenn man selbst etwas macht. Genau aus dem Grund haben wir nicht darauf gewartet, dass jemand kommt und uns entdeckt, sondern schon früh die Stadt verlassen, um den Leuten zu zeigen, wer wir sind, woher wir kommen und wohin wir wollen. So konnten wir uns schon über die Stadtgrenzen hinaus einen Namen machen, ohne etwas veröffentlicht zu

haben. In Deutschland gab es schon englischsprachige Produktionen von Rock Da Most oder Moses P., und dann kamen urplötzlich LSD mit diesem krassen Album um die Ecke. Man wusste also, dass es geht. Meine erste eigene Rap-Aufnahme werde ich nie vergessen. Ich stand in Torchs Zimmer, er hat das Instrumental angemacht, die Aufnahme gestartet, und ich habe angefangen zu rappen, während er mich angefeuert hat. Ich habe mich das erste Mal richtig auf Kopfhörer gehört. Ich dachte, mir gehört die Welt!

AKIM WALTA Advanced Chemistry waren meiner Meinung nach aus verschiedenen Gründen wichtig. Vor allem war die Gruppe das authentische Sprachrohr der damaligen Szene und hat diese auch bei ihren späteren Konzerttouren präsentiert. Torch war ein ewig Reisender mit Tramperticket, und das gesamte AC-Umfeld in Heidelberg war ein Schmelztiegel für HipHop-Talente, die jede Jam bereicherten.

MARTIN STIEBER Eine ganz wichtige Figur für uns in Heidelberg war der Gonzalo Maldonado Morales. Das war unser absolutes Idol. Der konnte in jungen Jahren schon wahnsinnig gut zeichnen, weil die Mutter ihm und seinem Bruder immer Malstifte geschenkt hat. Der konnte zum Beispiel alle »Star Wars«-Flügeltypen aus dem Kopf zeichnen. Wir haben unseren Kunstlehrer immer so lange belabert, bis der Gonz uns im Unterricht etwas an die Tafel malen durfte: Der kam dann runter, hat was gemalt und dafür frenetischen Applaus geerntet. Totaler Irrsinn! Er hat uns auch das Graffiti-Ding authentisch weitergegeben und konnte Windmills, Swipes und Headspins, als noch keiner so getanzt hat. Er hatte das HipHop-Ding verinnerlicht, als noch kein Mensch wusste, was eigentlich gerade passiert. Er war auch Gründungsmitglied von AC, unter dem Namen Gee-One. Erst als die angefangen haben, deutsch zu rappen, ist er ausgestiegen. Er kam aus Nottingham nach Heidelberg und war eher amerikanophil. Der konnte gar nicht verstehen, dass AC sich der deutschen Sprache ermächtigen.

TONI-L In meiner Kochausbildung kam ich auf die Schule nach Calw und lernte dort unter anderem den Tänzer James aus Mannheim kennen, der später mit dem unvergessenen Freeze La Roc (R.I.P.) bei den Unique Wizzards tanzte. Wir machten dort viel Action, tanzten und spielten uns auf, wo wir nur konnten. (lacht) Bekannte aus der Region sagten immer wieder, ich müsse unbedingt mit diesem DJ zusammenkommen. So lernte ich DJ Mike MD kennen. Er war ein King aller Elemente und hatte für damalige Verhältnisse schon ein cooles Studio und vor allem heftige Produktionen am Start. Wir freundeten uns an, und so entstanden einige Songs. Klaro dauerte es nicht lange, bis ich meine Heidelberger Posse mitbrachte, um gemeinsamen Sound zu machen. Das waren Torch, Gee-One und Korporal K, der sich dann später Linguist nannte. In der Formation gründeten wir 1987 gemeinsam Advanced Chemistry. Die Idee für den Namen kam aus dem extrem kreativen Familienumfeld von Gee-One. Der bewegte sich mit der Zeit dann mehr auf dem Graffiti- und Tanzfeld, und DJ Mike MD verfolgte andere Projekte. Somit basierte Advanced Chemistry mit allem, was folgte, auf Torch, Linguist und Toni-L.

AKIM WALTA Ich kann mich gut erinnern, wie mich Torch Ende 1989, Anfang 1990 angerufen hat und seine bis dahin noch relativ unbekannte Gruppe auf meinen Jams unterbringen wollte. Wir führten ein dreistündiges Gespräch. Ich habe ihn und die Stieber Twins – die damals noch AC-Posse waren – dann auf irgendeiner Jam gesehen. Ich war fasziniert von den deutschen Rhymes, der Bühnenpräsenz und dem Humor untereinander.

TONI-L Wir traten auf einigen Jams auf und lernten immer mehr Leute aus der Szene kennen, und das Netzwerk vergrößerte sich. Irgendwann trafen wir auch B-Boy Akim, auch bekannt als der Maler Zebster. Es entwickelte sich dahin, dass er sich anbot, uns in Sachen Management zur Seite zu stehen. So wurde aus dem Pfad zur Geschichte ein Weg, den wir zu pflastern begannen, und alles bekam mehr Struktur.

AKIM WALTA Dann ging alles Schlag auf Schlag. Mit Torch analysierte ich in stundenlangen Gesprächen – meist auf Bahnreisen zu Jams von Kiel bis Biel – die französische HipHop-Szene, die bereits Veröffentlichungen in ihrer Muttersprache sowie HipHop-Radio und TV-Sendungen hatte. Das war unser Vorbild. 1991 kritzelte ich ein Diagramm auf einen Zettel, um zu sehen, was man brauchte, um HipHop-Kultur in Deutschland groß zu machen.

MARTIN STIEBER Der Akim wusste ganz früh, was für ein Potenzial in einzelnen Menschen steckt, und hat sich das zunutze gemacht. Er war Connector, aber auch Organisator, und hatte es gut raus, andere für sich und seine Sache zu gewinnen.

AKIM WALTA Ralf Kotthoff aka Topic arbeitete bei der NATO in der Grafikabteilung und half uns bei der ersten Presseinformation zu AC. Wir arbeiteten in einer Garage im Haus der Eltern von Roman, später DJ Pimp Valium. Ich hatte den Computer finanziert, den nur Kotthoff bediente. Ich war damals noch analog. Im gleichen Jahr wurde schließlich die Erstausgabe des MZEE HipHop Magazine gefeiert.

MARTIN STIEBER Die Infos darüber, wie man ein Label gründet, wie man jemanden bei der GEMA anmeldet und dergleichen, hatten die Zülpicher Brüder Rick. Der Akim hat die interviewt, sich die Infos besorgt und das Label MZEE gegründet. Akim hat viel geleistet. Der hat die Platten produziert und auch vorfinanziert.

RICK SKI MZEE Records hätte es sicher nicht so früh gegeben, wenn wir Akim nicht unser Wissen weitergegeben hätten. Akim war jemand, der etwas machen wollte, aber noch nicht genau wusste, wie das funktioniert. Er hatte keine Ahnung, was ein Musikverlag ist, wie man seine Veröffentlichung promotet oder welchen Vorlauf man bei der Pressung einer Platte braucht. Wir hatten das ja alles schon einmal erlebt und konnten ihm da wertvolle Tipps geben.

AKIM WALTA Unterstützung hatte ich von Ale Sexfeind von Buback und André Luth von Yo Mama, die beide ihr eigenes Label hatten, aber noch keinen deutschsprachigen Rap veröffentlichten. Ale hat auch den Kontakt zu unserem Vertrieb EFA hergestellt. Im November 1992 wurde dann die erste AC-Maxi »Fremd im eigenen Land« veröffentlicht.

TONI-L »Fremd im eigenen Land« war für viele so etwas wie die Ur-Single. Aber eigentlich ging es ja schon früher los. Es waren zum Beispiel schon Tapes im Umlauf, ein superwichtiges Format. Eißfeldt erzählt ja heute noch, dass er diese Kassette mit unseren deutschen Raps hatte, die ihn dazu inspiriert hat, es selbst zu probieren ... Meinen Song »Toni der Koch« habe ich auch 89/90 schon gekickt, doch veröffentlicht wurde er erst 1995 auf dem Advanced-Chemistry-Album.

TUAREG Torchs Eltern hatten ihn damals aus Heidelberg auf ein Internat in Bonn verfrachtet, wahrscheinlich wegen zu vieler illegaler Graffiti-Aktivitäten. Das hat ihn aber nicht wirklich davon abgehalten, sondern eher noch seinen Horizont erweitert. Dadurch kam es, dass er mehr oder weniger oft bei uns im Studio abhing. Dort wurde auch »Fremd im eigenen Land« aufgenommen – und eigentlich ist der Track dort auch von Scope produziert worden.

SCOPE Advanced Chemistry konnten damals produktionstechnisch eigentlich gar nichts. Die hatten ihre Samples auf Musikkassette dabei und meinten: Bau da mal was draus! Dann haben wir drei Wochenenden daran rumproduziert.

TUAREG Torch hatte ein sehr einnehmendes Wesen. Der konnte Leute schnell für sich gewinnen und mit sich ziehen.

MC RENE Torch war so etwas wie ein Anführer, um den sich alle versammelt haben. Er war das Alphatier, hat aber auch Leute zusammengebracht. Er war halt charismatisch und konnte vor allem nicht nur rappen, sondern auch sprühen und tanzen – alles auf extrem hohem Niveau. Der hatte einfach Style.

MARTIN STIEBER Torch war immer schon ein Aktivist. Er hatte zwei Plattenspieler von Philips und hat einfach angefangen, Platten zu mixen und zu scratchen. Er hat auch hinten auf die Plattencover geschaut, was er zum Anziehen braucht, und sich von den Amis Fila-Schuhe besorgen lassen – zu einer Zeit, in der es Fila in Deutschland noch gar nicht gab! Ich kann mich auch noch an seine erste eigene Jam erinnern. Die hat er am Heidelberger Herbst veranstaltet. Er hat in der Fußgängerzone seine Plattenspieler mit Boxen auf die Straße gestellt und über ein Kabel, das in sein Zimmer reichte, mit dem Strom verbunden. Torch war einfach der Impulsgeber!

AFROB Advanced Chemistry war für mich die absolute Certification. Da war klar: Ich darf also auch ... Okay, fuck it, I go for it! Ich habe die Jungs verehrt, das waren Helden. Was mir Torch in den Kopf gesetzt hat, werde ich dem nie vergessen.

MC BOGY »Ich habe einen grünen Pass, mit 'nem goldenen Adler drauf« – Advanced Chemistry habe ich immer viel Respekt gezollt! Deren Rap war einfach anspruchsvoll, die haben sich Gedanken gemacht.

AKIM WALTA »Fremd im eigenen Land« traf den Puls der Zeit und zeigte, wie man auch ernste Themen mit deutschsprachigem Rap adressieren konnte.

TONI-L Die A-Seite »Fremd im eigenen Land« war natürlich politisch und conscious, aber mit »Ich zerstöre meinen Feind« war auf der B-Seite so gesehen auch der erste deutsche Battlerap.

MC RENE »Fremd im eigenen Land« dreht sich ja eigentlich gar nicht um Rassismus, sondern um Identität. Die Zeile »Kein Ausländer und doch ein Fremder« bringt das meiner Meinung nach gut auf den Punkt. Das Geniale an AC war, dass alle Mitglieder zwar Deutsche waren, aber auch einen anderen Background hatten. Torch war halber Haitianer, Toni war halber Italiener und Linguist halber Ghanaer. Da ich halber Marokkaner war, wusste ich um diese innere

Zerrissenheit. Man hatte immer gedacht, man sei mit diesem Gefühl alleine. Aber als man den Song gehört hat, war das, als ob man seine Familie im Geiste gefunden hat. Der Song hat mich sehr berührt und mir viel bedeutet.

SAMY DELUXE »Fremd im eigenen Land« war so etwas wie der Hit der Zeit. Der war so large, dass Leute im Fernsehen über den Song geredet haben.

MARTIN STIEBER Das Video lief ja sogar auf dem englischen MTV-Kanal, weil es zu der Zeit noch gar keinen deutschen Ableger gab. Das ging rum wie ein Lauffeuer. Und schon waren alle infiziert vom Deutschrap.

ROE BEARDIE Ich habe immer den Eindruck, dass AC zwar diesen wichtigen Impuls für die deutsche Rap-Szene gegeben haben, dem selber aber nicht mehr Folge leisten wollten oder konnten. Wir haben ja die zweite Maxi »Welcher Pfad führt zur Geschichte« bei uns im Headrush-Studio in Düsseldorf gemacht. Ich erinnere mich, dass es bei den Aufnahmen viel um ideologische Fragen ging. Weil die erste Maxi – sowohl wegen des Rap-auf-Deutsch-Dings als auch wegen ihres politischen Inhalts – so eingeschlagen war, hatten die Jungs irgendwie Panik. Ich glaube, die waren total davon überfordert, dass plötzlich das Feuilleton bei ihnen anklopfte, und haben sich sehr viele Gedanken um ihre Kredibilität gemacht.

TONI-L Diese Phase hat einiges an Energie gekostet, weil man immer wieder erklären musste, was man da überhaupt macht. Interviews waren für mich als der sonst eher ruhige Typ eine total neue Erfahrung, an die ich mich erst mal gewöhnen musste. Man wollte damit ja auch nicht leichtfertig umgehen. Die Möglichkeit, mit großer Reichweite eine Message zu verbreiten, hat in mir das Bewusstsein einer großen Verantwortung geschaffen, weil man oft als das Sprachrohr der Szene gesehen wurde.

ROE BEARDIE Die hatten Angst, dass man ihnen ihre Integrität im

HipHop wegnimmt. Also haben sie versucht, das Rad komplett neu zu erfinden. Da war ein ganz großer Drang, sich abzugrenzen und bloß nicht das zu machen, was die anderen machen oder man selbst schon gemacht hatte. Die waren künstlerisch total ambitioniert. Vielleicht sind sie auch einfach nicht auf einen Nenner gekommen.

RALF KOTTHOFF Heidelberg hat für diese Phase von HipHop wichtige Elemente hinzugefügt: Gee-One war so eine Art früher Specter und hat dem HipHop damals einen guten Look gegeben. Der war immer gut frisiert und hat dafür gesorgt, dass die Leute nicht mehr nur mit Hosen aus dem Baumarkt rumlaufen, sondern sich stylischer angezogen haben.

MARTIN STIEBER Linguist kam in traditioneller afrikanischer Kleidung. Torch sah aus wie Grandmaster Flash. Toni war der Koch. Das erinnerte stellenweise an die Village People und ihre Verkleidungen. Das war halt dieses Funkadelic-Ding. Torch hatte auch einen Handschuh und einen Koffer von Samsonite. Der hat immer ein Geheimnis um den Koffer gemacht und ganz geheimnisvoll getan, Inspector-Gadget-Style.

RALF KOTTHOFF Weil Torch so viel auf Reisen war, hatte er eben diesen Koffer dabei. Da waren eine Zahnbürste und eine zweite Unterhose drin – im Grunde nichts Besonderes, aber das sah eben stylischer aus als ein Turnbeutel. Es ging darum, ein Styler zu sein.

TONI-L Mit Originalität und Style hast du deine Persönlichkeit repräsentiert. Es ging darum, Eigenes zu kreieren und nicht zu kopieren – in den Texten, aber auch, was uns als Typen anging. Advanced Chemistry live war immer ein Spektakel. Torch hatte diese energiegeladene Live-Präsenz und war für mich der erste wirkliche MC hier, der es wie kein anderer verstand, die Crowd in Wallung zu bringen. Linguist kickte die Knowledge. Und ich rockte meinen unverkennbaren Stakkato-Style, mit dem keiner rechnete. Die Kombination war pures Dynamit. Jeder von uns, auch Gee-One, Linguist und Mike

MD, hatte besondere Stärken. Genau deshalb ist dieser Name, »Fortgeschrittene Chemie«, auch so treffend und passend.

MARCUS STAIGER Ich fand Advanced Chemistry zunächst wahnsinnig ungelenk. Das waren ja keine guten Reime auf »Fremd im eigenen Land«. Irgendwann habe ich die dann aber live gesehen. Torch hat das mit einer krassen Selbstverständlichkeit gemacht, die zum Beispiel die Fantas nicht hatten. Die hatten sich das kulturell angeeignet und wussten, sie sind fremd in dieser Kultur. Torch hat das ganz anders repräsentiert. Das mochte ich später auch an Savas und Fuat, die das mit der gleichen Selbstverständlichkeit betrieben haben.

AKIM WALTA Torch war ein Meister der Improvisation, ein Alphatier, eine Rampensau. Er konnte die Menge mitreißen.

RALF KOTTHOFF Torch war nicht nur gut, sondern auch so von der Sache überzeugt, dass er dabei vermittelt hat: Wenn du nicht verstehst, was ich hier mache, dann ist das dein Problem – und nicht meins.

SCHIVV Was der für Wortspiele hatte: »Suchst du vergebens wie Atlantis in Atlanten«. Oder allein der Einstieg auf »Chemischer Niederschlag«: »Ich hasse Hesse, bräuchte Brecht und kenne Kant« – das war ein Alliterationsgewitter, bevor man wusste, was das überhaupt ist, mit schlauem, aber zeitgemäßem Vokabular. Ich dachte mir: Da musst du noch ganz schön lange üben, bis du da hinkommst ...

SAMY DELUXE Er war für mich immer einer der Top-Spitter. »Torch der Interpret voller Originalität / Keine Vision, keine Party, die der Fackelmann verschmäht.« Dieser Flow war so krass für mich.

RALF KOTTHOFF Torch ist für mich der Übervater. Der war alles in einer Person. Ein Gesamtpaket. Natürlich hatte er Leute, die ihn beeinflusst haben und ohne die er es nicht hätte machen können. Aber er hat es gemacht. Er ist der Ursprung. Das steht für mich völlig außer Frage.

4 Das geht?

SMUDO Es hieß immer: Rap auf Deutsch, das geht nicht. Rap auf Deutsch wurde nicht als richtig oder authentisch erachtet.

DJ DEREZON Man hat die USA kopiert. Das war der Blueprint, und es musste genau so klingen. Man kam gar nicht auf die Idee, nicht in englischer Sprache zu rappen.

MARTIN STIEBER »Fremd im eigenen Land« hieß erst »Stranger in my own land«. Torch hatte da Zeilen wie »Torch, not Hermann, but I am still a German / I'm not a tourist, not here for money earnin'«.

TONI-L Wie alle anfangs haben auch wir ganz selbstverständlich auf Englisch gerappt. Selbst die Kommunikation mit dem Publikum zwischen den Songs fand meist auf Englisch statt. Da hieß es dann: »Yo, motherfuckers, what's up?« (lacht) Wir waren schon Exoten, weil wir zwischen den Songs mit dem Publikum auf Deutsch redeten. Das hat damals viele irritiert. Dann fing Torch mit dem Freestyle auf Deutsch an, was bis dato keiner sonst machte. So begannen wir dann, auch unsere Texte auf Deutsch zu schreiben.

CORA E. Der erste deutsche Rap, den ich gehört habe, war von Swift. »Wenn der künstliche Morgen an der Betonwand erglüht / War ich wieder mal in Action, denn da hab ich was gesprüht ...« Den Text hat er aus Spaß geschrieben. Wir haben nicht mal im Ansatz daran gedacht, eine Platte auf Deutsch zu machen. Das stand gar nicht zur Debatte.

RICK SKI 1987 haben wir angefangen, spaßeshalber deutsche Coverversionen von Songs wie »South Bronx« von Boogie Down Productions oder »Watch Me Now« von den Ultramagnetic MCs aufzunehmen. Die Kumpels, denen wir das vorgespielt haben, waren von diesem eckigen Rhyme-Flow total begeistert. In dem Moment war mir schon bewusst, dass es geht und man auf Deutsch rappen kann, ohne dabei wie Die Toten Hosen zu klingen. Als wir dann später anfingen, richtig aufzutreten, wurde mir immer öfter dieser Widerspruch bewusst: Wir rappten zwar auf Englisch, aber die Ansagen zwischen den Songs gelangen uns nicht so richtig. Es fühlte sich irgendwie auch albern an, mit den Leuten vor der Bühne Englisch zu sprechen, obwohl unser aller Muttersprache ja Deutsch war. Als Ko Lute und DJ Defcon dann die Band verließen und ich ans Mikrofon ging, habe ich angefangen, »offiziell« auf Deutsch zu rappen. Bei einem Auftritt im Vorprogramm von Tim Dog in Hannover wurden wir dafür ausgebuht und mit Holzlatten beworfen. Selbst Hijack und Tim Dog waren sehr verunsichert und wussten gar nicht, was abgeht.

SCHIVV Wir waren auf dem ersten Gang-Starr-Konzert in der Beat Box in Wuppertal. Wie das damals so war, hat Guru irgendwann gefragt, ob noch jemand im Raum rappt. Phillip (Ro Kallis von DCS) war immer schon der eher ungehemmte Typ, der nach vorne geht und sich auf jede Bühne schmeißt. Also hat er sich da hingestellt und einen aufgerappt. Guru fand das zum Totlachen, dass da jemand auf Deutsch rappt – hatte der natürlich noch nie gehört –, und hat ihm dafür Respekt gegeben. Kurz darauf schrieb Oliver von Felbert irgendwo, dass es sich ein Kölscher MC »nicht nehmen ließ, Guru das Mikrofon zu klauen und hineinzukrähen«. Da dachte ich mir: Warum tut er das? Es war doch in dem Moment zum einen gefragt und zum anderen eine mutige Aktion. HipHop eben! Inzwischen ist das natürlich verjährt und alles gut. Aber das war damals so die Haltung vieler Beobachter.

MARTIN STIEBER Es gab eine Antihaltung gegenüber Deutschrap. Viele waren empört und echauffiert, dass jetzt auf Deutsch gerappt wurde. Wir haben auch lange gebraucht, bis wir damit angefangen haben. Es war ein komisches Gefühl. Man musste sich erst einmal assimilieren und ein Gefühl für die Sprache und deren kantige Art entwickeln. Aber es hat sich durchgesetzt. Der Impuls dafür kam von Torch.

TONI-L Den künstlerischen und technischen Anspruch, den wir an uns selbst hatten, hätten wir mit Englisch nie erfüllen können. Dazu kam, dass wir die Menschen ja auch erreichen und die Thematik unter die Leute bringen wollten. Der Inhalt hatte Priorität, weil wir etwas in der Gesellschaft bewegen und besser verstanden werden wollten.

KATMANDO Durch das Deutsche war man plötzlich viel näher dran. Wenn man Rapper aus Deutschland auf Englisch rappen hörte, war ja immer eine leichte Grusel-Gänsehaut dabei. Das hatte was von der ersten Scorpions-LP. Auch auf »Krauts With Attitude« ist wirklich ganz finsteres Material. (lacht) Der Schwenk auf die deutsche Sprache hat dem Ganzen den Fremdscham-Faktor genommen und es viel bezugsfähiger gemacht.

ABDI »Ahmet Gündüz« von Fresh Familee war einer der ersten Rap-Songs, die ich gehört habe. »Mein Name ist Ahmet Gündüz, lass mich erzählen euch / Du musst schon gut zuhören, ich kann nicht sehr viel Deutsch / Ich komm von die Türkei, zwei Jahre her / Und ich viel gefreut, doch Leben hier ist schwer / In Arbeit Chef mir sagen: ›Kanacke, hey, wie geht's?‹ / Ich sage: ›Ha, siktir lan!‹, doch Arschloch nichts verstehn / Mein Sohn gehen Schule, kann schreiben jetzt / Lehrer ist ein Schwein, er gibt ihm immer 6 / Gestern ich komm von Arbeit, ich sitzen in der Bahn / Da kommt ein besoffen Mann und setzt sich nebenan / Der Mann sagt: ›Öff, du Knoblauch stinken!‹ / Ich sage: ›Ach egal, du stinken von Trinken!‹« Bruder, das ist hart!

CELO Das hatte man auf Kassette, das haben viele gefeiert. Das ist der erste deepe Deutschrap-Track für Migranten.

ABDI Das war einfach authentisch. Ein Vater, der abgefuckt von der Arbeit kommt, mit Thermoskanne in der Straßenbahn sitzt, um nach

Hause zu fahren, wo es auch nur Probleme gibt – und dann kommt einer und sagt: »Du hast Knoblauch-Mundi.«

CELO Und dann antwortet er: »Du hast Bier-Mundi!« Das ist alles. Leben, life, hayat. Original. Hundert Prozent.

ROE BEARDIE Fresh Familee war mein erster Kontakt mit deutschsprachigem HipHop. Ich bin damals mit Plattenpapzt zu denen gefahren und habe ihnen einen Nachmittag lang meinen Sampler zur Verfügung gestellt, damit die »Ahmet Gündüz« machen konnten.

KATMANDO In Hamburg, Kiel und Düsseldorf gab es auch früh Gruppen, die auf Deutsch gerappt haben. Und natürlich die Rude Poets in Köln.

SCOPE Wir haben irgendwann festgestellt, dass das Kölsche dem jamaikanischen Patois-Flow nicht unähnlich ist und man das supergut nachmachen kann. Erst haben wir nur hier und da mal ein paar Zeilen auf Deutsch eingeworfen. Aber dann ist der Song »Noch eh paar Biersche« daraus geworden.

ANDRÉ LUTH »Bonuss Wöhrschen« von Das Duale System mit Chicken George erinnere ich auch noch. Das war quasi Reggae-Dialekt-Rap. Ich bin ja Biz-Markie-Fan, goofy Entwürfe von Rap haben mir also immer gefallen.

RALF THEIL Nach und nach sind dann immer mehr deutschsprachige Singles und Alben herausgekommen, die diese Untergrundszene für mich eröffnet haben. Letztlich ging es mir aber wie vermutlich den meisten anderen: Das Erste, was ich auf Deutsch gehört habe, waren Die Fantastischen Vier. Das war einfach mit großem Abstand das Sichtbarste und ließ sich quasi nicht vermeiden. Da habe ich gecheckt: Ah, Rap auf Deutsch.

5 Vier sind Helden

CASPER Wahrgenommen habe ich deutschsprachigen Rap das erste Mal wegen den Fantastischen Vier. Aber das habe ich eher als Popmusik verstanden und einfach neben ganz vielen anderen Sachen gehört. Rap kannte ich als etwas anderes, als etwas Härteres und Dringlicheres.

ANDRÉ LANGENFELD Die Fantas waren die Ersten, die mir im Rap auf Deutsch begegnet sind. Das war auf dem »Krauts With Attitude«-Sampler. In dem Zeitraum kam auch deren erstes Album als Promo bei mir an. Nur: Wer waren die? Und gleich auf einem Major-Label? Wollten die nur albern sein, oder wollten die HipHop veralbern? Keiner kannte die persönlich, denn »die haben wir nie auf den Jams gesehen«. Das war damals ja so was wie der deutsche Ghetto-Pass ... Das war alles suspekt.

SMUDO Wir sind nicht wie Advanced Chemistry bundesweit auf Jams unterwegs gewesen. Wir haben unsere HipHop-Sozialisation durch die G.I.-Clubs gehabt: Es gab vier oder fünf große Camps im Raum Stuttgart, und die dort stationierten Soldaten hatten eine Reihe Stammclubs. Ich war mit einer Klassenkameradin dort – sie zum Männer-Aufreißen, ich weil ich mich für die Musik interessiert habe. (lacht) Ich war noch keine achtzehn und musste um 22 Uhr schon aus den Discotheken raus. Aber was ich dort gesehen hatte, wollte ich unbedingt auch machen.

KATMANDO Für Leute wie mich, die in Süddeutschland aufgewachsen sind, waren die G.I.-Clubs extrem prägend. Durch diese Clubs hatten wir quasi einen direkten Draht nach New York. Die in den anderen Teilen des Landes übliche Zeitverzögerung gab es nicht.

MARTIN STIEBER Dadurch, dass wir hier in Heidelberg die Amerikaner hatten, war alles sehr präsent. Wir haben unmittelbar unverblümt den amerikanischen HipHop mit der Muttermilch aufsaugen können. Die haben auf der Neckarwiese gegrillt und Kool Moe Dee gehört, mit Goldketten, Trainingsanzügen und Gucci-Wear. Wir wussten noch nicht, was das ist, aber waren total fasziniert.

SMUDO Wir wollten so rappen wie die Amis in der Disco. Am Anfang haben wir uns nur aus Jux deutsche Texte ausgedacht. Die habe ich dann gelegentlich in der Disco in Leonberg über »Friends« von Whodini gekickt. Lustigerweise gab das Szenenapplaus und Props. Die Amis fanden das total abgefahren, was mich wiederum völlig beseelt hat. Plötzlich erschien mir das Rappen auf Deutsch als die viel legitimere Variante. Das war nicht mehr nachgemacht, sondern etwas Eigenes. Dieser Moment war ein echter Schritt nach vorne.

MAX HERRE Die Anerkennung durch die stationierten Amerikaner war der Stempel – für die Musiker sowieso, aber für uns Rapper hat das ebenso eine Rolle gespielt. Der Anspruch war, auch von Leuten anerkannt zu werden, die die Texte nicht verstehen. Das hat uns die Legitimation gegeben: Wir dürfen es, weil wir können.

SMUDO Andy und ich haben uns als Teenies kennengelernt. Wir waren beide absolute Videospiel-Fans. Er war nebenher aber auch so ein Lötkolben-Hardware-Freak und interessierte sich sehr für Synthesizer und hat Sounds gemacht, während mich das Nightlife und schwarze Musikkultur fasziniert haben. Wir haben also gespielt, Games geschrieben und nebenher auch angefangen, Musik zu programmieren. Wir nannten uns The Terminal Team: das letzte Team, aber vor allem auch das Team mit dem Terminal, mit dem Computer. Dann kamen Michi und Thomas dazu. 1987 haben wir unser erstes Konzert gespielt, mit überwiegend englischen Texten, aber auch ein paar deutschen Sachen, was deutlich besser ankam. Wir haben das damals auf Video aufgenommen und dann analysiert. Wir sahen uns junge Kids – mit unserer selbst gebauten Rhythmusmaschine, unseren eigenen Beats, und unseren eigenen Texten – auf der Bühne vor unseren 40 Freunden. Auch wenn wir das damals nicht so bezeichnet haben, war uns allen klar, was das für eine kulturelle Relevanz hat.

MAX HERRE Zu der Zeit gab es ja keine interessante Popmusik auf Deutsch, zumindest nicht für mich persönlich.

SCOPE Nach dem Ende der NDW wollte niemand mehr deutschsprachige Musik hören. Das Einzige, was es noch gab, war kitschige Schlagerscheiße.

PETER FOX Das Verhältnis zu Deutschland und der deutschen Sprache hat sich über die Zeit verändert. Man muss sich das mal vorstellen: Ich bin 26 Jahre nach dem Ende des zweiten Weltkriegs geboren. Der Krieg war 1971 weniger lang her als heute der Mauerfall. Das Selbstverständnis für Kinder aus dieser Zeit war definitiv nicht: Yeah, ich bin aus Deutschland! (lacht)

MAX HERRE Für uns war naheliegender und ganz natürlich, einen Internationalismus zu leben – zumal unser Pass uns das Privileg schenkt, Länder auf der ganzen Welt ohne Visum bereisen zu dürfen.

SMUDO Thomas und ich sind 1988 für dreieinhalb Monate in die USA, haben dort Platten gekauft und diese vielschichtige Multikulti-Melting-Pot-Gesellschaft kennengelernt. Zurück kamen wir mit der Erkenntnis, dass wir etwas ganz Eigenes machen müssen. Irgendwie war es bei den Amerikanern ganz klar, dass die Botschaft einer Band aus ihren eigenen kulturellen Kreisen zu stammen hat. Wir, die Deutschen, hatten uns bis dahin jahrzehntelang eher an importierte Popmusik gehalten – nicht nur musikalisch, sondern auch inhaltlich. Wir waren gar nicht gewohnt, aus unseren eigenen Kreisen zu erzählen. Uns vorausgegangen war die Synthie-Musik der Neuen Deutschen Welle. Das vermählte sich nun mit einem Mal zur, wie wir es nannten, letzten Besatzermusik: Wir haben von den Besatzern die Botschaften und die kulturelle Identität übernommen und sie mit unserer eigenen Sozialisation vermengt. Wir haben die Themen genommen, die uns und unsere Freunde beschäftigt haben, und daraus Lieder gemacht: Mädchen kennenlernen, rumsaufen – Beastie-Boys-Themen!

AFROB Die Fantas fand ich gleich gut. Ich habe ihr erstes Album »Jetzt geht's ab« bei einem Kollegen gehört, der mich immer mit Rap gefüttert hat. Das war schon nahe dran an dem, was wir sonst gehört haben. Das war gut gerappt und hatte einen gewissen Schwaben-Swag: diese Denkweise, etwas schnell verstehen und umsetzen zu können. Die Fantas wussten, wie sie klingen wollen, und haben das perfekt umgesetzt.

FALK SCHACHT Die erste Fanta-4-Platte ist überkrass im Achtziger-Style produziert. And.Y bekommt meines Erachtens nicht den Respekt, den er dafür verdient hätte.

CELO Das hatte schon Rhythmus. Aber mir war das zu sehr bunte Welt und hipp, hipp, hurra! Frankfurt war düster und alles andere als fröhlich.

MOSES PELHAM Ich mochte die Platte und konnte die zu großen Teilen sogar auswendig, weil ich sie ganz witzig fand – aber eben doch nur witzig.

FALKADELIC Das Album war in meinem Freundeskreis schon sehr groß. Aber ich wollte mich damit null identifizieren. Für mich war das höchstens eine Parodie von Rap. Es fehlte einfach komplett die Gefährlichkeit. Mich hat an Rap fasziniert, dass man einen Fick auf alles gibt. Das war doch das Besondere an Eazy-E, Ice-T und so ... Als Rap-Fan konnte ich es nicht ertragen, wenn brave Mittelstandskids gerappt haben. Das ist natürlich eine total paradoxe Situation, wenn man selber nichts anderes macht. (lacht)

ANDRÉ LANGENFELD Ich glaube, »Frohes Fest« war der erste Track, der so etwas wie Beachtung gefunden hat, jedenfalls bei mir.

Trotzdem wurde das erst mal nur als charmante Kuriosität gewertet – ungefähr so wie der Titelsong von »Fresh Prince of Bel-Air«, was zur selben Zeit im TV lief.

APHROE Dieser Weihnachtssong hatte einen guten Vibe und war geil performt. Und als der irgendwann verboten wurde, war das natürlich noch mal interessanter. Wir haben die Fantas auf ihrer allerersten Tour in Wanne-Eickel in der Aula der Gesamtschule angeguckt. Da waren vielleicht 20 Leute. Die haben ihre CDs aus dem Kofferraum verkauft. Als die mal nicht hingeguckt haben, haben wir deren Logo – eine auf Pressspan geklebte Vier – mitgehen lassen.

BABAKONE Ich weiß noch, dass die das Publikum krass im Griff hatten. Die haben die Leute schon auf Deutsch angesprochen, und es gab dieses Links-rechts-Spiel, bei dem Thomas und Smudo das Publikum in zwei Hälften geteilt haben. Dann wurde geguckt, wer lauter ist. Das fand ich sehr beeindruckend.

ROE BEARDIE Ich erinnere mich, dass wir als Headrush-Dreigestirn damals zu einem Fanta-4-Konzert im Stadtgarten in Düsseldorf gegangen sind und total von der Qualität begeistert waren. Die hatten Funkmikros, der Sound war geil, die hatten eine Choreografie, und jeder wusste den Text vom anderen. Das war dermaßen schwäbisch durchorganisiert, hat aber trotzdem noch Spaß gemacht.

SMUDO Wir haben halt versucht, mit dem Publikum zu interagieren. Wir hatten ja einen signifikanten Anteil von Leuten im Publikum, die uns zum ersten Mal gesehen haben und nicht wussten, wer wir sind und wie man sich auf unseren Shows zu benehmen hat. In der Regel war es so, dass wir am Ende eines Konzertes fast alle abgeholt hatten. Das war immer unsere Stärke. Wir gestalten bis heute unsere Shows so: Die letzten zehn Minuten sind die wichtigsten – so, dass jeder rausgeht und sagt: »War ein geiler Abend!«

DOKTER RENZ Ich fand es total beeindruckend, dass das Publikum sich, schon bevor die Band auf die Bühne kam, auf diesen »Vier, Vier,

Vier«-Schlachtruf geeinigt hatte. Das war total eindringlich. Gleichzeitig hat man sich gefragt, ob das nicht vielleicht etwas zu militärisch sein könnte.

SMUDO Irgendwann saßen wir mit Thomas Zimmermann, unserem Produktmanager bei Sony / Columbia, zusammen und haben darüber gesprochen, was so in Zukunft passieren soll. Zufälligerweise lagen da Flyer vom Loreley-Festival rum. Thomas D guckte da drauf und meinte: »Da treten ja De La Soul auf, warum spielen wir da nicht?« Also wurde das von Sony angestrengt, und es wurde tatsächlich einer der wichtigsten Auftritte für unsere Karriere. Mir haben viele Leute erzählt, dass sie uns dort zum ersten Mal gesehen haben. Ich weiß noch, dass ich in der ersten Reihe jemanden gesehen habe, der jede Zeile mitrappen konnte – das war, wie sich später herausstellen sollte, Phillip von DCS. Und der war nicht der Einzige, der so inbrünstig mitgerappt hat! Es gab auch schon erste Hater, die uns den Stinkefinger gezeigt haben, aber allgemein haben wir da gerockt. Das war ein echtes Erweckungserlebnis, nach dem wir uns sehr stark gefühlt haben. Der Loreley-Bühne fühlen wir uns bis heute sehr verbunden – auch wenn das immer noch der gleiche beknackte Betonboden ist, bei dem du dir den Meniskus kaputt machst, wenn du während dem Auftritt springen willst. (lacht)

DOKTER RENZ Man hatte bis dahin ja nur rumpelige Kleinkonzerte besucht. Bei den Fantas war es das erste Mal so, dass HipHop etwas von einem großen Rockkonzert hatte. Plötzlich stellte man sich Fragen wie: Darf ich mitklatschen, oder ist das peinlich? Ich glaube, da waren deutsche Rap-Bands hin- und hergerissen zwischen ihrer eigenen NDW-Grönemeyer-Sozialisierung und den amerikanischen Vorbildern, die nach 25 Minuten Halbplayback grußlos von der Bühne verschwanden. Dementsprechend habe ich mich nach dem Konzertbesuch auch gefragt: Wie soll das bei uns aussehen?

ROE BEARDIE Was Produktionen angeht, haben die Fanta 4 allen vorgemacht, wie man auf einem richtig amtlichen Level Musik produzieren und gleichzeitig noch einen Mass-Appeal reinbringen kann. Das waren die ersten Lieder, mit denen die Leute etwas anfangen konnten, die einen vorher als Außenseiter gesehen haben.

SMUDO Fitz Braum, mit dem wir später gemeinsam unser eigenes Label Four Music gegründet haben, hat uns mal gesagt: Wenn ihr euch eine Newcomer-Band anguckt, müsst ihr unbedingt rausfinden, was die Mädchen machen, welche Texte die gut finden, auf was die reagieren. So kann man erkennen, ob eine Band Potenzial hat. Musik findet ja auf einem Geschlechtermarkt statt. Wie ist denn HipHop der Nerdkultur entwachsen? Das war, als es für beide Geschlechter einigermaßen unterhaltsam wurde und eben nicht mehr nur das eigene Nerdtum zelebriert wurde.

6 Populär

SMUDO Das Album »Jetzt geht's ab« war mit 20 000 verkauften Platten und dem Konzert in der Loreley ein Achtungserfolg. Die Plattenfirma aber hat nach Wegen gesucht, das große Publikum zu erreichen – und da blieb nur Radio. Fitz, damals bei Sony Music frisch designierter A&R-Chef, kam zu einem Gespräch zu uns ins Studio nach Stuttgart. Ich weiß noch, wie er da in der Ecke saß und gesagt hat: »Wir brauchen eine Radiosingle. Ihr könnt das doch!« Heute weiß ich, dass es eine Floskel ist – die ich später auch bei unseren eigenen Signings benutzt habe, zum Beispiel bei Blumentopf. (lacht) Aber damals haben wir uns natürlich geschmeichelt gefühlt. Und wir waren gewillt. Wir wollten den nächsten Schritt gehen und richtige Stars werden: Mädchen kennenlernen, Geld verdienen, das scheiß Studium nicht machen. Wir waren alle, jeder für sich, voll motiviert und hatten Bock da drauf.

FALK SCHACHT Auf dem zweiten Album »4 Gewinnt« benutzten Die Fantastischen Vier verstärkt Elemente, die man vom damaligen R&B und New Jack Swing kannte. Man hatte den Eindruck, dass der Sound der Band bewusst verändert wurde, um sie Charts-kompatibel zu machen.

SMUDO Unsere gesamte »4 Gewinnt«-Platte ist voll von dem Wunsch und der Motivation, möglichst breiten Erfolg zu haben. Wir sind sehr naiv an dieses Thema »Hit« herangegangen und haben uns auf einfache Formeln verlassen: Sex und Party. Aber es hatte auch eine gewisse Realness. Uns wurde gesagt, dass Rap auf Deutsch nicht geht. Aber wir fühlten uns so richtig, also sind wir da spielerisch drangegangen. Diese Platte hat uns in jeder Beziehung komplett entjungfert – auch mit den danach kommenden Anfeindungen aus der Szene.

RALF THEIL Die Fantas haben sehr viel sehr richtig gemacht. Und sie haben auch einfach krass viel Glück gehabt, als »Die da!?!« als Single durch die Decke gegangen ist. Mit ihrer offensichtlichen Freundlichkeit und dem Witz haben sie es schon sehr darauf angelegt, aber selbst das hätte im Grunde genauso verpuffen können wie das Album davor.

SMUDO Ein paar Dinge sind genau an die richtige Stelle gefallen. Die Radiostationen konnten mit HipHop damals ja eigentlich nichts anfangen, vor allem die öffentlich-rechtlichen. Aber das Privatradio war neu, wie auch das Privatfernsehen. Die Sender brauchten alternatives Programm, um sich abzugrenzen. Ganz allgemein gab es zwischen Die Ärzte und den Überbleibseln der NDW einerseits und der sich anbahnenden Techno-Welle andererseits einen Bedarf für Musik wie unsere und für ein Erstarken der eigenen deutschen Popkultur. Die emanzipierte sich ja so, dass es mit VIVA sogar einen eigenen deutschen Clipkanal gab und auch MTV sich gezwungen sah, in Deutschland Fuß zu fassen. Davon haben wir alle profitiert. Das war einer der Hauptmotoren für deutschsprachige Rap-Musik.

RALF THEIL Das Video zu »Die da!?!« lief auf MTV rauf und runter. Ich glaube aber, dass ich das damals schon daneben fand. Die Jungs fuhren durch irgendeine Industrie-Geisterlandschaft, die Frauen hatten Bauhelme und Hotpants an. Das wirkte alles mega an den Haaren herbeigezogen und völlig sinnlos. Man hat sich nicht mal die Mühe gemacht, für den Scratch-Part einen Plattenspieler aufzustellen. Das wäre halt ein Move gewesen. Aber das war nicht vorgesehen.

MC RENE Im Grunde sind die Fantas schon Pioniere für deutschsprachigen Rap gewesen. Aber das Video zu »Die da!?!« mutete einfach wie eine Parodie an, was vielen Leuten ein Dorn im Auge war.

Der Tanz, der bei »How I Just Killed A Man« von B-Real cool aussah, wirkte bei Thomas D klischeehaft.

KRYPTIK JOE Fanta 4 wurden als weniger real interpretiert, aber ich habe die nie wirklich anders eingestuft, auch wenn sie poppiger waren. »Die da!?!« war einfach ein genialer Song. Da wird in der dritten Strophe erst aufgeklärt, was Phase ist. Krieg das mal hin! Das haben die sicher auch abgefeiert, als sie aus dem Studio raus sind. (lacht)

MOSES PELHAM »Die da!?!« fand ich komplett wack: musikalisch, aber auch, weil ich Die Fantastischen Vier 1991 kennengelernt hatte, als sie auf einer von mir mitorganisierten Jam in der Frankfurter Music-Hall aufgetreten sind und ich dort mit Hausmarke aneinandergeraten bin. Man muss dazu sagen, dass ich damals sehr leicht zu insultieren war. Schon ein falscher Blick wurde von mir als mangelnder Respekt ausgelegt. (lacht) Hinzu kam, dass wir mit unserem Tape auch bei der Sony vorstellig wurden, und Fitz Braum mir da ein bisschen zu wenig Respekt entgegenbrachte. Stattdessen spielte er mir ein neues Lied von den Fantastischen Vier vor. Das trug alles in allem sicher dazu bei, dass die unser Feindbild waren. (lacht)

PURE DOZE Als die Fantas im alten FZW in Dortmund einen Auftritt hatten, haben wir sie mit Schneebällen beworfen und weggejagt. (lacht) Wir hatten einfach das Gefühl, dass die Fantas Rap nur benutzen, um sich daran zu bereichern. Als sie für die Pfeiferei im Chorus auf »Die da!?!« – die aus einem älteren Song aus den Siebzigern stammte – dann einen vor den Arsch gekriegt haben, haben wir uns richtig gefreut.

SMUDO Natürlich hat man mitbekommen, dass der Rest des sogenannten HipHop-Deutschlands uns uncool fand. Da wurden manchmal auch Sachen auf die Bühne geschmissen, es wurden Schilder hochgehalten, oder wir wurden beschimpft. Das hat uns immer sehr getroffen, aber auch dazu geführt, dass wir nicht gerade den Kontakt gesucht haben. Wir haben uns eher an Leute gehalten, die wir schon kannten. Mit DCS, Fresh Familee oder Chicken von Rude Poets haben wir uns sehr gut verstanden. Bei Akim Walta wusste ich immer nicht so richtig, ob er uns mag oder unterwandern will. Von Torch war ich enttäuscht, weil der sich auch in der Öffentlichkeit distanziert hat, obwohl wir viele Berührungspunkte hatten. Scope und die ganzen Jungs haben uns auf jeden Fall gehasst. Aber egal, wie man zu uns stand: Unser Album hatten alle im Regal.

MOSES PELHAM Ich hatte immer das Gefühl, dass sich Die Fantastischen Vier über das lustig machen, was ich liebe. Für mich war und ist das kein Witz, sondern mein Blut. Ich konnte darüber nicht lachen und habe das als Beleidigung empfunden.

RALF KOTTHOFF Die Fantastischen Vier waren eine Gefahr, weil sie dem zu ähnlich waren, was wir gemacht haben. Wir hatten Angst, dass unsere Begriffe mit deren Clownsveranstaltung besetzt werden. Wenn man davor irgendwo hinkam und erzählt hat, dass man sich mit HipHop und Rap beschäftigt, haben die Leute immer mit dem Klischee von der brennenden Mülltonne angefangen. Auf einmal hieß es: Ah, so wie »Die da!?!«. Da hätte man lieber wieder die Mülltonne gehabt ... Dementsprechend haben wir um diese Begriffe gekämpft.

RICK SKI Ich hatte immer das Gefühl, dass Die Fantastischen Vier in Interviews als HipHopper gefragt worden sind, aber nur als Rapper geantwortet haben. Die Jungs waren ja auf einmal auch fürs Fernsehen interessant und wurden natürlich gefragt, was das denn ist, was sie da machen, und ob es auch noch andere Leute neben ihnen oder gar eine ganze Szene gibt. Auf diese Fragen sind die Fantas meiner Erinnerung nach nie eingegangen. Sie haben wie eine Pop-Gruppe geantwortet und nur von sich und ihrem neuen Album erzählt.

SMUDO Ich kann gut verstehen, dass es andere geärgert hat, wenn wir uns in Interviews nicht klar zur HipHop-Szene bekannt haben. Aber uns war das gar nicht wichtig. Deswegen haben wir uns nie als Botschafter gesehen.

ROE BEARDIE Der Unterschied zwischen den Fantas und AC ist ganz klar: Die einen wollten Unterhaltungsmusik machen, und die anderen hatten eine Agenda, die vielleicht etwas zu groß für sie war.

SMUDO Man muss auch sagen, dass Torch sich mit seinem Dogmatismus nicht nur Freunde gemacht hat. Wir waren immer froh, wenn wir von Kollegen gehört haben, dass sie das auch als anstrengend empfinden. Diese Anfeindungen haben uns natürlich trotzdem beschäftigt, weshalb ich später im Song »Die Geschichte des O« auch ein paar Zeilen dazu geschrieben habe. Sätze wie »Mit deinem Mikro in der Hand wie der Prophet in seinem Land / Lästiger Querulant, lächerlicher Repräsentant« gingen ganz klar gegen Advanced Chemistry. Ich fand einfach lächerlich, dass Torch und die anderen sich hingestellt und behauptet haben, dass nur sie die Wahrheit kennen würden, obwohl wir alle ungefähr gleich alt waren und über die gleiche Musik zu Fans geworden sind. Ich fand dieses Aufspielen als Gralshüter und das ständige Betonen, dass man alles richtig macht, unheimlich deutsch und spießig. Unsere Innovationskraft speiste sich gerade aus dem Bruch mit diesen klassischen Elementen. Wir wollten nicht ins Museum. Wir verstehen uns bis heute als Pioniere!

TONI-L Man wollte sein kreatives Feld eben abschirmen. Das war im Grunde wie dein eigenes Kind, welches gerade laufen lernt, das du vor Angriffen, Stolpersteinen oder einer falschen Entwicklung beschützen wolltest. Heute empfinde ich das facettenreiche Angebot als Bereicherung. Aber zur damaligen Zeit war man sensibler und hat nicht alles mit Gleichgültigkeit betrachtet.

DOKTER RENZ Ich fand immer wichtig, dass es sowohl die Fantas als auch AC gab, und konnte mich in beidem wiederfinden. Ich habe das auch als Orientierung genutzt: Das ist mir zu albern, das wiederum ist mir zu dogmatisch. Solche Konflikte helfen einem ja auch, den eigenen Kurs zu skizzieren. Deshalb bin ich beiden Bands in Dankbarkeit verbunden, dass sie da einen vorgelegt haben.

TONI-L Dieser Konflikt wurde ja nicht feindschaftlich ausgetragen oder ging unter die Gürtellinie, es war eher ein respektvoller und auch wichtiger Dialog, der gerne falsch aufgegriffen und hochgespielt wurde.
SMUDO Heute kann man sagen: Das war eine Selbstfindungsphase innerhalb eines gemeinsamen Musikgenres, die auch mit unser aller Alter zu tun hatte. Wir haben uns zu der Zeit alle selber gesucht und gefunden. Das war der Grund, warum jeder seine eigenen Themen so vehement verteidigt hat.

7 Jam on It

STEPHAN SZILLUS HipHop war Anfang der Neunzigerjahre ein Geheimbund. Das macht den Reiz von Subkulturen ja aus: Abgrenzung von den anderen auf dem Schulhof. Etwas feiern, das die anderen nicht feiern, etwas wissen, das die anderen nicht wissen. Wie man eine SP-1200 bedient, wo man Reimwörter zu setzen hat – dieses Wissen wurde auf HipHop-Jams weitergegeben.

KOOL SAVAS Es gab keine Magazine, im Fernsehen lief nichts über HipHop. Erst als ich das erste Mal auf Jams außerhalb von Kreuzberg gerappt habe, hat sich das alles für mich nach und nach herauskristallisiert. Irgendwann war ich dann in Wolfsburg auf einer richtigen Jam. Das war ein absoluter Traum.

CORA E. Die Jams fanden meistens in Jugendzentren statt. Es gab einen PVC-Boden, auf dem gebreakt wurde. Drum herum standen Leute, die zugeguckt haben. Die Musik kam von der Bühne, wenn es eine gab. Dort lagen dann auch ein oder mehrere Mikrofone, und man konnte rappen. Da musste man sich nicht absprechen. Draußen wurden Graffiti gesprüht.

STEPHAN SZILLUS Davon durfte man nicht abweichen, nach dem Motto »Respect the architect«: Die Gründerväter haben die Regeln für eine HipHop-Jam festgelegt, und wir müssen das jetzt genau so ausführen …

CORA E. Was es ausmachte, war die Atmosphäre. Es war immer diese Atmosphäre im Raum. Wir saßen alle in einem Boot und liebten dieses Ding so sehr.

AFROB Auf den Jams konnte ich endlich einfach so sein, wie ich bin.

Es war auch anders als im Sport, wo man dann »eine Gazelle« war. Ich habe andere Schwarze gesehen, und das war plötzlich völlig normal. Und HipHop war ein Movement, bei dem jeder mitmachen konnte.

BABAKONE Die Jams waren keine Shows für Zuschauer, sondern eine Veranstaltung für Rapper, Breaker oder Maler. Damals waren hundert Prozent des Publikums auf irgendeine Art Aktivisten.

KATMANDO Das Wort »Aktivist« klingt furchtbar, aber es war halt so: Wir waren Aktivisten. Man hat, sobald irgendwo was los war – in Stuttgart-Ost oder sonst wo – Flyer bekommen, die man dann, in seiner eigenen Stadt verteilt hat. Völlig sinnlos! Dann hat man eine Fahrgemeinschaft gebildet und ist hingetrampt oder mit dem Zug gefahren. Daher kommt auch das berühmte Jahresticket, das alle hatten, weil es irgendwann einfach zu teuer wurde, auf alle Veranstaltungen zu fahren. Am Anfang war ja nur alle paar Monate eine Jam, aber bald konnte man schon jedes Wochenende irgendwohin fahren. Und das hat man ganz selbstverständlich gemacht, ohne sich zu fragen, ob man da eigentlich Bock drauf hat. (lacht)

EIZI EIZ Ab 93 war ich wirklich überall, wo etwas passiert ist. Ich ging noch zur Schule, aber ich war jedes Wochenende unterwegs. Am Freitag Bremen, am Samstag Karlsruhe, im Haus der Jugend auf der Tischtennisplatte gepennt, am Sonntag zehn Stunden mit dem Zug zurück nach Hamburg, nachts angekommen und Montag früh wieder in die Schule ... Keine Ahnung, wie ich das damals geschafft habe. Aber wir waren eine richtige Gang, bestimmt 30 Leute, mit Leuten aus drei Generationen: Torch, Swift, Storm, dessen kleiner Bruder Speedy, all die Legenden! Man hat jedes Wochenende dieselben Leute getroffen. Das waren in ganz Deutschland vielleicht 500 Leute.

SAMY DELUXE Es hat immer irgendein idealistischer Aktivist die Initiative ergriffen und eine Jam veranstaltet. Da kamen dann alle hin. Die Gruppen, die aufgetreten sind, haben Kontakte geknüpft und vielleicht noch ein bisschen Fahrgeld bekommen. Es haben auch immer die gleichen Crews gespielt. Ich habe allen zugehört und erst mal alles gefeiert.

RICK SKI Gerade die ersten Veranstaltungen waren meist sehr unorganisiert. Die Soundqualität war schlecht. Es standen Leute auf der Bühne, die vielleicht besser nicht dort gestanden hätten. Es passierte auch mal eine Stunde gar nichts, und der DJ hat eine Stunde lang rumgescratcht, bis alle genervt waren. Doch das Positive an den Jams war die Spontaneität. Lokale Artists performten zusammen mit angereisten Szenegrößen, die vom Hörensagen von dem Event erfahren hatten, oder es gab plötzliche B-Boy-Circles mit energetischen Tanzeinlagen.

EIZI EIZ Meine erste Jam war im Flachsland in Hamburg-Barmbek, irgendeine Battle mit Breakdance und Freestyle. Gee-One war da und hat auch den Preis gewonnen: einen Saftmixer. Eigentlich wollten Fabinger und ich Flyer für unser Fanzine *Hype* verteilen. Wir haben uns aber nicht getraut, also haben wir alle Flyer auf einmal in die Luft geworfen und sind weggerannt. (lacht) Da war ich 13. Wir sind wirklich zu jedem Ding in ganz Norddeutschland gefahren, wo auch nur ein bisschen was mit HipHop auf dem Flyer stand. In Bremerhaven haben wir mit No Remorze abgehangen, in Bremen mit F.A.B. Wir waren in Oldenburg, in Syke, in Bielefeld, in Hannover, in Itzehoe.

SAMY DELUXE Meine erste HipHop-Jam war im Herbst 1992 in Itzehoe nördlich von Hamburg. Diese Jam war ein Schlüsselerlebnis für mich. Ich habe von Torch meine »Fremd im eigenen Land«-Maxi unterschrieben bekommen, die ich ihm kurz davor für zehn Mark abgekauft hatte. Am Ende der Show war eine Freestyle-Cypher, bei der auch MC Rene aufgetreten ist. Der kam erst ganz spät. Rene hatte nämlich den Ruf, von Jam zu Jam durchs Land zu reisen und ständig unterwegs zu sein.

FRAUENARZT MC Rene fand ich echt super. Der war ultrajung, hatte eine interessante Stimme und ein sehr selbstbewusstes Auftreten, was beim Rappen ja nicht unbedingt schadet. Der hat einfach gerappt und beim Freestylen alles eingebaut, was sich in seiner Nähe befand. Von so etwas waren alle begeistert.

SAMY DELUXE Auf dem Nachhauseweg habe ich zu meinen Freunden gesagt: »Das geht nicht. Man kann nicht in dem Moment, in dem man reimt, sich schon wieder die nächste Zeile ausdenken.« Ich habe die die ganze Zeit damit vollgelabert. Das hat meinen Kopf ganz krass gefickt. Danach habe ich auch mit dem Freestylen angefangen.

MC RENE Mit dem Schüler-Fernticket war ich sehr mobil und konnte auch mal nach Hannover oder Hamburg fahren. Dort habe ich mir Platten geholt und Flyer für Jams oder Rap-Contests mitgenommen. Irgendwann lag da mal ein Flyer für eine Jam in Oldenburg im Jugendzentrum »Cadillac« aus. Nach den Auftritten gab es oft noch eine Cypher. Meistens kam man da nicht zum Zug – und wenn doch, dann ging genau in dem Moment der Vorhang zu oder der DJ hat einfach kein Instrumental mehr aufgelegt. Aber in Oldenburg habe ich tatsächlich mal das Mic bekommen und voll auf Adrenalin losgelegt. Nach und nach sind immer mehr Leute in die Cypher gekommen, und irgendwann standen auch Torch, Boulevard Bou und Storm vor der Bühne. Torch und ich haben uns nach dem Auftritt unterhalten und Nummern getauscht. Das war für mich total krass.

EIZI EIZ Unsere erste Freundschaft außerhalb von Hamburg war mit David P. und Klammer von Main Concept. David hat ein Foto von uns im MZEE-Magazin gesehen und bei mir zu Hause angerufen.

DAVID P. Wir hatten 1992 über die Astrid Weindl vom Zeugnerhof die Möglichkeit, die Bands für eine Jam auszuwählen, die sie in der Mensa Neuperlach in der Quiddestraße organisiert hat. Wir durften zwei Gruppen einladen und haben die Absoluten Beginner und DCS ausgesucht. In der MZEE gab es hinten die Rubrik »Bands stellen sich vor«. In der ersten oder zweiten Ausgabe war ein Foto von Jan, Dennis, Mad und Mardin. Jan hatte ein Raiders-Shirt an, auf dem aber »St. Pauli« stand. Das fanden wir wahnsinnig originell, richtig cool. Also habe ich bei der Telefonnummer angerufen, die da stand, und die Jungs nach München geholt.

EIZI EIZ Das war die Zeit, in der die Eltern einen noch ans Telefon gerufen haben: »Janni, da ist ein David, der will dich sprechen.« So ging es los, dass man sich überregional vernetzt und ausgetauscht hat. Man hat sich gegenseitig gepusht und Sachen beigebracht. Von Klammer habe ich viel gelernt, was Beats angeht.

DAVID P. 1993 haben wir im Münchner Feierwerk unsere erste Jam auf eigene Rechnung veranstaltet. Das war die Idee von Kuchar, der Teil unserer Crew war und ist. Der hatte diese nötige Unbedarftheit und ein gesundes Maß an Größenwahn. Wir haben u. a. Too Strong aus Dortmund eingeladen. Deren Auto ist auf der Strecke abgekackt, also ist der Kuchar losgefahren, um sie mit meinem Wagen beim Köschinger Forst hinter Ingolstadt abzuholen. Er hat natürlich vergessen zu tanken und musste die letzten Kilometer zu Fuß mit dem Kanister zu der Raststätte gehen … So kamen die endspät an. Torch, der gar nicht eingeladen war, hatte in der Zwischenzeit schon mit einem Ghettoblaster die Stage gebumrusht und das ganze Programm durcheinandergebracht. Als Too Strong dann auf die Bühne sind, war es mitten in der Nacht. Cole, einer der Writer aus deren Crew, war total besoffen und hat die Crowd animiert. Too Strong waren damals ja die absolute Abgeh-Truppe. Die sind auf die Bühne, haben ihren Song »Rabenschwarze Nacht« gemacht und das ganze Feierwerk ist abgegangen wie Sau. Cole hat sich ein Weißbierglas auf die Rübe gehauen, er hatte überall Splitter, das Blut ist ihm runtergelaufen, aber er ist einfach weiter abgegangen, hat »Si-lo, Si-lo« geschrien und seinen Kopf geschüttelt. Das ganze Blut ist in die Menge gespritzt. Das war so psycho! (lacht)

SCOPE Eine sehr wichtige Jam war die No Ignorance Jam 1991 im

Underground in Köln. Es sind Rude Poets, LSD, C.U.S. und auch Advanced Chemistry aufgetreten.

RICK SKI Auf den Veranstaltungen zuvor hatten sich meist nur Hip-Hopper aus der jeweiligen Region Deutschlands eingefunden. Zur No Ignorance Jam dagegen reisten Aktivisten aus ganz Deutschland an. Bis heute höre ich immer wieder von Kollegen, die später durchgestartet sind, dass sie an dem Abend anwesend waren. Eine weitere Besonderheit war, dass Bands am Start waren, die bereits Platten veröffentlicht hatten. Das war damals noch die absolute Ausnahme. Wir haben dort zum ersten Mal Tracks vom LSD-Album vorgestellt, das kurz darauf erschienen ist.

SCOPE Ich weiß noch, dass wir echt wenig Musik hatten: drei oder vier Songs. Ich hatte gerade erst einen neuen Text geschrieben, den ich aber noch nicht auswendig konnte und dann einfach vom Blatt ins Mikro gerappt habe. Im Underground war es voller als voll, nicht nur drinnen im Konzertraum, sondern draußen im ganzen Hof und bis auf die Straße.

RICK SKI Im Gegensatz zu Jams im Süden Deutschlands, wo oft Englisch die einzig gerappte Sprache war, hörte man auf der No Ignorance Jam die MCs auch in anderen Sprachen und Dialekten performen. Torch freestylte auf Deutsch, Toni-L rappte auf Italienisch, und die Rude Poets brachten das Publikum in kölschem Dialekt in Stimmung. Im Publikum tummelten sich auch Die Fantastischen Vier, die einige Wochen zuvor ihre Debütsingle »Mikrofonprofessor« veröffentlicht und dazu auch im Underground gespielt hatten.

SMUDO Ich habe da das erste Mal Advanced Chemistry gesehen. Toni der Koch hat so einen Kettenreim gehabt, in dem er meiner Erinnerung nach irgendwas von einem Klo und dem Wasser erzählt hat, das dort durchfließt. Das hat mich total fasziniert. Die Rude Poets waren auch da und haben »Noch eh paar Biersche« gerappt.

Eine Mördernummer! Das war einer der glücklichsten Tage meines Lebens – weil ich gemerkt habe: Wir sind nicht alleine!

RALF KOTTHOFF Es hört sich vielleicht pathetisch an, aber ich kann sagen, dass eine Jam mein Leben verändert hat. An dem Abend ist Torch auf die Bühne gekommen und hat gerappt. Das war mein Moment der Erleuchtung, quasi ein religiöses Erlebnis. Später ging im Raum das Licht an. Normalerweise wäre eine Party in dem Moment vorbei gewesen. Aber diese nicht: Die Breaker haben einfach weiter getanzt, es wurde weiter gerappt. Keiner hat sich versteckt. Jeder war dort, um genau das zu machen und zu erleben. Bis dahin kannte ich nur Teenie-Partys, bei denen man im Dunkeln ein bisschen geraucht und getrunken oder vielleicht mal ein wenig getanzt hat. Aber das war anders. Zu Hause wurde ich von meinen Klassenkameraden für mein Baseballcap ausgelacht, aber ich habe all meine Energie in diese Sache gesteckt. Weil ich wusste: Das ist es. Und das ist es auch. Bis heute.

8 Die Alte Schule

RICK SKI Die No Ignorance Jam war in meinen Augen eine wichtige Initialzündung für die deutsche Szene. Gleichzeitig war sie aber auch eine Schnittstelle, weil sie das Ende der reinen Jam-Ära einläutete. In dem Jahr, 1991, stieg die Anzahl der Veröffentlichungen rapide an.

MARTIN STIEBER Ab 1991 ging es in Deutschland richtig los. Ich würde gar nicht sagen, dass irgendwer als Erster die hundert Meter ganz alleine bestritten hat. Da ist viel zeitgleich passiert.

RALF THEIL Ein wichtiges Format waren die Sampler: »Kill The Nation With A Groove« von Buback, »That's Real Underground« oder »Hip Hop Hurra!«, eine Compilation mit Rap gegen Rechts von der Zeitschrift Prinz. Darüber wurde bei vielen Hörern ein Bewusstsein dafür geschaffen, was es außer AC und Fanta 4 noch so gibt.

SAMY DELUXE Ich hatte alle diese Deutschrap-Sampler, natürlich auch »Alte Schule« von MZEE und »Pioniermanöver« mit der Crème de la Crème aus Ostdeutschland.

RALF THEIL »That's Real Underground« kam über Rap Nation Records raus, ein kleines, aber recht wichtiges Label aus Braunschweig, das Matthias Lanzer und der spätere Aggro-Berlin-Gründer Spaiche betrieben haben. Die haben auch Die Deutsche Reimachse veröffentlicht, eine für die Deutsche AIDS-Hilfe gegründete Supergroup, von der es aber nur eine Maxi gab. Das waren die Fantas, die Reimbanditen, Fresh Familee, DCS und Olli Banjo mit seiner damaligen Crew Maximale Lautstärke. So konnte man sich die deutsche Underground-Szene nach und nach erschließen.

ROE BEARDIE Jeder hat irgendwie vor sich hin gewerkelt. Die Technik war zum Teil noch irre teuer, und es mangelte an technischem Know-how. Einer hat mit dem Amiga rumprobiert, der Nächste hatte seine Loops nur auf Kassette, wieder ein anderer hat einfach zwei Platten gemischt. Akim hat uns auch deswegen rangeholt, damit wir diese technischen Wirrungen mal ein bisschen ordnen.

GÖTZ GOTTSCHALK Roman Preylowski aka Roe Beardie hatte mit seinen Produktionen eine absolute Ausnahmestellung. Seine Beats waren sofort auf einem internationalen Level. Als man seine Sachen gehört hat, war klar, dass man jetzt mal aus dem Arsch kommen muss. Der hat von Walkin' Large über MC Rene und Die Coolen Säue bis Kool Savas, Sido und Olli Banjo wirklich unendlich viel exzeptionelles Zeug gemacht.

SCHIVV Ich habe von keinem Menschen so viel über diese Musik gelernt wie von Roman. Er hat das ganz früh schon durchdrungen und hatte immer eine Haltung dazu: grundkritisch, aber eben auch voll Liebe und Faszination. Vor allem hatte er die Fähigkeit, aus dieser Durchdringung und Haltung etwas Eigenes zu machen. Wir sind alle an ihm gewachsen.

ROE BEARDIE Advanced Chemistry hatten Akim Walta wohl davon erzählt, dass sie sich bei uns total wohlgefühlt haben, woraufhin Akim uns nach und nach die komplette Deutschrap-Elite der damaligen Zeit vorbeigeschickt hat. Da war richtig was los. Wir wurden so etwas wie die Haus-und-Hof-Engineers für die deutschen HipHopper.

MARTIN STIEBER Der Roman war der beste Engineer in Deutschland. Der war supereloquent und hatte Equipment, das er wahnsinnig gut bedienen konnte. Der erste Berührungspunkt war für uns 1993 der »Alte Schule«-Sampler auf MZEE Records.

AKIM WALTA Die Grundidee hinter »Alte Schule« war eine Hommage an das Lebensgefühl HipHop und eine Präsentation der Protagonisten der Szene. Nach dem ersten Fanta-4-Album erzählten uns plötzlich die Medien, was deutscher HipHop ist. Der Sampler war unsere Antwort, unsere Version einer Definition von deutscher Hip-Hop-Kultur.

RALF KOTTHOFF Die »Alte Schule«-Platte war sehr wichtig. Es gab vorher auch schon ein paar Sampler, aber »Alte Schule« war gefühlt der nächste Schritt. Da sind auch nicht nur gute Lieder drauf, aber das Ding war abwechslungsreich, mit Leuten aus verschiedenen Regionen. Es hat gezeigt: Wir sind hier und wir gehen nicht wieder weg.

AKIM WALTA Torch, Toni-L und Linguist sollten Solo-Songs beisteuern und als Zugpferd andere mitziehen. So nahm zum Beispiel der junge MC Rene seinen ersten Track auf, der von LSD-Urgestein Ko Lute produziert wurde. Zusätzlich sollte es Tracks für die B-Boys, DJs und Writer geben. Die Legende Stylewarz von No Remorze rockte die Turntables und die Stieber Twins und Zeb.Roc.Ski mixten im Headrush Studio ihre Lieblings-Breaks für die B-Boys zusammen.

MARTIN STIEBER Noch viel wichtiger als der Sampler war die legendäre MZEE Frisch, die wenig vorher mit dem Line-Up der Compilation in Köln in der Live Music Hall stattgefunden hat. Da ist meiner Meinung nach der Knoten geplatzt. Da waren 1200 oder 1500 Leute, die Stimmung war atemberaubend. Scope und ich haben Stacheldraht auf dem Gelände der Deutschen Bahn abgeknipst, um damit ein Bühnenbild mit Trainyard-Atmo zu gestalten. Der Gonz hat mit Mode 2 vor der Halle das legendäre »Alte Schule«-Graffiti gemalt, das dann auch Teil des CD-Booklets wurde. Das war schon geil. Der Jam ging mit unserem Intro los, und danach wurde die ganze Platte chronologisch durchgespielt. »Hardcore Gladiator« vom Toni, »Toy Terminator« von Scope. (lacht) Bis heute ein unvergesslicher Moment.

RALF THEIL Auf der »Alte Schule« waren Sachen drauf, die übertrieben ernst klangen. Das hat mich immer ein bisschen gestört. »Hardcore Gladiator« oder »Toy Terminator« – alleine, dass es Songs gab, die so hießen, war schon krass humorlos. Es gab diese Dichotomie zwischen Underground und Sellout, Hardcore und Pop, die einem eingebläut wurde. Viele der Songs waren von einer sehr tiefen Überzeugung geprägt. Das fand ich albern, aber gleichzeitig auch faszinierend.

TONI-L »Hardcore Gladiator« ist zu der Zeit entstanden, in der die Medien ins Spiel kamen. Ich wollte widerspiegeln, was all meine Weggefährten und ich empfanden: Auf einmal steht man in dieser Arena und wird angegriffen, ohne selber jemanden attackiert zu haben, und muss dafür kämpfen, dass die eigene Kunst erhalten bleibt und respektiert wird.

SCOPE Zu dem Zeitpunkt hatte außer der Szene noch keiner Ahnung von HipHop. Die Leute konnten damit nichts anfangen und haben HipHop auch mal als »Negermusik« bezeichnet. Wenn man auf eine Bühne gestiegen ist und seine Musik mit einem Plattenspieler oder einem DAT abgespielt hat, wurde man von arrivierten Musikern dumm angeguckt. Diese fehlende Anerkennung zog sich halt so durch.

RALF THEIL 1993 kam die Dokureihe »Lost in Music«. Das war megawichtig. »Lost in Music« war eine Co-Produktion von Arte und dem ZDF und lief über mehrere Monate hinweg im öffentlich-rechtlichen Fernsehen. In der Redaktion saßen Hans Nieswandt und Oliver »Olski« von Felbert. Die waren Musikjournalisten, aber vor allem auch DJs und HipHop-Fans der ersten Stunde.

MARTIN STIEBER Diese Dokumentationsreihe hat elektronische Musik, aber eben auch deutschen HipHop behandelt. Das war die mediale Geburtsstunde.

STEPHAN SZILLUS Diese Doku war total sinnstiftend. Wir saßen in Kiel und wussten nicht, ob in anderen Städten viel geht. Man hat gesehen, wie Leute wie MC Rene oder Denyo, die in unserem Alter waren, gefreestylt haben. Dadurch wusste man, dass es in ganz Deutschland eine echte Szene gibt.

TONI-L Das ZDF und Arte sind auf uns zugekommen und haben uns nicht nur als Protagonisten angefragt, sondern sich auch erkundigt, wen man interviewen könnte. Daraufhin haben wir die Kontakte zu MC Rene oder den Beginnern hergestellt. Im Rahmen des Drehs entstand dann auch die Idee, ein Video zu »Fremd im eigenen Land« zu drehen. Die Maxi kam ja schon 1992 raus, das Video erschien erst 1993.

RALF THEIL »Lost in Music« war so etwas wie die Gegendarstellung aus der Perspektive des Undergrounds. Man wollte da etwas erzählen. Das war ein sehr bewusster Move, diese Gegenöffentlichkeit zu schaffen und quasi die kulturelle Antithese zu formulieren. Zwischen den Liveausschnitten saßen Toni der Koch, Linguist im afrikanischen Gewand und der damals noch sehr junge und dünne Torch nebeneinander und haben konzentriert und nüchtern erklärt, warum sie damit nicht einverstanden sind, wie Rap in der Öffentlichkeit wahrgenommen wird. Toni sagt da diesen unsterblichen Satz über die Fantas: »Das ist Hit-Pop, aber kein HipHop!«

SIDO Ich habe die Doku erst später mitbekommen und fand das eher belächelnswert. Das war alles so klein und noch gänzlich ohne Struktur, aber trotzdem pseudoelitär. Man sagt ja, dass der erste Eindruck zählt. Ich glaube leider, dass durch diese Doku der erste Eindruck von deutschem HipHop als ein schludriges Ding für Jugendliche, die nichts mit sich anzufangen wissen, lange bei den Leuten im Gedächtnis geblieben ist. Auch deshalb wurde das ewig nicht ernst genommen.

FALK SCHACHT Man muss bedenken, dass die Protagonisten der deutschen Szene zu dem Zeitpunkt Jugendliche waren, deren einziger Zugang ein paar Filme und Dokumentationen wie »Wild Style«, »Beat Street« und »Style Wars« oder das Buch »Rap Attack« von David Toop waren. Darin war nun mal ein gewisses Regelwerk definiert. Das war zwar damals schon eine stark romantisierte Darstellung der New Yorker Realität. Aber in Deutschland hat man sich daran geklammert, weil man nichts anderes hatte, an dem man sich hätte orientieren können.

KATMANDO Wir wollten es halt richtig machen. Das war eine Frage des Respekts. Letztendlich hat genau diese Spießigkeit und Engstirnigkeit der deutschen HipHop-Szene auch zum Erfolg geführt. In der Arte-Doku über Graffiti sagt Futura sinngemäß: Die Deutschen haben es auf ein neues Level gebracht, weil sie es so übertrieben haben.

STEPHAN SZILLUS Vielleicht mag man in Deutschland Maximen und Regelwerke einfach.

FIJI KRIS Dass eine Momentaufnahme aus einer Stadt auf immer die Bibel ist, ist natürlich kompletter Quatsch. Aber gleichzeitig ist diese New Yorker HipHop-Initialzündung natürlich voll geil: Wie die aus nichts etwas geschaffen haben, hat unglaublich viele Leute positiv geprägt, auch über HipHop hinaus. Beim Skateboarden zum Beispiel geht es ja auch darum, urbanen Raum umzudeuten und die Hoheit des Geldes zu brechen. Der Skater nimmt sich diesen neu gebauten öffentlichen Platz und sagt: Das ist jetzt meine Rampe. Genauso nimmt der Sprüher die Werbefläche, die er sich nicht leisten kann, und der DJ / Producer nimmt sich die Instrumente, die er sich nicht leisten kann, aus einer Platte.

RALF KOTTHOFF Die Disziplinen waren nicht nur cool, sie gaben auch einen konkreten Auftrag. Und der eingebaute Wettbewerbsgedanke verschaffte einem die nötige Motivation, dranzubleiben. Es gab keine Ausreden. »Was soll ich schon tun als Wohlstandskind in einer norddeutschen Kleinstadt?« gilt im HipHop nicht, denn es ist egal, wo du herkommst – es zählt nur, was du machst. Also habe ich getan, was zu tun war. Mir war völlig egal, dass ich am Anfang nicht einen einzigen Menschen persönlich kannte, der das verstand. Ich gehörte zu etwas Größerem, Gutem. Zu etwas, das Gerechtigkeit herstellen würde. Ich war mir sicher, dass es die anderen auch noch kapieren würden.

CORA E. Keiner von uns wollte Musiker sein, uns ging es immer um die Kultur. Bis auf »Schlüsselkind« erzähle ich ja quasi in jedem Song von der HipHop-Kultur. Ich hätte am liebsten mit erhobenem Zeigefinger dagestanden und den Leuten gesagt, dass HipHop nicht gleich Rap ist. Ich weiß ganz genau, wie ich das erste Mal eine Zeitschrift aufgeschlagen und neben anderen Genres auch »HipHop« gelesen habe. Das war komisch für mich. »HipHop« war ganz lange ein Geheimbegriff, das war unser Wort. Und auf einmal war das überall und wurde auch noch falsch verwendet.

AZAD Wenn man Liebe für diese Kultur hat, hat man durch die Liebe auch Angst, dass etwas von ihr verloren gehen könnte. Heute weiß man, dass das gar nicht mehr verloren gehen kann. Aber in dieser frühen Entwicklungsphase hatte man einen richtigen Beschützerinstinkt und wollte die Sache gegen alles verteidigen, was sie kaputt machen könnte.

OLLI BANJO Das hatte etwas von Tribalism. Das gehört einfach dazu. Es war eben nur ein kleiner Stamm an Leuten, der seine Strukturen gegen die äußeren Einflüsse verteidigt hat.

MARTIN STIEBER Man identifizierte sich über die Gruppe, wir hatten eine eigene Räubersprache. Das war schon eine gewisse Vereinsmeierei. Wir waren einfach diese paar Mann, die gesprüht, gemalt, gerappt und das HipHop-Ding gelebt haben. Es gab vor uns eben keine HipHopper in D. Wir waren outstanding, man konnte uns nicht packen. Wir waren nicht arroganter als andere – aber eine klare Szene, die sich über diese identifizierte.

CORA E. Ich erinnere mich daran, dass Swift immer zu spät gekommen ist. Als ich ihn mal gefragt habe, warum, meinte er: »Das machen HipHopper so.« Der Blick, der Gang, die Gesten – das haben wir alles von den Amis kopiert und verinnerlicht. Wir waren zu zehnt in einem Raum und haben die gleiche Sprache gesprochen, ohne zu reden. Das war eine verrückte Sache. Vor allem war das alles so ernst. Ich war ja auch total die Polizistin. Es musste alles streng nach Regeln laufen, und wenn es das nicht tat, habe ich es gehasst. Eigentlich ganz schlimm. Wir haben nichts akzeptiert, was anders war.

MARTIN STIEBER Es war schon sehr dogmatisch, ja – wenn auch mit etwas Augenzwinkern. Das war auch eine Persönlichkeitssache vom Torch. Mittlerweile ist er anders, aber in jungen Jahren stand er immer im Mittelpunkt. Das muss man ganz klar sagen. Er hat die Regeln aufgestellt, im Dienste der Zulu Nation.

KATMANDO Inhaltlich war Rap in jener Zeit unheimlich eng. Zudem sind da Sachen gefallen, die man auch bei Pegida und der AfD hört. Dass man den Medien nicht trauen kann, wir alle nur belogen werden, usw. Damals waren solche Gedanken natürlich noch links belegt, und man fand das erst mal okay bis gut. Aber im Nachhinein hat mich überrascht, wie unreflektiert damals alles angenommen wurde.

CORA E. Ich habe 1987 in New York Afrika Bambaataa getroffen, den Gründer der Zulu Nation. Er hat mich in den Arm genommen und meinte: »You're a real sister, you're a real Zulu queen!« Dann hat er mir ein T-Shirt geschenkt, und ich war auf einmal die Zulu Queen. Mehr war das nicht. Es gab die Zulu-Gesetze: kein Rassismus, keine Drogen, das Negative wird ins Positive umgewandelt. Wir haben das einfach komplett übernommen, ohne es groß zu hinterfragen. Das war für mich HipHop.

KATMANDO Es war immer wieder aufs Neue überraschend, gewisse Amis auf Tour zu erleben, die man eigentlich für moralische Instanzen der reinen Lehre hielt. Sobald die europäischen Boden betreten hatten, haben sie erst mal geschaut, wo der nächste Puff ist, und wollten Drogen haben. Wir waren so: »Ey, ihr seid doch Zulus?« Die haben uns einfach weggeschoben, uns für verrückt erklärt und jemand anderen nach dem Puff gefragt.

DAVID P. Während wir auf Oldschool gemacht haben, war Rap in den USA schon ein fettes Geschäft. Vor allem Gangstarap hat sich ja als krasseste Geldquelle herausgestellt; das kam bei uns auch erst 15 Jahre später ... Wir mussten diese Kultur eben erst mal verstehen und auf unsere Weise adaptieren. Das war die Zeit der Jams. Wenn die Oldschooler von früher erzählt haben, haben wir zugehört und uns vorgestellt, wie geil das gewesen sein muss.

MARC LEOPOLDSEDER Die Szene war damals schon sehr auf Nostalgie aufgebaut. Die Älteren haben den Jüngeren erzählt, wie es früher war und dass jetzt alles scheiße ist.

KATMANDO Du musst dir mal die Lebenswege der wichtigen Aktivisten anschauen. Das waren sicherlich keine Leute, die früher Anführer einer Popper-Gruppe waren. Das waren Leute, die auf der Suche waren und dann das festgehalten haben, was sie gefunden hatten. In Frankreich galt es als cool, wenn man anders war. In Deutschland nicht.

SIDO Ich erkläre mir das so: Du bist jedes Wochenende den gleichen Leuten über den Weg gelaufen und wolltest es dir mit denen nicht verscherzen. Also hat man Regeln aufgestellt, damit niemand erfolgreicher als der andere werden kann. Jeder hat ständig von »Keep it real« geredet – und real war man nur, wenn man nach den aufgestellten Regeln gehandelt hat. Dabei ist das doch Schwachsinn. »Keep it real« heißt doch: Mach, was du willst!

SEPALOT Wir kamen aus dem Skateboarding und waren auch ein bisschen punkig. Mit den Regeln, nach denen die HipHop-Kultur damals funktionierte, hatten wir überhaupt nichts am Hut. Wir sind rein über die Musik dazugekommen und fanden diese Dogmen total albern: Wir sind Skate & Destroy, und ihr kommt uns hier mit Regeln? Geht's noch?!?

MOSES PELHAM Dass jemand sagt, wie HipHop zu sein hat, fand ich immer schon peinlich, von Anfang an. Das Tolle an HipHop war ja das Freiheitliche und dass ich mein Leben so leben kann, wie ich darauf Bock habe. Aber dadurch, dass es in den Augen von Medienvertretern etwas Neues war, wurden Leute immer auch zu dem Ganzen befragt. Da wurde nie »Warum machst du Musik?« gefragt, sondern immer »Was macht ein HipHopper denn so?«. Die logische Antwort darauf müsste doch eigentlich lauten: »Keine Ahnung, aber ich mache das so und so.« Aber es war sich keiner zu blöd, irgendwelche Regeln aufzustellen. Da dachte ich mir immer nur: Halt doch mal die Fresse, speak for yourself, fool!

MARTIN STIEBER Wir sind da treudoof hinterhergetrottet, bis es 1995, 1996 zum Bruch kam und wir uns Torch gegenüber emanzipiert haben, um »Fenster zum Hof« zu machen. In einer Welt voller Regeln und Gesetze wollten wir uns einfach losgelöst von allem frei entfalten. Es braucht einen gewissen Hedonismus – sonst macht es doch keinen Fun! (lacht)

FELIX BRUMMER Zu Torch kann ich nur sagen: Wenn irgendwelche alten Männer einem sagen wollen, wo es langgeht, sollte man immer erst mal skeptisch sein. Und Regeln zu befolgen, ist generell eher unsexy.

TONI-L Die Zulu Nation hat einen großen Teil des Fundaments geschaffen, auf dem wir heute stehen. Der Hintergrund waren die damaligen Zustände auf den Straßen von New York. Diese wollte man verbessern und Perspektiven schaffen.

AKIM WALTA Letztendlich sind die von Herc, Bambaataa, Flash und vielen anderen Pionieren geprägten Praktiken – aus dem Nichts etwas erschaffen, Peace, Love & Unity, Wissen weitergeben und voneinander lernen – grundsätzliche Lebenseinstellungen, die es schon vorher gab und hoffentlich auch in Zukunft noch geben wird. HipHop-Kultur gibt dem Ganzen aber eine Klammer, eine Philosophie und ein eigenes Wertesystem, die man jungen Menschen gut vermitteln kann und die weltweit verstanden werden.

TONI-L Klar, du kannst sagen, das braucht dich nicht zu interessieren, weil du ja auch nicht jeden Tag darüber nachdenkst, wer das Auto erfunden hat, bevor du einsteigst und losfährst. Aber mich haben die vermittelten Werte überzeugt, zum Beispiel sich gegen Drogen und Gewalt auszusprechen. Klar eckst du damit an, weil sich keiner seine Lebensweise vorschreiben lassen möchte.

PURE DOZE Für uns war HipHop offen, ohne Engstirnigkeit. Wir haben alle gerne mal Bier getrunken und zum Teil auch Zigaretten oder Sportzigaretten geraucht. Solche Regeln hatten dementsprechend nichts mit HipHop zu tun. Also haben wir uns nicht zur Zulu Nation gezählt, sondern die Silo Nation erfunden. Silo stand für einen Silospeicher, in den ganz viel reinpasst. Wir haben einen Schriftzug entwickelt, der sich am Logo einer Dortmunder Biermarke orientiert hat, und den auf T-Shirts gedruckt. Die Leute haben uns die Shirts aus den Händen gerissen! Doch es ging nicht um das Geschäft. Uns ging es um das Zusammengehörigkeitsgefühl.

RALF KOTTHOFF Ich lebte zwischen Eltern und Lehrern in einer Welt, die offensichtlich für Erwachsene geschaffen war und mir zu verstehen gab, dass ich nicht genug war. Da kam HipHop und erzählte von Menschen, die ihren Weg suchten, die auf Ungerechtigkeiten hinwiesen, deren Kernbotschaften waren: Du bist okay, suche dich selbst, zeige dich! HipHop war für mich wichtig, weil HipHop mich als wichtig angesehen hat.

TOBI TOBSEN Rap hat allen kreativen Menschen die Möglichkeit gegeben, Musik zu machen, ohne ein Instrument zu beherrschen, ohne Noten lesen zu können und vor allem ohne andere Bandmitglieder zu haben. Man konnte das abends alleine vor dem Computer oder dem Tapedeck zusammenbauen und dann mit einem Billig-Mic den Rap draufhauen. Das war all die Jahre zuvor nicht möglich. Das hat den Reiz ausgemacht.

SCHIVV Der Schritt vom Konsumenten zum Aktiven war sehr klein, weil er aus so einer Naivität heraus erfolgte. Als 14-Jähriger hörst du dir »Straight Outta Compton« von N.W.A oder »Straight Outta Jungle« von den Jungle Brothers an und denkst dir: Da sind ein paar Typen, die sprechen freches Zeug über Rummsdi-Bummsdi und sehen dabei noch funky aus – das kann ich bestimmt auch! Dieses herrlich selbstherrliche Pubertären-Ego eben ... Der Respekt vor der Kunstform kam erst durch die intensive Beschäftigung damit.

TOBI TOBSEN Damals gab es von keiner Band ausschließlich gute Sachen. Von den Beginnern gab es teilweise haarsträubend schlechte Songs! Es gab immer wieder einzelne Highlights, aber in der Gesamtheit war Deutschrap so Rookie-mäßig, dass man die Sachen als Aufbauprojekt verstanden hat und doch eher Ami-Rap geil fand.

KATMANDO Das meiste war halt wahnsinnig bemüht. Und wenn etwas bemüht wirkt, sinkt der Unterhaltungswert. Bei den meisten war ja jedes Lied eine Geburt. Die waren noch so wahnsinnig auf sich selbst, ihre Inhalte und ihre Technik fixiert. Da fehlte jede Leichtigkeit. Generell musste alles immer einen tiefen, schweren Gedanken in sich tragen. Wir Deutschen tragen 60 Jahre Schuld in uns, unsere Eltern waren scheiße, alles ist scheiße.

ANDRÉ LANGENFELD Vieles klang agitatorisch, inspiriert durch den US-Conscious-Rap und die brennenden Flüchtlingsheime in Hoyerswerda.

SAMY DELUXE Bis auf die Fantas war deutscher Rap zu der Zeit grundsätzlich wie Referate halten. Man hat sich ein Thema gesucht, zum Beispiel Umweltzerstörung oder Rassismus, und dann einen Text darüber geschrieben – entweder für etwas oder gegen etwas anderes. Von den Absoluten Beginnern gab es »K.E.I.N.E.« gegen Bullen, »Großdeutsche Haarrasur« gegen Rassisten und so weiter. (lacht)

EIZI EIZ Es ging gar nicht so sehr um geile Beats oder geile Reime. Oft war das stumpfe Gemeinschaftskunde mit Haus-Maus-Reimen und 30 Flows in einer Strophe. Wenn ich das heute höre, kriege ich die Krätze. Man hat halt überhaupt nicht nachgedacht beim Machen. Man hat einfach gemacht und sich Stück für Stück alles raufgeschafft.

SCHIVV Die Eingangsschwelle für HipHop ist niedrig, auch die Hemmschwelle. Erst wenn du die überschritten hast, wird dir bewusst, wie unfassbar wenig du eigentlich weißt und kannst, aber dann bist du ja schon drin ... Du hast also einen schnellen Einstieg, und das anschließende Meistern der Kunstform dauert dann dein ganzes Leben.

MOSES PELHAM 1993 habe ich angefangen, alles zu kaufen, was mit deutschem Rap zu tun hatte. Jede Maxi, jeden Sampler, jedes Album. Ich wollte wissen, was die anderen da so machen. Aber von all den Sachen gab es nur zwei, die ich wirklich gut fand: »Könnt ihr mich hör'n?« von Cora E. und »Ich diss dich« von Konkret Finn, was in Frankfurt eh die Runde machte und gefeiert wurde. Der Rest war aus meiner Sicht komplett für den Arsch.

KATMANDO Aus meiner Sicht hat das der Moses gelöst, durch pure Studiotechnik und die Erfahrungen, die er schon in seiner vorherigen Karriere gemacht hatte. Bei ihm hat man sofort gehört, dass da jemand weiß, was er tut, und sich Gedanken gemacht hat.

9 Nix mit Hollywood – Frankfurt, Brudi!

MC RENE Wenn sich zwei streiten, freut sich kommerziell der Dritte. Advanced Chemistry waren Repräsentanten der »echten« HipHop-Kultur mit einer eher ernsthaften Haltung nach außen. Die Fantas haben poppigen und spaßorientierten Sprechgesang gemacht, der auch im Mainstream wahrgenommen wurde. Dadurch ist ein Vakuum entstanden, und das hat Moses sich zunutze gemacht. Er fand beides scheiße und hat diese Haltung zum Teil des Konzepts seiner Band Rödelheim Hartreim Projekt gemacht.

RALF THEIL Ich vergesse immer, dass das erste RHP-Album schon 1994 kam und was das für einen Impact hatte. Das war, als würde die Faust Gottes aus den Wolken kommen und auf den Tisch hauen. Damals gab es nur zwei Möglichkeiten: Entweder du rechnest dich dem Hardcore-Lager zu, oder du bist einer dieser netten Typen, die sich raushalten. Aber Moses und Thomas H. waren weder noch. Die haben auf alles geschissen und einfach ihr Ding gemacht.

MOSES PELHAM Alles, wirklich alles, was ich an deutscher Musik bis dahin gehört hatte, war witzig, klang nach Schlager oder war zu cool, um Gefühle zu zeigen. Selbst Die Ärzte waren vielleicht intelligent, haben mir aber kein ernsthaftes Gefühl vermittelt. Für mich bedeutete Musik eher O'Jays und »I sing my heart out when I'm singing a song«. Ich wollte, dass die Musik ein Gefühl hat. Irgendwann saß ich dann auf dem Sofa meines Freundes Eddie Hartsch und hörte zum ersten Mal Böhse Onkelz. Das war krass, ein richtiger Gamechanger. In dem Moment wusste ich: Es geht auf Deutsch. Danach fingen wir an, damit zu experimentieren.

MC BOGY Bei Moses P. hat man eine Wut gespürt, die der bei uns in Berlin nicht unähnlich war.

MOSES PELHAM Rödelheim Hartreim Projekt – der Name sagt es ja schon – war eigentlich nur ein Projekt, ein Experiment. Ich war zu dem Zeitpunkt der Überzeugung, dass ich jetzt Produzent bin und einen Rapper brauche. Thomas war in einer Basketballmannschaft, die ich trainierte, übrigens zusammen mit Azad. Wir verstanden uns ganz gut, und als ich ihn fragte, ob er sich vorstellen könne, auf Deutsch zu rappen, war er dabei. Die Marschrichtung war: Böhse Onkelz auf Rap. (lacht) So ist 1992 der erste, bis heute nicht veröffentlichte RHP-Song »Haste Angst« entstanden. Während wir an dem Zeug bastelten, rief mich Ali von den Rodgau Monotones an und lud mich ein, beim 15-jährigen Jubiläum der Band in der Batschkapp in Frankfurt vorbeizukommen und zu performen. Ich meinte: Das trifft sich sehr gut, ich arbeite nämlich gerade an einem deutschsprachigen Projekt, allerdings rappe da nicht ich, sondern der Thomas, und der könnte doch vorbeikommen. Ali wollte aber unbedingt mich dabeihaben. Weil ich auf »Reime« ohnehin ein Feature hatte, haben wir uns dann entschieden, »Reime« und einen Solo-Song von Thomas zusammen zu performen. Ab dem Moment war klar, dass Rödelheim Hartreim Projekt zwei Rapper haben wird.

CELO RHP hat mich richtig abgeholt. Das war hart, aggressiv, Frankfurter Jungs eben. Ich wollte direkt den Text können. Damals war es noch viel mehr verankert, dass man seine eigene Stadt supportet. Heute gibt es das gar nicht mehr.

KATMANDO Was der Moses gemacht hat, war sehr stark von Frankfurt geprägt. Der hatte ja eine musikalische Vorgeschichte: Ende der Achtziger hat er ein Album auf Englisch namens »Raining Rhymes« unter dem Namen Moses P. veröffentlicht. Das war produziert von seinem Kollegen Rico Sparx, aber auch von Luca Anzilotti und Michael Münzing von Logic Records, die später SNAP! wurden. In diesem Dunstkreis waren auch Leute wie der Markus Löffel (Mark Spoon von Jam & Spoon) oder der Sven Väth unterwegs.

MOSES PELHAM Rap und Electro waren in Frankfurt lange Zeit im Grunde das Gleiche. Da wurden dieselben Instrumente benutzt und von denselben Leuten gespielt. In den Clubs und Discos waren immer alle da: Milli Vanilli hingen mit Frank Farian rum, die Jungs von The Stroke waren da, SNAP! und Sven Väth sowieso. Erst später hieß es »Wir sind die Techno-Heimer« und »Wir sind die Rapper« ... Die Räumlichkeiten von Logic waren, auch wenn das Wort fürchterlich ist, eine Kreativzelle. Da waren acht Studios, man lief ständig wem über den Weg und hat sich ausgetauscht. Jeder hat mitbekommen, was die anderen so machen – und durch den Erfolg von SNAP!, glaube ich, verstanden, dass es geht. Da haben ein paar Jungs hart gearbeitet und eine Platte gemacht, zu der der ganze Planet tanzt. Das war eine sehr schöne Zeit, in der man viel voneinander profitierte.

AZAD Moses war ein Star in Frankfurt, eine richtige Erscheinung. Einmal bin ich nach der Schule mit meinen Jungs ins Funkadelic. Dort hat We Wear The Crown, seine Crew, in einem Nebenraum geprobt. Wir haben uns reingeschlichen und denen zugeschaut. Natürlich wurden wir rausgeschmissen.

MOSES PELHAM Mein erstes Album »Raining Rhymes« war ein Missverständnis. Manchmal ist es ja geil, dass Leute aus unterschiedlichen Welten kommen und auf verschiedene Dinge gucken: Ich glaube zum Beispiel, dass die Arbeit von Martin (Haas) und mir davon profitiert hat, dass ich das HipHop-Kind bin und der einen Scheiß auf HipHop gibt. Aber bei »Raining Rhymes« war es so, dass die Jungs (Münzing und Anzilotti) eine Platte machen wollten, die so klang wie das, was man später »Eurodance« nannte, während ich dachte, ich mache eine Rap-Platte. Nicht nur die Musik, sondern auch das Cover waren für mich ein Albtraum. Weil klar war, dass wir da auf keinen gemeinsamen Nenner kommen, wurde ich dann aus dem Vertrag gelassen, und ich habe 1990 mein eigenes Label 3p gegründet. Ich sagte mir: Ihr könnt mich alle am Arsch lecken, ich muss das jetzt selbst in die Hand nehmen. Ab dem Moment bin ich in meiner Eineinhalbzimmerwohnung nicht mehr mit »Hi, der Moses hier!« ans Telefon gegangen, sondern mit »Pelham Power Productions« und habe ein Schild mit entsprechender Aufschrift an die Tür gehängt. So ging das los, auch mit RHP.

JAYO Rödelheim war der Moment, wo es für mich richtig mit deutschem Rap losging. »Direkt aus Rödelheim« war ein Album, bei dem auch Leute aus meinem Umfeld anerkennen mussten, dass das gut ist, die sonst nur auf South oder Westcoast waren und Deutschrap eigentlich gehatet haben.

XATAR Als Rödelheim Hartreim Projekt rauskamen, hat das meinen Kopf gefickt. Moses hat einfach geredet, wie man in seiner Gegend eben geredet hat: Chabos, Mabos und so ... Der war stolz auf seine Stadt und hat das auch gezeigt. Dann die Glatze, die Bomberjacke. Heute trägt selbst Kim Kardashian eine Bomberjacke, aber damals trugen so was nur Leute vom Rand der Gesellschaft: Hooligans, Nazis oder eben Straßenjungs. Daran hat man direkt gesehen, dass Moses einer von uns ist.

MARTERIA Musik hat eine unfassbare Macht. Das merkt man oft, wenn man Dinge zum ersten Mal hört oder für sich entdeckt. So ein Gefühl hatte ich bei Rödelheim Hartreim Projekt. Mit »Keine ist« hatten die einen geilen Song fürs Radio, aber das Album war richtig hart: Da wurde »Wollt ihr den totalen Krieg?« gesamplet und es gab Disses gegen die Fantas und Fettes Brot. Ich fand die anderen auch alle gut, aber in dem Moment war mir das egal. Als die Musik losging, bin ich direkt in diesen Stressermodus mit bösem Blick gekommen.

YASSIN Rödelheim Hartreim Projekt musste ich immer heimlich auf Kopfhörern hören, weil ich wusste, dass meine Eltern wegen der Schimpfwörter durchdrehen würden. Aber für mich war einfach krass, was die da sagen und wie die das sagen. Auch die Musik hat mich umgehauen: einerseits melancholisch, dann aber auch sehr an die Westcoast angelehnt. Danach habe ich angefangen, zu den RHP-Songs meine eigenen Texte zu schreiben.

AZAD Neben Moses gab es bei uns noch die Gruppe Konkret Finn. Das waren Tone und Iz. Die haben wir enorm bewundert. Rap aus Deutschland klang zu der Zeit noch total abgehackt, aber Tone hatten schon einen sehr flüssigen Flow – und vor allem einen Wortwitz, von dem man nicht begreifen konnte, wo der herkam. Tone war für uns alle Galaxien weiter, der beste Rapper Deutschlands. Iz war ein begnadeter Beatboxer. Wenn der bei Jams auf die Bühne ist, habe ich immer riesige Ohren und Augen bekommen und zu Hause an meinen Skills gearbeitet. Mit »Ich diss dich« ist Deutschrap auf ein ganz anderes Level gehievt worden.

MC RENE Konkret Finn war in meinen Augen der Vorläufer von heutigem Straßenrap. Die hatten diesen Slang, das schnoddrige Hessische, was sehr gut flowte. Die haben RHP sicher beeinflusst.

CORA E. Als ich Konkret Finn gehört habe, wollte ich mit dem Rappen aufhören. Das war so unglaublich gut und etwas ganz anderes als das, was wir alle gemacht haben. Jemand wie MC Rene war auch gut, aber das konnte ich selber auch. Die dagegen kamen mit ganz neuen Sachen um die Ecke. Es hatte auch nichts mehr mit diesem Szeneverständnis zu tun. Man hat gemerkt, dass der Kern der ersten Stunde sich ausweitet und jede Stadt beginnt, ihre eigene Geschichte zu erzählen. Jemand aus Frankfurt hat mal gerappt: »Du kleiner Breakdance-Scheißer, komm und tanz für mich!« Das hat sich schrecklich angefühlt. Aber wir haben mit den Fantas ja nichts anderes gemacht …

RALF THEIL Es gab auf dem Rödelheim-Album diesen Skit, auf dem sie im Rahmen einer Karnevalssitzung Advanced Chemistry, die Fantas, Fresh Familee und alle Vertreter dieses Spektrums bloßgestellt haben. Das war befremdlich, aber auch wichtig, weil es eine ganz andere Perspektive auf Deutschrap gab.

MOSES PELHAM Wir haben uns wirklich nicht als Teil irgendeiner Szene verstanden. Im Gegenteil: Wir kannten die Platten der anderen und hatten überhaupt keinen Bock, uns mit irgendeinem von denen auseinanderzusetzen. Das hat uns sicher nicht besonders sympathisch gemacht. (lacht) Ich habe ja später auch mal die Zeile »Wenn ich net ich wär, könnt ich mich selbst net leiden« gerappt. Aber ich war lieber der böse schwarze Mann als einer von denen.

DOKTER RENZ Bei RHP hatte man ganz stark das Gefühl, nicht deren Freund zu sein. Man hatte die gleiche musikalische Ausdrucksweise, aber hat die eben grundlegend anders interpretiert. Auch was den Sound angeht: Auf unserem Song »Hallo Hip Hop« hat König Boris ja später gerappt: »Pack das Kinderkeyboard ein und lass die Geige im Kasten.« Das ist hundertprozentig in Richtung Rödelheim gerichtet.

MOSES PELHAM Ich kam auf diesen relativ neuen Spielplatz und sagte: Auf das, das und das habe ich keinen Bock. Aber ich bin richtig angefasst von dem Ding, habe noch ein paar Freunde mit dabei, und das Benzin ist auch schon da – wir zünden euch den Laden hier an, wenn ihr darauf besteht, so isses nicht! (lacht) Ich wusste, dass viel von meinem Verhalten falsch war, aber ich habe es als meine Pflicht empfunden, was wir da machten, bis aufs Blut zu verteidigen. Das war mein Job! Mit Rap konnte ich auf mich aufmerksam machen und aus der Anonymität heraustreten, aber auch mir selbst zeigen, was ich für eine Superwurst bin. Ich denke, dass es viel darum ging, zu erklären, *dass* ich bin. Erst später wurde für mich daraus ein Weg – auch mir selbst – zu erklären, *was* ich bin.

GÖTZ GOTTSCHALK Auch wenn sie Beef hatten und ihre Musik sicher als komplett unterschiedliche Stile definieren würden: Was 3p und die Fantas geeint hat, war der unbedingte Wille zu großem Entertainment.

MOSES PELHAM 3p hat von Anfang an eine gesunde Portion Wahnsinn ausgezeichnet: »Ich brauch 'nen Hubschrauber!« – »Echt?« – »Ja, brauche ich.« – »Einen richtigen?« – »Ja.« – »Warum?« – »Na, hast du das schon mal in einem Video gesehen?« – »Nee.« – »Siehste!« Im nächsten Video musste es dann neben dem Hubschrauber auch noch ein Flugzeug sein ... »Höha, schnella, weita« eben.

EKO FRESH 3p kamen major rüber. Die Musik, aber auch die Videos waren high end produziert, alles hat sich total amimäßig angehört. Das fand ich sehr beeindruckend.

MOSES PELHAM Wir hatten einfach große Lust, immer noch einen draufzusetzen. Das war, als ob man den Schlüssel zu einem Süßigkeitenladen bekommt und einfach durchdreht. Dabei ist natürlich ganz klar, dass so etwas irgendwann an seine Grenzen stoßen muss. Heute finde ich das genaue Gegenteil, also eine Reduzierung, manchmal viel spannender.

XATAR Die Kreativität, die Moses in diesem Straßending gekickt hat, hat lange ihresgleichen gesucht. Alleine der Helikopter im Video ... Aber auch musikalisch war das ein ganz neues Level. Auf »Höha, schnella, weita« hat er das gleiche Sample wie Kris Kross in »Tonite's Tha Night« benutzt, das kurz davor rauskam. Ich bin überhaupt nicht darauf klargekommen, wie er diesen Westcoast-Sound mit den Synthies auch hierzulande gekickt hat.

MOSES PELHAM Der Satz wäre mir früher nie über die Lippen gekommen, aber: Rödelheim Hartreim Projekt hat viel davon gelebt, dass ich allen möglichen Scheiß gefeiert und dann einfach übersetzt habe. »Direkt aus Rödelheim« ist ja einfach »Straight Outta Compton«. Auf der Platte gibt es die Zeile »If it ain't ruff, it ain't me«. Die ist unserem »Wenn es nicht hart ist, ist es nicht das Projekt« nicht ganz unähnlich.

MC RENE Moses hatte damals schon einen guten Geschäftssinn. Durch einen fast werblichen Slogan wie »Wenn es nicht hart ist, ist es nicht das Projekt« hat er dem Ganzen – trotz der Härte in den Texten – einen Zugang gegeben und es somit auf ein neues kommerzielles Level gehoben. Moses ist das Ding nicht wie ein Rapper, sondern wie ein Produzent angegangen. Da hat auch optisch alles zusammengepasst.

AUDIO88 3p war eigentlich die Blaupause für das, was im Nachhinein Aggro Berlin angerechnet wird. Dass ein Label einen Look und einen krassen Qualitätsstandard hat, stammt von Moses Pelham. Diese Schwarz-Weiß-Ästhetik der Videos war überkrass – und ist es im Grunde bis heute.

SABRINA SETLUR Moses war unglaublich professionell, auch was die Videos angeht. Die Komparsen waren keine Freunde, sondern wurden gecastet. Es gab immer ein Drehbuch und einen Zeitplan, da gab es kein »Mal schauen«. Wir wussten: Jede Minute, die man verleppert, ist bares Geld. Da wurde ja auch ein Schweinegeld ausgegeben. Das teuerste Video hat, glaube ich, 300 000 Mark gekostet. Aber man hatte damals ja auch die Musikvideosender, auf denen das dann lief.

RALF THEIL Ich kann mich erinnern, dass auch mal eine Liveshow von RHP im Fernsehen lief. Die war ebenfalls perfekt durchchoreografiert.

SABRINA SETLUR Wir mussten bis zum Erbrechen proben. Moses ist wirklich ein Perfektionist. Der hat jedes Wort, was er auf Tour gesagt hat, vorher geprobt. Das hat er auch an mich weitergegeben – aber nicht herrisch, sondern mit unglaublich viel Liebe.

RALF THEIL Die hatten Bodyguards auf der Bühne stehen, alles war breitschultrig und übertrieben. Dieser Springerstiefel-Look und Samples von den Böhsen Onkelz waren natürlich recht platte Provokation, aber irgendwie war es voll geil und sehr wegweisend für Dinge, die erst viel später passiert sind. Moses und 3p haben viele Sachen zum ersten Mal gemacht und damit Standards geschaffen. Neue Artists auf Songs introducen zum Beispiel.

MOSES PELHAM Thomas, ein paar Freunde und ich sind über Silvester zum Skifahren nach Obertilliach gefahren, mit einem Bus der Bäckerei Huck aus Rödelheim, mit Sommerreifen. Wir haben uns für die Fahrt ein Tape gemacht, das wir immer und immer wieder gehört haben. Timo war ein Freund von uns, der mit Rap gar nichts am Hut hatte. Aber er hat auf der Fahrt so oft unseren Song »Reime« gehört, dass er irgendwann angefangen hat, den Song auf Sächsisch mitzurappen. Dabei kam mir die Idee, ihn auf einem Track zu featuren. Weil Sabrina beim Thomas auf der Schule war und rappen konnte, haben wir die auch noch mit auf den Song genommen. So ist »Wenn es nicht hart ist« entstanden.

SABRINA SETLUR Zu der Zeit war »Nuthin' but a ›G‹ Thang« von Dr. Dre der Shit. Das war meine Hymne! Der Song lief im Auto, als wir irgendwo hingefahren sind, und ich habe ihn beiläufig mitgerappt. Ich habe mir nichts dabei gedacht, aber Thomas hat das gehört und anscheinend gecheckt, dass ich das nicht einfach nur mitspreche, sondern auch rhythmisch kann und im Takt bleibe. Ich dachte erst, die beiden wollen mich verarschen – daher rührt auch dieser Spruch von dem Song »Ja, Klar!«. Aber die haben mich richtig bearbeitet, und ehe ich mich versah, stand ich im Studio.

MOSES PELHAM Ich habe für jeden der beiden acht Zeilen geschrieben. Die haben das eingerappt, und aus den drei Strophen – die als Songformat damals üblich waren – wurden vier. Daran merkt man schon, dass die Features von den beiden eher ein Appendix waren. (lacht) Die waren keine Rapper, wir wollten auch keine Artists aufbauen. Wir hatten einfach diesen Flash und wollten mal zeigen, was wir sonst noch so haben.

CELO (rappt) »Ich hab schon jede Menge Dummgeschleimer-Reimer gehört/ Jedoch nicht einer, also keiner hat mich wie deiner gestört/ Du hast an meinem Ohr gekaut, mir den Reim geklaut, den Tag versaut/ Und jetzt willst du dich wundern, warum S. dir in die

Fresse haut? / Laut wird leise, wir geh'n jetzt auf die Reise / Nur du und ich auf die Rödelheimer Art und Weise / Dann geh'n wir schwimmen, dort, wo uns keiner kennt / Das heißt: nur du und deine Schuhe aus Zement.« Sabrina Setlur war krass.

SABRINA SETLUR Ich habe diese Zeilen gekickt, aber das war es dann auch. Ich habe die Schule fertig und mein Abi gemacht. Aber es gab eine große Aufmerksamkeit auf den Song. Moses und Thomas wurden während der Promo-Termine immer wieder auf mich angesprochen. So entstand die Idee, dass Schwester S. ein Projekt wird, und eins führte zum anderen.

MOSES PELHAM Viele Leute, die Sabrina auf »Wenn es nicht hart ist« gehört hatten, meinten: Das ist schon krass mit der Ollen! Also haben wir »Hier kommt die Schwester« gemacht. Der Song war ein Test, den wir erst nur Freunden vorgespielt haben. Aber nach der Reaktion der Leute war klar, dass wir das machen müssen.

XATAR In den USA gab es schon genug Rapperinnen wie MC Lyte, Foxy Brown oder Lil' Kim, die sich hart etabliert hatten. Wie Schwester S. das auf Deutsch gemacht hat, war für mich perfekt. Die Sprache war hart asozial, aber sie lief trotzdem auf VIVA. Ich meine, das war einfach eine Kanakin mit Bomberjacke, die geflowt hat.

SABRINA SETLUR Mein Name war Schwester S., weil ich eben die einzige Frau in der Gruppe war und im Grunde auch wie eine Schwester für die anderen. Was soll ich machen? Ich bin nun mal eine Frau ... Aber in dieser Konstellation gab es eigentlich kein Geschlecht. Wir waren eins. Ich musste auch nie eine Frauenrolle spielen. Ich war halt Sabs. Wenn Leute gesagt haben »Du rappst? Als Frau?«, dachte ich nur: Ja, als was denn sonst?!

NURA Das Krasse an Sabrina Setlur war, dass sie auch über total persönliche Sachen gerappt und sich dadurch verletzlich gemacht hat. Das kann man als Frau heute nicht mehr einfach so machen. Da gäbe es im Internet direkt voll die krassen Beleidigungen. Es ist eben so: Je mehr du von dir selber zeigst, desto mehr glauben die Leute, dass sie dich fertigmachen könnten und diese Sachen gegen dich verwenden können.

KATMANDO Ich war viel in Frankfurt unterwegs und fand Schwester S. witzig. Irgendwann kam dann der Song »Ja klar«. Da wurde mir schlagartig klar, dass das noch mal eine ganz andere Dimension annimmt.

MOSES PELHAM »Hier kommt die Schwester« war einfach noch unser normaler Film. Aber »Ja klar« hatte ein Potenzial, das die anderen Stücke nicht hatten. Das war ein ganz klares Pop-Ding, das auch irgendwelche Kinder erreicht hat. Während Rödelheim Hartreim Projekt manchen Leuten sicher nicht geheuer waren, war Schwester S. loveable. Ich weiß noch, wie Sabrina Vorgruppe auf unserer zweiten Tour war. Nach dem Ende der Show sind die Leute regelmäßig ausgeflippt und haben »Rödelheim, Rödelheim« gerufen. Plötzlich mischte sich auch ein »Schwester S., Schwester S.« dazwischen. Da dachte man schon kurz: Moment mal, wer ist denn jetzt hier wer?! (lacht)

SABRINA SETLUR Für mich ist das alles nach wie vor wie ein Film. Das zog alles an mir vorbei. Selbst als der Anruf kam, dass ich auf die Eins gegangen bin, habe ich nicht gecheckt, was da eigentlich gerade passiert. Was ich gemerkt habe, war, wie oft ich erkannt wurde. Ich habe ja noch studiert, und wenn ich in die Uni kam, wurde ich ständig nach Autogrammen gefragt, oder mir wurde »Ja, klar« entgegengerufen. Ich habe das Studium dann abgebrochen und war auf Tour. Ich war zum Beispiel Vorgruppe von den Fugees und Jay Z, das war krass. Die waren alle so nett – alle bis auf Lauryn Hill. (lacht) Jay Z stand bei meiner Show immer im Graben und hat mich mit »Go, Bri!« angefeuert. Wyclef hat mir bis vor ein paar Jahren immer Weihnachtskarten geschickt. Ich habe auch Vorgruppe für Michael Jackson gemacht, vor 75 000 Leuten.

KATMANDO Das war unfassbar zu der Zeit. Die haben in jenen Jahren über eine Million Platten verkauft. Das kann man sich ja gar nicht mehr vorstellen.

SABRINA SETLUR Zum »S-Klasse«-Album 1997 haben wir die Journalisten für die Listening-Session in S-Klassen abgeholt und durch Frankfurt gefahren. Beim ECHO haben wir sechsmal gewonnen. Wir sind immer wieder mit einem 3p-Koffer auf die Bühne gegangen und haben die Awards da reingepackt. Dafür haben uns viele Leute gehasst und ausgebuht, aber für uns war das einfach ein geiles Statement: ein bisschen amerikanisch, aber eben auch mit Augenzwinkern. Wir wollten damit niemanden vor den Kopf stoßen, sondern einfach feiern. Das war ja im Grunde ein Riesending für HipHop.

KOLJAH Zu dem Zeitpunkt gab es keinen besseren Battle-Rap in Deutschland. Diese Ernsthaftigkeit und Dringlichkeit war sehr beeindruckend, und ich fand vor allem auch die Aggressivität verdammt cool. Ich habe auch direkt angefangen, so asoziale Raptexte zu schreiben, natürlich in hessischem Dialekt. (lacht)

SABRINA SETLUR Wir wurden damals stark für unsere Texte kritisiert. Klar war die Sprache derbe, und natürlich forciert man das Derbe oder auch das Hessische beim Rappen. Aber so haben wir damals eben gesprochen. Das war unser Slang. Was mich an den Medien immer geärgert hat: Sie haben bei uns jeden Text auseinandergenommen und auf die Goldwaage gelegt – die sexistischen, nicht politisch korrekten US-Texte haben aber keinen interessiert. Dadurch, dass wir auf Deutsch gerappt haben, wurde bei uns viel genauer hingeschaut.

MOSES PELHAM Ich erinnere mich, dass die *Bravo* in bester *BILD*-Zeitungs-Manier mal erklären wollte, dass 3p eine Sekte sei. Das war nun nicht unbedingt die Idee, die wir selbst von unserer Sache hatten. Aus dem Grund haben wir 1994 übrigens, lange vor dem Internet, eine Hotline eingerichtet, um direkt mit den Fans kommunizieren zu können, ohne den Umweg der Medien. Da stand einfach bei mir zu Hause ein Anrufbeantworter in der Wohnung, auf den wir gesprochen haben, woran wir gerade so arbeiten und wann die nächste Veröffentlichung kommt. Die Fans konnten da anrufen und sich das anhören. Später haben wir daraus einen Verein gemacht, den 3p Supporter Club.

YASSIN Trotz der Skandale war Moses, kitschig gesagt, immer ein Vorbild für mich – in dem Sinne, dass man das alles schaffen kann, wenn man nur will. Im Grunde hat ja alles gegen ihn gesprochen. Wenn Bushido heute die Steuerfahndung zu Besuch hat, ist das positive Presse für den, aber Moses Pelham war für den Mainstream damals einfach ein Arschloch. Ich fand es krass, dass der Typ immer weitergemacht und mit Xavier einen der größten deutschen Popstars geschaffen und produziert hat. Dass ich oder wir so weit gekommen sind, hängt sicherlich damit zusammen, dass ich als Kind von ihm beeinflusst worden bin.

KOLJAH Ich habe wegen Moses Pelham angefangen zu rappen. »Geteiltes Leid 1« ist vermutlich mein Alltime-Lieblingsalbum. Ich kann bis heute jedes Lied auswendig. Ich wurde in der Zeit generell ein riesengroßer 3p-Fan und habe gefeiert, dass die so ein richtiges Camp waren: mit Xavier, Sabrina, Costa (Illmat!c), Bruda Sven, J-Luv. Die haben sich untereinander gefeaturet und supportet. Ich mochte diese »Wir gegen den Rest der Welt«-Haltung. Auf der anderen Seite habe ich auch total mitgefiebert, dass die in der Szene mehr Akzeptanz bekommen. 3p waren ja am Anfang recht unbeliebt, weil sie als zu poppig und zu kommerziell galten. Aber dann gab es langsam Features mit Brixx, Cora E. oder Ono, Busy hat Sachen produziert, die Stiebers und Eißfeldt haben Remixes gemacht. Da war ich dann richtig stolz. (lacht)

SAMY DELUXE Ich hatte Moses und Co. schon auf dem Schirm. Als ab 1999 der ECHO in Hamburg stattfand, haben wir vor der Show mit Xavier und Co. gekifft. Aber mit der Musik konnte ich nicht viel anfangen. Ich habe verstanden, warum das funktioniert, und fand auch Moses als Charakter cool. Aber das war ein anderer Anspruch an Rap als der, den ich hatte. Ich dachte halt: Die machen das für die Prolls und ich für die HipHop-Kids.

XATAR Die HipHop-Szene hat 3p meiner Meinung nach nie den verdienten Respekt gegeben. Aber ich habe das viel mehr gefühlt als alles, was zu der Zeit rauskam.

10 This is not America

GÖTZ GOTTSCHALK HipHop-Musik hierzulande wies am Anfang einen hohen Anteil von Mittelschicht-Kids auf, in vielen wichtigen Funktionen. In dieser Schicht gab es einfach eher den Background »für Kultur« und auch die finanziellen Mittel, um sich Platten oder Equipment zu kaufen. Ein Sampler von Akai, Casio, Kurzweil oder Dynacord hat Tausende von Mark gekostet.

KATMANDO In Deutschland ist HipHop in einer Art hermetischem Raum entstanden, während das in anderen Ländern in alle möglichen Gesellschaftsbereiche übergegangen ist. In Paris oder London war das ein Phänomen, bei dem jeder mitmachen konnte. So konnte sich die Kultur auch an die lokalen Realitäten anpassen und ganz eigenständig entwickeln. Als es in Deutschland um 1993, 1994 herum mit den lokalen Assimilierungsversuchen losging, ist es ein bisschen komisch abgedriftet.

GÖTZ GOTTSCHALK Viele haben sich dem HipHop von einem Bandkontext her genähert. Ein Proberaum war um einiges erschwinglicher und einfacher zu bekommen. Die konnte man sich auch mit den Punkern teilen, zu denen man ja über den Gedanken des Anti-Establishment und die politische Haltung eh ein gutes Verhältnis hatte. Das war alles sehr verbrüdert.

DENYO Für Jugendliche wie uns war es damals ganz natürlich und selbstverständlich, links zu sein. Die Spießer-Kids in Eppendorf und die meisten älteren Leute, die um uns rum waren, fanden wir scheiße. Im Kunst- und Musikunterricht in der Schule konntest du dich nicht ausdrücken. Die Linke hat uns mit offenen Armen empfangen.

Hinzu kam nach der Wende so ein Rechtsruck, nicht nur in den neuen Bundesländern. Es brannten die Flüchtlingsheime. Das haben wir überhaupt nicht verstanden und wollten dagegen was unternehmen.

EIZI EIZ 1993 gab es eine Antifa-Tour in den Osten, »Etwas Besseres als die Nation«. Es gab drei Busse: einen mit Bands und zwei mit Kämpfern. Alle krassen Hamburger-Schule- und Punk-Bands aus Hamburg waren dabei: Goldene Zitronen, Kastrierte Philosophen, Cpt. Kirk, Die Sterne, Blumfeld und ... wir. (lacht) Cora E. und Fresh Familee sollten ursprünglich auch mitkommen, sind sie dann aber nicht. Ich glaube, Cora hat im letzten Moment Schiss bekommen.

DENYO Ich weiß immer noch nicht, warum meine Mutter mich das hat machen lassen. Ich muss die echt krass angelogen haben. »Du, Mami, ich fahre jetzt los. Wir haben einen Bus mit Schlägern und einen Bus mit Punk-Musikern, und dann fahren wir in den Osten. Okay?« Da hätte die bestimmt Ja gesagt. (lacht)

EIZI EIZ Der Kämpfer-Bus wurde übrigens angeführt von Daniel Richter, der damals noch erfolgloser Künstler war und von morgens bis abends im Buback-Office rumgehangen hat. Er hat auch das Cover zu der Compilation von Buback gemacht, auf der unser erster Track veröffentlicht wurde. Da war ein Monster drauf, das an einer goldenen Kette ein Deutschland-Hakenkreuz trägt. Ale musste das nachträglich bei jeder einzelnen Platte mit Edding übermalen, weil das verfassungswidrig ist.

TOBI TOBSEN Die Beginner haben auch mal einer Sexpuppe eine Polizeiuniform angezogen oder ein Hakenkreuz mit einer Kettensäge zersägt. Die waren explizit politisch. Aber dadurch, dass die traditionellen Konzerthäuser HipHop nicht ernst genommen haben und er dadurch fast ausschließlich in Jugendhäusern stattgefunden hat, hatte die Szene generell einen linken Vibe: multikulti und antikommerziell. Auf den Jams gab es immer viele Punker. Die haben das als Fortsetzung dessen verstanden, was sie gut fanden. Punk war damals ja schon total durchkommerzialisiert, HipHop dagegen hatte noch diese DIY-Mentalität. Man hat einfach den Jugendleiter angerufen, das selbst organisiert und die Einnahmen so aufgeteilt, dass zumindest jeder seine Fahrtkosten bekommt. Das war der Klassiker: spielen »für Fahrtkosten«. (lacht) Diese Mentalität hat viele Punker angesprochen. Es gab immer eine starke Connection.

EIZI EIZ Unser erster Song war ein Song gegen Nazis. Das war einfach die Zeit. Niemand hat damals keinen Song über Nazis gemacht. Wenn auf Jams nix ging, hat man ins Publikum gerufen: »Wenn ich sag ›Nazis‹, sagt ihr ›raus‹!« Es gab in der Gesellschaft generell ein viel größeres politisches Bewusstsein, übrig geblieben noch aus den Siebzigern. Auf dem Schulhof gab es immer einen Pulk von Kids, die bei der Antifa waren und Demos organisiert haben. Da man als HipHopper mehr oder weniger alleine dastand, ist man zu denen gegangen. Viele unserer Kumpels, die noch heute zur Crew gehören, haben damals auch Hardcore gehört und gemacht.

BABAKONE Wir hatten unsere erste Veröffentlichung mit Anarchist Academy auf einem Punklabel mit dem Namen Wolverine Records. Das lag daran, dass es keine HipHop-Labels gab – außer MZEE, und die wollten uns nicht. Hannes hatte an der Uni den Betreiber dieses Punk-Labels kennengelernt, der uns wegen unserer Inhalte gut fand. Weil wir die Platte dort veröffentlicht haben, haben wir dann auch jede Menge Shows gespielt, die keine klassischen Jams, sondern eher Punk- oder Hardcore-Konzerte in autonomen Zentren waren.

EIZI EIZ Bei den Punk-Vögeln haben wir gesehen, wie die ihre eigenen Singles rausbringen. Da wurde mir relativ schnell klar, dass man selbst was auf die Beine stellen kann, wenn man sich dahinterklemmt. Die haben uns unfassbar viel gezeigt und uns ihre Strukturen zur Verfügung gestellt, bis wir selber welche hatten.

TONI-L In der Zeit entstanden neue Plattformen. Die Medienlandschaft war durch die privaten Sender gewachsen, VIVA kam, und

Torch wurde neben Scope und Storm Teil des Moderatorenteams bei der Sendung »Freestyle«, mit DJ Stylewarz am Set.

SCOPE »Freestyle« wurde von einer Produktionsfirma aus Berlin gemacht, die vorher schon die »Lost in Music«-Doku gedreht hatte. Dirk Scheuring und Oliver von Felbert von der *Spex* haben redaktionelle Aufgaben übernommen. Durch Torch, Storm und mich kam noch die gute Vernetzung in die Szene dazu. Wir haben oft Sachen vorgeschlagen, die man sonst vielleicht gar nicht mitbekommen hätte.

TONI-L Dass die Sendung aus der Szene kam und von Leuten aus der Szene moderiert wurde, machte »Freestyle« zur perfekten Plattform, um sich zu präsentieren und zu zeigen, was man draufhat.

SIDO »Freestyle« war für mich überkrass. So viel deutscher Rap, so viele Namen, die ich noch nicht kannte. Als mir bewusst geworden ist, dass Rap auf Deutsch es bis ins Fernsehen schaffen kann, ist mir klar geworden, dass ich das mit dem Rappen auch mal probieren will. Mein größter Traum war immer, einmal in dieser Sendung zu Gast sein.

TUAREG Die Sendung hat HipHop in Deutschland auf jeden Fall zu einem heftigen Wachstum verholfen. Das war wie ein Steroid.

RALF THEIL Es war natürlich von Anfang an klar, auf welcher Seite die Sendung stand. Die haben sehr offensiv gezeigt, worum es geht, und wollten teachen. Aber dann gab es diesen coolen Move, dass Schiffmeister von Fettes Brot in das Moderationsteam aufgenommen wurde. Das war ein frühes Signal für eine gewisse Entspannung und Annäherung. Fettes Brot waren ja symptomatisch für diese Auflockerung.

SCOPE Das war eine strategische Entscheidung der Redaktion. Vielleicht war das sogar von VIVA forciert, damit die Sendung größere Kreise ziehen kann. Torch, Stylewarz, Storm und ich waren extrem in der Szene verwurzelt, Schiffmeister dagegen hatte einen etwas anderen Hintergrund. Dadurch bekam die Sache einen kleinen Bruch. Wenn die Themen zu mainstreamig wurden, sind in den Redaktionssitzungen nicht mehr alle vier aufgestanden, sondern nur noch drei.

Die Neuzeit:
1994–2003

11 Neues Land

TONI-L Jeder Künstler hat diesen Konflikt: herauszufinden, wo er eigentlich hinwill. Als HipHop-Künstler hat man diesen Konflikt Mitte der Neunzigerjahre mit sich selbst austragen müssen. Plötzlich rappte man nicht mehr nur auf Jams, sondern hatte ein Produkt. Nur: Wie viel will ich davon verkaufen? Wen will ich damit erreichen? Das sind alles Fragen gewesen, die man bis dahin nicht gehabt hat, sich aber plötzlich stellen musste.

MARC LEOPOLDSEDER Nach den ersten Jam-Besuchen stellte sich mir die Frage, woher die Leute dort eigentlich den ganzen Kram hatten, den ich auch gern haben wollte – einen Kapuzenpulli von No Remorze zum Beispiel. In der britischen Zeitschrift *Hip Hop Connection* fand ich dann eine winzige Anzeige von MZEE, wo man postalisch einen Katalog anfordern konnte: »Caps, Streetwear, Vinyl« oder so stand da. Nach ein paar Wochen kam dann wirklich der Katalog im DIN-A5-Format. Es gab Sprüh-Caps und Marker, Platten vom MZEE-Label wie »Alte Schule«, Merch von MZEE-Künstlern wie MC René, ein eigenes MZEE-Magazin, und wie man den der Bestellung beigefügten Stickern entnehmen konnte, machte MZEE auch eigene Veranstaltungen. Für eine Weile war das MZEE-Logo mit den drei B-Boy-Charactern für mich synonym für die deutsche Szene-Infrastruktur.

RALF KOTTHOFF Auf dem Label gingen die wichtigen Künstler ein und aus, und im Versandhandel haben wir das alles angeboten. Für uns war das nur logisch. Normale Handelsstrukturen haben uns nicht ernst genommen, aber es gab genug Leute, die das kaufen wollten, was wir da angeboten haben. Wir sind fünfmal innerhalb von Köln umgezogen, weil die Räumlichkeiten immer wieder zu klein wurden. Unser Team hat sich natürlich auch vergrößert. Ich habe alles Geld, das ich verdient habe, direkt wieder in die Firma eingebracht. Mir war total wichtig, dass wir da real existierende Strukturen aufbauen.

CORA E. Von außen betrachtet war MZEE die Firma, die das Ganze auf das nächste Level gebracht hat. Der Akim hat sich ja alles gekrallt, einfach weil er so einen Zugang hatte und einer von uns war. Es war gar keine Frage, ob man da mitmacht: Wir sind eine HipHop-Gemeinschaft, und Akim gründet jetzt eben die dazugehörige Plattenfirma ...

ROE BEARDIE Akim war einer, wie ihn jede Subkultur braucht und wie es ihn in jedem Land vermutlich auch nur einmal gibt. Ohne seinen Elan wäre das alles nicht so schnell passiert. Der wusste ganz genau, was er will, und hat dementsprechend auch mal Sachen in nichtdemokratischen Verfahren entschieden. Aber das muss ja nichts Schlechtes sein – gerade im Musikgeschäft.

RALF KOTTHOFF Akim ist eine ganz einzigartige und seltsame Figur. Er hat alles, was er gesehen hat und begreifen konnte, genutzt, um HipHop groß zu machen. Das war und ist sein Auftrag. Der hat nur auf einer Matratze gepennt und Toilettenpapier in Zugtoiletten geklaut, weil er keine Zeit hatte, sich mit so einem Scheiß zu beschäftigen. Und alles, was er nicht gesehen hat, habe ich gesehen. Alles, was er nicht organisieren konnte, habe ich übernommen. So haben wir uns ergänzt und MZEE vorangebracht. Akim hat den Vertrieb rangeholt, und ich habe mich darum gekümmert, das Geld an die Künstler auszuzahlen. Ich glaube, ohne jemanden wie mich wäre er nicht weitergekommen – ich ohne ihn aber definitiv auch nicht. Vermutlich wäre HipHop ohne ihn für mich ein Hobby geblieben.

BABAKONE Die Writer waren immer schon am besten connectet. Die waren in anderen Städten unterwegs und haben ihre Mags verkauft oder gegen andere Magazine, VHS oder sonstige Sachen getauscht. Akim war so jemand – genau wie Specter, Spaiche, Storm oder Swift. Diese Leute haben alle autodidaktisch ihr Business aufgezogen und dafür auf ihre Netzwerke zurückgegriffen.

SCOPE Akim ist ein Typ, dem jeder Charme und jedes Fingerspitzengefühl abgeht. Der hat einen Plan und ist auch bereit, dafür andere auszunutzen. Damit kommt man zwar relativ weit, aber macht sich nicht unbedingt Freunde.

RALF KOTTHOFF Es gibt viele Künstler, die behaupten, dass Akim ihnen Geld schuldet. Aber ich war in der Zeit dabei und weiß, dass das nicht der Fall ist. Vielleicht waren die Verträge scheiße. Das kann sein. Aber die Vereinbarungen, die wir gemacht hatten, haben wir eingehalten. Akim hat immer für die Kultur gelebt.

BABAKONE Trotz aller Fehler hat Akim aus Liebe für die Kultur viel Pionierarbeit geleistet. Er hat leider ein Händchen dafür, Leute abzufucken, weshalb ein Großteil derer, mit denen er in den letzten zwanzig Jahren zu tun hatte, nicht mehr mit ihm arbeiten will. Aber ohne ihn sähe Rap in Deutschland sicher anders aus.

AKIM WALTA MZEE wuchs mit der HipHop-Szene und umgekehrt. Nach der Trennung von Advanced Chemistry bezogen wir 1994 das erste MZEE-Büro und gründeten zusammen mit Yan Mangels aus Hamburg eine GmbH, der dann MZEE Booking übernahm. In dieser Zeit entstanden auch Projekte wie der Sampler »Die Klasse von 95« und die Alben von den Massiven Tönen oder Stieber Twins.

DAVID P. Zuerst gab es »Die Klasse von 94«. Das war eine Tour mit den Absoluten Beginnern, MC Rene und Main Concept. Auf unserem Album »Coole Scheiße« hatten wir ja einen gemeinsamen Song, »Immer das alte Lied«: »Alte Schule, neue Schule, immer dieser Unterschied / Wir können es nicht mehr hören, denn es ist immer das alte Lied.« Den haben wir aufgenommen, nachdem wir 93 auf 94 zusammen in München Silvester gefeiert haben.

MC RENE Als Jugendliche wollten wir unseren eigenen Platz innerhalb der Szene finden. Deshalb haben wir diesen Song gemacht, in dem wir uns gegen die Dogmen der Alten aufgelehnt und rebelliert haben. Für die Leute heute wirkt das vielleicht, als wenn wir damals alle eine Mischpoke gewesen wären. Ich war natürlich down mit Torch. Aber ich habe nach und nach auch die Rapper kennengelernt, die so alt wie ich waren.

DAVID P. Durch den Track mit Rene und den Beginnern kam der Akim auf die Idee, dass wir die neue Reimgeneration sind. Wir wollten aber nicht so heißen, da der Rene ja schon einen gleichnamigen Song hatte. (lacht) Schließlich kam der Ale von Buback auf die Idee, die Tour stattdessen »Klasse von 94« zu nennen, in Anlehnung an den Horrorfilm »Die Klasse von 1984«.

AKIM WALTA Nachdem ich 1994 mit der »Klasse von 94« getourt bin, kam die Idee einer Fortsetzung eines Konzept-Samplers à la »Alte Schule«. »Die Klasse von 95« präsentierte hauptsächlich junge MCs und Rap-Crews wie Massive Töne, F.A.B. oder Fettes Brot. Die groß angelegte Tour wurde in Zusammenarbeit mit André Luth von Yo Mama und Yan Mangels von MZEE Booking realisiert. Sie war ein wichtiger Schritt für die endgültige Etablierung deutschsprachigen Raps.

RALF KOTTHOFF Wir waren total froh, dass mit der »Klasse von 95« auch wieder Rapper nachkamen. Das war ja gar nicht selbstverständlich. Wir haben eigentlich ständig damit gerechnet, dass das ganze HipHop-Ding wieder verschwindet. Aber stattdessen kamen Kids, die anders und fresh klangen.

SCHIVV Das war ein Ausrufezeichen: Es gibt eine neue Generation von deutschen Rap-Typen, die das Ganze ein bisschen weniger kopflastig betrachten und mehr über das Musikalische kommen. Das fühlte sich schon irgendwie next level an. F.A.B. zum Beispiel waren die Ersten aus Deutschland, die mich raptechnisch komplett mitgenommen haben. Dieses Völlig-Loslassen, das Lösen von Strukturen und einfach flowen, das fand ich krass.

SAMY DELUXE Eigentlich sind F.A.B. die krasseste Rap-Gruppe, die es in Deutschland je gegeben hat. Sonst hat man ja meistens einen Star oder Frontmann. Aber bei denen waren beide einfach total präsent. Flowin Immo und Ferris MC – zwei so starke Charaktere in einer Crew!

DJ MAD Immo ist ein verkanntes Genie. Der stand sich leider streckenweise selbst im Weg, aber er war ein Visionär.

HARRIS Immo war sehr intensiv, auch anstrengend. Er hat sich zum Beispiel schon immer geweigert, bestimmte Verträge zu unterzeichnen – teilweise völlig zu Recht, aber in der damaligen Zeit ist er damit vielen Leuten, die einfach nur Mucke machen wollten, tierisch auf die Eier gegangen. Trotzdem ist er für mich ein Genie. Er war seiner Zeit meilenweit voraus, einfach visionär, genauso wie Wasi.

DUAN WASI Hintergrund der »Klasse von 95« war die Zusammenarbeit zwischen MZEE und Yo Mama. Wir hatten deren Acts Fettes Brot und Der Tobi & Das Bo schon gehört und fanden das ziemlich gut. Diese Nordlichter kamen mit einem Humor an, der uns einfach amüsiert hat. So ergab sich eine Achse Hamburg-Köln-Stuttgart. Darüber hinaus waren noch MC Rene oder F.A.B. aus Bremen dabei. Das war ein deutschlandweites Konglomerat an Top-Acts. Man hat richtig gemerkt, dass da etwas Großes entsteht, eben weil sich unterschiedliche Camps zusammentun.

DOKTER RENZ Die Tour war im Grunde wie eine Jam auf Reisen. Sie fand in verschiedenen Städten statt, aber immer mit einem fast gleichen Line-Up.

FLIPSTAR Mit dem Tourstopp der »Klasse von 95« in Witten begann für mich alles. Das war ein sehr regnerischer Tag, also war ich einer der wenigen, die vor der Bühne standen. Ich war großer MZEE-Fan und habe diesen Sampler rauf und runter gehört. David P.'s »Die

Staatsgewalt geht vom Volke aus« habe ich bis heute in den Ohren. Dann habe ich mich auf die Suche nach mehr Songs von den Leuten auf dem Sampler gemacht. Ich habe mir zum Beispiel »Stille Post« von Raid besorgt. Auch F.A.B. fand ich sehr geil, ebenso die Stieber Twins. Das war mein Kontakt zu »kommerziellerem« HipHop.

DOKTER RENZ Bei klassischen HipHop-Jams hatte man immer einen sehr geringen Frauenanteil. Aber bei diesen Konzerten waren auf einmal viel mehr Frauen da. Das Ganze hatte generell auf einmal so eine Pop-Atmosphäre: Da kamen Menschen, die Interesse an HipHop hatten, weil sie das nach der Schule auf MTV oder VIVA gesehen hatten. Da stand natürlich der Verdacht im Raum, dass das keine echten HipHop-Heads sind – Modefans sozusagen. Damit hat man den Menschen aber wahrscheinlich unrecht getan. Die Angst, die dabei mitschwang, war klar: Die heilige Dreifaltigkeit des HipHop könnte auf der Strecke bleiben, wenn da zu viel neues Personal kommt, das sich gar nicht für die Jahre davor interessiert, sondern einfach nur den Moment genießen will. In einer von Männern geprägten Subkultur ist es dann natürlich sehr einfach, den Weibern die Schuld zu geben. Sobald da »Woo«-Girls auftauchten, die Begeisterung anders ausdrückten, als nur unmerklich mit dem Kopf zu nicken, stand der Verdacht im Raum, dass der Ausverkauf begonnen hatte.

APHROE Es gab diesen Moment, an dem das Jam-Ding weniger wurde und die reinen Konzerte mehr Bedeutung bekamen. Da gab es dann auf einmal auch einen Mainact. Das waren die mit dem Manager im Rücken, der dafür gesorgt hat, dass seine Künstler mehr Öffentlichkeit und 30 dB mehr im Sound bekommen. Gerade in Hamburg oder Stuttgart hat man gemerkt, dass es neben den Aktivisten bald auch einen Verwertungsapparat gab und das Ganze mehr Struktur bekam.

DAVID P. »Die Klasse von 95« war der Keim von HipHop als Business. Ich habe das damals gar nicht gemerkt. Aber im Rückblick muss man sagen: Damit ging es los.

MC RENE Ich sage in meinem Song »Die Enthüllung« ja auch: »Es wird größer, der Neid häuft sich«. Es war ganz klar zu sehen, wie manche mehr Props oder Applaus als andere bekamen.

DOKTER RENZ Es gab geile Klassenfahrt-Momente. Aber jeder, der mal auf Klassenfahrt war, weiß, dass es auch Momente gibt, in denen man sich nicht zugehörig fühlt. Gerade in größeren Gruppen, Quasi-Zwangsgemeinschaften, die an der Stufe zur Freundschaft stehen, aber auch mit Ausgrenzung arbeiten, ist man eben manchmal bei den It-Boys dabei und manchmal nicht. Wir hatten sehr freundschaftliche und schöne Momente; von den Massiven Tönen zum Beispiel habe ich mich immer sehr akzeptiert und gemocht gefühlt. Aber es war nicht immer so. Mit diesem frischen Hit »Nordisch by Nature« im Rücken hatten wir mit einem Mal ein ganz anderes Standing. Auf eine Art waren wir natürlich stolz, aber wenn man merkt, dass das nicht allen gefällt, fühlt man sich an der vermeintlichen Misere vielleicht auch mitschuldig. Wobei jeder sich darüber gefreut hätte, wenn die Mädels auch bei ihm in der ersten Reihe begeistert die Zeilen mitgerappt hätten ... Da war bestimmt ein gewisser Neidfaktor dabei.

12 peeK tl laeR

MARTIN STIEBER In Hamburg wurde es farbenfroh. Da gab es Der Tobi & Das Bo, Fettes Brot – Leute, die das Ganze nicht so ernst genommen und etwas Selbstironie mit reingebracht haben. Das fand ich immer wichtig.

SEPALOT Tobi und Bo fanden wir ziemlich cool. Fettes Brot auch. Die Anti-Haltung, mit der vor allem Tobi und Bo da rangegangen sind, mochten wir sehr gerne. Auch die Beats waren uns nahe. Diggen und Sampling haben Advanced Chemistry zum Beispiel ja gar nicht in der Form betrieben.

ANDRÉ LUTH Fettes Brot kamen aus dem Pinneberger Raum. Pinneberg ist das größte Baumschulgebiet der Welt. In Hamburg heißt es, dass die Menschen dort nicht viel größer werden als die Tannenbäume, die zu Weihnachten abgeholzt werden. Vielleicht sind die Brote deshalb alle eher klein. (lacht) Jedenfalls waren Tobi und Dokter Renz zusammen auf einer Schule. So formierten sich die Poets of Peeze. Das waren Dokter Renz, Tobi Tobsen, dessen Bruder Mighty sowie CRAM. Sie haben auf Englisch gerappt.

DOKTER RENZ Wir haben mit Geburtstagsliedern für Freunde angefangen. Das haben wir nachmittags aufgenommen und abends mitgenommen. Das war auf Deutsch, weil wir dachten, dass es die Leute dann besser verstehen. Aber der Gedanke war immer: Das ist nicht unsere Musik, das sind nur unsere Skills, um Leuten eine Freude zu machen. Über diesen Trick haben wir uns Sachen erlaubt, die in der Enge des HipHop-Kosmos nicht möglich gewesen wären. Ich glaube, es war ganz wichtig, dass wir uns der Sprache über den Spaßfaktor genähert haben, weil man dadurch gar nicht der Gefahr unterlief zu verkrampfen. Man hat einfach losgestylet und diese Sprache noch mal neu erforscht.

TOBI TOBSEN Für die deutschen Sachen haben wir dann Fettes Brot gegründet. Unser Demo kam in der MZEE gut an, und wir haben auch sonst gutes Feedback bekommen. Es wurde aber relativ schnell klar, dass es zu viel Stress ist, Poets of Peeze und Fettes Brot weiterzumachen. Also mussten wir uns für eines entscheiden. Martin (Dokter Renz) ist zu Fettes Brot gegangen. Mein Bruder und ich sind bei Poets of Peeze geblieben.

ANDRÉ LUTH Tobi wollte eigentlich mit Poets of Peeze auf Englisch weitermachen. Aber 1993 gab es ein Cypress-Hill-Konzert in der Hamburger Markthalle. Da habe ich Tobi und Bo einander vorgestellt. Bo stammt aus einem Hamburger Vorort namens Horst, das ist eine Regionalbahn-Station hinter Elmshorn. Seine Eltern sind Lehrer, und er hatte ein Jahr als Austauschschüler in Kalifornien verbracht. Als ich den kennenlernte, hatte er superlange Haare und trug Klamotten von Ben Davis, wie es die Beastie Boys etabliert hatten. Bo hatte einen Magnetismus, den man heute noch ahnt, wenn man ihn im Fernsehen sieht. Die Kamera liebt den! Der kann extrem kruden Humor und Charme versprühen. Und dann war er auch noch einer der interessantesten Rap-Texter, die ich bis dato gehört hatte. Da waren Ketten-Sätze dabei, die mich umgehauen haben.

TOBI TOBSEN Ich habe relativ präzise Erinnerung an einen Freestyle von Bo im Offenen Kanal Hamburg, wo er mit seiner damaligen Crew Verschaoten zu Gast war. Während alle anderen auf Deutsch noch so hackig waren, hatte der so einen weichen Flow. Also habe ich gesagt: Ich produziere dich jetzt. André Luth hat dann vorgeschlagen, dass ich auch rappen soll, weil Bo sonst »auf der Bühne nicht genug Luft bekäme«. Also habe ich da halt mal mitgemacht … (lacht)

ANDRÉ LUTH Eigentlich hatte ich die beiden zusammenkaserniert, damit sie eine EP mit vier Songs machen. Aber die kamen nach zwei Wochen mit einem Doppelalbum aus dem Studio.

TOBI TOBSEN André Luth hat für zwei Wochen das Container Studio gebucht. Bo ist für die Zeit bei mir eingezogen, weil meine Eltern im Urlaub waren. Die meisten Beats habe ich morgens in meinem Kinderzimmer geschraubt, und parallel haben wir Texte geschrieben, oft noch auf dem Weg ins Studio. Das haben wir dann nachmittags direkt eingerappt. Wir haben im Prinzip keinen einzigen Text überarbeitet. Wenn etwas nicht gepasst hat, wurde das so lange gerappt, bis es gepasst hat.

MARTERIA Der Tobi & Das Bo darf man nicht verkennen. Natürlich haben die Quatsch gemacht, aber das war genialer Quatsch. Der Albumtitel »Genie und Wahnsinn liegen dicht beieinander« sagt das ja schon. Wenn der Song »Morgen geht die Bombe hoch und wir gehen alle mit« heute rauskommen würde, wäre das immer noch ein Hit. Der passt perfekt in die heutige Zeit.

TOBI TOBSEN Der Tobi & Das Bo war die klassische Dick-und-Doof-Konstellation. Ich bin eher der ruhige Beat-Schrauber, Bo ist mehr der Verrückte, der Labersack, der Künstlertyp. Was uns geeint hat, auch mit Fettes Brot, war unser Spaß an Monty Python oder Helge Schneider. Bei dieser Art Humor wartet man ja vergeblich auf den Moment, an dem man lachen soll. Das war einfach nur maximal neben der Spur! Dieser skurrile Humor war im Grunde unser Ausgangspunkt: Lass uns mal so was in Rap machen!

RALF THEIL Ich habe eine fast schon physisch unangenehme Erinnerung an die »Freestyle«-Sendung, in der Der Tobi & Das Bo ihr Album vorgestellt haben. Bis auf Schiffmeister fand das im Studio niemand lustig. Während ihres Auftritts lag eine Stoffpuppe, ihr DJ Konrad, auf dem Plattenteller und hat sich gedreht. Ich glaube, von solchen Sachen haben sich Scope und Co. krass verarscht gefühlt.

TUAREG Ich habe Storm noch nie so hasserfüllt gesehen wie an dem Tag. (lacht) Stylewarz hat da auch extrem aggressiv dazu geschwiegen!

TOBI TOBSEN Uns war gar nicht klar, dass man unsere Sachen missverstehen könnte. Erst als nach den ersten Veröffentlichungen die Anfeindungen kamen, ist uns aufgefallen, wie anders wir das offenbar machten als andere. Wir hatten HipHop ja schon jahrelang für uns zelebriert, ohne Kontakt zu anderen Rappern zu haben. Und als wir dann auf die anderen getroffen sind, waren wir schon viel zu gefestigt in unserem Stil, als dass wir uns noch hätten anpassen wollen.

GÖTZ GOTTSCHALK Wir anderen aus der Szene hatten eine Form von lebensverändernder Erleuchtung mit HipHop erfahren und betrachteten das Ganze fast religiös. Da war kein Platz für Spaß. Wenn man das Gefühl hatte, jemand fängt an, für den Erfolg den Sound und den Inhalt zu verwässern, wurde das entsprechend geahndet. »Sellout« wurde als ganz ernstes Ding behandelt.

TOBI TOBSEN Wir haben unsere Musik nie als Kommerz wahrgenommen, ganz im Gegenteil. Wir dachten, unsere Sachen sind so verschroben und anders, dass sie ohnehin keinerlei kommerziellen Standards gerecht werden. Wir haben das eher als alternativ gesehen und wollten aus einem reinen Gefühl unsere Version von HipHop machen. Plötzlich hieß es, wir würden HipHop kaputt machen. Das hat uns wirklich gekränkt.

ANDRÉ LUTH Tobi und Bo haben für den »Klasse von 95«-Sampler dann einen Song abgegeben, der »poH piH« hieß. Sie haben also den HipHop-Begriff gestohlen und umgedreht.

TOBI TOBSEN »poH piH« ist entstanden als Reaktion auf die »Freestyle«-Sendung. Das war tatsächlich eine bewusste Provokation an die Alte Schule. Alles davor war aber einfach unsere Interpretation des HipHop-Gedankens. Für uns war Helge Schneider genauso real wie Run DMC.

MC RENE Die Presse hat damals über die beiden geschrieben: »Helge Schneiders Kinder können jetzt sprechen«. Auf ihrem Album machen die beiden auch Gags darüber, dass Cora E. ein Mischwesen aus Torch und Marilyn Monroe sei.

ANDRÉ LUTH Die Stiebers haben mir Jahre später erzählt, dass sie ewig brauchten, um zu verstehen, dass Tobi und Bo nicht HipHop zerstören wollten, sondern schon zwei Meter weiter waren, auf so einer Metaebene. Dem Hamburger Mittelschichtler war eben nichts heilig: HipHop nicht und er sich selbst erst recht nicht.

KATMANDO Es brauchte diese Provokationen, um den Diskurs zu erweitern. Wenn man eine Sekunde drüber nachgedacht hat, musste einem klar sein, dass das papageienhafte Nachahmen der USA auf Dauer nicht funktionieren würde.

TONI-L Neue Acts wie Der Tobi & Das Bo haben sicher anderen Leuten HipHop nähergebracht, die vielleicht sonst nie mit der Kultur in Berührung gekommen wären. Nicht jeder will eine politische Message hören oder gesagt bekommen, dass jemand besser als der andere ist. Das ist wie ein Fernsehprogramm – man zappt sich durch und jeder bleibt bei einem anderen Programm hängen.

TOBI TOBSEN Mir haben im Nachhinein viele Leute erzählt, dass sie eigentlich ein Problem mit HipHop und der ganzen Attitüde dahinter hatten, aber geil und besonders fanden, was wir gemacht haben: wie wir uns in Interviews gegeben haben, wie wir den Moderator auch mal haben auflaufen lassen, wie wir uns selbst nicht so ernst genommen haben. Wie gesagt, wir haben es nie auf so etwas angelegt. Aber ich finde es trotzdem interessant und bin auch ein bisschen stolz darauf, dass wir uns dieses eigene Standing erarbeitet haben. Wir werden ja selten als vollwertiger Teil der HipHop-Szene wahrgenommen. Da geht auch mal unter, was wir für einen Einfluss auf andere Bands hatten. Aber gleichzeitig finde ich das gerade gut: dass wir immer unser eigenes Kapitel aufgemacht haben.

13 Große Freiheit

MC RENE 1995 war der letzte unschuldige Sommer, bevor sich die Spreu vom Weizen getrennt hat. Die »Klasse von 95« war gewissermaßen die Blaupause für den ersten deutschen HipHop-Hype. Als Erste in den kommerziellen Pop übergesiedelt sind dann Fettes Brot mit »Nordisch by Nature« und »Jein«.

ANDRÉ LUTH Wir haben Fettes Brot auf Yo Mama gesignt und kamen dann über Martin Schumacher mit Intercord in Stuttgart in Kontakt, dem damals kleinsten Major-Label. Die haben in Fettes Brot die neuen Fehlfarben gesehen. Dieses Verständnis hat uns gelockt.

DOKTER RENZ Wir sind sehr skeptisch in solche Treffen reingegangen, waren gleichzeitig aber auch interessiert, was man uns anbieten würde. Die Möglichkeit des Geldverdienens mit der Musik stand im Raum und hat uns auch nicht völlig kaltgelassen. Aber als bei den Eltern wohnende Zivis hatten wir ja sogar schon Geld, weshalb wir gut gegen die Verlockungen der Industrie beschichtet waren. Wir waren moralisch sehr daran interessiert, nicht diejenigen zu sein, die das HipHop-Schiff kurz nach Verlassen des Hafens auf die Seite pusten, also sollte die Reise Richtung Pop so selbstbestimmt und autark wie möglich passieren. Für uns war klar, dass wir mit einem fertigen, in unseren Reihen produzierten Ding kommen würden. Mit so einem Gefühl sind wir in die Spätzlehochburg gefahren.

ANDRÉ LUTH Wir haben im Grunde als autarkes Label unter Intercord funktioniert.

DOKTER RENZ Martin Schumacher meinte: So einen guten Vertrag hat noch niemand hier bekommen, so viele Prozente und so wenig Reinquatschen ist überhaupt nicht branchenüblich. Das war für die geschäftliche Seite unserer Gang ein echter Schulterklopfer. Wir fühlten uns auch cool damit und waren der Überzeugung: Wenn wir das so machen, dann gibt es die Gefahr des Sellouts ja gar nicht.

ANDRÉ LUTH Im April 1995 erschien dann das erste Brote-Album »Auf einem Auge blöd«. Das Album lief gut, aber das eigentliche Ass steckte noch im Ärmel.

DOKTER RENZ Ich erinnere mich an ein Raststättengespräch, bei dem wir uns gefragt haben, was wir nach »Definition von Fett« und »Männer« als nächste Single auskoppeln. Wir hatten diesen viel zu langen, aber Leute beständig auf den Tanzflur lockenden potenziellen Hit »Nordisch by Nature«.

ANDRÉ LUTH »Nordisch by Nature« war der erste Allstar-Posse-Rap auf Deutsch. Der war im Original neun Minuten lang, mit Features von Eißfeldt, Fischmob, Der Tobi & Das Bo. Die Band blockte anfangs dagegen, das als Single zu machen – wegen der Länge und aus inhaltlichen Gründen.

DOKTER RENZ Ich war immer heilfroh, dass das Lied so wenig Single-Format hatte und wir die Diskussion gar nicht erst führen mussten. Mir war das Ding zu gefährlich. Ich fürchtete, dass es uns entgleiten könnte. Aber dann kam jemand mit der Idee, dass man es ja nach drei Minuten und dreißig Sekunden abschneiden könne. Lustigerweise konnten sich alle vor 3:30 vorstellen, dass das eine Single mit Video wird – alle, die danach dran waren, hatten keine Lust. Also war die Frage sehr schnell beantwortet. Für das Video haben wir dann auf einem Parkdeck in der damaligen Ost-West-Straße in Hamburg eine Party geschmissen. So inszenierte Partys für Videodrehs sind ja immer schwierig. Man bestellt seine Kumpels zu einer Location, um dort so zu tun, als ob man Spaß hätte. Die Leute sind aber alle nur wegen einem da, warten endlos lange in der Kälte und werden dann von einem launischen Regisseur angemault. Aber uns war es wichtig, diese Leute dabeizuhaben.

ANDRÉ LUTH Dendemann ließ sich blicken. Eißfeldt hatte trotz seiner gestrichenen Strophe einen Auftritt als Dancer – noch komplett im Dress für seinen Abi-Abschlussball, von dem er direkt zum Dreh angereist war. Das fühlte sich zum ersten Mal an wie »a hit in the making«.

DOKTER RENZ Als das Video dann draußen war, lief, wenn man den Fernseher angemacht hat, halt immer »Nordisch by Nature«. Es fühlte sich nicht mehr nischig an, sondern wie ein Teil des Hauptprogramms. Das war nichts Schräges mehr, sondern Konsens.

ABDI »Nordisch by Nature« war cool. Das war funky. Bei uns in Goldstein gab es das Gerücht, dass Fettes Brot Holländer oder Norweger sind, weil die in dem Song so komisch geredet haben. Vielleicht habe ich das auch einfach nicht gepeilt, weil ich Hesse war.

CELO Dieses Video war baba. Das kann man nicht haten.

DOKTER RENZ Musikfernsehen war für mich und Millionen andere deutsche Pop-Fans das Fenster in die Welt. Dieses Guckloch war ein ganz wichtiger Anhaltspunkt dafür, wann ein Lied ein Hit ist. Und bei »Nordisch by Nature« gab das eine heftige Rückkopplung. Die Redaktion hat es häufig gespielt, und weil darauf gute Resonanzen kamen, wurde es noch häufiger gespielt und so weiter. Von dort aus ist es dann in die Charts gegangen und stetig geklettert. Das war das erste Mal, dass wir einen Hit hatten.

ANDRÉ LUTH »Nordisch by Nature« hat sich 200 000 Mal verkauft.

DOKTER RENZ Im Sommer 1995 gab es den ersten Artikel über uns in der *Bravo*. In dem Interview fand sich die Frage: »Wie lautet der bürgerliche Name von König Boris?«, und ich habe »Sven« geantwortet, obwohl er ja natürlich Boris heißt. Das steht da auch so drin. Daraus ist später übrigens eines unserer Geheimprojekte mit dem Namen Sven, Sven und Sven entstanden …

RALF KOTTHOFF »Nordisch by Nature« hatte so eine Eigendynamik entwickelt, dass man einfach gehofft hat, dass es schnell vorbeigeht.
DOKTER RENZ Die Bauchschmerzen vom Anfang bestätigten sich. Uns nagelten tatsächlich mehr und mehr Leute auf das Plakativste fest: Tempo 110, Disco-Groove und lustige Texte auf Plattdeutsch. Es war dann Andrés Idee, den Song vom Markt zu nehmen.
ANDRÉ LUTH Wir wollten nicht, dass Fettes Brot für immer in die Ecke der plattdeutschen Spaßrapper gestellt werden. Um das zu bremsen, haben wir die Single zum 31. Dezember 1995 per Todesanzeige in der *Musikwoche* beerdigt und vom Markt genommen.
DOKTER RENZ Das Lied was größer geworden als alle anderen Duftmarken, die wir bis dahin gesetzt hatten. Die Angst, dass sich der Blick auf die Band nachhaltig verfälschen könnte, stand im Raum. Auch die Spleenigkeit dieser Idee hat uns begeistert. Das hatte ja wirklich noch keiner gemacht – auch wenn wir gerne sagen: »Alles, was man sagt, ist ein Ärzte-Zitat«, weil die in ihrer langen Bandgeschichte wirklich fast jede gute Idee schon mal hatten.
ANDRÉ LUTH Dem Label gegenüber haben wir argumentiert, dass die Leute halt das Album kaufen sollen, wenn sie den Song hören wollen. Das ist ja die Sprache, die die sprechen, also haben sie das nach anfänglichem Bestürzen auch akzeptiert.
DOKTER RENZ Es war ja auch nicht so, dass ein Mensch im Trenchcoat durch Deutschland gefahren wäre und alle Platten aus den Regalen genommen hätte. Es war einfach ein sehr guter Marketing-Schachzug, ein geiler Move, der bis heute für Gesprächsstoff sorgt und gleichzeitig wieder so eine Metaebene mit reinbringt: Eine Band, die dem Erfolg zwiespältig gegenübersteht – was soll das denn?! Das hat das Projekt noch mal mit Spannung aufgeladen.
ANDRÉ LUTH Was das Label nicht wissen konnte, ist, dass wir gerade schon in Mexiko waren, um das Video zu »Jein« zu drehen. Uns war klar, dass das der nächste Hit wird, deshalb haben wir uns bezüglich

der Aktion keinen Kopf gemacht, auch wenn das Geschrei bei allen anderen zunächst groß war.

DOKTER RENZ Die Möglichkeit, einen Hit zu wiederholen, hat mich total geflasht. Bei »Jein« hatten wir schon im Studio das Gefühl, dass da mehr draus werden könnte. Das war poppig und an moderne Hörgewohnheiten angepasst, obwohl es immer noch wahnsinnig viel Text war. Die Ärzte haben uns als außerhiphoppige Quelle gelehrt, wie man politische Botschaften und melodische Super-Ohrwürmer miteinander verknüpft. Wir haben diesen Weg des Erfolgs jedenfalls sehr bewusst wahrgenommen und wollten das auch. Das ist nicht aus Versehen passiert. Parallel merkten wir aber, wie wir uns immer mehr vom Inner Circle der HipHop-Szene entfernten. Gerade eben waren das noch unsere loyalen Verbündeten, und plötzlich fühlte man sich weniger über das direkte Gespräch definiert als darüber, wie über uns berichtet wurde.

CORA E. Fettes Brot waren ja eigentlich viel lächerlicher als die Fantas. Außerdem kamen sie aus unseren Reihen. Als es kommerziell richtig erfolgreich wurde und sogar Frau Schmidt »Nordisch by Nature« hörte, wurden wir sauer. Solange sie bei uns waren, war der Klamauk-Rap gut für unsere Belustigung und okay. Aber dadurch, dass es auch Nicht-HipHopper lustig fanden, kam uns das wie Nestbeschmutzung vor.

SAMY DELUXE Ich habe »Nordisch by Nature« nicht pauschal gehatet, aber auch nicht gehört. Das ist schon komisch. Heute ist mir total wichtig, dass man tolerant ist. Aber andererseits hat jeder eben diese Sachen, wo es bei einem aufhört. Fettes Brot waren für mich einfach diese klassischen deutschen Studentenrapper. Bei Blumentopf war es genauso: Die haben nicht schlecht gerappt, aber das hat mir nichts gegeben.

DAVID P. Ich habe Blumentopf sofort gefeiert: die Doppelreime, diese Selbstironie, dass alles so auf den Gag ausgelegt ist. Das ist doch das Geile an HipHop, dass da so Typen, die erst mal nicht danach aussehen, kommen und am Mic jeden zerpflücken – auf eine sympathische und authentische Art und Weise. Blumentopf und Fettes Brot sind genau so, wie sie sind. Das ist das Realste, was es gibt.

SAMY DELUXE Die waren mir zu lieb und zu sehr auf das Pinneberger Normalo-Publikum zugeschnitten. Unser Shit war für die Leute in der Flora und im Pudel Club. Wir haben uns da sehr links und sehr weit unten positioniert. Wir wollten nicht in Schickimicki-Clubs, auf Volksfesten oder im Radio laufen. Aber nichtsdestotrotz habe ich für die Karrieren von Fettes Brot und Blumentopf großen Respekt. Insbesondere für Fettes Brot, weil die wirklich Hits schreiben können und über Jahrzehnte hinweg kulturprägende Momente geschaffen haben.

DOKTER RENZ Mir fällt noch ein Beispiel von der »Klasse von 95«-Tour ein. Bei den anderen war hinter dem DJ immer ganz viel los. Bei unseren Shows war das nicht der Fall. Man hat schon früh gemerkt, dass ein cooler HipHopper sich nicht damit schmücken kann, wenn er bei einem Auftritt von Fettes Brot auf der Bühne steht. Dieses Gefühl von Support und Wertschätzung haben wir eher bei Rock am Ring erfahren. Leute, die sich nicht als Teil der HipHop-Szene verstehen, konnten sich immer viel aufgeschlossener anschauen, was bei uns passiert. Jan Müller von Tocotronic hat uns mal als »Die Ärzte des Rap« bezeichnet, das fand ich super. Mit Tocotronic waren wir auch mal auf Tour. Wir waren immer offen gegenüber anderen Communitys und haben früh Ersatzfreundschaften gepflegt.

RALF THEIL Sobald man 1995 hinter sich lässt, ist die Verortung in einer Szene gar kein Thema mehr. Diese Gelassenheit, die die 95er-Zeit hinterlassen hat, war eine grundlegende Bedingung dafür, dass man sich auf andere Sachen konzentrieren und krasse Qualitätsschritte machen konnte.

MARTIN STIEBER Die Brote hatten eine große Leichtigkeit. »Definition von Fett« fanden wir auch erst mal schräg. Aber wir sind sukzessive an den Fakt rangeführt worden, dass man verkaufen und trotzdem authentisch sein kann.

14 Bros

RALF KOTTHOFF HipHop ist für mich eine Suche nach Wahrheit, nach Identität. Realness war, lange bevor ich diesen Begriff kannte, das Höchste, was man erreichen konnte. Für mich persönlich haben die Stieber Twins das als Erste in Deutschland geschafft – weil sie auf Platte genauso klangen, wie wenn man bei denen zu Hause auf dem Sofa saß. Das war absolute Authentizität.

CURSE Die Typen waren der absolute Inbegriff der Realness und Trueness. Die waren Writer, Breaker, haben gerappt, Beats gemacht und waren durch und durch HipHop, dabei aber trotzdem humorvoll und überhaupt nicht dogmatisch. Die Stieber Twins wurden von jedem respektiert.

MARTIN STIEBER Wir waren immer schon gute Allrounder. Wir konnten sprühen, tanzen und waren der Kultur verschrieben. Als Rapper sahen wir uns gar nicht so. Advanced Chemistry hatten das erste Studio in Heidelberg, das Rabenhorst, eine von meinem Bruder ausgebaute Garage. (lacht) Dort haben wir mit dem Produzieren angefangen. Von meinem ersten gesparten Geld habe ich mir mit Boulevard Bou einen Akai S1100 gekauft und mir die Welt des Samplens draufgeschafft. Zu der Zeit konnte oder wollte sich kaum jemand solch eine Maschine leisten. Mein Vater hat die Hände über dem Kopf zusammengeschlagen: »Wie könnt ihr 8000 Mark für so ein Gerät ausgeben?« (lacht) Aber das war 1993, Speicher war zu der Zeit einfach teuer. Und dadurch, dass das »Hobby« so teuer und die Wertschätzung dementsprechend hoch war, wollte ich diesen Mikrokosmos wirklich beherrschen. Erst habe ich angefangen, den René zu produzieren. Parallel habe ich aber schon die ersten Beats für »Fenster zum Hof« erstellt. So kam ein Song zum anderen. Erst war es eine Maxi, dann eine EP und später mit 42 Minuten die kürzeste aller LPs. (lacht)

AKIM WALTA Mit ihrem einzigen Album bildeten die Stieber Twins quasi die Brücke zwischen der Alten Schule und der neuen Generation. »Fenster zum Hof« ist eine Bestandsaufnahme der Achtziger- und Neunziger-HipHop-Jahre, eine detailreiche Liebeserklärung an die gesamte Kultur!

MARTIN STIEBER Fertiggestellt haben wir das Album 1996. In der Zeit kam es zum Bruch mit AC, also haben wir wieder im Kinderzimmer produziert. Akim hat dann Geld in die Hand genommen und drei Wochen Studiozeit beim Mario von Hacht in den Container Studios in Hamburg-Barmbek spendiert. Mario hatte gerade die »Jein«-Maxi von den Broten produziert und hatte ein hohes Renommee. Dorthin luden wir alle ein, die uns als Features und Menschen wichtig waren: Scope, Fast Forward, Tatwaffe, Curse und Aphroe natürlich. Curse hatten wir gerade erst kennengelernt, den wollten wir unbedingt auf der Platte haben.

CURSE Die beiden wohnten zu der Zeit noch bei ihrer Mutter und haben das ganze Ding bei sich im Kinderzimmer gemacht. Da standen der Akai und die SP auf dem Schreibtisch, wie man es vom Cover kennt. Rechts davon saß ich auf dem Hochbett. Als die mir DATs von »Einmal Macco, zweimal Stieber« und »Fenster zum Hof« vorgespielt haben, bin ich fast hinten rübergefallen.

MARTIN STIEBER Das fertige Vorab haben wir Ende 96 bei NHB, den Never Heard Before Studios Hamburg mastern lassen. 1997 im März kam die Platte dann offiziell raus und hat, wie viele sagen, den Grundstein für einige im Deutschrap gelegt.

CURSE Die Stieber Twins waren Swag pur! Als wir Mindener die auf »Die Klasse von 95« zum ersten Mal gehört haben, dachten wir: Wie können die mit diesem Dialekt rappen und das so souverän delivern? Dieser kurpfälzische Slang war einfach ein absolutes Alleinstellungsmerkmal. Außerdem waren das Zwillinge, die also nicht nur gleich aussahen – und dabei eine gewisse Physis hatten –, sondern auch noch die gleiche Stimme hatten.

SAMY DELUXE Wenn die zu zweit mit ihren dicken Bubblegoose-Jacken ankamen, war das die Macht! Selbst Torch ist für mich nicht so HipHop wie die Stiebers in ihren Hochzeiten.

MARTIN STIEBER Wir sind halt Zwillinge und haben uns immer wieder den Ball hin und her gespielt: doppelt, nicht Stereo. Das war schon besonders. Was witzig war: Alle fanden unseren Dialekt sympathisch und charakterisierend, wir hingegen dachten, wir hätten das Album Hochdeutsch eingerappt. (lacht)

MARTERIA Für jemanden aus dem Norden wie mich war das im Grunde eine komplett andere Sprache. Ich meine, die haben »Ka-ka-o« und nicht »Kakao« gesagt … (lacht) Aber ich habe das trotzdem total gefühlt und war richtig drin. Das war die Platte, die mich zu der Zeit am meisten geprägt hat.

FALK SCHACHT Ich schätze an den Stiebers dieses HipHop- und auch Selbstreferenzielle. Dazu kam ein gewisser Humor, der aber nicht plump war, keine Comedy, sondern eher ein subtiles Augenzwinkern. Die Platte repräsentiert perfekt, was Deutschrap damals sein wollte, aber bis dahin noch nicht geschafft hatte.

CURSE Du hättest dir jeden zweiten Satz von »Fenster zum Hof« mit einem Marker anstreichen oder auf ein T-Shirt drucken können, weil er etwas so Wichtiges über HipHop, die Kultur, Menschlichkeit und Freundschaft ausgesagt hat. Ich hatte ja später einen Song, der »10 Rap Gesetze« hieß – aber die Stieber Twins hatten mit »Fenster zum Hof« die Rap-Bibel!

STEPHAN SZILLUS Die Platte hatte etwas originär Deutsches, war sehr puritanisch, fast schon protestantisch in der Ausführung. Alles war reduziert und minimalistisch, und das mochten wir natürlich: nur die Essenz, keine Gimmicks, kein Drumherum.

FALK SCHACHT Die Neunziger waren ja das Jahrzehnt der Suche: Wie kann ich ungehörte Reime finden? Wie kann ich diese eckige deutsche Sprache weich machen? Musikalisch war es in aller Regel die Suche nach der Eastcoast-Formel. »Fenster zum Hof« war das erste Mal, dass sich fast die gesamte Szene darauf einigen konnte, dass diese Formel perfekt umgesetzt wurde.

MARTIN STIEBER Wir haben es nie drauf angelegt, so zu klingen wie die New Yorker, waren aber natürlich von deren Sound geprägt. Es ist ja immer so: Man kann das Rad nicht neu erfinden, die hohe Kunst geht nur über das Handwerk. Man hat halt New York gehört und das verinnerlicht, gefühlt, gelebt. Die Beats um die 90 BPM, die Snare auf die Zwei und die Vier, ein paar Kicks, dicke Bassline aus dem Jazz gesamplet – das ist immer noch mein Sound! Das hat man dann versucht, in seinen eigenen Kontext zu übertragen. Uns hat halt ausgemacht, dass wir Zwillinge sind. Dazu kommt die Wortwahl, das Einfache, klar Verständliche. Das habe ich immer geliebt: wenn komplexe Sachverhalte in einfachen Worten ausgedrückt werden. Aber man hat letzten Endes gar nicht so viel drüber nachgedacht. Ich habe einfach gerappt, wie ich mich gefühlt habe. Heute ist das ja genau das Gleiche: Leute hören den Ami-Shit, kopieren den und bringen ihre eigene Handschrift mit rein.

MARC LEOPOLDSEDER Einflüsse aus der meist afroamerikanischen Kulturhistorie aufzugreifen und daraus etwas Neues zu erschaffen, ist essenziell im Rap. Die Kulturtechniken im HipHop beziehen sich allesamt auf etwas, das es schon vor HipHop gab: Im Jazz wurde gefreestylt, zitiert und, wenn man so will, auch gebattlet. Im Funk wurde mit starken, überzeichneten Images gearbeitet. Das rhythmisch gesprochene Wort hat ebenfalls eine extrem lange Tradition und der Bezug zur »Straße« bzw. den gesellschaftlich Marginalisierten spielte in nahezu jeder afroamerikanischen Musik eine große Rolle. Dementsprechend erfindet kein Rapper das Rad neu. Die Einflüsse sind da – ob er das will und weiß oder nicht.

ALI AS Rap ist größtenteils einfach Klauen. Da muss man nicht lange um den heißen Brei herumreden. Wenn es jemand schafft, einen eigenen Sound zu kreieren: cool. Aber gut geklaut ist mindestens halb gewonnen.

ROE BEARDIE Das ist die große Kunst: etwas übernehmen, sich zu eigen machen und dabei noch strahlen. Die Musik dieser afroamerikanischen Kultur in den weißen Mittelstand zu übertragen, ohne dabei peinlich zu sein, haben nur die wenigsten geschafft.

MAX HERRE Was Referentialität abgrenzt von Appropriation, ist meines Erachtens eine Kenntnis der Geschichte. Aneignung beginnt, wenn diese Verbindungslinie gekappt wird.

MARC LEOPOLDSEDER Dass die Beats und Flows in dieser Zeit so sprunghaft schnell besser wurden, hat meines Erachtens viel damit zu tun, was man alles studieren musste, um in der subkulturellen Auseinandersetzung nicht der Otto zu sein. Auf »Toy Terminator« sagt Scope: »Geh in die Schule, seh endlich klarer!« Das sagt eigentlich alles.

CURSE Die Stiebers sind einfach gute Menschen mit einer ganz tollen positiven Energie. Die wollten schon immer Leute miteinander connecten und haben sich gefreut, wenn anderen etwas Gutes passiert. Die beiden waren ja auch maßgeblich für die ganze Geschichte mit Cora E. verantwortlich. Cora ist unter anderem nach Heidelberg gezogen, um mit ihnen zu arbeiten.

CORA E. Ich habe die Stiebers kennengelernt, als ich noch mit Marius No. 1 an »Schlüsselkind« gearbeitet habe. Damals waren das nicht die Stieber Twins, sondern einfach Martin und Chrissi, die Zwillinge eben. Die hingen mit uns auf der Neckarwiese rum, hatten immer geile Sprüche und waren total lustig. Rapper waren das für mich nicht. Als ich die ersten Songs von »Fenster zum Hof« gehört habe, konnte ich gar nicht glauben, dass das die beiden sind. Irgendwann fragten sie mich, ob ich nicht Bock hätte, »Schlüsselkind« auf einen ihrer Beats zu schreiben. Ich könne das auch bei einem Kumpel der beiden auf dem Land aufnehmen. Ich habe den Text sofort fertiggeschrieben, in deren Kinderzimmer in der Goethestraße. Ich fand ihn richtig geil, hatte aber auch ein komisches Gefühl, weil das ja eigentlich das Ding von mir und Marius war. Da habe ich bis heute Schuldgefühle.

KATMANDO »Schlüsselkind« war eine absolute Ausnahme zu der Zeit, ein grandioses Lied. So einen Song hört man ja heute noch selten.

RALF KOTTHOFF Ich werde nie vergessen, wie Cora E. aus einem Leben erzählt hat, in dem die Mutter Alkoholikerin ist. Ich habe in meinem Büro gesessen, das gehört und geweint.

DUAN WASI Cora hatte unglaublich viel Charisma.

SAMY DELUXE Cora hatte einen geilen Stellenwert. Die wurde in dieser Männerdomäne respektiert, ohne einen übertriebenen Extra-Credit dafür zu bekommen, dass sie eine Frau ist.

CORA E. Dass ich eine Frau war, hat nie eine Rolle gespielt. Es gab wenige, aber die waren ganz normal Teil der Szene. Es gab End Two, die Freundin von Katmando. Die hat es ernst gemeint und gerappt. Dann gab es noch Tina B. Und es gab Mansha von Aquarius Answer, die viele Connections hatte. Die sagt, sie hatte schon vor mir Auftritte, das weiß ich aber nicht. Und es gab die Breakdancerinnen. Vor allem in Berlin gab es viele B-Girls.

SAMY DELUXE Cora hat einfach geil gerappt und super performt. Sie und Marius waren auch ein super Team auf der Bühne. Das war ganz früh krass professionell: Während die meisten anderen Acts einfach losgelegt und den Moment gelebt haben, wirkte es bei den beiden, als könnte man das selbst nie so hinbekommen.

CURSE Cora hat immer eine gewisse Toughness ausgestrahlt, aber persönlich ist sie wahnsinnig herzlich und großartig. Die hat ihren Scheiß einfach geregelt gekriegt.

CORA E. Durch »Schlüsselkind« kam der Major-Vertrag. Kurz danach kam auch der Akim und meinte, er würde mich für ein Album unter Vertrag nehmen. Ich bin dann mit ihm zu Busy gefahren, um die Platte aufzunehmen. Ich habe wirklich einige Wochen mit Akim in Busys Elternhaus verbracht.

CURSE Cora hatte auf der einen Seite Akim Walta und MZEE Records im Rücken, auf der anderen Seite aber auch den Deal mit der EMI. Als Repräsentantin der ersten Generation steckte sie mittendrin. Bei der Produktion der Platte schwang im Subtext dann auch immer die Frage mit, ob man real sein und gleichzeitig beim Major ein Album rausbringen kann.

CORA E. Peter Burtz hat mich zur EMI nach Köln eingeladen. Wir waren erst bei einem Showcase von Kraftwerk, und dann saß ich mit ihm an einem großen Tisch. Er hat mir nur erzählt, was ich hören wollte – der war ja schlau! Er meinte, ich sei die Beste und Tollste und soll alles genau so machen, wie ich das will. Aber es ist nicht so passiert. Als ich die Videovorschläge bekommen habe, wurde ich schon skeptisch. Das passte alles gar nicht zu mir. Das war nicht ich. Als ich dann gesehen habe, dass das Video zu »Zeig's mir« 250 000 Mark gekostet hat, ist mir fast schwindelig geworden. Es gab auch eine Zeit, in der ich Angst hatte. Angst, dass das zu erfolgreich wird. »Könnt ihr mich hör'n« lief mal im Radio, da bin ich nach Hause gerannt und habe die Gardinen zugezogen, weil ich das nicht wollte. Das hatte ich bei »Schlüsselkind« auch. Ich wollte nicht, dass der Song erfolgreich wird. Ich wollte auch nicht, dass da noch ein Remix gemacht und ein neues Video gedreht wird.

CURSE Das war ein ständiges Ausloten: Was geht und was geht nicht? Was ist geil und was nicht? Wie weit kann man und wie weit will man gehen? Auf wen hört man? Wer hat welche Interessen? Man merkt der

Platte das auch an. Auf der einen Seite waren da Typen von der Rock Steady Crew drauf, auf der anderen gab es Songs wie »Zeig's mir«, die auf der über MZEE veröffentlichten Vinyl nicht zu finden waren. Das Album hieß ja bei MZEE »... Und der MC ist weiblich!«, während die EMI-Version den Titel »Corage« trug. Diese Platte ist symptomatisch für die Zeit, in der die ersten Acts aus der Szene Major-Deals eingegangen sind. Bei Cora hat man das halt mitbekommen – aber ihre Fragen haben sich auch viele andere gestellt.

SCHIVV Wir waren ja mit die Ersten mit einem großen Deal. Wir haben damals nur diskutiert, auch innerhalb der Gruppe. So ein Major-Deal war irgendwie geil und hat einen in die besondere Situation versetzt, sich auf nichts als Musik konzentrieren zu können. Andererseits hatte das krasse Konsequenzen. Nach der Logik des Labels mussten wir uns mit Erscheinungen wie Der Wolf messen, während wir Hardcore-Rap aus New York gehört haben. So mussten wir Schritt für Schritt selbst herausfinden, wie wir klingen wollen, mit konstanten inneren Kämpfen.

CORA E. Ich hatte damals ein Treffen mit der BMG, die mir 180 000 Mark Vorschuss geben wollten. Mein erster Gedanke war: Was muss ich für dieses Geld bitte alles tun? Diesem Druck kann ich mich nicht aussetzen ... Einen Tag später habe ich eine Anfrage bekommen, eine L'Oreal-Werbung zu rappen. Und das Album von Tic Tac Toe sollte ich auch noch schreiben. Das war der Punkt, an dem ich raus war. Kurz darauf habe ich irgendwo gelesen, ich sei die erste Künstlerin, die das Major droppt, und nicht umgekehrt.

MARTIN STIEBER Wir hätten ohnehin nicht mehr mit Majors arbeiten können, weil wir uns das durch die Ansagen auf dem ersten Album schon verbaut hatten. (lacht) Wir wollten eben eine Platte machen, die von der Szene für die Szene ist.

APHROE »Auf Seite B ein Dance-Mix ...« Diese Stiebers-Line hat die Sache im Grunde auf den Punkt gebracht.

SAMY DELUXE Es ist wirklich schade, dass die beiden nur diesen einen Tonträger gemacht haben. Vielleicht war es aber auch genau richtig: Es ist schon geil, wenn man einfach mit so einem unglaublichen Stück Kunst dasteht.

MARTIN STIEBER Wir hatten da eine Blockade. Bei uns war die Erwartungshaltung irgendwann so hoch, dass wir der gar nicht gerecht werden konnten. 2000 rum wurde es dann endgültig schwierig. Ich habe das 2018 auch in einer Werbung für Mercedes-Benz gesagt: Das Leben war einfach stärker als die Musik. Mein Bruder und ich haben nicht mehr so richtig zusammengefunden. Er hatte andere Sachen im Kopf und hat sein Architekturstudium gemacht. Dann hat man Rap etwas aus den Augen verloren. Trotzdem kommen bis zum heutigen Tag Leute zu mir in den Laden und wollen ein Autogramm. Es ist befremdlich, aber andererseits auch total schön, dass Menschen unsere Platte nach zwanzig Jahren immer noch etwas bedeutet.

15 33 1/3 Umdrehungen auf 90 Beats pro Minute

GÖTZ GOTTSCHALK Für mich waren »Fenster zum Hof« und auch »Kopfnicker« von den Massiven Tönen zwei Alben, bei denen man so richtig gemerkt hat, dass es geht. Da brach eine ganz andere Zeit an. Danach kam vieles Tolle, in immer schnellerer Folge.

EIZI EIZ »Kopfnicker« von den Massiven Tönen war ein wegweisender Meilenstein. Im Rückblick wird die Platte ein bisschen unterschätzt, weil im selben Jahr »Fenster zum Hof« rauskam und heute die ganze Aufmerksamkeit darauf liegt. Aber wenn es »Fenster zum Hof« nicht gegeben hätte, hätte »Kopfnicker« diesen Status.

MARTIN STIEBER Die Massiven haben eine supergeile Platte gemacht. Ich würde sagen, dass »Kopfnicker« die eindringlichere, auch die musikalischere Platte ist als »Fenster zum Hof«. Ein Wahnsinns-Album!

ROE BEARDIE Das war durch und durch leidenschaftlicher HipHop. Gar nicht mal nur musikalisch, sondern auch was die Herangehensweise an Texte und Flows angeht. Diese Alben hatten ein Verständnis von Lässigkeit, das in meinen Augen für Rap unabdingbar ist. Viele deutsche Rapper davor waren sehr talentiert und bemüht, aber die wenigsten von denen waren lässig. Aber die Massiven und die Stiebers waren Charaktere und hatten dieses HipHop-Lebensgefühl aufgesaugt, ohne es stumpf zu kopieren.

SCHOWI Wir hatten immer den Anspruch, über das Reimen hinaus einen universellen Swag zu haben. Das ging schon beim Flowen los: Wir haben immer nach neuen Flows gesucht. Wir hatten Bühnenoutfits, eine Choreografie, eigene Shouts und Slangs. All diese

Adlibs und Wörter, die wir kultiviert und etabliert haben, wie »Jajaaa« oder »Junge« – das haben wir ja nicht zufällig gemacht. Das war unser Kosmos, da waren wir stolz drauf.

AZAD Nicht nur das Soundbild war geil, sondern auch die Message und die Art der Delivery. Das war kein Hibbedi-Hibbedi-Funny-Rap mehr, sondern war gut gerappt und hatte Aussage.

SEBASTIAN SCHWEIZER Im Rap ging es die ersten Jahre im Grunde ja nur ums Sprühen, Breakdance, Save the Vinyl oder um politische Themen. Aber die »Kopfnicker«-Platte war auf einmal krass persönlich. Dann kamen da auch noch Orte wie der Geigerplatz vor, den ich als Stuttgarter natürlich kannte. Dass man über solche Dinge einen Song machen kann, hat mich richtig umgehauen. »Kopfnicker« wirkte auf mich wie ein Album aus der Zukunft.

SCHOWI Stuttgart hat im Rest des Landes ja eher den Ruf, langweilig zu sein, eine Spießer- und Bonzenstadt. Das hat natürlich einen wahren Kern, aber gleichzeitig ging immer total viel. Stuttgart kam uns tatsächlich paradiesisch vor, und das haben wir repräsentiert. Da hat sich ein HipHop-Lokalpatriotismus, wie wir ihn aus New York kannten, gepaart mit einem gewissen Schwabentrotz. Hinzu kam, dass Stuttgart in der allgemeinen Wahrnehmung von den Fantas besetzt war. Das war Fluch und Segen zugleich. Einerseits war es gut für uns, dass es eine Aufmerksamkeit gab. Andererseits haben die Leute mit einer vorgefertigten Meinung auf die Stadt geschaut. Dem wollten wir etwas entgegensetzen. Wir haben 0711 in 0711 für uns reklamiert.

ALI AS Die Lyrics haben auf so kleine Details Wert gelegt: Hier der Bäcker, dort trinkt man dieses oder jenes Bier. Man hatte das Gefühl, man bekommt einen Eins-zu-eins-Report von dem, was in dieser Stadt abgeht, und ist dabei bei dem, was die da gerade erleben. Das fand ich sehr beeindruckend – obwohl mir Stuttgart als Stadt immer schon scheißegal war. (lacht) Die haben ja keine krassen Storys ausgepackt. Das war eher Mittelstandsgelaber – aber so, dass es irgendwie besonders war.

KRYPTIK JOE Das Album hat mich davon überzeugt, Rap zum Beruf zu machen. Welche Samples die ausgewählt und wie sie die übersetzt haben – das höre ich heute noch und denke mir: Was für eine coole Rap-Platte!

SCHOWI Ju und ich kannten uns von der Schule und waren immer komplett auf demselben Film gewesen: Rap, Tanzen, Klamotten, das ganze Ding. Adone Corradi, der vor und in den Anfangstagen von Massive Töne Teil unserer Crew war, hatte eine kleine Remise. Da konnten wir immer so lange bleiben, wie wir wollten, die Wände volltaggen und Musik machen. Wir haben mit Tape-Loops angefangen, der Klassiker. Irgendwann hat sich Adone dann als einer der Ersten in Stuttgart einen Sampler gekauft – anstatt den Führerschein zu machen. Eigentlich eine unfassbar große und weitreichende Entscheidung. (lacht) Ab da ging's richtig ab. 1994 haben wir die erste EP »Dichter in Stuttgart« aufgenommen. Die Songs hatten wir großteils schon seit zwei Jahren auf den Jams performt, und als das 1995 schließlich rauskam, fanden wir das eigentlich schon nicht mehr so geil. Aber die Freude und der Stolz, einen offiziellen Tonträger rausbringen zu können, ein bleibendes Zeitdokument, die überwogen.

MAX HERRE Die »Dichter in Stuttgart«-EP ist noch in Zusammenarbeit mit Roe Beardie entstanden, da war ich oft der Fahrer ins Düsseldorfer Studio. Die »Kopfnicker«-Platte hat dann Wasi produziert. Er hatte da gerade mal vier Monate lang einen SP12-Sampler. Der hat sich das in kürzester Zeit selbst raufgeschafft, sich einen Stapel Soundtracks besorgt und dieses Ding in ein paar Wochen gezaubert.

MARTIN STIEBER Der Wasi wusste, wie man ein Sample nicht nur loopt, sondern es vielleicht auch mal spielt. Der hat nicht einfach zig Loops übereinandergelegt, sondern mit seinem Cubase die Events durch die Gegend gekickt, bis alles gepasst hat. Einfach amtlich.

MAX HERRE Als Producer hatte Wasi eine sehr genaue Sound-Vorstellung. »Kopfnicker« ist bis heute eines der homogensten Rap-Alben überhaupt.

DUAN WASI Meine Idee war, dass man die Platte von Anfang bis Ende durchhören kann. Keine Angebereien, keine Möchtegernhaltung, weniger Backings, mehr Sprechen und nicht auf Teufel komm raus jeden Doppelreim betonen. Reduziert, low-key, einfach ein chilliges Album, nichts weiter. Vor »Klasse von 95« waren alle auf Britcore. Alles war immer schnell, laut und hat geknallt. Die Leute wollten auf die Kacke hauen. Aber wir wollten zwei Stufen runter mit dem Tempo.

DAVID P. Mit den Massiven gab es den Wechsel von diesen eher leichten Spätachtziger-, Frühneunziger-Dingern hin zu den fetten Boombap-Beats – Kopfnicker eben. Die haben das ja bei uns aufgenommen. Sie sind jeden Freitagabend nach München gekommen, haben bei meinen Eltern gepennt und tagsüber in Glams altem Kinderzimmer an dem Album gearbeitet. Ich weiß noch genau, dass es sich irgendwie anders und total neu angehört hat.

DUAN WASI Die Leute haben das erst mal gar nicht gecheckt. Der Vorwurf in den Rezensionen war, dass es zu langsam und langweilig sei. Am Anfang haben wir vielleicht 500 oder 1000 Platten verkauft. Aber nachdem ein paar Meinungsmacher gesagt haben, dass wir der Shit sind, hat sich das gedreht. Am Ende haben wir, glaube ich, 50 000 Stück verkauft. Akim war megahappy, weil er das erste Mal mit einem seiner Acts Geld verdient hat.

DAVID P. Das Album hatte eine wahnsinnige Leichtigkeit, diese lautmalerischen Raps. Der Wasi wusste damals schon, wie man ein Wort aussprechen muss, damit es sich cool anhört. Der hatte auch sehr konkrete Meinungen, welche Wörter man gar nicht erst benutzen darf: »Lyrisches Syndrom« und »Operation Konstitution« und so Kram. (lacht)

SCHOWI Wir wollten stylen, geil klingen, gute Musik machen. Letzten Endes kommt Rap aus der Box, genau wie ein Beat. Das ist Musik, Klang. Es soll sich gut anhören. Das klingt eigentlich selbstverständlich, aber Deutschrap kommt nicht unbedingt aus dieser Tradition.

TOBI TOBSEN Das war das erste Mal, dass sich deutscher Rap sehr amerikanisch angehört hat, ohne dabei die Plattitüden zu übernehmen. Das ist aus einem ganz anderen Selbstverständnis heraus entstanden. In der Stuttgarter Region gab es ja viel mehr amerikanische G.I.s als bei uns im Norden. Die hatten schon HipHop-Clubs, und das hat man hundertprozentig rausgehört. Das war schon soulful und warm und allgemein viel selbstverständlicher an das Amerikanische angebunden, während in Hamburg noch Britcore und die Punk-Szene die Hauptrolle gespielt haben.

SCHOWI Für uns hat eine riesengroße Rolle gespielt, dass wir alle drei Migrationshintergrund hatten. Wasi war der aufgeklärte, gebildete, ausgeglichene Grieche, in der Tradition der Antike. Ju war mit sechs Jahren aus Portugal nach Stuttgart gekommen und verstand sich als Latino, für den Feiern, Emotionen und generell Musik eine riesengroße Rolle spielten. Seine Mutter war eine begabte Fado-Sängerin, da war definitiv eine Tradition in der Familie. Ich wiederum bin Halbfranzose und war oft in Paris, wo ich Beur FM auf Tape mitgeschnitten habe, den Radiosender für die nordafrikanische und arabische Community. Dort liefen Rai und Zouk, aber auch französischer Rap oder Songs aus Westafrika. Das klingt vielleicht albern, wenn man mich ansieht, aber ich habe das alles als Teil meiner Wurzeln und meiner Kultur verstanden. Für uns war immer klar, dass wir mehr Style haben als die anderen Deutschen – mehr von dem, was man in den letzten Jahren wahrscheinlich »Swag« genannt hätte.

MAX HERRE Die Massiven waren jeder für sich sehr gut. Ju hatte als Rapper ein hohes musikalisches Niveau, für mich klang er vom Flow und vom Ton her neben Robbe am besten von allen. Schowi konnte dem über seinen Intellekt und sein Verständnis von Musik beikommen. Und Wasi war einer der prägendsten Rapper und Lyricists seiner Zeit. Auf dem Niveau gab es zu dem Zeitpunkt vielleicht noch Aphroe, und dann fällt mir lange keiner ein, der in so einer Sprachgewalt, Genauigkeit, Emotionalität und Wortgewandtheit Dinge beschreiben konnte – und das in einem relativ losen Style, der trotzdem voll ist mit Triple-Rhymes und hinten und vorne passt.

SMUDO Ich war als Stuttgarter Rapper sehr stolz auf das »Kopfnicker«-Album. Das klang so unglaublich amerikanisch. Besonders der Beat, der Groove und die Geschichte, die Wasi in »Nichtsnutz« erzählt hat – das war einfach genial.

DUAN WASI Ich habe zu der Zeit eine Ausbildung zum Verkäufer gemacht. Am Tag meiner Prüfung hatten wir mit der »Klasse von 95« einen Auftritt in der Schweiz. Ich weiß noch genau, wie ich aus dem Breuninger-Kaufhaus in Stuttgart komme: Schowi und die Jungs fahren mit dem Jetta vor, ich steige ein, lockere meine Krawatte, ziehe mich um, und wir fahren direkt in die Schweiz. Ich werde das nie vergessen. Gerade noch im Anzug im Geschäft und auf einmal in der schönen Schweiz, alles blüht, die Berge, die Seen. Wir fahren vor die Location, überall sind Writer und schöne Frauen. Ich habe mir nur gedacht: Was habe ich die letzten drei Jahre eigentlich gemacht? All diese Eindrücke habe ich schon im Auto aufgeschrieben und festgehalten.

CURSE Das war ein Song, der allen von uns aus dem Herzen gesprochen hat. Wir saßen in der Schule oder standen in irgendwelchen Läden und hatten diesen Traum, endlich der Bedeutungslosigkeit zu entkommen. »Auf Tour oder Luzern in die Schüür mit der Klasse / Fern von der Inventur und der Ladenkasse.« Ich kriege jetzt noch Gänsehaut, wenn ich nur an diese Zeilen denke.

SMUDO Afrob hatte auch einen tollen Part. »Stuttgart-Pfaffenäcker meldet sich zu Wort / Es ist der Platz, es ist der Geist, es ist der Ort.« Endlich eine starke schwarze Stimme aus Stuttgart!

MARTIN STIEBER Auf dem Album war auch das erste Mal Max Herre drauf. Das ist schon ein wahnsinnig geiles Zeitwerk.

AFROB Wir waren wirklich mit einer großen Dichte an Leuten gesegnet, die geleistet haben, was andere nicht konnten. Warum das so war? Ich denke, das war ein Mix aus mehreren Faktoren. Zum einen gab es nicht viele Angebote in Stuttgart, also hat man eben selbst was gemacht. Zum anderen hatten wir eine gute soziale Kontrolle: Deine Moves mussten die Sachen immer voranbringen, alles andere hat nicht gezählt. Die Konkurrenz war sehr ausgeprägt, aber das hat dazugehört. Wir waren alle Brüder!

16 Willkommen in der Mutterstadt

MAX HERRE Die Massiven Töne kenne ich seit Anfang 1992. Die Jungs waren ja eher in der HipHop-Welt unterwegs, während ich vor allem über die Musik und die Clubs kam. Man muss dazu wissen, dass es zwei prägende Clubs in Stuttgart gab: das On-U und das Unbekannte Tier. On-U hat Ali Schwarz von Tiefschwarz gemacht. Das war unser Studio 54, mit Jan Kettenmann, dem besten Stuttgarter Soul-DJ seiner Zeit. Markus Fischer war ein anderer DJ dort. Der hat mich irgendwann gefragt, ob ich im Rahmen seines Sets auftreten wolle. Ich brachte eine Platte der britischen Funk-Band Olympic Runners mit und performte darauf zwei, drei Nummern.
DUAN WASI Max trug immer diese Schiebermütze. Dieser jazzy Style war sein Ding und hat bei uns Feuerbachern ein bisschen für Spott gesorgt. Allerdings war er auch einer von denen, die immer ohne Probleme in die Clubs reinkamen.
MAX HERRE Der größere, bekanntere Laden war das Unbekannte Tier, mitgegründet übrigens von Don Philippe. Dort habe ich auch zwei-, dreimal kurze Showcases gespielt. Nach einem der Auftritte kamen die Massiven zu mir und meinten, dass sie auch Rap machen. Ich hatte damals eine einzige deutsche Nummer, der Rest war irgendwie Spanglish. Aber das deutsche Ding fanden die offenbar super. Wir haben dann direkt im Eck gefreestylt. Das war so eine Mischung aus Einladung und Test. So kenne ich Rap bis heute: als Competition, aber auch als ein Miteinander-in-Austausch-Treten.
DUAN WASI Man hat sich gegenseitig gedisst – für mein Verständnis, so wie es B-Boys machen. Ich würde nie gegen jemand battlen,

den ich nicht respektiere. Dadurch sind wir alle besser geworden. Wir haben uns gegenseitig inspiriert und beeinflusst. Das war das Großartige an der Kolchose: Das waren die unterschiedlichsten Leute, aber es gab keine Ausgrenzung.

MAX HERRE Die Kolchose war ein großer Verbund von Leuten. Der ältere Kern waren die Massiven, Afrob, Die Krähen, wir, die Breaker-Crew Unlimited Style Posse und später die Tänzer von Southside Rockers und die Sprüher von Freunde der Farben. Dann gab es eine Rookie-Generation mit Skills En Masse und Breite Seite. Was man andernorts als Kolchose verstand, war letztlich der musikalische Arm: die DJs, die MCs, die Producer. Den Ausschlag zur Gründung gab, dass wir im Jugendhaus Areal in Stuttgart-Leinfelden eine Jam veranstalten wollten und Wasi und Strachi wussten, dass wir super Gelder für unsere Projekte akquirieren können, wenn wir als Pulk auftreten und einen ganzen Tag mit Konzept liefern. Im Grunde haben wir das also als Zweckgemeinschaft gegründet. Anfang 1993 muss das gewesen sein.

DUAN WASI Es gab einen Abend, an dem wir im Unbekannten Tier waren und darüber sprachen, dass wir das Ganze nicht wieder mit »Crew« oder »Posse« bezeichnen wollten. Wir wollten einen Namen für das Kollektiv, der cool, aber nicht unbedingt Englisch sein sollte. Wir haben diskutiert, und irgendwer meinte: »Ah, wir sind doch eh nur Bauern. Was wollen wir jetzt auf dicke Hose machen?« Jemand kam dann mit dem Begriff »Kollektiv«, und Max oder Philippe meinte, dass man aus »Kollektiv« doch »Kolchose« machen könne. Ehrlicherweise wusste keiner so richtig, was das eigentlich ist. Aber der Name hat geflowt, und da uns anderen nichts Besseres eingefallen ist, stimmten letzten Endes alle zu.

MAX HERRE Meine Erinnerung ist, dass wir im Unbekannten Tier saßen und mit Namen rumgemacht haben: Allianz, Posse, Klique und so, das Übliche halt. Ich hatte damals »Djamila« von Tschingis

Aitmatow gelesen. Das Buch spielt in einer Kolchose, also habe ich das in den Raum geworfen. Schowi und Wasi fanden es gut, weil der Name den Blick ausnahmsweise nicht nach Amerika richtete, sondern in den Osten – wir wollten ja unser eigenes Ding machen und Stuttgart auf eine andere Art repräsentieren, als es beispielsweise durch die Fantas passierte.

KRYPTIK JOE Massive Töne und die Kolchose waren der Gegenpol zu den Fantas.

MAX HERRE Das war ein bisschen schizophren: Es gab zum einen die Band Die Fantastischen Vier, zum anderen aber die einzelnen Mitglieder. Michi Beck zum Beispiel hat mit Ali vom On-U zusammengelebt und war auch selbst ein super DJ, mit dem ich mich gerne unterhalten habe. Michi war es übrigens auch, der mir nahegelegt hat, mal DJ Friction auszuchecken, mit dem und Don Philippe ich später Freundeskreis gegründet habe. Der Thomas ist auch ein supernetter Typ. Gleichzeitig verkörperte ihr Werk aber Stuttgart auf eine Weise, für die wir von den Heidelbergern auf die Mütze kriegten. Wir selbst dachten ja überhaupt noch nicht daran, Platten aufzunehmen. Alles, was mit Plattenfirmen, Pop und überhaupt schon Songs zu tun hatte, war uns total suspekt. Da musste ein neues Narrativ, ein Gegenpol geschaffen werden.

SMUDO Wir waren die meiste Zeit unterwegs und haben gar nicht mitbekommen, wie unser Erfolg in Stuttgart ankam. Das haben unsere Rap-Kollegen in der Stadt natürlich viel geballter erlebt. Das hat sicher zu einem Graben zwischen uns und denen geführt, der nur sehr schwer zu überwinden war. Jan Delay hat mal gesagt, dass er die Gründung unseres Labels Four Music als große versöhnliche Geste der Fantas empfunden hat. Das Lustige ist, dass das überhaupt nicht unsere Idee war. Four Music ist entstanden, weil Bär uns damit wieder den Spaß an der Musik und eine Beschäftigung geben wollte. Der Einzige, der wirklich vorhatte, ein Label zu gründen, war Michi. Ich hatte da gar keinen Bock drauf! Aber Bär meinte, dass wir ja ohnehin viel mit anderen Bands zusammenarbeiten würden und man die dann doch auch gleich auf sein eigenes Label holen könnte. Ich habe dann Blumentopf für mich entdeckt, und Michi kannte Max. Später haben wir noch Afrob dazugeholt.

AFROB Die Lager hatten da gar nicht mehr diese Berührungsängste. Auch die Massiven hatten schon mit Four gesprochen.

SMUDO Michi wurde so etwas wie ein Bindeglied zwischen uns und den anderen Stuttgartern. Er kam gut mit Thomilla klar, der zu der Zeit wiederum mit Die Krähen Musik gemacht hat. Thomilla meinte wohl mal, dass sie uns eigentlich okay finden. Die Urversion von »Picknicker« war dann eine große Gemeinschaftsarbeit. Der Beat stammt von Thomilla, der Shouter ist MC Großmaul von Die Krähen, und in dem Chor, der »Kein Scheiß, Mann!« ruft, sind Afrob und ein paar der Massiven Töne zu hören. Deshalb gilt das Stück für uns als Symbol des Friedens.

DUAN WASI Michi Beck war durch seine Verbindung zu Thomilla für uns am nahbarsten. Die beiden haben zusammen in der Burg produziert, einem fetten Haus in der Weinsteige, wo sie zusammen mit dem Produzenten-Urgestein Peter Hoff Musik gemacht haben. Da war klar, dass das zusammenwächst.

EIZI EIZ Stuttgart war uns, was Professionalität angeht, immer einen Schritt voraus. Die hatten zum Beispiel als Erstes reine Hip-Hop-Clubs. Dazu haben wir aufgeschaut. Dafür war bei uns alles viel rougher und auch internationaler, näher an Großstädten wie London oder Amsterdam.

RALF THEIL Die Stuttgarter Szene hat früh davon profitiert, dass da auch Leute waren, die nicht nur Mucke machen wollten, sondern eine Infrastruktur aufgebaut haben. Da waren schwäbische G'schäftlemacher, die dafür gesorgt haben, dass es Studios gibt, dass Künstler touren können. Am Rotebühlplatz gab es später zum Beispiel das Radio-Barth-Haus, ein großes ehemaliges HiFi-Geschäft, in dem sich ganz viel davon gesammelt hat: die Radio Bar, der Skateklamottenladen Firma Bonn, eine Stadtzeitschrift, ein wirklich gut sortierter Plattenladen namens Sound Shop und das 0711 Büro. Das war die Firma von Schowi und Strachi, die gefühlt das ganze Stuttgarter HipHop-Business in geregelte Bahnen gelenkt hat. Dazu gab es den Merchversand Schulzritter und später Kopfnicker Records sowie natürlich Four Music als Labels.

SCHOWI Strachi und Wasi hatten schon viel Erfahrung mit der Organisation von Jams, zu denen B-Boys und HipHop-Crews aus ganz Europa kamen. Strachi und ich haben dann das Management für Massive Töne gemacht und ab 1996 unseren eigenen HipHop-Club, den 0711 Club. Für all diese Aktivitäten haben wir das 0711 Büro gegründet und damit auch die Kolchose-Tour 1997 organisiert. So kam eines zum anderen. Das war einfach HipHop für uns: Wir machen alles selbst, niemand redet uns rein.

RALF THEIL Stuttgart hatte in den späten Neunzigern schon eine echte 360-Grad-Infrastruktur. Das war ein himmelweiter Unterschied zu anderen Städten. München zum Beispiel hat das tragischerweise nie geschafft. Aber in Stuttgart kam einiges zusammen, zumal für eine Stadt dieser Größe.

17 I'm with the Band

MAX HERRE Ich habe mich nie primär als Lyricist gesehen, der aufsteht und etwas formulieren will. Musik war eher ein ganzheitliches Ding für mich: Ich wollte in Bands spielen, im Studio jammen und live auftreten. Mit 15 habe ich zusammen mit dem Schlagzeuger David Schlör die Funk-Soul-Band Seedless Jam gegründet. Der Keller seiner Eltern war unser Proberaum. Als zweiten Sänger habe ich meinen Freund Grischa Alberts in die Band geholt. Per Aushang haben wir dann weitere Mitglieder gesucht, bis wir eine echt gute Band zusammenhatten.

ROE BEARDIE Stuttgart wurde sehr früh schon sehr muckerig. Da gab es eine Überschneidung von Musikern und Produzenten, die Spaß an handgemachtem HipHop hatten. Im Ruhrgebiet zum Beispiel hätte man niemals einen Musiker ins Studio gelassen.

SCHOWI Freundeskreis waren eine sehr spezielle Kombination. Du hattest mit DJ Friction einen typischen Oldschooler, der zwar einen starken Hang zu Disco hatte, durch die Geradlinigkeit in seinen Produktionen aber HipHop durch und durch war. Philippe war gelernter Schlagzeuger und Multiinstrumentalist mit einer grundsoliden Musikalität, im positiven Sinne. Max ist der klassische Lyricist, der einerseits einen schwäbisch-alternativen Touch, durch den Link zu uns und der Kolchose aber auch etwas B-Boy-iges hatte.

MAX HERRE Als aus New York die ganzen Native-Tongue-Sachen kamen, bin ich vom Singen immer mehr ins Rappen geraten. Irgendwann wollte ich keine Band mehr haben, sondern suchte jemanden, der Beats macht. 1994 gab es einen Austausch mit der

Crew Eco Rap aus San Francisco. Wir waren als Kolchose bei denen, und als die für zwei Wochen nach Stuttgart kamen, haben wir einige Posse-Tracks zusammen gemacht. Da ging es eigentlich erst los, dass ich mich als MC verstanden und richtig Texte geschrieben habe.

DUAN WASI Zu Kolchose-Zeiten hat Max dann Philipp und Friction kennengelernt. Friction hat jeden Montag im Musicland aufgelegt, was auch das Wohnzimmer der Fantas war. Philipp machte unter dem Namen NoSé Acid Jazz, Fusion und TripHop-ähnliche Musik. Das NoSé-Studio in Kaltental, das er anfangs noch mit Tom Krüger geführt hat, wurde ein Anlaufpunkt für uns alle.

MAX HERRE 1994 gab es die »Spring Jam« in Frankfurt, bei der wir als Agit Jazz aufgetreten sind. Wir hatten die gesamte Stuttgarter Jazz-Royalty als Band dabei: Lothar Schmitz, Eberhard Schröder, Ull Möck. Das war ziemlich witzig: Da waren diese Spitzenmusiker, alle schon Mitte, Ende dreißig – und im Backstage gab es ungetoastetes Weißbrot mit Scheiblettenkäse. Das war ein schönes Bild, wie da Welten aufeinandergetroffen sind. Aber für mich war das alles kein Widerspruch. Für mich war das ganz normal.

CURSE Max war hundert Prozent HipHop, aber von zu Hause und durch sein Umfeld auch von Reggae, Dub und Singer-Songwriter-Mucke geprägt. Der musste sich für eine gesungene Hook niemanden ins Studio holen, sondern hat das selber gemacht, weil es einfach aus ihm rauskam.

MAX HERRE 1994 haben wir die erste Version von »A-N-N-A« gemacht. Der HipHop-Lovesong, an dem ich mich beim Schreiben orientiert habe, war »Lovesick« von Gang Starr – das war ja noch weit vor »Sie ist weg«, ganz wichtig! (lacht) Die Anna aus dem Song gab es übrigens nicht. Ich dachte einfach, es wäre cool, dem einen Namen zu geben, und habe mich an das Dada-Gedicht »An Anna Blume« erinnert, das mir meine Mutter mal rausgesucht und auf den Küchentisch gelegt hatte. Im Video war Marija Cvjeticanin zu sehen, meine Nebensitzerin aus dem Englisch-LK.

GÖTZ GOTTSCHALK Max hat mal sinngemäß zu mir gesagt: Ein Lied über Liebe ist wie ein Liebesbrief, der für eine Person geschrieben worden ist, den aber alle lesen. Er hat es immer gut verstanden, Songs über jedwede Form von Beziehung zu schreiben.

MAX HERRE Daraus haben wir ein Demo gemacht, mit »Wo ich wohne« als B-Seite – das war Afrobs erstes Feature. Ich habe die Leiterin meiner Zivistelle beim Jugendhaus e. V., Sybille Rau, gefragt, ob sie als Managerin mit offiziellem Briefkopf auftreten möchte, damit wir die Kassette mit den zwei Songs herumschicken können. Zurück kam aber nur etwas von Tim Renner, der damals bei WEA war. In seinem Schreiben hieß es sinngemäß: Ja, ganz cool, aber das mit den deutschen Texten klappt ja noch nicht so. Er fand das ein bisschen sperrig oder so. Philippe hat es dann den Jungs von Groove Attack gezeigt, und die hatten total Bock.

GÖTZ GOTTSCHALK Ich habe Freundeskreis 1996 mit dieser legendären Maxi bei Groove Attack mitbekommen. Die Single ist noch unter dem Namen »Maximilian und sein Freundeskreis« veröffentlicht worden.

MAX HERRE Groove Attack haben auch ein Schwarz-Weiß-Video zu »A-N-N-A« produziert, in dem alle Freunde dabei waren. Die dachten aber, sie seien zu klein als Firma, um das durchzuziehen, und haben vereinbart, dass man das zusammen mit Intercord aus Stuttgart macht. Bei Intercord war Stefan Schulmeister der A&R. Der kam für ein Meeting nach Köln zu Groove Attack. In dem Meeting waren auch noch Richard Wernicke sowie JoJo Altevogt und Heribert »Mue« Meuser, zwei der Gründer von Groove Attack. Mue war ein super Typ. Von ihm kam auch das Sample zu »Leg dein Ohr auf die Schiene der Geschichte«. Als ich denen den ersten Verse und die Hook vorgespielt habe, hatte er richtig Tränen in den Augen. Der Schulmeister meinte aber, er hätte keinen Bock, sich so etwas von einem 23-Jährigen anzuhören. Damit war der Deal für mich gestorben. Es war undenkbar für mich, dass mir jemand erzählt, was er von meiner Band hören will und was nicht.

MARC LEOPOLDSEDER »Leg dein Ohr auf die Schiene der Geschichte« war schon beeindruckend: Geschichte war zwar eines meiner Lieblingsfächer in der Schule, aber die Ereignisse, die Max da auf dem Zeitstrahl der eigenen Biografie beleuchtete, spielten im Unterricht überhaupt keine Rolle. Der vom CIA unterstützte Militärputsch in Chile, der Giftgasangriff auf die Kurden in Halabdscha – das waren Dinge, von denen wusste ich nix. In der Folge bemühte ich mich rauszufinden, wovon er da genau redet. Somit hab ich tatsächlich was gelernt durch Rap.

AZAD Ich als Kurde habe es sehr gefeiert, dass Max über den Massenmord in Halabdscha gerappt hat. Meine Herkunft war ständig ein Thema für mich, ich habe mich oft gefragt, warum wir kein Land haben. Aber ich hatte kaum Kurden in meinem Freundeskreis, mit denen ich darüber hätte sprechen können. Und auf einmal kommt ein Deutscher und redet über mein Volk. Das hat mich umgehauen. Ich war so berührt davon, dass ich Max einen Brief geschrieben habe, in dem ich ihm mitgeteilt habe, dass ich unheimlich dankbar dafür bin, dass er das gesagt hat. Eine Antwort habe ich darauf natürlich nicht bekomme. (lacht)

GÖTZ GOTTSCHALK Nina Simone hat mal gesagt: »How can you be an artist and not reflect the times?« In diesem Sinne hat Max sich immer als Chronist verstanden, der die Dinge um sich herum aufnimmt und über sie berichtet. Ich glaube, Max hat sich nie explizit als politischer Rapper definiert. Das wurde ihm eher von außen angeheftet. Songs wie »Leg dein Ohr auf die Schiene der Geschichte« oder später »Berlin – Tel Aviv« sind ja viel weniger Wahlsprüche als vielmehr Szenarien und erzählte Zusammenhänge aus seiner persönlichen Perspektive. Ich finde den Begriff des Chronisten daher viel passender.

MAX HERRE Relativ bald nach dem Meeting mit Intercord kamen Michi Beck und Bär nach einem Clubabend im Wildpark zu uns: Ob man sich mal treffen könnte, sie würden was planen ... Das war komisch, denn das war die andere Seite der Macht. Die beiden haben uns aber glaubwürdig vermittelt, dass wir bei der Musik freie Hand haben würden. Das war dann auch so. Es ist nie jemand ins Studio gekommen, um uns reinzureden. Aus heutiger Sicht wurde da eher zu wenig über Musik gesprochen. Auf der Popkomm 1996 wurde der Launch von Four Music dann offiziell verkündet, und die Single »Enfants Terribles« erschien als erste Veröffentlichung auf dem Label überhaupt.

AZAD »Quadratur des Kreises« von Freundeskreis war das erste deutsche Rap-Album, das ich richtig gefeiert habe. Das fanden auch die Leute aus meinem Umfeld geil.

CURSE Vor allem lief das auch auf den WG-Partys. Die Leute, die sonst mit HipHop nichts am Hut hatten, fanden das geil und konnten sich darauf einigen.

FATONI Freundeskreis und Max Herre fanden auch meine Eltern gut. Das lief dann bei uns in der Küche. Ich fand es ein bisschen komisch, dass die das mochten, aber das war irgendwie okay. Ich glaube, das war bei vielen Eltern so: Die konnten mit Rap nichts anfangen, aber Max Herre fanden sie gut. Max Herre war im Grunde ja wie ein Pixar-Film: Der hat die Kids mit Coolness für sich begeistert und die Alten mit Sachen abgeholt, die die Kids gar nicht gecheckt haben. Ich habe so viel von dem, was er damals gesagt hat, einfach nicht verstanden.

DJ RON »Wenn der Vorhang fällt« war nach einer kleinen persönlichen Deutschrap-Pause die Platte, mit der ich Deutschrap wieder geil fand. Das habe ich auch im Club gespielt – auch wenn zu dieser Zeit dort fast gar kein Deutschrap lief.

DEXTER Freundeskreis war immer total advanced. Das klang, als könnte es auch von A Tribe Called Quest sein und als ob da eine ganze Band im Studio gewesen wäre.

MAX HERRE Es gab das berühmte Gartenhaus. Das war ein relativ gut isoliertes Steinhaus, in dem ein Pult und eine DR8 standen, die erste digitale Aufnahmemaschine. Wir hatten einen S950-Sampler und später ein Nachfolgermodell. Dann gab es verschiedene Synths, ein Doepfer-Bassteil und Rhodes, ganz wichtig! Bei »Leg dein Ohr …« ist auch eine alte Drum-Machine von Sequencial Circuits zu hören. Ich war auch mal auf einem Konzert von Augustus Pablo und musste danach unbedingt Melodica einspielen, was man auf »Lasst mich nicht alleine« hören kann. Solche Aktionen waren mir immer wichtiger, als einen Rap zu schreiben. Irgendwann ging es dann darum, Vocals aufzunehmen. Dafür gab es einen zweiten Raum mit einer Falttüre zur Toilette. Dort im Gartenhaus haben wir beide Alben komplett aufgenommen, auch die Gäste. Philippe und DJ Friction haben alles selbst gemischt. In dem Sinne waren das echte Band-Alben.

RALF THEIL »Quadratur des Kreises« war eine sehr legitime Fortsetzung dessen, was die Massiven gemacht haben: ein richtiges Album eben. Zu der Zeit waren zwei Jahre Entwicklung ja kaum begreifbar. 1995 hatte alles noch so hölzern geklungen, und »Quadratur des Kreises« klang plötzlich total rund und fertig. Ich muss allerdings sagen, dass ich die Platte neulich noch mal gehört und doch recht viel geskippt habe. Neben den Standout-Tracks sind da schon viele relativ unspektakuläre HipHop-Loops drauf.

MAX HERRE »Esperanto« ist definitiv homogener als »Quadratur des Kreises«. »Quadratur« war eher eine Songsammlung, letztlich eine Versuchsreihe. Bei »Esperanto« haben wir uns viel darüber unterhalten, was wir eigentlich machen wollen. Ich habe immer wieder Samples mitgebracht und irgendwann verstanden, dass ich Geschichten viel besser entwickeln kann, wenn es in einem Loop einen oder sogar mehrere Akkordwechsel gibt. Wie habe ich es formuliert auf »Enfants Terribles«? »Philippe an seinen Tasten/ Beats bastelt, die mich denken lassen ...« Als wir das berücksichtigt haben, wurde das Ganze greifbarer für mich, und es hat sich eine gewisse Melodik definiert, die typisch ist für unseren Sound. Hinzu kommt, dass ich neben den Soul-Sachen immer viel gehört habe, was man vermutlich »Weltmusik« nennen würde: chilenische oder griechische Musik. Ich war auf Shows von Dino Saluzzi, habe mich für Astor Piazzolla interessiert, die »Buena Vista Social Club«-Revolution ist passiert. Man hört auf »Esperanto«, dass sich da etwas formiert hat.

GÖTZ GOTTSCHALK Max hat sich intensiv mit der Historie von Jazz, Soul, Funk, Afrobeat und Reggae beschäftigt. Dementsprechend hat er auch HipHop immer als Musikrichtung verstanden, in der man samplet, zitiert, collagiert und dadurch etwas ganz Neues erschafft. Deshalb ist er auch textlich immer über den Rap hinausgegangen und hat allumfassend Themen behandelt.

SOOKEE »Esperanto« war für mich ein riesiger Raum. Sprache hat mich schon immer fasziniert, und ich wusste, dass das etwas mit den kulturellen und sozialen Bewegungen von Menschen zu tun hat. Durch das Album habe ich dann verstanden, dass man den Langstrecken der Menschheitsgeschichte ein Schnippchen schlagen kann, indem man sich an den Schreibtisch setzt und sich da etwas ausdenkt. Gleichzeitig bekam man durch das Album auch etwas Kulturkritisches gesagt. Da ging es um Geld und darum, wer Dinge entscheidet – alles Themen, die ich aus meiner Familiengeschichte kannte.

KOLJAH Den Text von »Sternstunde/Die Revolution der Bärte« finde ich aus heutiger Sicht sehr problematisch und komisch, aber damals war ich total beeindruckt davon. Max Herre hatte dieses Intellektuelle, war aber auch ein linksradikaler Guerillero mit Mao-Bibel und gleichzeitig noch ein cooler Battlerapper. Der hat irgendwie alles vereint – und mit seinen Minipli-Locken sah er schon auch ganz cool aus. (lacht)

MAX HERRE Ab »Quadratur des Kreises« gab es einen Erfolg auf einem Pop-Level. Ich hatte keinerlei Vorstellung, wie groß das werden würde. Für mich war schon krass, als wir 1996 als Support mit den Fantas auf Tour waren. Danach haben wir dann eine Einzelshow in der Arena in Berlin gespielt. Da waren um die 2000 Leute, nur wegen uns. Wir hatten einen richtigen Bus, der hinter dem Laden gehalten hat. Das war unvorstellbar, das kannte ich vorher nur aus dem Fernsehen. Der andere Moment, der sich mir eingeprägt hat, war die Comet-Verleihung im gleichen Jahr. Ich bin mit den Fantas vom Hotel zur Venue gefahren, und als wir im Auto das Spalier entlanggefahren sind, haben die Leute alle meinen Namen gerufen und die Fantas gar nicht erkannt. Dieser Shift passierte innerhalb von wenigen Monaten.

MC RENE Der deutsche Musikmarkt hat ja schon immer auf das reagiert, was in Amerika passiert ist. Als »Jazzmatazz« von Guru angesagt war, hat man hierzulande die Jazzkantine veröffentlicht. Genauso war es später bei den Fugees. »Fu-Gee-La« war ein Riesenhit, weil er Rap und Gesang so angenehm verbunden hat. Eine Gruppe wie Freundeskreis hätte es ohne den Einfluss und den kommerziellen Erfolg der Fugees in der Form sicherlich nicht gegeben.

MAX HERRE Als das Album rauskam, ging es endgültig durch die Ecke. Wir haben die Tour zum Album mit der ganzen Kolchose gespielt, weil uns wichtig war zu zeigen, dass das kein isolierter Erfolg ist, sondern wir alle gemeinsam das neue Stuttgart repräsentieren. Die ganze Situation war etwas zweischneidig. Auf der einen Seite haben alle von der Plattform profitiert, gleichzeitig hatte sich die Wahrnehmung geändert: Die Massiven Töne waren in ihrem Gefühl erst die Gründungsväter und wurden plötzlich als Vorgruppe gesehen. Das schafft natürlich eine Spannung. Alle haben sich extrem Mühe gegeben, das zu kompensieren, und ich habe auch immer versucht, mich zurückzunehmen. Aber es gab eben *Bravo*-Doppelseiten mit »Max und seinen Jüngern«. Das war unschön, aber nicht zu steuern.

MARC LEOPOLDSEDER Ich war eine Weile ein bisschen beleidigt. Meine Erfahrung von dem ganzen HipHop-Ding war jahrelang: Du gehst zu diesen Sachen, es sind immer die gleichen Menschen da, und du kannst dir Respekt holen, indem du Peil von der Materie hast. Plötzlich ist das krass explodiert. Wir sind damals auf das Freundeskreis-Konzert gefahren. Ich war davor noch nie auf einem Popkonzert. Dass Menschen andere Menschen auf ein Podest stellen, sich Poster von ihnen aufhängen, sie für bessere Menschen halten, nur weil sie gute Musik machen, diesen Gedanken fand ich richtig Abturn. Wo der – zumindest in meiner Wahrnehmung – kaum eine Rolle gespielt hat, war diese kleine HipHop-Szene. Plötzlich kommen wir da hin, müssen 30 Minuten anstehen und werden am Eingang gefilzt. Drin sind lauter Idioten mit den gerade angesagten teuren Klamotten und Kelly-Family-Mädchen, die Max süß finden.

SCHOWI Wir hatten da eine ganz geile Mischung. Anders als Max haben wir schon früh auf den Jams gespielt, dadurch hatten wir in jeder Stadt ein Core-Following aus der HipHop-Szene. Max dagegen hatte mit »A-N-N-A« einen Hit und hat so die Girls und die ersten »Fans« gebracht.

MAX HERRE Wir haben diesen Hype nicht gesucht. Im Gegenteil, wir haben immer eher gegengesteuert. Wir sind mit dem wahrscheinlich sperrigsten Track des Albums als Single rausgekommen, einfach weil er verkörperte, wofür wir stehen wollten. Nach der zweiten Single »A-N-N-A« hätten wir auch das melodiöse »Telefonterror« machen können, aber stattdessen haben wir uns für »Wenn der Vorhang fällt« entschieden. Wir haben ein roughes One-Take-Video gedreht und uns extra dafür die Haare abrasiert. Die ganze Teenie-Presse haben wir eh nie mitgemacht. Das war schon eine bewusste Positionierung. Uns war sehr klar: Man muss gucken, dass kein Missverständnis darüber aufkommt, aus welcher Programmatik heraus diese Musik entsteht.

MARC LEOPOLDSEDER Das Konzert war richtig cool, ends Hip-Hop auch. Aber mir war plötzlich klar, dass das jetzt Leute erreicht, die mit mir nichts zu tun haben. Das hat mich eine Zeit lang richtig sauer gemacht.

SCHOWI Der Tourabschluss war im Kongresszentrum in Stuttgart. Während der Tour haben wir schon immer die neuen Vorverkaufszahlen für Stuttgart gesteckt bekommen, und wir mussten zwei- oder dreimal in größere Hallen umziehen. Ausgerechnet Mary J. Blige – die die Königin für uns war und noch immer ist – musste dann wegen schlechter Vorverkäufe ihre Tour absagen. Dadurch wurde der Termin überhaupt erst frei – und dann verkaufen wir diese Halle nicht nur aus, sondern es stehen auch noch Tausende Leute davor, die kein Ticket haben, aber trotzdem bleiben und uns feiern. Ich kann das heute noch nicht richtig glauben, aber damals war es einfach unfuckingfassbar. Unser Bühnenbild war völlig unterdimensioniert für diese riesige Halle, aber das hat es nur noch geiler gemacht. Nach der Show saßen wir alle selig und freudetrunken im Backstage und haben versucht zu begreifen, was da gerade passiert.

MAX HERRE Ich habe, ehrlich gesagt, kaum eine Erinnerung an die Zeit. Die Jahre liefen wie auf Autopilot. Wir haben einfach immer weitergespielt: Man kommt irgendwo an, tritt als Letztes auf, alle anderen sind auch da, und ab und an bekommt man goldene Platten. Das hatte eine komische Selbstverständlichkeit. Irgendwann haben wir auf der Hauptbühne von Rock am Ring gespielt. Da meinte Santana zu mir: »You are the new Fugees.« Wahnsinn. Aber wir haben uns nie Gedanken über solche Dinge gemacht. Für uns war da überhaupt kein Hype.

STEPHAN SZILLUS Nach »Esperanto« wurde aus Freundeskreis ja relativ schnell die FK Allstars mit Sékou, Cassandra Steen, Joy Denalane, Déborah von Sens Unique, Brooke Russell und Gentleman. Damit hat das noch mal eine ganz andere Dimension angenommen – kommerziell, aber vor allem auch musikalisch.

SCHOWI Freundeskreis waren im Gegensatz zu den Massiven Tönen live immer extrem gut aufgestellt. Die konnten ein zweistündiges HipHop-Konzert spielen, das auch einem Jazzfan gefallen hat. Das war deren Alleinstellungsmerkmal, ihr USP. Außerdem hat es Max sehr früh verstanden, sich ergänzende Features zu holen. Die FK Allstars waren nicht fünfmal Max in schlecht, wie das bei vielen anderen Rappern der Fall ist. Das war eine sehr ausgewogene Mischung aus starken Stimmen und Figuren. Wie bei einer Fußballmannschaft: Da hast du auch nicht elf rechte Verteidiger.

MAX HERRE Der Solo-Artist ist im Rap ja eine relativ neuzeitliche Erfindung. Selbst zu Zeiten von Biggie und 2Pac war Rap vor allem noch eine Band-Kultur. Es ging da erst langsam los, dass Bands sich aufgesplittet und Leute wie Busta Rhymes oder Method Man auch mal eine Soloplatte gemacht haben. Für mich war die Crew nach wie vor das Ideal – und ist es eigentlich bis heute.

AFROB Max steht einfach für sich – auch wenn er das nicht hören will. (lacht) Er hat immer gute Ideen und findet die Leute, die sie perfekt mit ihm umsetzen können. Manchmal frage ich mich, wie er bei 20 Leuten auf der Bühne den einen Fehler raushört. Aber er will immer das Beste rausholen, mit weniger gibt er sich nicht zufrieden.

STEPHAN SZILLUS Plötzlich war deutscher Rap endgültig auf einem Niveau mit den Amis. Freundeskreis und dann »Bambule« von Absolute Beginner, das waren die Momente.

18 Irgendwas fang ich immer an

EIZI EIZ Dennis, Sam und ich sind in einem Umkreis von 500 Metern aufgewachsen. Wir sind alle aus Eppendorf, aber eben nicht aus typischen Eppendorfer Haushalten. Wenn man dann auch noch Rap hört, läuft man sich zwangsläufig über den Weg. Da gab es ja in jedem Viertel nur einen – und in unserem Fall eben drei.

DENYO Ich war so ein kleiner 13-jähriger Pubertätsspacken, der zu Hause das warme Essen serviert bekommt und dann rausgeht und in HipHop-Klamotten auf hart macht. Aber als junger Deutscher mit Migrationshintergrund hatte HipHop eben eine große Bedeutung für mich. Ich bin in Hamburg geboren und irgendwann nach Nigeria gezogen, weil mein Vater da ein Krankenhaus aufgebaut hat. Er ist aber früh gestorben, und wir sind zurück nach Deutschland. Ich war auf der Suche nach einer Vaterfigur, und die habe ich besonders bei Sportlern und eben Musikern gefunden. Die Hautfarbe hat natürlich bei der Identifikation geholfen. Die erste Platte, die ich mir gekauft habe, war »It Takes a Nation of Millions to Hold Us Back« von Public Enemy. Ich habe nicht alles verstanden, aber es hatte eine krasse Energie und Dringlichkeit. Die wollten unbedingt etwas erzählen – also wollte ich herausfinden, was. Generell hat meine Clique in erster Linie Ami- und französische Sachen gehört. Ich habe auch auf Englisch angefangen zu schreiben. Platin Martin hat das mitbekommen und gesagt, dass er Beats macht. Die Beginner hießen am Anfang Conceptless Attitude, das waren zunächst Martin und ich.

EIZI EIZ Martin und Dennis haben zu dem Zeitpunkt schon mit anderen Leuten aus unserem Dunstkreis Rap gemacht – auf Englisch.

Das fand ich für mich selbst peinlich, ich wollte aber trotzdem was machen. Also habe ich »Beats« gemacht und war der »DJ«. Mein Vater hatte ein Vierspurgerät und einen Sampler, den er sich mit zwei Musikerkollegen zusammen geholt hatte. Ich selbst habe derbe lange gearbeitet, um mir zwei 1210er zu leisten.

DENYO Jan hatte ein cooles Zuhause: viele Platten, freundliche Eltern, ein kleines Studio-Setup und generell ein Umfeld, in dem man sich frei ausleben konnte. Er hatte damals schon den Fokus und die Energie, die er heute noch hat. Irgendwann hat er dann das Freestyle-Tape von Advanced Chemistry angeschleppt und vorgeschlagen, es auch mal auf Deutsch zu versuchen. Dann haben wir Schritt für Schritt das Level upgesteppt.

EIZI EIZ Ich kann das alles nicht mehr ganz sauber chronologisch ordnen – zu der Zeit war eine Woche ja wie ein halbes Jahr. Jedenfalls kam dieses Tape, und plötzlich war alles klar. Für uns war das der Urknall. Zwei Wochen lang haben wir noch Englisch und Deutsch parallel gemacht, aber dann sind wir endgültig auf Deutsch umgeschwenkt. Einen der englischen Songs haben wir sogar übersetzt. Daraus wurde »Großdeutsche Haarrasur«.

DJ MAD Ich bin mit meiner damaligen Crew, der Lollipop Posse, immer auf HipHop-Partys eingelaufen. Irgendwann waren wir zufällig bei Jan Philipp Eißfeldt in Eppendorf, weil seine Eltern nicht da waren. Ab da kannte man sich. Dann gab es dieses legendäre Ding im Jugendhaus Eppendorf, wo die Absolute Beginners einen Auftritt hatten und nichts funktionierte, bis irgendwann einer ungefragt ins Mischpult griff und mal eben den Stecker reinsteckte. Das war halt ich, und seitdem bin ich dabei. Ich war dann der Typ mit der Karre. Ich komme aus der Vorstadt, aus Norderstedt, und hatte deswegen ein Auto. Das ist ja praktisch, wenn da einer mit Auto ist, der sowieso nix trinkt und deswegen immer fahren kann. Die anderen Schnarchis waren auch noch nicht achtzehn. Also sind wir mit meinem Fiesta auf die ganzen Jams geknattert, die A1 rauf und runter.

DOKTER RENZ Ich erinnere mich daran, wie ich im Trockendock das erste Mal die Beginner live gesehen habe. Ich stand quasi daneben, als Martin zu seinem eigenen Auftritt wollte und wegen einer Flasche Bier in der Hand nicht reingelassen wurde, weil im Trockendock kein Alkohol getrunken werden durfte – ein Statement gegen Drogenmissbrauch. Ich meine mich zu erinnern, dass die Beginner an diesem Abend eine gewisse Extraenergie hatten, weil einer ihrer Jungs nicht mitmachen durfte. Mad hat während des Auftritts mit einer Motorsäge rumhantiert und ein Hakenkreuz zersägt. Wir hatten als Showelement den Stimmungsstaubsauger: ein Handstaubsauger, mit dem man die Lautstärke des Publikums messen konnte – und die Beginner hatten eben eine Motorsäge. (lacht) Ich finde es im Nachhinein sehr interessant, dass jede Band aus dieser Zeit einen sehr individuellen Zugang zu HipHop hatte. Die Beginner waren von Anfang an dem linksalternativen bis -radikalen Spektrum zuzuordnen. Das fanden wir cool.

KATMANDO Als ich die Absoluten Beginner zum ersten Mal gesehen habe, im Jugendzentrum in der Friedrichstraße in München, war ich auf jeden Fall irritiert. Da sind irgendwelche schmutzigen Kinder mit Dreadlocks auf der Bühne, die Punkrock machen. Warum haben die keine nagelneuen Turnschuhe an? Vielleicht haben die sich irgendwie geirrt hier ... (grinst) Cora E. war auch auf dem Konzert. Die kam gerade aus Philly zurück, mit einem weiß-goldenen Adidas-Anzug und einem Gucci-Sweater. Die stand auch etwas ratlos da.

EIZI EIZ Für uns war es ganz normal, als HipHopper auch mit Punks, Skatern und Muckern abzuhängen. Das war einfach unser Freundeskreis.

SAMY DELUXE Ich hatte zwei komplett unterschiedliche Welten. Mit meinen Writer-Freunden bin ich im Pudel Club oder in abgefuckten Kaschemmen rumgehangen und habe in der Roten Flora TripHop und Jungle aufgelegt. Parallel war ich mit meinen schwarzen Freunden unterwegs, die das Black-Ding auf jiggy gelebt haben. In die Clubs bin ich zwar nicht reingekommen, weil ich noch zu jung war, aber ich habe es trotzdem mitbekommen. Bei den Jams war niemand fancy, weil die Leute anschließend noch Malen gegangen sind. Aber bei den Afrikanern waren alle überschick, die Frauen sahen aus wie die Chicks aus den Videos. Diese beiden Welten haben mich beide krass geprägt.

EIZI EIZ Für mich war immer selbstverständlich, viele verschiedene Einflüsse zu haben. Erst als wir zu Jams auf die Dörfer rausgefahren sind, haben wir gemerkt, dass das nicht überall so ist. Wir hatten richtige Konflikte deswegen.

SAMY DELUXE Ich habe erst spät gemerkt, dass viele der Dinge, die für uns in Hamburg total selbstverständlich waren, woanders gar nicht so passiert sind. Die Beginner hatten ja auch Live-Auftritte mit einer Punk-Band und hatten ein Projekt mit dem Namen ABC: Absolute Beginner und Caligari. Das war für uns immer normal. Auch bei mir war der Punk zumindest in der Attitude da.

EIZI EIZ Leute haben uns dafür gedisst, dass wir angeblich keine »richtigen HipHopper« sind. Oliver Fehlbein (Oliver von Felbert) hat uns in der *Spex* die »autonomen Kris Kross« genannt. Dadurch habe ich mir über die Zeit eine gesunde Distanz angeeignet. Das HipHop-Ding war uns so wichtig, ich habe mich fanatisch dafür eingesetzt, aber mir wurde ständig erklärt, dass dieses oder jenes nicht geht. Also haben wir uns nach und nach von allem gelöst und schließlich zu unserem eigenen Ding gefunden.

DENYO Wir wollten live spielen, das HipHop-Ding aufbrechen und verschiedene Einflüsse zulassen. Das hat schließlich zu »Flashnizm« geführt.

EIZI EIZ »Flashnizm« ist der Gipfel des Autonome-Kris-Kross-Allesist-erlaubt-Experimentierflashs. Aber unterbewusst haben wir, glaube ich, schon beim Machen gemerkt, dass das alles völliger Wahnsinn ist und wir mal lieber auf den Punkt kommen sollten.

RALF THEIL Ich weiß, dass die Band dieses Album heute scheiße findet, aber das war eine unglaublich wichtige Platte, in einem Kontext mit »Endtroducing« von DJ Shadow oder »Dr. Octagon« von Kool Keith. Die Jungs haben Dub gemacht, Bärbel Schäfer gesamplet und P-Funk und Bossanova mit Rap vermengt. Das war für mich eine sehr prägende Platte, weil es ein Moment hatte von: Ach, das geht ja auch!

DENYO Für die meisten Menschen gehen die Beginner ja mit »Bambule« los. Aber ich denke, die Zeit davor war die wichtigste für uns als Band – weil wir uns in Ruhe ausprobieren, unsere Fehler machen und uns vorbereiten konnten auf das, was danach kam.

EIZI EIZ »Flashnizm« haben wir während meiner Zivi-Zeit aufgenommen. Dadurch, dass man im Zivi ein Jahr gearbeitet hatte, konnte man sich danach ein halbes Jahr arbeitslos melden. Das haben natürlich alle gemacht – ich auch. Das war das Derbste für mich: von morgens bis abends nur Beats, Beats, Beats. Ich bin mit Mr. Schnabel zusammengezogen, in die Emilienstraße 25 in Eimsbüttel. Mein Zimmer war ungefähr vier Quadratmeter groß, mit einem Hochbett, einem Sampler und meinen Platten. Da drin habe ich all meine Beats für »Bambule« gemacht. Parallel gab es das Eimsbush Basement, die WG von Sam, Kaspar – also Tropf von Dynamite Deluxe – und Tim, der später das Tagesgeschäft bei Eimsbush geschmissen hat. Das war ganz in der Nähe, einfach ein bisschen die Osterstraße runter.

SAMY DELUXE Über die Jahre haben wir da nach und nach den ganzen Innenhof besiedelt. Dendemann hat irgendwann auch da gewohnt, Eizi und Bo hatten später eine gemeinsame Wohnung dort, in der auch ein Studio war.

EIZI EIZ Es gab stark eingewachsene Strukturen zwischen den beiden

WGs. Wir sind mal bei uns, mal bei denen abgehangen, aber eigentlich immer zusammen. Nur zum Pennen ist jeder in seine eigene Wohnung. Wir hatten Kabelfernsehen, deshalb konnten wir »Word Cup« gucken. Sam sagt das auch auf einem Song: »Word Cup gucken bei Eißfeldt und Schnabel / Denn im Basement gibt's noch kein Kabel« ...

SAMY DELUXE Ich war damals gerade mit der Schule fertig und habe Zivildienst angefangen. Als der vorbei war, fing es richtig an. Ich habe ein Jahr lang Arbeitslosengeld bekommen, habe im Basement und für das Umfeld Weed verkauft und war noch der Kassenwart unseres Demotapes, das ich nach den Gigs am Wochenende vom Bühnenrand verkauft habe. Dementsprechend hatte ich drei Einkünfte und das freieste und entspannteste Leben überhaupt. Ich habe einfach in den Tag reingelebt. Ich habe ausgeschlafen, irgendwann klingelte Bo an der Tür und kam rein, als wäre es das Normalste der Welt, wir haben die Anlage angemacht und dann Musik gemacht.

EIZI EIZ Wir waren alle entweder arbeitslos gemeldet oder noch Zivis. Ich habe immer ausgeschlafen und mich dann zu Hause ein bisschen pseudomäßig ums Geschäft von Eimsbush gekümmert, um mir selbst zu beweisen, dass ich nicht nur rumhänge und kiffe. Dann bin ich ins Basement, um Beats zu machen. Dort haben Samy und Bo schon gefreestylt. Die haben eigentlich immer gefreestylt, von morgens bis abends. Im Basement gab's auch noch mal einen härteren Lifestyle, da war nix mit Business. (lacht) Kaspar ist um zwölf aufgestanden, hat sich 'nen Spliff angezündet, und dann ging's los. Da wurde auch nicht aufgeräumt oder abgewaschen. Maximal ist mal einer zur Tanke gegangen, um Liptonice zu kaufen.

SAMY DELUXE Es war einfach immer jemand da, mit dem man rappen konnte. So sind auch die Freestyle-Tapes entstanden. Ich habe das Freestylen auch als Entertainment vor den Homies benutzt: Ich war nie so der Smalltalker, sondern habe einfach gerappt, während die Skizzen gemalt haben. Das war wirklich der Spirit, sehr frei und krass kreativ.

DJ MAD Die Zeit ist vergleichbar mit dem Native-Tongue-Moment in den späten Achtzigern, als die Jungle Brothers und De La Soul rumgeflasht und neue Welten erschlossen haben. Da war richtig Alarm. Und es war nicht mehr frei oszillierend wie zu »Flashnizm«-Zeiten, sondern ging sehr erkennbar in eine Richtung.

DENYO Das war eine geile Zeit, aber ich habe mich da gerne mal rausgezogen. Ich habe ja auch den Song »Style Liga Session« mit Sam gemacht, aber ich musste nicht jeden Tag mit allen in der Booth stehen, sondern habe mir rausgenommen, parallel noch zu leben und ganz andere Sachen zu machen. Mir ist dieses »Yeah, wir sind die Geilsten« oft ein bisschen auf den Sack gegangen, um ehrlich zu sein. Ich bin eher ein schüchterner Typ und brauchte auch meine Rückzugsmöglichkeiten. Sosehr ich jeden Einzelnen liebe: Mir war das manchmal ein bisschen zu viel Schwanz auf den Tisch.

EIZI EIZ Ab Dezember 1997 sind wir wirklich nur noch miteinander abgehangen, einfach die ganze Zeit. In der Zeit hat über irgendwelche Eppendorfer Kanäle das Wort »Mongo« in unserem Freundeskreis Einzug gehalten, in einem negativen Sinn. Das ist eigentlich voll scheiße, aber wie das halt so ist, schleift sich das irgendwann ein. Eines Tages hat Bo gesagt: Wisst ihr was, eigentlich sind *wir* die Mongos. In dem Moment war das geboren.

SAMY DELUXE Ich bin nicht ganz sicher, wer mit dem Namen angefangen hat. Ich weiß nur noch, dass ich im letzten Schuljahr in einem Jeans-Laden in der Spitalerstraße gejobbt habe, wo ich mal einen Pappaufsteller von Levi's mitgenommen habe. Das war so ein schwarzer, blinder Typ mit Blindenstock. Ich habe dem eine billige Fake-Goldkette mit den Buchstaben »MC« um den Hals gehängt und einen Joint in den Mund geklebt. Irgendwann meinte Bo: »MC ... das steht doch für Mongo Clikke!« Damit war alles klar. Jeder in der Mongo Clikke hatte seinen eigenen Namen. Jan war Boba Ffett, ich war Sam Semillia, Dende war Volker Racho, Schnabel war Howie Like It, Ferris war Fertich MC …

EIZI EIZ Bo und ich sind in einen Shirt-Laden in Ottensen und haben für jeden einen Pulli machen lassen, mit dem Namen hintendrauf. Wenn jemand noch keinen Namen hatte, haben wir uns genau in dem Moment einen ausgedacht.

SAMY DELUXE Auch wenn es nie ein einziges Crew-Treffen gegeben hat, bei dem wir definiert hätten, was die Mongo Clikke eigentlich genau ist, war das Konsens. Das war einfach ein organisches Ding, das mit der Zeit gewachsen ist. Als wir 13 oder 14 Leute waren, war's das und es kam niemand mehr dazu.

EIZI EIZ Es gibt nur einen einzigen Menschen, für den wir nachträglich einen Pulli gemacht haben: Dendemann. Wir haben ihm den Pulli bei einem Auftritt auf die Bühne geschmissen, das war ein sehr rührender Moment. Mehr Pullis gab's nicht. Die Besitzerin war auch sehr loyal. Als wir irgendwann berühmt wurden, kamen ständig Leute zu ihr in den Laden und wollten sich einen machen lassen. Die hätte gutes Geld damit verdienen können, hat aber niemandem einen gegeben. Nur Schnabel hat seinen irgendwann auf eBay verkauft. (lacht)

SAMY DELUXE Eizi hat dann Eimsbush Entertainment als Label gegründet, weil niemand anders uns signen wollte.

EIZI EIZ Ich war der »Manager« von Dynamite Deluxe und habe das Demo fast ein Jahr lang erfolglos verschickt. Keiner wollte es haben. Auf dem Tape war eben kein »A-N-N-A« und auch kein »Jein«, damit war das für die Labels nicht relevant. Also habe ich gesagt: Lass es uns doch einfach selber machen.

SAMY DELUXE Es war immer klar, dass ich derbe rappen kann, aber keiner hat daran geglaubt, dass sich das auf Platte verkauft. Also hat Eizi es selbst gemacht und das Demo-Tape als Kassette auf Eimsbush rausgebracht.

EIZI EIZ Sam ist am 19. Dezember 1997, seinem 20. Geburtstag, im Trockendock aufgetreten – genau wie wir fünf Jahre vor ihm. Da habe ich die erste Auflage vertickt. Wenig später sind wir zu einer Jam auf der MS Stubnitz. Das war so ein linkes Schiff, das immer zwischen Hamburg und Rostock hin und her gefahren ist. Bo und ich haben Sam auf der Bühne gedoppelt, mit Hassmasken, damit man nicht weiß, wer wir sind – obwohl man damals sowieso nicht wusste, wer wir sind. (lacht) Nach dem Auftritt haben wir wieder Tapes verkauft, und wieder sind wir sofort alle losgeworden. Da haben wir gemerkt: Da geht was.

19 Hamburg City Heftig

SAMY DELUXE DJ Dynamite und ich haben schon 1993 angefangen, Musik zu machen, im Keller von Dynamite. Da hießen wir noch No Nonsense. Dynamite kannte Eizi vom Basketballspielen, der uns ein bisschen geteacht hat. Von 1993 bis 1995 haben wir nur Songs gemacht und sind nie damit rausgekommen. Wir haben observiert und, ohne es auszusprechen, den Plan geschmiedet, dass wir für etwas Größeres bestimmt sind. Viele Hamburger Rapper sind jedes Wochenende in einem anderen Jugendzentrum aufgetreten und so nicht aus diesem Dunstkreis rausgekommen. Wir dagegen haben gewartet, bis wir fünf gute Songs hatten und uns damit direkt beim »Battle of the Year« in Hannover beworben. Wir haben nur 100 Mark Fahrtkosten bekommen, aber das war trotzdem krass. Wir sind mit Easy Business, Cora E. und Main Concept aufgetreten. Nach dem Auftritt habe ich David P. kennengelernt, der uns nach einem weiteren Gig in Itzehoe nach München eingeladen hat. Dort habe ich Afrob live gesehen, und alles nahm seinen Lauf ... Es war gut, dass wir nicht in Hamburg angefangen, sondern uns von Hannover aus in ganz Deutschland einen Namen gemacht haben.

MARC LEOPOLDSEDER Ich war Mitte der Neunziger auf einem Konzert von Main Concept im Feierwerk in München. Alle Leute aus dem Umfeld von Main Concept waren da, auch die Absoluten Beginner. Plötzlich stand da so ein schlaksiger Riese mit übelstem Kiffer-Outfit auf der Bühne. Wir hatten schon David P. und Blumentopf freestylen gesehen und waren immer krass beeindruckt davon. Aber was der gemacht hat, war noch mal ein anderes Level. In dem Moment habe ich gecheckt, wie wichtig es ist, etwas gut zu können. Wie man sich mit Skills Respekt holen kann.

STEPHAN SZILLUS Als ich diesen Riesenschlacks mit seinem Rucksack gesehen habe, wie krass er gefreestylt hat und wie er von den Leuten bewundert wurde – das war in meiner Wahrnehmung etwas ganz Neues.

CASPER Samy war der erste Typ, der wie ein Star rüberkam. Er konnte nicht nur extrem gut rappen und freestylen, sondern war auch eine krasse Erscheinung.

EIZI EIZ Mich haben vor allem seine Sprünge geflasht. Ich kannte ja schon die Demos mit No Nonsense: Die waren zwar nicht komplett scheiße, aber definitiv auch nicht geil. Aber so wie zum Beispiel Ale von Buback und Matze Arfmann was in uns gesehen haben, habe ich eben was in ihm gesehen ... Ab 1997 ging es dann los, dass er nur noch unfassbare Dinger rausgehauen hat. Bei jedem Freestyle hat man sich gefragt: Was ist denn jetzt los? Das war ein anderes Level – als alles zuvor!

SAMY DELUXE Jan ist ein supernetter Mensch, aber er kann ein sehr harter Kritiker sein. Das kann sehr krass und verletzend für denjenigen sein, den es betrifft. Aber für mich war das cool. »Erste Strophe ist hammer, so geil hat in Deutschland noch nie jemand gerappt – aber die zweite Strophe ist das Schlimmste, was ich je gehört habe!« Das war eine krasse Schule, durch die ich da gegangen bin. Durch ihn habe ich auch Tropf kennengelernt. Dann wurden wir Dynamite Deluxe.

MÄDNESS Bei uns ging dieses Eimsbush-Freestyle-Tape mit Samy, Bo und David P. rum, aber auch das Demotape von Dynamite Deluxe. Wir sind dann nach Mannheim zu einem Konzert von Dynamite Deluxe und Curse gefahren. Ich hatte keine Ahnung, wie die Jungs aussehen, bis sie dann auf der Bühne standen, und ich hatte das Gefühl, dass es den 200 anderen Leute da auch so ging. Das Konzert hatte auch noch gar nicht diese Abläufe von heute. Da hat man nicht automatisch die Hände hochgenommen, sondern wir haben alle nur rumgestanden. Aber mir wurde klar, dass was da vorne gerade passiert, der absolute Shit ist. Der Flow, die Stimme, diese Doppelreime – das war eine Revolution.

SAMY DELUXE Das HipHop-Publikum waren damals keine Teenies. Ich war oft der Jüngste im Saal, aber stand vor denen auf der Bühne. Das hat bestimmt auch dazu geführt, dass ich mal Sachen machen wollte, die keinen Inhalt haben, aber musikalisch geil sind. Ich war eigentlich stark durch Public Enemy oder KRS-One beeinflusst, aber dann kam Big L, und ich mochte den Wortwitz, die Mehrsilbigkeit der Reime, die Durchdachtheit der Vergleiche. Big L war der Grund, warum meine ersten Alben so sind, wie sie sind: in einer unterhaltsamen Form darüber rappen, wie geil man selbst ist und wie scheiße die anderen sind. Das war für mich das Größte.

SEPALOT Dynamite Deluxe fand ich Wahnsinn: musikalisch, aber auch weil da auf einmal ein MC war, der noch mal mit einer anderen Attitude ankam. Die Platte kam aus einer bestimmten Zeit, war aber schon wieder prägend für den nächsten Step.

FIJI KRIS Das Demotape von Dynamite Deluxe war das nächste Level. Samy war ja der Rudeboy seiner Zeit – bevor man später noch viel härtere Sachen gesagt hat. (lacht)

BONEZ MC Ich war Fan! Ich hatte ein Mongo-Clikke-T-Shirt und habe Hamburg repräsentiert, wie ich nur konnte. Wenn es damals schon Bushido gegeben hätte, hätte ich vielleicht gesagt: Das ist noch böser, das mag ich lieber. Aber man hatte nur das, und das hat man eingeatmet.

SAMY DELUXE Ich hatte diesen Bad-Boy-Status, weil ich gefühlt der Erste und auch der Einzige war, der diesen ichbezogenen Rap gemacht hat. Selbst die Beginner haben immer von »wir« geredet. Aber ich habe diesen Egozentrismus da reingebracht. Curse hatte auch derbe Spitter-Dinger, aber bei ihm wirkte das intellektueller, genau wie bei Max. Auch wenn die gebraggt haben, wirkte das nicht so, wie wenn ich das gemacht habe. Bei mir war immer klar, dass ich mich besser als die anderen finde.

FIJI KRIS Die Hamburger hatten einfach diese HipHop-Haltung: Wir sind cool, und ihr seid scheiße. Vor allem aber mochte ich den Sound von Tropf und Jan. Während die anderen in Deutschland noch einfach Samples gechoppt und Drumloops drübergelegt haben, haben die schon den Bassbereich gefiltert und eigene Basslines gespielt. Die waren einfach musikalischer.

SAMY DELUXE Tropf war kein klassischer HipHop-Produzent wie Dynamite, sondern hat Klavier gespielt und ist über TripHop ans Beats-Produzieren gelangt. Der hat im Thalia Theater, wo sein Vater ein paar Jahre lang Soundmann war, Engineer gelernt und uns live gemischt. Ich hatte dieses Gesangsding in mir drin und habe Reggae- oder Soul-mäßig ein bisschen was gesungen. Viele der Zutaten waren bei uns ganz ähnlich wie bei den Beginnern. Dadurch, dass die alles schon einmal erlebt hatten, wussten wir, wie es geht.

FIJI KRIS Ich war bekennender Megafan der Hamburger Schule, auch wie die sich gegenseitig gefeaturet haben und sich dadurch der Eindruck eines Movements verfestigt hat. Ich kann mich erinnern, wie ich in der *Spex* das Gruppenfoto der Mongo Clikke gesehen habe. Das war einfach ein sehr stimmiges Gesamtpaket.

DENDEMANN Bei dem entstehenden Clikkengefühl war ich ja bereits Teil der Sache, aber schon aus der Fanperspektive im Sauerland hatte Hamburger Rap wenig Angriffsfläche gehabt – und ganz offensichtlich einen ähnlichen Musikgeschmack im US-Bereich. Das war einfach eine sehr außergewöhnliche Kombination aus Sprache, Skills und Humor.

SAMY DELUXE Alle aus Hamburg hatten ein eindeutiges Image. Die Beginner waren politisch, aber hatten immer schon den Melodiefaktor und Eizis Stimme. Fünf Sterne Deluxe waren Punkrock mit viel Witz. Doppelkopf haben abgespaceten Avantgarde-Kram gemacht. Wir waren purer Rap. Und Dendemann war der Storyteller.

ANDRÉ LUTH Dendemann kam aus dem Sauerland und hatte früher eine Band, die White Label hieß. Jens Herrndorff nahm sich derer an und brachte mit ihnen eine Disco-Nummer auf Sony raus. Dafür haben sie sich Arme Ritter genannt.

TOBI TOBSEN Das war eine lustige Nummer, da hat man schnell gemerkt: Das sind Gleichgesinnte. Daniel hat sich dann aber von Maju Biese getrennt, ist nach Hamburg gezogen und hat mit DJ Rabauke, der damals noch DJ von Fettes Brot war, die Gruppe Eins Zwo gegründet.

DENDEMANN Wir wussten spätestens beim zweiten Treffen, dass wir eine Gruppe sein werden. Ich glaube, es gefiel ihm, wie besessen ich von der Idee war, das Scratch-Zitat in den Vordergrund zu stellen. Zu unserem ersten Treffen, bei dem wir »Weniger ist mehr« gemacht haben, hab ich 'ne DAT-Kassette und 'ne Handvoll Platten mit Samples mitgebracht, weil ich unbedingt beim Beatsmachen dabei sein wollte. Rabauke hat mir die MPC erklärt, und von da haben wir alles zusammen gemacht. Rabauke hatte zu der Zeit viele trippige Beats und war der größte Visit-Venus-Fan. Aber für unser Demo wollten wir unbedingt diese komplett reduzierte Produktion, mit Beats, aus denen man nichts mehr rausnehmen kann. Wir haben ca. zehn Tapes gemacht und die den für uns wichtigsten Leuten in die Hand gedrückt.

ANDRÉ LUTH Zu zweit haben sie sich erst Väter der Klamotte genannt, aber das konnten wir denen schnell ausreden. So wurde daraus Eins Zwo. Anfangs sind die als Vorband von Fettes Brot getourt, aber die beiden waren viel zu gut, um lange im Fahrwasser zu surfen. Bei der *Spex* gab es ja irgendwann dank Torsten Schmidt das berühmte Doppelcover mit Eminem und Dendemann. Das war der passende Level für Daniels Rhyme-Skills.

FATONI Das war so ein ganz verschachtelter Flow, bei dem aber jede Zeile sitzt. Manches musste ich mehrmals hören, um es zu verstehen. Und Songs wie »Die Omi aus dem 1. Stock« waren noch mal eine ganz andere Art, Geschichten in Rap-Form zu erzählen. Viele Storytellings der damaligen Zeit wirkten so fiktiv. Wie Holunder auf dem ersten Blumentopf-Album von der Fee oder König Boris diese Geschichte auf »Die Einsamkeit der Klofrau« erzählt – das hörte sich an, als würde es von einem Märchenonkel vorgetragen. Dendemann dagegen hat einfach aus seinem Leben erzählt, und man hat schon als Kind gecheckt, dass das wirklich so ist.

DENDEMANN Das Wichtigste war für mich, dass ich mich wohl dabei fühle, es vor Leuten zu rappen. Also habe ich so lange am Text gesessen, bis ich keine peinliche Stelle mehr gefunden habe. Dabei blieben so Dinge wie Versmaß oft auf der Strecke. Es trotzdem so zu rappen, war mein Flow. Der war wild, natürlich und spontan: irgendeine Mischung aus den bestmöglichen Einflüssen, adaptierten Patterns, handwerklichem Halbgeschick und einer Menge jugendlicher Ignoranz für die Nachvollziehbarkeit des Inhalts. Es war schon am wichtigsten, dass die Homies es abfeiern – und die mögen es halt codiert.

DJ MAD Eins Zwo war ein Hybrid aus Gang Starr und A Tribe Called Quest: Entertainment für die Birne. Man konnte sich mit Klappstuhl ins Konzert setzen und staunen. Dendemeier ist wahrscheinlich der beste Schreiber hierzulande. Das war Musik für intelligente Leute.

SCHOWI Es ist ein krasses Missverständnis, dass komplexe Reime automatisch einen guten Rapper ausmachen. Dendemann ist diesem Missverständnis nie aufgesessen. Der hat auf viele Dinge Wert gelegt, die uns auch wichtig waren, und seine technische Herangehensweise mit guten Flows, gutem Klang und ganz allgemein Style verbunden.

CASPER Mich hat die Stimme total abgeholt, dieses Kratzige.

MOSES PELHAM Von der Gruppe Fischmob gab es mal ein Stück mit dem Namen »Susanne zur Freiheit«. Als Dendemann da reinkam, war ich sofort Fan. »Es gibt so 'n paar Dinge, die sind in Hotels eh nicht da / Also pack ich in meinen Koffer 'n Haufen Teelichter.« Als ich das hörte, dachte ich nur: Bruder, was machst du bei den Vögeln da?! Komm rüber jetzt! (lacht)

MARTIN STIEBER Kennengelernt habe ich Dendemann in Thailand beim Videodreh zu »Susanne zur Freiheit«. Der kam da mit seinem roten Kangol-Hut an und meinte: »Slum Village, das ist *die* Gruppe.« Da wusste ich noch gar nicht, wer Dilla ist. Der Daniel war und ist einfach ein Nerd, bis heute. Der ist ein unheimliches Brain und hat auf die dümmste Frage immer eine Antwort parat. Ich schätze den bis zum heutigen Tag sehr. Er hat uns ja auch ein paarmal erwähnt, als er später bei Böhmermann die Musik gemacht hat. Der Dendemeier hat eine ganz neue Soundästhetik in den Rap gebracht – bloß kein Sample doppelt benutzen oder etwas reimen, das vorher schon mal jemand gerappt hat!

DENDEMANN Ich beschränke das natürlich auf das eigene Schaffen und habe es selbst mehrfach gebrochen, aber: In einer Zeit der Forschung kann man nur für Neues offen sein. In dieser Musik geht es auch um das reine Können der Beteiligten. Unabhängig von der Qualität eines Songs oder dessen Erfolg zerlegt man Rap in Disziplinen und Sub-Skills. In der Hinsicht ist Rap eben auch Sport.

CASPER Dendemann war von den Rappern aus Hamburg immer der Undergroundige, aber trotzdem unverkrampft, nie doof und trotzdem kein Professor. Die »Sport«-EP sah geil aus, und die Songs waren der Wahnsinn. Auf »Kalt wie Eis« rappt er vier Zeilen darüber, wo er herkommt, und macht dann mit »Also wo soll ich unterschreiben, Lieblings-A&R / Immer gut, wenn man die Jungs von der Plattenfirma kennt ...« weiter. Dende war für mich das Idol. Von dem war aber auch jeder Fan!

SAMY DELUXE Egal, was ich von Dendemann gehört habe: Der hat allem so krass seinen Stempel aufgedrückt. Seine Stimme, aber vor allem sein Storytelling waren krass. Der Typ, der ihm auf »Ich so, er so« die Pizza bringt: Man wusste gar nicht, dass man eine Story erzählen und trotzdem noch jede Zeile wie eine Punchline aufbauen kann. Seine Art auf der Bühne war auch heftig. Der hatte schon immer diesen Comedy-Faktor, und zwar innerhalb der Rapper-Persönlichkeit. Bo war auch ein Comedian: Der hat zwischen Songs 15 Minuten lange Witze erzählt – und ganz am Ende kam die Pointe. Aber Dende hatte dieses Ding innerhalb seines Daseins als Rapper. Das war ein neues Level.

CASPER Das war für mich das erste Mal, dass deutscher Rap locker, aber nicht clownig klang. »Gefährliches Halbwissen« war echt die erste deutsche Rap-Platte, auf die ich hingefiebert habe. Als die rauskam, habe ich mit meiner damaligen Freundin die Schule geschwänzt, um die eine Kleinstadt weiter zu kaufen. Ich habe die direkt zehnmal hintereinander gehört und konnte das gar nicht begreifen. Wie sich das gehörte, hatte ich damals immer einen Rucksack dabei, und da war die CD auch immer drin. Ich hatte die echt *immer* dabei. Ich habe mir das Album natürlich auch auf Kassette überspielt, damit ich es im Walkman auch noch hören konnte.

ANDRÉ LUTH Eins Zwo waren die typischen Albumkünstler. Die haben 100 000 Alben verkauft, ohne dass es einen Single-Hit gab. Über die Trennung von Eins Zwo im Jahr 2003 war ich supertraurig. Die weichen Fender-Rhodes-Akkorde haben einfach viel zu gut zu den Jeep Beats und der Säge von Dendemann gepasst.

RALF THEIL Ich bin immer noch der Meinung, dass das zweite Eins-Zwo-Album von 2001 das handwerklich perfekteste Deutschrap-Album ist. Das hat vielleicht nicht so viele Emotionen ausgelöst, aber ist so makellos, durchdacht und stimmig wie ich es davor und danach nie wieder gehört habe. »Bombe« ist der perfekte Battlerap-Song.

DENDEMANN Das Besonderste am Hamburger HipHop war, dass es ein Dutzend Crews gab, die auf einem Level waren und im Style unterschiedlicher kaum hätten sein können. Doppelkopf war ein ganz wichtiger Teil davon – auch weil wir sie alle mehr gefeiert haben als sie sich selbst. Die Abende mit Sam bei Falk zu Hause sind unvergessen. Und ein Blick in Bubbles' Plattensammlung war, wie in dem krassesten Secondhandladen in der Schweiz zu stehen. Noch dazu hatte er sein Studio in Arfmanns altem Knochenhaus, wo seinerzeit die Arme-Ritter-Maxi aufgenommen wurde. Für mich war es also immer aufregend.

RALF THEIL Doppelkopf waren nach Eins Zwo der zweite für mich prägende Auftritt bei »Word Cup« auf VIVA. Da habe ich das erste Mal »Vom Mond« gehört. So einen Song hört man nicht einfach nur. Das hatte überhaupt nichts mit dem umgangssprachlichen Rap zu tun, den man von Dendemann kannte, sondern hat eine poetische Ebene aufgemacht und in einer ganz anderen Welt stattgefunden. Auch von seinem Auftreten war Falk von Doppelkopf weit davon entfernt, wie Rapper damals ausgesehen haben.

FALKADELIC In der Zeit, in der wir als Doppelkopf unseren Stil gefunden haben, hatten wir keine Deutschrap-Einflüsse. Das war, bevor ich Dendemanns Doppelreimketten gehört habe, bevor wir erlebt haben, wie die Crowd auf Samys Shows abgeht. Wir haben unser Ding erst entwickelt, und als es fertig war, sind wir damit nach draußen gegangen – da war gar keine Möglichkeit mehr, sich groß anzupassen. Unser Album hieß ja auch »Von Abseits«. Das war eine Idee von Bubblez. Das passte perfekt, weil wir uns – wie die Tiere auf Madagaskar – abgeschnitten von der Außenwelt entwickelt haben.

MARTERIA »Von Abseits« von Doppelkopf war sehr wichtig für meine Entwicklung. Mich hat immer gezeckt, wenn jemand über Menschen gesprochen hat, ohne selbst ein Mensch zu sein. Das hat etwas Mysteriöses und Unheimliches. Songs wie »Starring Bubbles« oder »MMM (Mörder Monster Muschel)« waren für viele sicher überhaupt nicht greifbar, aber Kleinstädter wie ich oder auch Casper waren total zugänglich für diesen Kosmos. Wahrscheinlich sind Doppelkopf auch ein Grund dafür, dass ich irgendwann auf Quasimoto gestoßen bin und daraus dann mein Alter Ego Marsimoto entstanden ist.

FALKADELIC Mary Jane ist schuld! Ich habe zu der Zeit hart gekifft und hatte dementsprechend viel Spaß am Fantasieren. Mir wurde oft gesagt, dass das intellektueller Rap sei, aber das war es für mich nicht. Für mich sind viele der Sachen auf der Platte eher so ein spätpubertäres Bauchgefühl. Wer bin ich? Wohin will ich? Lasst mich alle in Ruhe! Solche Sachen eben. Ich muss auch sagen: Viele Dinge, die auf der Platte in so einem pseudoschlauen Gewand daherkommen, klingen für mich heute wie das Blödeste, was es gibt.

CASPER Deutschrap war bis dahin hell, farbenfroh und witzig. Aber Doppelkopf kamen mit Songs, die »Regen für immer« hießen. Bei »MMM (Mörder Monster Muschel)« hatte man keine Ahnung, was wirklich gemeint war. Aber genau das hat mich total abgeholt, weil ich melancholische Mucke schon immer mochte. Das Album war ein Musik gewordener Film Noir.

FALKADELIC Ich mochte und mag immer noch Régis Loisel. Das ist für mich der beste Comiczeichner aller Zeiten, seine Version von »Peter Pan« ist der Wahnsinn. Didier Crisse mochte ich auch sehr gerne. Er hat »Das Kristallschwert« gemalt, was die direkte Vorlage für unseren Song »Balance« war. Seine Parabel spielte zwar in einer ganz anderen Welt, aber im Grunde ist es die gleiche Geschichte mit der gleichen Aussage: Das Gute existiert nicht ohne das Böse und umgekehrt. Bei ihm war das sicher etwas verständlicher. (lacht) »Fritz The Cat« war natürlich auch ein Einfluss. Das ist ein super Cartoon aus den Siebzigern, der gern mal nachts um drei Uhr auf

3Sat wiederholt wird. Jeder, der mal gekifft hat, sollte das kennen. Für mich war es immer mühsam, Texte zu schreiben. Es war einfach schwer, etwas zu finden, das mir gefiel und trotzdem meiner Persönlichkeit entsprach. Ich konnte ja nicht »Ich stech dich ab!« schreiben, obwohl mir das gefallen hätte. (lacht) Also habe ich mir Motive wie die Tapire oder den Mond gesucht, der so etwas wie ein Sinnbild für unsere Musik wurde: schwer zu erreichen, aber auch nicht wegzudenken. Immer wenn ich nicht weiterwusste – also ständig (lacht) –, hab ich ihn irgendwie in den Text eingebaut, und dann floss es wieder.

MC RENE Stuttgart und Hamburg waren auch deshalb so präsent, weil sie beides hatten: eine auch im Mainstream erfolgreiche Gruppe wie Freundeskreis auf der einen, für die Heads die Massiven Töne oder Afrob auf der anderen Seite. In Hamburg gab es die Beginner, Eins Zwo oder Dynamite Deluxe, aber eben auch Doppelkopf als eine Art Film-Noir-Rap-Gruppe.

EIZI EIZ Auch wenn wir eine Zeit lang deutschlandweit die meiste Aufmerksamkeit bekommen haben: Hamburg war immer mehr als Eimsbush und die Mongo Clikke. Wir haben unser eigenes Ding gemacht, aber es gab auch gute Verbindungen zu den anderen. Mit Fettes Brot zum Beispiel war von Anfang an cool. Die haben mich sogar ziemlich gefördert. Fettes Brot waren uns immer ein bisschen voraus, was Pop-Affinität und Produktion anging. So wie Fünf Sterne Deluxe haben die ihre Sachen im Container gemacht. Das war einfach eine andere Szene, eher die Szene von Ekambi.

ANDRÉ LUTH DJ Coolmann hat zusammen mit Ekambi bei Container im Laden gearbeitet. Er war ein wahnsinnig guter und geschmackvoller HipHop-DJ und landete bald bei Fünf Sterne Deluxe.

TOBI TOBSEN Coolmann war unser Live-DJ. Marcnesium war ein freier Kreativer, der regelmäßig mit uns unterwegs war. André Luth hat dann vorgeschlagen: Nehmt die beiden doch mit rein und macht 'ne Band. André hatte oft eine Vision, wie aus bestimmten Konstellationen ein guter kreativer Impuls entstehen könnte.

ANDRÉ LUTH In St. Georg gab es eine legendäre WG in der Rostocker Straße: DJ Koze hat dort mit Marcnesium gewohnt, und in der Wohnung drüber waren Carsten »Erobique« Meyer und der heutige Filmemacher Sebastian Schultz, der zum Beispiel an »Fraktus« mitgearbeitet hat. Da ist unglaublich viel passiert. Koze hat Platten aufgelegt, und Cosmic DJ hat Getränke gemischt. Ist alles verewigt in dem Fischmob-Rhyme »Wir machen Party von hier bis Italien / Hol mal zwei Bacardi-Cola, ich zahl die denn«. Als Tobi und Bo mit dieser Gang auf Partys gegangen sind und mit Coolmann und Marcnesium angebandelt haben, hat sich ihr wahnsinniger Knall wiederholt.

TOBI TOBSEN Wir waren als Band immer ein bisschen außen vor. Das lag auch daran, dass mit Marcnesium jemand dabei war, der nicht unbedingt Rap-affin war, sondern eher Acid und Ambient gehört hat. Da gab es von vornherein ein großes Interesse, auch in andere Richtungen auszubrechen – vor allem bei mir. Bo hat sich mit der Mongo Clikke viel stärker in eine Szene integriert, während ich angefangen habe, parallel House und Techno aufzulegen und zu produzieren. Die Grundidee unseres Albums »Sillium« war da eine dankbare Spielwiese. Einerseits war es ein klassisches HipHop-Ding, andererseits hat es uns erlaubt, eine psychedelische, auch metaphysische Ebene aufzumachen. Ich sach mal: »Drogenmusik« – aber mitunter mit einem klassischen Pop-Drive.

DJ MAD Das war so gut gemacht und geil verpackt, dass es auch die Normalos gefressen haben. Fünf Sterne haben für uns ein bisschen die Zukunft vorhersehbar gemacht. Das war eine so slicke, professionelle Version des Wahnsinns, dass ich der Meinung war: Dieses Zeug kann die Welt übernehmen, vielleicht sogar verändern. Ich bin überzeugt: Wenn die so weitergemacht hätten, wären sie das geworden, was Deichkind heute sind. Wir waren noch viel unfertiger, unbequemer und vielleicht auch unflashiger. Bevor »Bambule« rauskam, gab es mal dieses Gespräch mit Bo. Wir hielten die Jungs für viel weiter vorne, aber Bo meinte nur: Ja, wart mal ab …

20 Es hat Boom gemacht

DANI FROMM Wann ich das erste Mal deutschen HipHop gehört habe, daran kann ich mich nicht erinnern. Woran ich mich aber erinnern kann, ist, wann ich das erste Mal deutschen HipHop gehört habe, bei dem mir der Unterkiefer runtergeklappt ist. Das war »Bambule«. Da dachte ich: Jetzt können sie's.
CASPER Die Beginner hatten die erste komplette Platte, die alles vereint hat – irgendwie undergroundig in der Attitüde, aber trotzdem im Mainstream erfolgreich.
EIZI EIZ Nach »Flashnizm« waren wir als Band und auch als Menschen an einem Scheidepunkt. Wir hatten unser Indie-Album gemacht und haben gemerkt: So kommen wir nicht weiter. Gleichzeitig haben wir bei Fettes Brot und Freundeskreis gesehen, dass es auf einem Major-Label gehen kann. Dann kam die Anfrage von Walter Gröbchen, einem Wiener, der unter dem legendären Heinz Canibol als A&R bei MCA gearbeitet hat. Er hat ein Angebot gemacht, das sich gut angefühlt hat, und wir wollten das ausprobieren.
DENYO Das war das erste Mal, dass wir aus einem erwachsenen Blickwinkel heraus eine sehr bewusste Entscheidung getroffen haben. Es war klar, dass wir das auch beruflich durchziehen wollen.
EIZI EIZ Der erste Song, den wir für das Album gemacht haben, war mit F.A.B., mit denen es damals einen regen Austausch gab. Wegen ihrer Trennung ist der Song nie erschienen, aber irgendwann werden wir den noch veröffentlichen, denn das ist wirklich ein krasser Song auf einem unfassbaren Beat von DJ Mad. Dieser Song hat den Grundstein für den Sound von »Bambule« gelegt. Ich trenne ja alles von mir

in eine Vor-»Bambule«-Phase und eine Nach-»Bambule«-Phase. Der F.A.B.-Song war genau die Schnittstelle. Ich habe damals voll auf das »Hardcore«-Album von Lil Kim geflasht, auf diesen »Ada Dada Baba Tata«-Flow. Da ging es bei mir los, dass man sich nicht nur damit auseinandersetzt, was man sagt, sondern auch damit, wie man es sagt – und dass das sogar noch wichtiger sein kann.

DENYO HipHop hat damals auch international einen Sprung gemacht. Die Beats wurden fetter und pointierter, mit weniger Gedudel. Das wollten wir auch: reduzieren und unsere Einflüsse mehr auf den Punkt bringen.

EIZI EIZ So wie »Flashnizm« der Höhepunkt der Ausprobierphase ist, ist »Bambule« der Höhepunkt der Basement-Zeit. Man muss das getrennt voneinander betrachten: Parallel zur Mongo Clikke und dem Basement gab es immer unsere Karriere als Band. Die Beginner waren auch nie bei Eimsbush gesignt. Trotzdem sind die Sachen parallel entstanden und von ähnlichen Dingen beeinflusst.

DENYO Ich würde schon sagen, dass wir in dieser Zeit unseren Sound gefunden haben.

EIZI EIZ Die nächsten Songs waren »Rock On« und »Geh Bitte«. Deswegen ist Martin da auch noch mit drauf. Irgendwann ist ihm aber alles über den Kopf gewachsen. Er kam eines Tages vorbei und meinte, dass er das nicht mehr weitermachen kann.

DENYO Martin wurde es zu professionell in dem Sinne, dass man nicht mehr einfach einen Text schreiben konnte, wann man gerade wollte, sondern Texte schreiben musste. Das ging gegen seine Auffassung von künstlerischer Freiheit. Hinzu kamen ein paar persönliche Probleme. Die Band, mit der wir bei »Flashnizm« unterwegs waren, war auch riesig geworden. und jeder hatte seine eigenen Themen, musikalisch wie psychologisch. Vielleicht mussten wir uns einfach gesundschrumpfen. So konnten wir fokussierter und in einem anderen Tempo weitermachen. Matthias Arfmann, mit dem wir ja seit Tag eins gearbeitet haben, hatte ein neues Studio zwischen Apfelplantagen südlich der Elbe. Da sind wir immer mit der Fähre hingefahren und haben die Platte zusammen fertig gemacht.

EIZI EIZ So ist auch das Intro der Platte entstanden. Wir sind wochenlang jeden Tag mit dieser Fähre gefahren und irgendwann haben wir den Kapitän gefragt, ob er das einsprechen kann: »Nächste Station: St. Pauli-Landungsbrücken. Und da gibt's dann Bambule ...« Die Beats haben wir in unseren jeweiligen WGs gemacht. Die hat man dann auf Zip-Drive gespeichert – wie in dem Song »Hammerhart« erwähnt – und mit zu Matze genommen. Oben gab es noch einen zweiten Arbeitsplatz, an dem Mad seine Cuts vorbereitet hat. Das war das Szenario: Diskette, Weed, mit der Fähre rüber, aufnehmen, oben DJ Mad. Und dann immer Bestellservice, und zwar die Klassiker: Ćevapčići, Sushi, Pizza, Gyros, Schnitzel, alles aus einem Prospekt mit 400 Gerichten. (lacht) Wir haben uns für jeden Song sehr viel Zeit gelassen. Das war auch der ausschlaggebende Grund für den Major-Deal: Wir wollten ein ordentliches Budget haben, damit wir so lange im Studio bleiben können, bis alles genau so ist, wie wir es wollen.

FIJI KRIS »Bambule« ist immer noch krass gut. Die haben die Mittel, die sie damals hatten, optimal ausgenutzt. Es ist perfekt gemischt, alles passt zusammen.

RALF THEIL Es gibt dieses Zitat, von dem ich nicht weiß, ob es wirklich gesagt wurde oder im Nachhinein herbeikonstruiert worden ist. Aber es heißt, dass »Bambule« ein Album nur mit Singles sein sollte, wie »Thriller« von Michael Jackson. Das merkt man.

EIZI EIZ Die Regel war: Jeder Song muss so geil sein, dass wir, wenn die Plattenfirma ihn zur Single machen will, guten Gewissens sagen können: Okay, fett, damit können wir leben. Singles waren ja noch das ganz große Thema bei den Plattenfirmen.

DENYO »Rock On« kam deutlich früher raus als »Bambule«, ungefähr ein halbes Jahr. Mit der Single hatten wir plötzlich eine ordentliche Rotation bei MTV und so Sachen. Wir haben gemerkt, dass es flutscht und es offenbar eine Relevanz hat, was wir da machen. So haben wir ein großes Selbstbewusstsein bei den Aufnahmen entwickelt. Langsam wurde uns allen bewusst: Das könnte larger werden, als wir selbst dachten.

EIZI EIZ Wir haben die neuen Sachen immer Leuten aus unserem Zirkel gezeigt. Ich habe zum Beispiel Bo mal was vorgespielt, und der hat mich regelrecht angebettelt, ob er das haben kann. Ich habe ihm dann vier Songs auf Minidisc überspielt. Nach ein paar Tagen kam er zu mir und meinte, dass er das den ganzen Tag hört. Das war davor nie so. (lacht)

DENDEMANN Ich erinnere mich, wie Busta Rhymes auf dem VIVA-Sofa abging, als sie ihm »Rock On« gezeigt haben. So ungefähr habe ich mich auch gefühlt, als ich die Sachen gehört habe.

EIZI EIZ Man hat gemerkt, dass da was geht, was uns wiederum für die nächsten Songs gepusht hat. »Nicht allein« war ursprünglich unser Versuch, einen Radiohit zu machen, mit mehrstimmigem Gesang. Ganz schlimm! Der hatte den Arbeitstitel »97,1«, weil das die Frequenz von Radio Energy war, dem »Jugendsender«, der auch mal »fette Musik« gespielt hat. Jochen hat immer »Münchener Freiheit« zu dem Song gesagt. (lacht) Zum Glück haben wir auch selbst bald eingesehen, dass das nix ist. Das war eine der großen Lehren aus den Arbeiten an »Bambule«: Wenn man es versucht, kann man nur kläglich scheitern. »Liebes Lied« zum Beispiel war nie als Radio-Hit angelegt, wurde aber einer. Leider ist das Video das schlimmste in der Geschichte des Musikfernsehens, aber selbst das war im Rückblick gut investiertes Lehrgeld. Danach war klar, dass wir immer alles komplett selbst machen und kontrollieren müssen.

STEPHAN SZILLUS Einen Song wie »Liebes Lied« bekamen die Beginner bei ihren Fans als ironisch gemeinte Pop-Persiflage durch.

Mir kam es trotzdem wie ein Verrat an den Werten des HipHop vor. Aus heutiger Perspektive ist das natürlich völlig albern. Aber damals herrschte noch der Geist, dass man kommerziellen Erfolg nur zufällig haben und keinesfalls anstreben durfte.

SAMY DELUXE Das war schon zwiespältig. Auf der einen Seite waren meine Homies, mit denen ich jeden Tag rumhing, jetzt Megastars. Auf der anderen Seite fühlte sich »Liebes Lied« für mich schon wie ein Kompromiss an. Die haben uns den Song auch fast entschuldigend introducet, von wegen: Na ja, wir müssen auch einen Song machen, der in diese Richtung geht ... (lacht) So erinnere ich das zumindest. Das Video war im Vergleich zu den anderen Visuals sehr Bubblegum. Davon haben wir als Dynamite Deluxe auch gelernt. Uns war klar, dass wir kein »Liebes Lied« haben wollen, keinen Song, der sich wie ein Kompromiss anfühlt. Trotzdem waren viele der Ingredients in uns drin.

EIZI EIZ Die Platte ist auf 28 gechartet, was damals viel wert war. Ich weiß das noch so genau, weil Bo und ich uns an dem Tag unsere ersten Handys geholt haben und ich auf meine Mailbox »Eißfeldt 28« als Ansage gesprochen habe, im Stieber-Slang. Geilerweise ging alles in Stufen, Schritt für Schritt – nicht wie heute bei DSDS, wo du mit dem Fahrstuhl in sechs Sekunden ganz nach oben geschossen wirst. Vor Weihnachten hatten wir eine kleine Promo-Tour: Da waren wir plötzlich bei ganz normalen Radiosendern und haben unsere erste Fotosession mit der *Bravo* gemacht. Im Februar 1999 ging »Liebes Lied« dann durch die Decke, und wir sind auf Tour gegangen. Der erste Tourstop war in Düsseldorf im Stahlwerk. Das war ausverkauft: 2700 Leute, nur wegen uns! Für mich war das so groß wie ein Fußballstadion.

DAVID P. 1999 sind wir mit den Beginnern auf die »Bambule«-Tour gegangen. Unsere Alben kamen in etwa zur gleichen Zeit raus, also haben wir gesagt, dass wir gemeinsam auf Tour gehen – wie immer halt. Nach dem ersten Auftritt war aber ziemlich schnell klar, wie die Verhältnisse sind und wer hier der Support von wem ist. (lacht) Während der Tour ist es endgültig explodiert.

EIZI EIZ Am nächsten Tag bin ich in Wiesbaden zur Tanke gegangen und habe mir die *Bravo* geholt, mit unserem Foto drin. Ab da wurde es langsam komisch. Wir waren mittendrin in diesem ganzen Ding von Tic Tac Toe, Down Low, Spektacoolär, Die 3. Generation und was es da sonst noch gab.

DENYO Das war der Moment der ersten Überforderung. (lacht) Wir hatten ja keinerlei Erfahrung mit dieser Welt. Du machst kurz ein falsches Gesicht – und ein *Bravo*-Fotograf macht daraus sein Poster. Du machst ein Video, bei dem du denkst, es könnte witzig sein – und plötzlich musst du dir kommerzielles Kalkül vorwerfen lassen.

DAVID P. Auf einen Schlag waren da diese oberflächlichen Medien-Fuzzis mit ihren riesigen Backstage-Pässen und ihrem wichtigen Getue. Ich habe das von der Seite beobachtet und krass Respekt vorm Jan und vorm Dennis gehabt, mit welcher Gelassenheit und Professionalität sie das durchgezogen haben. Die haben sich nicht von ihrer Eitelkeit überwältigen lassen. Mir wurde ziemlich schnell klar, dass das für mich nichts ist.

DENYO Mit der Tour wurde der Erfolg viel realer für uns. Wenn dir ein Produktmanager beim Label deine Verkaufszahlen sagt, ist das eine Sache. Aber wenn dir im echten Leben plötzlich Teenies hinterherlaufen und Kuscheltiere auf die Bühne schmeißen, obwohl du selbst noch gar keine klare Haltung zu dieser Sache hast, ist das noch mal etwas anderes.

DJ MAD Mich hat das gar nicht interessiert. Ich bin immer hinten in die Halle rein und wieder raus. Wir konnten total gedankenverloren und autistisch unser Ding machen, tagelang in Plattensammlungen abtauchen. Das war der Genius der Beginner und letztlich der Grund dafür, dass alles überhaupt erst so large wurde. Weil wir das so weitermachen wollten, mussten wir diese Ruhe und unser Privatleben schützen.

DENYO Es war nicht nur eine geile, sondern auch eine anstrengende Zeit. Wir haben immer darauf geachtet, dass alles autark und authentisch ist. Plötzlich hat uns eine Szene von vermeintlichen »Real Heads« vorgeworfen, das zu sein, was wir nie sein wollten: fake und berechnend. Dabei waren diese Kritiker in aller Regel nur Mitläufer und Nachahmer, die es halt nicht geschafft hatten. Ich hatte damals schon einen großen Gerechtigkeitssinn. Vor allem wenn man der Musik die Qualität absprechen wollte, nur weil sie erfolgreich war, hat mich das gekränkt.

EIZI EIZ Die große Hass-Phase kam aber erst ab 2000 mit Berlin. Aus der damaligen Szene gab es nur wenig Hate. Von Torch vielleicht: Das ist nie zu uns durchgedrungen, aber ich habe es gespürt. Es gab auch ein paar Zeilen auf seiner Platte: »30 Mark Abendkasse / Dein Konzert war klasse« oder »Woher habt ihr euren Style geklaut?« Das hat er auf jeden Fall für uns geschrieben. Das ist so witzig, dass wir knapp 20 Jahre später zusammen auf Tour waren und er genau diesen Song mit uns auf der Bühne performt hat. 360 Grad! (lacht)

DOKTER RENZ Mit den Fantas, Rödelheim und uns hatte es Mitte der Neunziger die ersten poppigen Speerspitzen einer Subkultur gegeben. Darauf folgten die von der Industrie geschaffenen Quatschprojekte. 1998 kam dann »Bambule« von den Beginnern. Ich hatte das Gefühl, dass jetzt die anderen nachrücken, kommerziellen Erfolg haben und es gleichzeitig noch schaffen, die unwidersprochene Behauptung in den Raum zu stellen, dass es sich bei ihrer Musik um den echten Rap handelt. Das haben die Beginner – das muss ich neidlos anerkennen – in sich stimmiger kommunizieren können als wir. Es wirkte, als wäre das der Kern einer gewachsenen Szene, der sich selbstbestimmt an die Oberfläche begibt und dort nichts als offene Münder und Respektsbekundungen hervorruft.

21 Summer of '99

EIZI EIZ 1999 war krass. Im April gab es eine legendäre Woche, in der vier kredibile Deutschrap-Alben in den Top 10 standen.

SCHOWI Es gab auch eine Woche, in der drei Stuttgarter Alben in den Top 10 waren: die Fantas, Freundeskreis und wir, dazu noch Afrob auf Platz 23 oder so. Wir haben das Poster mit den Charts aus der Zeitschrift Musikmarkt ausgerissen und im Studio aufgehängt. Auf den Plätzen unter uns standen Leute wie Mariah Carey. Das war total surreal. Man hatte nie für möglich gehalten, dass Charts jemals eine Rolle für einen spielen könnten.

EIZI EIZ In dem Jahr kamen einfach so viele derbe Platten raus: »Esperanto« von Freundeskreis, »Gefährliches Halbwissen« von Eins Zwo, die zweite von den Massiven ... Der absolute Höhepunkt des Summer of '99 war für mich das »Flash«-Festival im Hamburger Stadtpark. Das war das Allerderbste. Alle waren da, wirklich alle! Das war der schönste Abend dieser Zeit.

SCHOWI 2000 fand das erste HipHop Open auf dem Parkplatz am Pragsattel statt, direkt neben dem heutigen Stuttgarter Theaterhaus. Wir hatten auf diesem Gelände unser Studio und waren da jahrelang jeden Tag – und plötzlich standen genau da 18000 Menschen. Wir haben uns ständig verrappt an dem Abend, weil uns die Situation komplett erschlagen hat. Uns wurde direkt in unserem Wohnzimmer vor Augen geführt, was um uns herum im Land eigentlich los ist.

DANI FROMM Ich habe damals in Konstanz zweimal im Jahr die große Uni-Party veranstaltet. Dafür hatten wir Fünf Sterne gebucht, noch bevor die Single »Willst du mit mir geh'n?« rauskam. Wir hatten schon Plakate gedruckt. Drei Wochen vor der Party haben sie uns ein Fax geschickt mit dem Text: »Wir können in drei Wochen nicht kommen, weil wir dann krank sind.« Die waren in der Zwischenzeit durch die Decke gegangen und hatten es nicht mehr nötig, auf einer popeligen Uni-Party am Ende der Welt zu spielen. Das zeigt ganz gut, was in dieser Zeit so passiert ist und wie schnell das alles ging.

EIZI EIZ Es gibt diese Anekdote, die ich immer gerne erzähle. 1998 wollte ich mal bei der Sparkasse eine EC-Karte bekommen. Die wurde mir aber verweigert, weil ich »kein regelmäßiges Einkommen« hatte. Dann kommt »Bambule« raus, ich gehe wieder in die Sparkasse, um irgendwas zu überweisen, und plötzlich springen alle Mitarbeiter von ihren Schreibtischen auf: »Herr Eiiißfeeeldt!« Zwei Sekunden später sitze ich in so einem Chefbüro, und vor mir werden in einer Ledermappe Kreditkarten in allen Farben ausgebreitet, wie in einem Werbespot. (lacht) Dazwischen waren vielleicht drei Monate vergangen.

SEPALOT Wie groß das alles war, habe ich gar nicht realisiert. Klar war eine Platzierung in den Top 10 krass und überraschend. Aber darüber hinaus habe ich mir da nicht so die Gedanken gemacht. Was das für einen Einfluss hatte, ist mir erst klar geworden, als ich gesehen habe, dass auch die Pop- und Indie-Leute plötzlich auf Deutsch singen. Als wir mit Blumentopf angefangen haben, hat deutschsprachige Musik quasi nicht stattgefunden. Alle waren noch von der Neuen Deutschen Welle geschädigt, und es war völlig klar: Auf keinen Fall singen wir auf Deutsch. Plötzlich aber wurde es normal und sogar cool. Das ist meines Erachtens ein Verdienst der ersten großen Deutschrap-Welle.

FALK SCHACHT Die Neunzigerjahre waren das Jahrzehnt der Professionalisierung: aus den Jugendzentren in die Konzerthallen. Man machte das Radio an, und plötzlich lief Deutschrap. Das gab es vorher nicht. Das geht natürlich einher mit einer globalen Entwicklung.

Die Fugees hatten schon ein paar Jahre vorher die Tür einen Spaltbreit geöffnet. Und plötzlich war Druck auf dem Kessel.

STEPHAN SZILLUS In diese Zeit fallen auch die Gründungen einiger Institutionen, die Deutschrap viele Jahre mitgeprägt haben und teilweise bis heute prägen: Ende 1997 das *Juice*-Magazin und im Sommer 1998 das Splash-Festival.

KATMANDO Ein Teil der *Juice*-Vision war, auch die deutschen Rapper wie Stars zu präsentieren – egal, ob sie das zu diesem Zeitpunkt schon waren oder nicht. Ich wusste: Wenn wir unsere Leute mit derselben Selbstverständlichkeit und derselben Wertschätzung behandeln wie die großen internationalen Acts, entwickelt sich das von selbst. Mir ging es um die Professionalisierung des Ganzen.

STEPHAN SZILLUS Der heute gängige Begriff »Deutschrap« ist ja auch in der Zeit von der *Juice* geprägt worden.

KATMANDO Ich habe die Chance gesehen, das »Deutsch« neu zu belegen, um damit Identität zu stiften. Wir wollten damals Michi Beck aufs Cover nehmen, dessen Soloalbum gerade anstand. Es sollte aber nicht alleine um ihn gehen, sondern mehr als Sammelgeschichte wahrgenommen werden, denn die Fantas waren immer noch ein kontroverses Thema. Deshalb haben wir dieses berühmte Foto genommen, auf dem er in die Kamera schreit, und ihm das Wort »Deutschrap« in den Mund gelegt. »Deutscher Rap« fühlte sich kacke an: Das klang, als würde es der Goebbels persönlich anordnen. Aber »Deutschrap« – angelehnt natürlich an den Begriff »Deutschrock« – fand ich irgendwie cool. Alle anderen waren dagegen, aber ich habe mich durchgesetzt. Dabei wusste ich selbst, dass es Probleme geben würde. Es gab dann tatsächlich Hunderte von Anrufen, Briefen und Faxen mit Beschwerden. Aber wir haben es durchgezogen, und vor ungefähr zehn Jahren hat sich »Deutschrap« dann als feststehender Begriff durchgesetzt. Das war für mich schön zu sehen. »Deutschrap« sollte ja auch ein Zeichen dafür sein, dass wir das jetzt selbst machen. Dass wir, die Szene, uns um unser eigenes Business kümmern.

DJ RON Als das Splash an den Start ging, waren erst mal alle skeptisch. Bei den Booking-Agenturen mussten die Veranstalter in Vorkasse gehen: Die dachten alle nicht, dass wir das Geld wieder einspielen würden, und wollten ihre Kohle vorab sehen. An ein reines HipHop-Festival hat keiner geglaubt. Als es dann aufgegangen ist, waren wir selbst überrascht. Ein Jahr später gab es in Hamburg das Flash-Festival – organisiert übrigens von der Agentur, die uns davor noch gesagt hatte, dass das nie klappen wird.

EIZI EIZ Das Splash war das erste HipHop-Festival für die meisten von uns. Wir kannten natürlich Jams, wo Leute aus unterschiedlichen Städten zusammenkamen. Aber ein komplettes Festival? Dass man nur mit Leidenschaft so etwas auf die Beine stellen kann, fand ich hammer und finde ich immer noch beeindruckend.

DJ RON Ich hatte wirklich Tränen in den Augen, als ich diese Menschenmassen das erste Mal gesehen habe. Und es gab dieses Zusammengehörigkeitsgefühl, alle wollten das Gleiche: HipHop hören und das zelebrieren.

FALKADELIC Wir sind mit Doppelkopf praktisch sofort auf Festivals aufgetreten und bei VIVA gelaufen. Für mich war das alles relativ selbstverständlich. Den Unterschied zwischen Jugendhaus und Stadion habe ich natürlich schon registriert. Trotzdem hatte der Erfolg immer etwas Normales.

TOBI TOBSEN Man hatte so eine Fernsehprominenz. Fernsehprominenz ist ein sehr interessantes Phänomen. Leute, die dein Video auf MTV oder VIVA sehen, erkennen dich auf der Straße und denken, du wärst Millionär – was natürlich nicht weiter von der Realität hätte entfernt sein können. Man hatte eine recht irreale Form von Berühmtheit, ohne wirklich erfolgreich zu sein. Unser Album »Sillium« ist auf 23 eingestiegen, was für uns der totale Wahnsinn war, aber die Realität war, dass wir zusammen mit Eins Zwo in einem engen Multivan durch Deutschland gefahren sind. Im Nachhinein verklärt man die Dinge oft. Aber damals hatte HipHop keine echte Größe. Das Mainstream-Publikum hat sich einzelne Acts rausgepickt, aber das war ein eher optischer Erfolg.

CASPER Rap war zu der Zeit noch voll das Outlaw-Ding. Keiner »der anderen« wusste, wie man dazu tanzen sollte, und sowieso haben alle nur Die Ärzte gehört. Auch in der Zeit ab 1997 hat man noch Pionierarbeit geleistet, als Hörer und als Künstler. Man hat sich das gemeinsam erschlossen und vorangetrieben.

SAMY DELUXE Der kommerzielle Erfolg ging für mich 2000 los. Ich habe meine heutige Ex-Frau kennengelernt und wusste, dass mein Sohn auf die Welt kommt. Also habe ich noch schnell das »Samy Deluxe«-Album gemacht und bin mit Dynamite Deluxe getourt. Es kam hier ein Verlagsvorschuss von 200 000 DM, da noch ein Albumvorschuss über 380 000 DM, 40 000 DM für die Tour – und zu all dem das Familiending. Das war alles derbe strange.

APHROE Zu der Zeit hat sich alles in Richtung Charts orientiert. Das war nicht das, was mir in der Zeit am Herzen lag. Mein Summer of 99 war das jedenfalls nicht, aber vielleicht war es auch alles richtig so. Die Beginner gibt es schließlich immer noch, und Eizi hat es mit der Figur des Jan Delay zu Lindenberg-Status gebracht. Das ist Wahnsinn.

SCHIVV Ich sag mal: Wenn andere Leute in einer wettbewerbsorientierten Sportart mehr Erfolg haben als man selbst, ist das erst mal nichts, was einen freut. (lacht) Wir konnten uns über jeden einzelnen der ganzen Rap-Vögel herrlich aufregen. Wie man das halt so tut. Aber im Rückblick muss man klar sagen, dass diese Zeit der Entwicklung der Musik sehr geholfen hat.

22 Sag mir, wo die Party ist!

STEPHAN SZILLUS Leute wie Freundeskreis oder die Beginner waren mit eher intellektuell bzw. nerdig anmutenden Alben quasi direkt aus dem Gymnasium in die Star-Rolle gerutscht – nach Jahren des Aufbaus und mehr oder weniger aus Versehen. Im Zuge dieses Hypes gab es zur Jahrtausendwende hin dann erstmals auch richtige HipHop-Hits, die nicht nur bei einer kleinen Schar von eingeweihten Silbenzählern ankamen, sondern alle möglichen Leute erreichten. Plötzlich waren da Leute aus der Szene, die sich viel klarer zu Hedonismus, Star-Ego und auch Erfolg bekannten.

RALF THEIL In Kategorien wie »Single« oder »Radio« zu denken, war lange ziemlich abwegig. Es gibt viele Songs aus den Neunzigern, in denen sich über gesungene Hooks – schlimmstenfalls mit Frauenstimmen – über A&Rs und die Charts lustig gemacht wird. »Liebes Lied« war der Höhe- und gleichzeitig der Endpunkt dieses Denkens: der mehr oder weniger bewusste Versuch, eine eingängige Single zu schreiben, die sich gleichzeitig aber über Popmechanismen lustig macht. Das hatte durchaus eine Krampfigkeit. Schon wenig später gab es die ersten Leute, die sich davon frei gemacht und einzelne Songs klar in eine Partyhymnen-Richtung konstruiert haben. »Reimemonster« von Afrob oder »Afrokalypse« von den Spezializtz sind so Dinger, »Dein Herz schlägt schneller« von Fünf Sterne Deluxe auch. Feiern sowie klassisches Braggin' & Boastin' waren Themen, mit denen man sich offenbar so wohlfühlte, dass man sie auch etwas populistischer gestalten konnte.

CURSE 1999 war das Jahr, in dem die Typen mit den lockeren Party-

Songs den kommerziellen Durchbruch hatten. Afrob zum Beispiel hatte »Reimemonster« und »Get Up«. Natürlich war Afrob kein Party-Rapper, aber er hatte Leute wie Thomilla um sich herum, die den Sound mit inspiriert haben.

AFROB Thomillas Sound war anfangs ja ein Politikum in Stuttgart. 1999 waren viele noch nicht ready für Songs wie »Get Up«: Mit Frau im Hook war gleichbedeutend mit Sellout. Ich selbst war ja auch ganz anders sozialisiert, mit Public Enemy, KRS One, X-Clan ... Wenn ich zurückblicke, finde ich es sehr clever und auch mutig, dass ich mich als so junger Mann nicht alleine auf den Kolchose-Block verlassen habe, sondern den Mut hatte, mich auf die Musik von Thomilla und Benztown einzulassen.

EKO FRESH Afrob habe ich mich immer am nähesten gefühlt, was Rap aus Stuttgart angeht. Der war der Kanake unter den Deutschen. Max oder Wasi hatten vielleicht komplexere Texte, aber Afrob hat wie ein Ami geflowt. Der war für mich ein richtiger Superstar.

AFROB Ich muss ja ehrlich sagen: Als ich das erste Mal ein Mic in der Hand hatte, klang das sofort fett. (grinst) Das war beim Soundcheck zu irgendeinem Konzert der Stadt Stuttgart. Die ganze Kolchose war da. Frico haut den Beat rein – und alle waren entsetzt. Von diesem Moment an wusste ich ganz genau, dass das mit dem Rappen funktionieren wird.

MC RENE Afrob hat etwas, das sonst kaum jemand in Deutschland hat: einen ganz authentischen Soul in der Stimme.

AFROB Mit »Reimemonster« wollte ich Rap für Deutschland neu erfinden. Das Recht der Deutschen, sich zu emanzipieren von dem, wo Rap ursprünglich herkommt – und dem, was ich eigentlich repräsentiere – ist voll legitim. Man darf diese Seite nur nicht komplett negieren und den ganzen Rest trotzdem für sich beanspruchen. Das war mein Gedanke, als ich den Song konzipiert habe, und Ferris fand ich als Feature-Partner einfach perfekt. Weil er einfach nur ein

Mensch ist: Der hat keine Issues, steckt dich nicht in irgendwelche Schubladen. Das ist für mich die größte Qualität an einem Menschen. Und Ferris hat das alles mitgebracht. Er hat mich keine Sekunde enttäuscht.

MAX HERRE Als »Reimemonster« rauskam, war das absolut State of the Art. Die beiden stimmgewaltigsten MCs der Zeit, wahrscheinlich auch die mit dem besten Flow, auf einem wahnsinnigen Beat von Thomilla, gemischt von Peter Hoff.

AFROB Zum ersten Mal aufgeführt haben wir den Song auf der Oster-Jam in Würzburg. Ferris und die Spezializtz haben mich begleitet, Squad! Die Jam war sehr oldschoolig besetzt. Mir hat das richtig leidgetan, weil ich die meisten von denen so verehrt habe, ich aber ganz genau wusste: Ich löse die gerade ab, das ist der neue Sound! In diesem Moment habe ich schlagartig verstanden, wie es sich anfühlt, abgelöst zu werden. Deswegen hatte ich, als ich dann in dieser Position war, auch nie Angst vor diesem Moment. Mir war klar: Früher oder später wird es dir sowieso passieren. Das ist ganz normal.

MAX HERRE »Reimemonster« ist der Song, der Deutschrap in die Clubs gebracht hat. Den konnte man ohne jeden Reibungsverlust am Höhepunkt der Party zwischen all den amerikanischen Clubbangern spielen. Der hat eher noch einen draufgesetzt – und diese Art von Kollabo, die es später in US zum Beispiel von Method Man und Redman gab, fast schon vorweggenommen.

AFROB Wir hatten den Mainstream gesprengt. Es ging nicht so um Inhalte, es war einfach eine Emotion, die wir losgetreten haben. Deutsche Hörer sind ja in der Regel nicht so emotional und gehen mehr auf die Lyrics, vor allem war das zu der Zeit noch so. Ich habe aber immer schon geschaut, dass auch die Musik und die Phonetik stimmen, dass alles homogen ist.

EIZI EIZ Ich weiß noch genau, wie ich »Reimemonster« zum ersten Mal gehört habe, auf dem grauen, komplett basslosen Ghettoblaster im Basement, wo wir damals alles verfachsimpelt haben, was rauskam. Ich habe den Hit überhaupt nicht rausgehört. Eigentlich habe ich da ein gutes Gespür, das mich nie trügt, aber den habe ich irgendwie nicht gecheckt. Da waren so viele schlechte Reime drin, auch so offensichtliche Fehler wie »Hast du Interesse / An Rap und fette Bässe«. Sam ist sofort durchgedreht. Aber ich brauchte vier-, fünfmal Hören, um zu verstehen, was die da machen.

AFROB Als »Reimemonster« fertig war, wusste ich, dass der Song entweder alles Vorherige ablösen wird oder wir damit komplett gegen die Wand fahren werden. Im Endeffekt war beides der Fall. Auf dem ersten Splash nach »Reimemonster« haben mir Leute, mit denen ich zuvor noch guten Kontakt hatte, nicht mehr Hallo gesagt – nur weil ich einen Hit hatte und nicht alles so gemacht habe, wie das bis dahin vielleicht üblich war! Ich war 22. Das hat mich richtig enttäuscht, menschlich. Ich wollte ja niemandem was Böses. Ich wollte nur meinen Platz, wie jeder andere auch.

RALF THEIL Ungefähr zur gleichen Zeit tauchten die Spezializtz aus Berlin auf, Harris und Dean.

DJ RON Deren Sachen konnte man auch im Club laufen lassen. Dean und Harris hatten den Anspruch, nicht verkopften Rap über Rap zu machen, sondern Musik, zu der ganz verschiedene Leute Spaß haben können.

HARRIS Die Clubs waren unser Hauptzugang zu HipHop. Ich bin ja durchs Auflegen zum Rappen gekommen. Ich wollte erst gar nicht rappen, aber die Leute haben mir gesagt, dass sich meine Stimme krass anhört, wenn ich beim Auflegen was ins Mikro spreche. Also habe ich irgendwann bei einem HipHop-Contest in der alten TU-Mensa mitgemacht – und den direkt gewonnen. Dabei fand ich mich gar nicht so krass. Ich fand auch Dean viel krasser, als ich ihn kennengelernt habe. Aber er meinte immer: Komm, wir machen eine Gruppe. Also haben wir das gemacht.

SIDO Spezializtz sind für mich eine der krassesten Crews, die Deutschrap je hervorgebracht hat. Ich habe die schon in Berlin bei Shows gesehen, als sie noch unbekannt waren, und bin damals schon Megafan gewesen.

HARRIS Bei uns ging alles Schlag auf Schlag. Ich bin 1995 aus Jamaika wiedergekommen, noch im selben Jahr haben wir die Spezializtz gegründet. 1996 haben wir Guido Schulz kennengelernt, der auch heute noch mein Manager ist. 1997 haben wir direkt den Deal bei Columbia bekommen. Nichts davon war geplant. Wir hatten natürlich ein gewisses Ego, das hat bestimmt geholfen. Aber wir haben das einfach gemacht, weil wir HipHop gelebt haben.

MARTERIA Als ich in Amerika als Model gearbeitet habe, habe ich immer die *Source* gelesen, die *New York Times* für HipHopper. Direkt in der ersten Ausgabe, die ich mir geholt habe, war ein zweiseitiger Bericht über das Label Def Jam Germany mit einem großen Foto von den Spezializtz, die damals dort gesignt waren. In der *Juice* zu sein war ja schon riesig – aber ein Bericht in einem amerikanischen Magazin war noch viel krasser. Ab dem Moment waren die Helden für mich. Auch die Splash-Auftritte der beiden waren legendär.

EKO FRESH Die beiden waren charismatische Typen, sahen krass aus und haben hart gerappt. Es gab eine Saison, in der die Jungs richtig heiß waren. Vielleicht waren sie so etwas wie die Vorläufer von hartem Rap, wie man ihn heute kennt.

KOLJAH Die Spezializtz hatten auf dem »G.B.Z.-Oholika«-Album diesen »Parental Advisory«-Sticker. Das machte auf dem Schulhof natürlich schnell die Runde. Da wurde schnell erzählt, dass das der härteste Rap sei, den man kriegen konnte, fast so krass wie Sachen aus Amerika! »G.B.Z.« stand ja für »Gras, Beck's und Zärtlichkeit«. Vor allem das mit dem Gras und dem Kiffen war total wichtig.

GRIM104 Wenn man sich nicht gerade zur Zulu Nation gezählt hat, war Kiffen etwas, das irgendwie zum HipHopper gehört hat. Ich erinnere mich zum Beispiel an eine Folge von »Fett MTV«, in der DJ Stylewarz und Harris zu Gast waren. Da wurde die ganze Zeit gekifft und darüber geredet.

KOLJAH Harris hat da erklärt, wie man einen Joint dreht. Man müsse den Tabak aus der Kippe und das Gras im Verhältnis 50:50 in der Hand mischen, bis die Mischung »so camouflage« ist. Das war die genaue Formulierung. Das hat sich bei mir als 13-Jährigem so eingebrannt, dass ich meine komplette Kifferkarriere über auf diese Weise Joints gebaut habe. Man hat auch nur Beck's getrunken, weil die Spezializtz das gesagt haben.

SIDO Ich habe Harris Jahre später kennengelernt und ihn aus einer Bierlaune heraus gefragt, ob wir zusammen ein Album machen wollen. Das war total unkompliziert. Harry und ich waren komplett auf einer Wellenlänge. Gleichzeitig habe ich immer zu ihm aufgeschaut. Vielleicht nicht unbedingt, was den Rap angeht, aber sein ganzer Typ: Seine Attitüde, sein Leben und die Sicht dazu habe ich immer total bewundert. Harry kannte alles und jeden, war mit jedem cool. Der hat viele Sachen zusammengehalten und ist in meinen Augen bis heute eine sehr wichtige Figur – und das, obwohl die ganze Spezializtz-Sache komplett an der Berliner HipHop-Szene vorbei entstanden ist. Die waren nie auf irgendeiner Jam, sondern haben sich in einem ganz eigenen Kosmos entwickelt.

MARTERIA Harris ist einfach ein Typ, wie ihn die Szene damals gebraucht hat und zu dem junge Rapper aufschauen konnten. Der strahlt bis heute etwas Väterliches aus.

SCHIVV Aus der Szene haben die Spezializtz immer ihren Respekt bekommen, nur leider nicht so nachhaltig in der breiten Masse – wobei das vermutlich noch mal ein ganz anderes, viel größeres Problem ist ...

STEPHAN SZILLUS Ja, ich glaube auch, dass afrodeutsche Rapper vor extremen Herausforderungen stehen. Das hat auf jeden Fall damit zu tun, dass sie in der Minderheit sind und in den Köpfen der Menschen noch immer dumme rassistische Ressentiments rumspuken. Und es hat auch mit diesem vermuteten Rassismus zu tun, den viele in der Industrie als Entschuldigungs-Argument nehmen: »Nee, ein schwarzer Rapper funktioniert in Deutschland nicht.« Das sind so typische A&R-Weisheiten, die von Generation zu Generation weitergegeben werden und eigentlich nie stimmen. Ich glaube, dass sich Rassismus in Deutschland durch alle Gesellschaftsschichten zieht.

AFROB Ein Sony-Typ hat mal sinngemäß zu mir gesagt: Schwarze Rapper gibt es doch schon. Das war der Moment, in dem ich gecheckt hab, dass meine Hautfarbe auch im HipHop ein Hindernis ist. Ich wurde immer auf diese Seite gedrängt: Du bist keiner von uns, eher einer, von denen wir wegwollen. Manche Leute wollen mich vorsätzlich weghaben, andere merken es gar nicht, die wollen das ganz intuitiv. Wenn man so will, bin ich ja neben Manuellsen der einzige Schwarzafrikaner, der Aufmerksamkeit im Mainstream bekommen hat. Aber ich bin auch certified von white boys: Wenn man der Legende Glauben schenken möchte, haben die Fantas VIVA quasi gezwungen, »Reimemonster« zu spielen, indem sie gedroht haben, die Sendungen sonst selbst zu boykottieren. Was Robbe anbelangte, haben die keinen Spaß verstanden. Bei Samy war es ja ganz ähnlich mit den Beginnern …

HARRIS Wir haben nie so viel verkauft wie die Beginner oder Fünf Sterne, aber wurden trotzdem immer in einem Zug mit denen genannt, sind bei den gleichen Events aufgetreten und haben unseren Respekt bekommen. Ich bin zufrieden mit dem, was wir erreicht haben. Ich glaube, wir waren einfach zu viel für den deutschen Mainstream. Wir waren ein bisschen zu doll für die Zeit. Ob das auch mit unserer Hautfarbe zu tun hat? Würde ich nicht sagen, nein. Ich weiß, dass das viele Leute anders sehen. Und ich hatte natürlich auch Situationen, in denen ich wegen meiner Hautfarbe Probleme hatte.

Das lässt sich ja gar nicht abstreiten, dass es das in Deutschland gibt. Aber dass wir deswegen weniger krass sind, würde ich abstreiten.

STEPHAN SZILLUS Ich glaube, dass das deutsche Gemüt ganz allgemein einen Reflex des Widerstands gegen alles eingebaut hat, was ein wenig zu doll und zu selbstbewusst auf die Kacke haut.

SCHOWI Inzwischen ist das ein bisschen globalisiert, aber die traditionelle deutsche Einstellung ist trotzdem, dass der Künstler da oben auf der Bühne einer von uns sein muss. Grönemeyer ist nicht umsonst so large. Der hat immer den Eindruck erweckt, ein Mann aus dem Volk zu sein. Im HipHop sind Blumentopf das Paradebeispiel für mich.

STEPHAN SZILLUS Jemand, der da einen Paradigmenwechsel mit eingeleitet hat, war DJ Tomekk. Er hat nie einen Hehl daraus gemacht, dass er mit dem, was er tat, ein Star werden und auch Geld verdienen wollte.

HARRIS Er hat gezeigt, dass man dieses Brachiale, Größenwahnsinnige aus Amerika auch in Deutschland durchziehen kann.

ANDRÉ LANGENFELD Tomekk war der Erste, der ganz bewusst R&B in seine HipHop-Sets integriert hat und so recht schnell in größere Clubs gebucht worden ist. Er hat da etwas vorausgesehen, was wir alle noch nicht auf dem Schirm hatten: nämlich dass HipHop im Mainstream landen wird. Wir haben uns natürlich alle gewünscht, dass mehr Leute kommen und vor allem nicht nur Jungs in Hoodies, die kopfnickend in der Ecke stehen. Aber daran hat keiner von uns gedacht.

DJ TOMEKK Ich habe beim Auflegen HipHop und R&B gemischt, wofür mich am Anfang viele kritisiert haben. Aber das ACUD war bei genau dieser Musik brechend voll. So habe ich mir nach und nach in Berlin einen Namen als DJ gemacht, der nicht nur gut auflegt, sondern auch Leute zieht. Parallel dazu bekam Kiss FM 1994 eine terrestrische Lizenz und wurde nach den Einzelsendungen von Tim

Westwood und André Langenfeld der erste richtige Radiosender in Deutschland, der den ganzen Tag HipHop und R&B gespielt hat. Ich habe dort jeden Freitag und Samstag vier Stunden lang gesendet.

HARRIS DJ Tomekk hatte eine sehr große und sehr starke Rolle. Dadurch, dass er bei Kiss FM diese Narrenfreiheit hatte und auch im Clubbereich viel bewirkt hat, hatte er einen großen Impact auf die Szene in Berlin. Außerdem ist er einfach ein krasser DJ.

MC RENE Die Singles »1,2,3, … Rhymes Galore«, »Ich lebe für HipHop« und »Return of HipHop« von DJ Tomekk waren die finalen Ausläufer des ersten HipHop-Hypes in Deutschland. Tomekk hatte erst kurz zuvor mit dem Produzieren angefangen, aber er hatte anderen Produzenten etwas voraus: Er hat erkannt, dass es auf das Gesamtprodukt ankommt. Im Grunde war er der Erste, der so amerikanisch gedacht und die HipHop-Kultur mit seinem Geschäftssinn für die breite Masse zugänglich gemacht hat. Der hatte einfach die Bodo-Schäfer-Attitude. Bei dem zu Hause lagen so Bücher wie *Ihre erste Million in 7 Jahren* rum.

RALF THEIL Mit was für einer Dreistigkeit und Zielstrebigkeit DJ Tomekk – zumindest für uns Nicht-Berliner – auf der Bildfläche erschienen ist, war erst mal schwer zu verdauen. Da wurden offensichtlich nach dem Baukastensystem Hits konzipiert. Die Kombinationen waren mehr oder weniger deutlich an den Haaren herbeigezogen und zusammengekauft. Aber am Ende hatte man halt trotzdem Afrob und Flavor Flav auf einem Track, und man hat sich gefreut, dass Leute aus der Szene Sichtbarkeit bekamen und ständig auf VIVA liefen.

DJ TOMEKK »Rhymes Galore« war auch deshalb so erfolgreich, weil ich das Konzept der Street Promotion von Steve Rifkind übernommen habe. Ich war in einem Panel in San Diego, bei dem er davon erzählt hat, wie er mit Loud Records die Werbung für seine Releases revolutioniert hat, indem er keine klassischen Anzeigen geschaltet, sondern Flyer verteilt, Sticker geklebt und seine Platten an ausgewählte Tastemaker und DJs verteilt hat. Genau das habe ich auch gemacht.

MARTIN STIEBER »Ich lebe für HipHop« hat sich 240 000-mal verkauft, fast Goldstatus. Nico Zeh war damals bei Fila angestellt und hatte einen Marketing-Topf aufgerissen, um damit das Label Fila Records zu gründen und über die Musik die Marke neu zu installieren. Unter Marketing-Gesichtspunkten wirklich clever!

RALF THEIL Der Durchschnitts-Rap-Fan hatte ein Problem damit, dass da so auf die Kacke gehauen wurde. Alles war Hochglanz und roch nach großem Budget, was immer noch eher ein Makel war als ein Verdienst. Das fühlte sich an wie ein Casting-Act, wenn auch ein sehr guter.

DJ TOMEKK Die Realität hat zu der Zeit meine kühnsten Erwartungen übertroffen. Ich war ein Kind aus armen und gewalttätigen Verhältnissen, aus einer dysfunktionalen Familie. Ich bin im Kinderheim groß geworden und war auf einmal ein Star mit viel Anerkennung. Das hatte ich alles durch HipHop erreicht und wollte das mit »Ich lebe für HipHop« noch mal unterstreichen. Das war mein Manifest für diese Kultur. HipHop hat Outlaws wie mir eine Stimme und dadurch eine Identität gegeben, und dafür bin ich dieser Kultur auf ewig dankbar. Ich lebe für HipHop.

ROOZ In der HipHop-Szene fand man Tomekk zu Anfang wack. Viele seiner Moves kamen uns cheesy vor und waren in unserer kleinen Welt absolute No-Gos. Aber mit Abstand muss man sagen, dass er genau das gemacht hat, wofür ein DJ Khaled heute gefeiert wird. Er hat eben versucht, amerikanische Verhältnisse in der deutschen Szene zu etablieren und immer gesagt, dass er auch in die Charts kommen und Kohle machen will. Damit war er einfach sehr früh dran. Die unglaublichen Cover von Specter habe ich damals schon gefeiert, aber ich habe ein bisschen gebraucht, um zu verstehen, dass er wirklich 100 % HipHop ist. Er hat ja mit Flavor Flav, KRS-One und sogar

Torch zusammengearbeitet – obwohl der nie Features gemacht hat. Das sagt doch eigentlich alles. Heute muss man sagen, dass es auch dank Tomekk okay wurde, Erfolg zu haben. Aus der heutigen Perspektive klingt das total lächerlich, weil es eigentlich selbstverständlich ist, dass man Erfolg haben und gehört werden will. Aber bis zu diesem Zeitpunkt war das in Deutschland nicht selbstverständlich. Heute geht auch hier alles um große Hits.

23 Gib acht, dass du Sein und Schein nicht vertauschst

ANDRÉ LUTH Es gab Mitte der Neunziger ja schon mal einen kleinen Hype. Als es bei Fettes Brot funktionierte und die Fantas dauerhaft Erfolg hatten, kamen immer mehr Bewerber dazu. Das war so was wie der erste Goldrausch. Aber als Ende der Neunzigerjahre auf einer ganz breiten Welle viele bis nach oben geritten waren, war Rap in Deutschland wirklich angekommen.
BEAT GOTTWALD Anfang der Zweitausender gab es diese Phase im deutschen Rap, in der alles gesignt wurde, was nicht bei drei auf den Bäumen war. Ich war damals Praktikant bei Motor Music. Da kamen manchmal wirklich Leute rein, weil sie uns vorrappen wollten. Das war sehr unangenehm. Viele Leute wurden auch von Label zu Label geschickt, weil keiner sie haben wollte.
FALK SCHACHT Jetzt mal ehrlich: Wie viele richtig gute, innovative deutsche Rap-Gruppen gab es in den Neunzigern? Das kann man an einer Hand abzählen, vielleicht an zweien. Der Rest waren Kopien. Und Kopien der Kopien. Die originellen Gruppen haben sich durchgesetzt und sind bis heute am Start. Manche füllen inzwischen Fußballstadien. Die anderen sind alle weg, und das hat einen Grund.
DJ MAD Im Eimsbush Basement lagen Plastiktüten voller Demos, die wir auf Tour zugesteckt bekommen hatten. Manchmal hat man die wortwörtlich aus dem Fenster geschmissen. Jedes Restfragment einer deutschen Plattenfirma hat eine HipHop-Dependance aufgebaut. Das habe ich alles schnell von mir gewiesen: diese komischen Business-Heinis, die meinten zu wissen, was HipHop ist.

Diese ganzen Stapel Promoplatten will ja heute auch zu Recht keiner mehr haben. Das ist Schmutz.

FALK SCHACHT Alle wollten mitspielen, weil sie Angst hatten, den Hype-Zug zu verpassen – auch Labels und Medien, die HipHop zuvor nicht mit der Kneifzange angefasst hätten. Dahinter stecken ganz normale Verwertungslogik-Dynamiken, die man in der Popmusik immer wieder beobachten kann.

ANDRÉ LUTH Das liegt in der Natur der Sache – Kulturkapitalismus in seiner reinsten Form. Anders kann es gar nicht kommen. Als Künstler muss man halt schauen, ob man sich davon verführen lässt oder man da zusätzlich noch eine mittel- bis langfristige Strategie fahren kann.

TONI-L Durch die neuen Größenverhältnisse und die großen Erfolge haben sich Möglichkeiten ergeben, von denen jeder von uns profitiert hat. Es kamen Vorschüsse und gute Gagen, mit denen man sein Leben finanzieren konnte. Wie weit man dieses Spiel mitspielt, war natürlich jedem selbst überlassen. Wir haben mit großen Firmen kooperiert, aber immer darauf geachtet, dass wir in unseren Entscheidungen frei und unabhängig bleiben.

KRYPTIK JOE Wir haben unseren ersten Deal ja schon 1997 unterschrieben, also vor dem großen Goldrausch. Wir waren nur einfach sehr langsam, deswegen kam unsere Platte erst mitten in dieser Phase raus. Unser A&R kam damals zu uns ins Studio, um zu hören, was wir so aufgenommen haben. Wir hatten aber nicht mehr als anderthalb Beats. Man hat dem sofort angesehen, dass er dachte: Scheiße, ich habe mein Geld auf euch gesetzt! (lacht) Nach uns wurde dann Nina MC gesignt. Für die sollen Unsummen geflossen sein, aber das Album erschien nie. Damals wurde richtig brandgerodet. Die haben alles gesignt und wollten das Business viel zu schnell nach oben pushen.

FALK SCHACHT Irgendwann hat der damalige Universal-Chef Tim Renner einen Signing-Stop für Deutschrap erlassen, weil es so viele

Flops gab. Die größte Plattenfirma des Landes lässt die Finger von einem kompletten Genre – das sagt eigentlich alles darüber, an welchem Punkt sich die Majors, aber auch Teile der Szene damals befunden haben. Man kann dieses Phänomen am allerbesten an Def Jam Germany festmachen. Wenn ein Konzern wie Sony oder Bertelsmann einen Rapper signt und damit scheitert, ist das das eine. Aber wenn Def Jam untergeht, das berühmteste Rap-Label der Welt, ist das noch mal was ganz anderes, zumindest von der Symbolwirkung her. Man hat damals halt versucht, Deutschrap so anzugehen wie alle anderen Genres auch. Das konnte nicht funktionieren. Strategisch hat man bei den großen Labels alles falsch gemacht, was man falsch machen konnte.

EIZI EIZ Auch bei den Medien stürzten sich alle plötzlich auf HipHop – ohne natürlich auch nur im Ansatz zu ahnen, wo wir herkommen und was unsere Intention hinter bestimmten Dingen ist. Ab da fingen wir an, total arschig gegenüber den Medien zu sein und nur noch Scheiße zu machen. Wir waren zum Beispiel bei »The Dome« eingeladen. Weil die uns verboten haben, live zu spielen, und auf Playback bestanden haben, haben wir einfach drei ganz andere Leute hingeschickt, die an unserer Stelle aufgetreten sind. Wir wollten uns eben nicht einfach nur abgrenzen, sondern den wenigen coolen Leuten, die zugeguckt haben, auch noch ein bisschen Entertainment bieten. Dass wir die Reißleine auf diese Weise gezogen haben, haben wir erneut den Beastie Boys zu verdanken. Das war unsere Schule … Wir waren teilweise schon ziemlich arrogant, aber im Rückblick war es gut, dass wir das gemacht haben.

DOKTER RENZ Es gab auch so einen schlimmen Artikel über Max Herre: »Der Jesus von Benztown«. Diese Überschrift wird bleiben. »Wie heißt noch mal das erste Album von Freundeskreis?« – »Keine Ahnung, aber die Überschrift von der *Bravo* weiß ich noch!« (lacht)

MAX HERRE Die haben das richtig durchdekliniert, mit Jüngern und

Tempeln und Maria Magdalena und so. Dabei sollte unsere Kolchose-Tour ja alles andere tun, als einen Protagonisten herausstellen. Der Artikel hat mich also an der empfindlichsten Stelle getroffen. Die O-Töne waren alle erfunden, wir haben nie mit denen gesprochen. Wir haben die *Bravo* dann verklagt – völliger Wahnsinn eigentlich, wenn man im Grunde nur will, dass der Artikel möglichst schnell wieder verschwindet. Das hätte wahrscheinlich keiner mitbekommen, wenn wir nicht so ein Riesenbrimborium drum gemacht hätten! (lacht) Außerdem haben wir uns von einer Freundin, die in München im gleichen Gebäude wie die *Bravo* gearbeitet hat, aus deren Redaktion Briefpapier klauen lassen und im Namen des Chefredakteurs einen Brief verfasst. In diesem Brief hat er sich bei allen religiösen Menschen für seine Pietätlosigkeit entschuldigt. Das haben wir dann über die dpa verschickt. Am Ende musste der Chefredakteur seinen Hut nehmen und gehen.

EIZI EIZ Ab diesem Artikel hat keiner von uns auch nur ein Wort mehr mit der *Bravo* gesprochen. Da gab es einen großen Zusammenhalt, das war cool. Als Antwort haben wir Hamburger dann den Posse-Track »K Zwo« aufgenommen. »K Zwo« heißt der Song übrigens wegen der Grassorte, die damals seit ein paar Tagen neu in Hamburg war. Sam und Dennis haben beide mal ein bisschen gedealt, dadurch hatten wir guten Zugang. Das Zeug hat richtig mies geballert, wir waren so stoned! (lacht)

LAKMANN Als wir unser erstes Video »Anfangsstadium« gedreht haben, kam ein Kamerateam von »RTL2 News« vorbei und hat uns interviewt. Die waren supernett, und wir haben richtig viel mit denen gelacht. Aber der Bericht hinterher war komplett verdreht und reißerisch. Da hieß es: »Wieder braucht man einen skandalösen Namen, um erfolgreich zu sein.« Kurz zuvor hatte man uns in der *Bravo* schon zwischen die gespreizten Minirock-Beine der Mädels von ATC gephotoshoppt. Ab da war uns klar: nicht mit uns.

MAX HERRE Nach diesen medialen Erfahrungen habe ich mich entschlossen, gar keine Print-Interviews mehr zu geben. Ich fühlte mich einfach oft missverstanden und falsch interpretiert. Staiger zum Beispiel hat auch so einen komischen Artikel in der *Juice* über mich geschrieben, der mich gekränkt hat. Wir waren immer schnell mit einem Fuß in einem Pop-Missverständnis. Trotzdem wollten wir uns nicht verbieten lassen zu machen, was wir eben machen. Ich finde das immer noch komisch: »Esperanto« und »Bambule« werden erfolgreich, und die Musikindustrie signt alle HipHop-Acts, die nicht bei drei auf den Bäumen sind. Danach stehen plötzlich »Esperanto« oder »Bambule« für die Kommerzialisierung des HipHop. Dabei sind es ja nicht diese Alben, die HipHop kommerzialisiert haben. Das waren die Firmen, die den Braten gerochen haben, nachdem diese Alben draußen waren. Das ist wohl Ironie des Schicksals.

24 Setz dich hin, spitz'n Stift, nimm Papier

ROE BEARDIE Die Neunziger waren die Zeit der Crews. Das hatte einerseits ideologische, andererseits auch ganz pragmatische Gründe. Als die Technik billiger wurde und sich ein gewisses Know-how entwickelte, konnte man eher sein eigenes Süppchen kochen. So gab es erst lokale Keimzellen wie in Hamburg und Stuttgart und schließlich dominante Einzelkünstler, wie man sie heute kennt. Diese Entwicklung war eine gute und gesunde Entwicklung, weil keine basisdemokratischen Entscheidungen mehr gefällt werden mussten und ein einzelner Typ einfach sein ganz eigenes Ding durchziehen konnte.

CURSE 2000 und 2001 war die Zeit von MCs wie Savas, Samy, Azad und mir.

MAX HERRE Es gab die Generation nach uns. Die kamen klar aus einer bestimmten Tradition und einem Umfeld – aber haben trotzdem alles anders, größer, in mancher Hinsicht auch besser gemacht. Gerade Sam hat eine Zeit lang alles abgeräumt, der hatte eine totale Ausnahmestellung.

SEPALOT Samy hat neu definiert, wie ein MC zu funktionieren hat, und aufgezeigt, was da noch alles kommen könnte. So MC-MCs gab's davor ja nicht. Es ging vor allem um Bands. Mit Samy hat es sich in eine MC-Kultur gewandelt.

CRO Samy war in meiner Kindheit ein King. Der hat so krass gereimt, Storys rausgehauen und trotzdem locker geflowt. Außerdem hatte der immer geile Streetwear. Ecko-Pullis, Illmatic-Shirts, Southpole-Jeans ... Jeder wollte so aussehen wie Samy.

SIDO Für mich lagen selbst Ende der Neunzigerjahre noch Welten zwischen Ami-Rap und den Sachen aus Deutschland. Was die Beats angeht, waren die Stuttgarter immer schon auf einem krassen Level, aber ansonsten klang deutscher HipHop immer noch scheiße. Das änderte sich erst mit Samy und Curse.

GÖTZ GOTTSCHALK Curse kam aus Upstate New York zurück und hat das Ding decodiert. Er ist nach Amerika, um dort ins College zu gehen, zu dem Zeitpunkt hatte er hauptsächlich auf Englisch gerappt und hat dort in USA dann seine Liebe für deutsche Raps entwickelt und kam wieder und hatte erste Demos mit deutschen Texten. Er hat dann relativ schnell bei den Heidelbergern um die Stiebers und Co. angedockt, die ja über [illegible]usy und dessen Arbeiten mit Cora eine Verbindung hatten.

CORA E. So etwas wie Curse hatte ich in meinem ganzen Leben noch nicht gehört. Er hat sich angehört wie Nas auf Deutsch. Das war unglaublich – zumal er noch so jung war.

ROE BEARDIE Man hat sofort gemerkt, dass da einer seine Hausaufgaben gemacht hatte – und zwar nicht hier, sondern in New York. Genau wie Savas war er ja auch eine ganze Zeit in den Staaten gewesen. Ich bin der festen Überzeugung, dass einem das ein tieferes Verständnis für den eigenen Rap-Style gibt.

SCHIVV Curse war zum ersten Mal das komplette Paket: schlauer Typ, unfassbare Rap-Maschine, nicht leicht zu durchschauende Persönlichkeit. Am Anfang war er ja noch gar nicht so künstlerisch, eher nerdig. Aber es hatte trotzdem diese Nas-Komponente.

GÖTZ GOTTSCHALK Man darf nicht vergessen: Curse hat auf dem Cover der »'99 Essenz«-EP mit schwarzer Lederjacke und Silberkette posiert. Später ist er für emotionalen Rap bekannt geworden, und das auch zu Recht. Gerade am Anfang hatte er aber auch eine Street-Komponente. Ja, er hatte einen Draht zu den Oldschoolern und Gründervätern, aber eben auch die Affinität zu den jungen, krassen, harten Leuten.

OLLI BANJO Ich habe Curse gehört und dachte mir nur: Okay, krass, so kann man also auch rappen?! »Wahre Liebe« ist für mich immer noch einer der besten deutschen Rap-Songs überhaupt. Deep, ohne kitschig zu sein: Das können die wenigsten. Mich hat total beeindruckt, dass Curse auf seiner ersten großen Single über solche Sachen gerappt hat. Heute ist das gang und gäbe, aber damals musste man in so einem Männer-Ding dafür richtig Eier haben.

CURSE Samy und ich waren damals ja die neuen Typen. Unsere Alben kamen am selben Tag und wurden auch von außen gegeneinander gepitcht. Mein heutiger Presse-Promoter hat damals in der Hamburger Clique gechillt. Er hat mir erst neulich erzählt, dass die immer auf Party waren und sich gefragt haben, was dieser Curse eigentlich für Probleme hat. Wir wiederum fanden die Leute komisch, die nur vom Kiffen und von Party reden.

SAMY DELUXE Curse und ich haben eine ganz spezielle History. Nicht nur »Feuerwasser« und »Deluxe Soundsystem«, auch unsere zweiten Alben »Samy Deluxe« und »Von Innen nach Außen« kamen am gleichen Tag raus. Ich war zu der Zeit in der Presse der deutsche Jigga, er der deutsche Nas. Dadurch wurde von außen immer dieses Konkurrenz-Ding an uns herangetragen, auch wenn wir gar nichts gegeneinander hatten.

GÖTZ GOTTSCHALK Curse' absolute Stärke war, aus dem Inneren zu sprechen und Gefühle in Worte zu fassen, die viele nicht mutig genug waren auszusprechen – oder schlicht nicht in der Lage, sie in Rap-Form fein genug zu formulieren. Als Curse diese Themen in Songs gebracht hat, hat sich eine komplette Welt geöffnet. Auch die Art des Fanzuspruchs hat sich mit ihm total geändert. Plötzlich war der häufigste Kommentar: »Du sprichst mir aus der Seele.«

CURSE Als ich »Wahre Liebe« geschrieben habe, hatte ich überhaupt nicht auf dem Schirm, dass ich solches Feedback bekommen könnte. Ich habe mich vielmehr ein bisschen geschämt, weil der Song so ehrlich war. Zu sehen, wie der Song angekommen ist, hat bei mir extrem viel verändert. Denn ich habe gemerkt, dass man die Emotionen, die man reingibt, auch zurückbekommt. Aber natürlich habe ich auch geschaut, was die Medien schreiben, und das Album hat sehr polarisiert. Es gab genug Leute, die meine persönlichen Texte oder das extrem Prollige als Manko gewertet haben. Eine riesengroße Kontroverse war auch »10 Rap Gesetze«. In jedem zweiten Interview wurde ich gefragt, was ich mir mit meinen Anfang 20 anmaßen würde, diese Gesetze aufzustellen. Ich habe das damals überhaupt nicht verstanden. (lacht)

RALF THEIL Ich fand durchaus befremdlich, mit was für einer krassen Arroganz Curse aufgetreten ist. Der ist mit so dicken Eiern rausgegangen und hat richtig Swagger vor sich hergetragen. »Feuerwasser« war an vielen Stellen ein aggressives und konfrontatives Album. Auf der Platte hat Curse seine Feieratzen-Seite noch total ausgelebt. Gleichzeitig gab es aber auch ein Gegengewicht mit extrem deepen Songs wie »Wahre Liebe« oder »Licht und Schatten«, das es einem unmöglich machte, diesen Typen zu haten.

CURSE Für mich ist »Feuerwasser« ein Klassiker, aber auch eine Platte, bei der ich höre, was alles nicht geklappt hat. Bei »Von Innen nach Außen« hingegen hat alles geklappt.

RALF THEIL Mit seinem zweiten Album 2001 war Curse der Conscious-Rapper schlechthin.

MAX MÖNSTER Als »Von Innen nach Außen« rauskam, habe ich gerade in den USA gelebt. Mein Vater musste dann zu Bombastic Sound in Bremen gehen, die Vinyl kaufen, auf Kassette überspielen und mir schicken – anders hätte ich die Platte damals ja nicht hören können. Da ich für diesen USA-Aufenthalt meine damalige Jugendliebe in Deutschland zurücklassen musste, konnte ich total gut zu den Sachen relaten, die er auf dem Album gesagt hat.

CURSE Nach meinem Debüt bin ich auf Tour gegangen, habe Festivals gespielt und generell eine krasse Zeit erlebt. Ich wollte immer, dass Musik mein Leben wird – und auf einmal war Musik mein Leben! Ich bin dann auf eine lange Reise gegangen. Als ich wiedergekommen bin, habe ich das zweite Album fertig gemacht. Ich war zu der Zeit sehr fokussiert, befreit und gelöst.

GÖTZ GOTTSCHALK Curse wird oft auf bestimmte Dinge reduziert, aber er hat allgemein extrem viel zu der qualitativen Weiterentwicklung von deutschem Rap beigetragen.

STEPHAN SZILLUS Curse und auch Azad, die haben zu Beginn der Nullerjahre definitiv eine neue Ebene aufgemacht.

FATMA AYDEMIR Deutscher Rap war mir lange zu weiß und zu deutsch-deutsch. Massive Töne und Freundeskreis fand ich vom Sound her schon interessant, aber irgendwie waren das alles Sachen, mit denen ich mich nicht so richtig identifizieren konnte. Das ist natürlich nur meine beschränkte Sicht darauf – es gab ja auch früh schon schwarze und migrantische Rapper in Deutschland. Aber die sind erst nach und nach in meine Wahrnehmung gerückt, weil sie nicht Mainstream genug waren. Azad war einer der Ersten, die ich großartig fand. Der konnte Battlerap machen, aber auch über seine Tochter rappen. Gleichzeitig hatte er so einen geilen, rohen Sound.

AZAD In dem Frankfurter Stadtteil, in dem ich Anfang der Neunzigerjahre wohnte, hat zwei Häuser weiter auch A-Bomb gewohnt. Wir waren befreundet und haben uns beide für HipHop interessiert. Irgendwann hat sich herausgestellt, dass er mit D-Flame und Combat schon eine Formation namens Cold 'n' Locko hatte. Ich nannte mich als Solokünstler Azazin FullEffect und war von dem extrem harten Sound aus UK beeinflusst. Irgendwann kam die Idee auf, ob man diese beiden Sachen nicht vereinen könne. So sind die Asiatic Warriors entstanden.

CURSE Bei den Asiatic Warriors hatte ich Azad gar nicht so krass auf dem Schirm wie D-Flame. Flame war lauter und irgendwie der Entertainer, während Azad der Typ war, der eher introvertiert und mystisch daherkam und im Hintergrund gechillt hat. Der war der Ninja, der sich jeden Moment in Luft auflösen und dich von hinten plattmachen konnte. (lacht) Als ich ihn dann das erste Mal mit seinem deutschen Part gehört hatte, auf dem »0 Uhr«-Song von Roey Marquis II., habe ich angefangen, ihn neu wahrzunehmen. Wie er gerappt hat, war krass. Er hatte diese schnellen Reimketten, die aber keine Zungenbrecher waren und die er trotzdem mit ganz tiefer Stimme vorgetragen hat. Das hatte viel Flow, war aber gleichzeitig sehr komplex und unkonventionell.

AZAD Ich hatte meine Vision von Rap klar vor Augen. Aber es gab keinen, der das so umgesetzt hat, wie ich es für richtig hielt. Also habe ich es selber gemacht. Es gab auch keine Beats, die mir für mich gefallen hätten. Also ist das aus der Not heraus auch noch Teil meines Aufgabenbereichs geworden. Zum Produzieren brauchte man allerdings die entsprechenden Geräte, und das Geld dafür hatte ich nicht. Also habe ich meine Mutter so lange angebettelt, bis sie mir erlaubt hat, für zehn Mark die Stunde putzen zu gehen. Damit habe ich dann die MPC geholt und meine ersten Streetrap-Beats produziert.

MOSES PELHAM Azad kannte ich schon vom Basketballspielen. Ich hatte auch mitbekommen, dass er Sachen mit Asiatic Warriors gemacht hatte. Das war aber so gar nicht meine Mucke. Als ich ihn dann Jahre später bei uns im Keller wiedertraf, wo er auf einen Track von Bruda Sven rappte, habe ich mich total gefreut und war komplett beeindruckt. Bis auf dieses Feature mit Bruda Sven und einen Beat gab es nichts von ihm. Aber das reichte mir, um zu checken, dass er das ernst meint.

AZAD Es war total das Highlight, mit ihm zu chillen. Ich weiß noch, dass ich total geflasht davon war, dass seine Familie amerikanisches Fernsehen hatte und man NBA-Spiele gucken konnte. Außerdem hatte er 1210-Plattenspieler. Das konnte ich gar nicht glauben.

MOSES PELHAM Ich glaube, Azad hat nie so richtig gefühlt, was ich machte. Aber ich fühlte, was er machte – und das ist ja das Einzige, worauf es in dieser Art Beziehung ankommt. Ich hatte die Mittel, ich hatte die Gelegenheit, und ich wusste, dass da etwas ganz anderes und Besonderes bei rauskommt.

AZAD Als Moses mir das Angebot gemacht hat, bei 3p zu unterschreiben, habe ich gesagt: Ich unterschreibe nur, wenn ich alles genau so machen darf, wie ich will, und mir niemand reinredet. Seine Antwort war: »Wenn ich wollen würde, dass du etwas anderes machst, würde ich dich nicht fragen.« Das werde ich nie vergessen.

GÖTZ GOTTSCHALK Dass Moses Azad gesignt hat, hat auch ihm einen neuen Stellenwert im HipHop-Kosmos gegeben. Das fühlte sich an, wie als Puffy Biggie rausgebracht hat.

XATAR Wenn Leute auf der Straße damals mitbekommen haben, dass man rappt, hieß es oft: »Was soll der Scheiß?« Da musste man aufpassen, dass man seine Kredibilität nicht verliert. Es gab einfach kein gelungenes Beispiel dafür, dass jemand auf Deutsch rappt, aber trotzdem einen Namen auf der Straße hat. Mit Azad ist es dann passiert. Der hat das Unmögliche möglich gemacht. Und das Krasseste war: Der kam auch noch aus der gleichen kurdischen Stadt wie ich. Ich komme ja aus einer Ecke in Kurdistan, aus der keiner nach Deutschland geflüchtet ist; von da sind alle nach Schweden gegangen. Ich hatte hier also weit und breit keinen, der den Slang meiner Stadt sprach. Aber dann kam Azad und hat auch noch Rap gemacht. Ich habe mir am Kiosk den Bericht über ihn in der *Juice* durchgelesen, in dem er erzählt, dass er alles selber produziert und auch Kickboxen macht. Es ging auch um seinen Deal bei 3p. Er hat gesagt, dass er mit Moses von vornherein geklärt hat, dass er sich nicht reinreden lässt. Ab dem Moment war für mich klar, dass es Türen in das Ding gibt.

CURSE Als Azad mir dann »Napalm« vorgespielt hat, war endgültig Feierabend.

CASPER Ich habe das »Napalm«-Video gesehen und dachte: Was zur Hölle ist denn das? Dieses Aufblenden in Synchronisation mit dem

Sample, die geschwenkten Fahnen. Das war einfach total verstörend und heftig, ich hatte richtig Angst.

AZAD Mit »Napalm« wollte ich zeigen, dass ich der Krasseste bin, alle ficke und alles plattmache. Das war der erste Solosong, den ich komplett auf Deutsch geschrieben habe. Für das Video habe ich mir dann überlegt, dass ich eine Sturmmaske trage. Die Idee kam von - Hijack, die zu der Zeit auch immer Masken trugen. Ich war auf diesem mystischen Film und wollte mein Gesicht nicht zeigen. Für die Leute vom Label war das überhaupt nicht nachvollziehbar. Warum sollte ein Künstler sein Gesicht hinter einer Sturmhaube verstecken? Ich habe mich dann dazu breitschlagen lassen, die Maske in der letzten Szene auszuziehen. Ich habe das immer mal wieder bereut. Wer weiß, wie die Geschichte sonst verlaufen wäre ...

CELO So hart und rough wie »Napalm« war kein Video vorher. Man hätte nicht gedacht, dass so etwas auf MTV laufen könnte.

AZAD Es war ein ganz besonderer Moment, als VIVA und MTV das »Napalm«-Video gespielt haben. Peter Fox meinte mal zu mir, dass er nie vergessen wird, wie er und seine Leute das zum ersten Mal im Fernsehen gesehen haben. Die wussten gar nicht mehr, was los war. Zu der Zeit klang alles ja sehr smooth, da war so ein wilder Shit wie meiner natürlich etwas ganz anderes.

AUDIO88 Das war einfach ultrakrass. Diese Bedrohlichkeit hatte etwas vom Wu-Tang Clan – aber trotzdem wurde da auch gebreakt. Am Tag, nachdem »Napalm« abends auf »Fett MTV« gelaufen war, war das das Gesprächsthema überhaupt.

ABDI Sturmmasken, Camou-Jacken, Fahnen, Pitbulls – das gab's vorher nicht. Das wurde dort gedreht, wo ich jeden Tag mit der S-Bahn langgefahren bin. Natürlich fühle ich mich solcher Musik mehr verbunden als Sachen aus Hamburg oder aus den Staaten.

CELO Azad und seine Jungs haben sich angezogen wie wir und nicht wie Samy Deluxe oder Eins Zwo.

AZAD Shurik'n von IAM aus Marseille hat mich sehr beeinflusst. Sein Album »Où je vis« war für mich lange Zeit das beste Rap-Album überhaupt. Er hat mich auch dazu inspiriert, alles selber zu machen. Mich hat einfach beeindruckt, dass er nicht nur super gerappt hat, sondern auch die Beats alle von ihm waren. Ich wollte dann noch einen draufsetzen und auch die Cuts selber machen und mich am Artwork beteiligen. Ich war Fan von WON und seiner Detailverliebtheit. Ich wollte ein Cover, das eine große Geschichte erzählt. Also habe ich WON meine Vorstellungen mitgeteilt und ihm Fotos von allem geschickt, was auf das Cover sollte: meine Eltern, mein Hund, meine MPC. Als sein erster Entwurf zurückkam, sind wir im 3p-Büro alle vom Hocker gefallen. Das hat sofort gesessen.

CURSE Azad war halt wirklich diese selbst ernannte Ein-Mann-Armee. Der hat alles selber produziert, alles Scratches gemacht und gerappt. Azad hatte zu der Zeit sein Studio direkt neben dem von Roey Marquis II. Immer wenn ich da vorbeigegangen bin, stand der an den Turntables oder der MPC und hat irgendetwas gemacht. Der hat das HipHop-Ding komplett durchgespielt. Gleichzeitig war Azad aber auch Straße und darüber hinaus noch conscious.

AZAD Mir ging es immer um die Balance. Auf der einen Seite wollte ich kompromisslosen In-die-Fresse-Rap ohne Message, auf der anderen aber auch tiefgründige Songs mit einem melancholischen Vibe. Ich hatte immer den Drang, alles zu beherrschen, um es dann abwechslungsreich aneinanderzureihen. So wie Bruce Lee. Bis zu ihm war Kampfsport sehr eindimensional: Man war entweder Karateka, Ringer oder hat Taekwondo gemacht. Bruce Lee hat sich von allem das Beste genommen und daraus etwas Eigenes geschaffen.

CELO Azad war ein Dichter. Er hat viele Lieder geschrieben, die tief gingen – zu einer Zeit, in der die meisten Rapper eigentlich nur darauf geachtet haben, dass sich etwas reimt.

FATMA AYDEMIR Azad war superkünstlerisch und hat total viel erzählt. Das war ein gutes Gegengewicht zu all dem komischen Müsli-Rucksack-Zeug.

AZAD Ich bin stolz darauf, eine Tür, die verschlossen war, aufgetreten zu haben. Es war ein Kampf, Straßenrap in Deutschland zu etablieren. Man wurde ja nicht mit offenen Armen empfangen, sondern hatte das Gefühl, dass sich alle dagegen wehren. Der Stolz darauf ist der gleiche, den ich darüber empfinde, dass ich für meine Landsleute den Bann gebrochen habe, selbstbewusst zu sagen, dass sie Kurden sind. Das war und ist etwas, das mit großen Gefahren verbunden ist. Auch meine Eltern haben gesagt, ich solle nicht darüber sprechen. Aber ich habe gesagt: Wenn es sein muss, sterbe ich dafür. Daraus haben viele meiner Landsleute den Mut geschöpft, es mir gleichzutun. Das sind für mich unsichtbare Orden, die viel mehr wert sind als eine Goldene Schallplatte oder irgendein Preis.

STEPHAN SZILLUS Diese Generation von Rappern hat eine neue Ernsthaftigkeit ins Spiel gebracht. Hamburg hatte ja immer eine humoristische Komponente. Auch bei den realeren Bands wie den Beginnern oder Dynamite Deluxe ist das stets mitgeschwungen. Leute wie Azad, Curse oder auch die Ruhrpott AG haben sich dagegen herausgenommen, offensiv ernst und Künstler zu sein, ohne sich dafür zu entschuldigen. RAG haben Deepness richtiggehend kultiviert. Ihre Maxi »Low Budget« – oder genauer: die ihrer Vorgänger-Formation Filo Joes – hatte ich auf Tape. Für mich war das augenöffnend. Das war für mich plötzlich auf einem Level mit der Straßenpoesie von Rakim oder Nas.

SCHIVV Aphroe von RAG hatte eine Art zu rappen, die ungefähr dem entsprach, was mich interessiert hat. Er war unfassbar präzise und hat jeden einzelnen Reim sauber aufgelöst. Er hat das auf eine unaufgeregte, aber kunstvolle Weise gemacht, mit guten Bildern. Da war kein Reim zufällig oder Mittel zum Zweck.

PILLATH Der hatte einen miesen, geshuffelten Flow, eine kranke

Stimme und die Technik. Richtig Hi-Tech! Der hat in zwei Zeilen mehr als andere in einer ganzen Strophe gesagt.

CURSE Aphroe hatte so viele Wortspiele und Querverweise in den Texten wie niemand sonst. Er hat sehr assoziativ geschrieben und hatte eine ganz besondere Eloquenz. »Die Prosanostra getarnt wie Kambodscha / Mit mehr Nostalgie als die Kalaschnikow im Geigenkoffer / Keine Gegner, nur noch Opfer / Unser Wortschatz ist kostbar wie 'n Ring aus der Ming-Dynastie.« Hat er damit irgendwelche Knowledge gedroppt? Nein. Aber er hat sieben krasse Bilder aufgemacht und Sprachwitz demonstriert. Das Album »Unter Tage« hat bei uns allen ziemlichen Eindruck hinterlassen.

LAKMANN Wir wollten in unseren Songs alle so kluge Sätze sagen wie RAG. Wenn man das versucht hat, klang man aber schnell lächerlich. Die Lyrics von Aphroe und den anderen hatten einfach so viel Seele, waren melancholisch und metaphorisch, emotional und eloquent.

APHROE Texte kommen ja überall her. Wir haben viel Zeit miteinander verbracht, weil wir auch zusammengewohnt haben. Oft haben wir Sachen auf uns wirken lassen und gemeinsam geschrieben. Ich selbst bin oft über den Klang gegangen: Der Beat, meine Stimme, der Flow und der Inhalt mussten immer im Einklang sein. Ich bin über die Melodik gekommen und habe diese dann mit Wörtern und Reimen gefüllt. Der Inhalt war mir immer ganz wichtig. Ohne den wäre ich nicht happy mit dem Endergebnis gewesen.

MARTERIA Der war seiner Zeit meilenweit voraus. Das ist gegenüber den anderen total gemein, aber ich habe mir immer Tapes aufgenommen, auf denen nur die Parts von Aphroe waren. (lacht) Die anderen hatten natürlich auch gute Parts, aber wie Aphroe mit Sprache umgegangen ist, war für mich einfach ganz besonders, fast schon poetisch. Deshalb habe ich in der Aufnahmeprüfung an der Schauspielschule seinen Part von »Eiszeit« als Monolog rezitiert.

FATONI Ich habe bei RAG gar nichts verstanden, aber ich fand's trotzdem geil. Man hat gecheckt, dass es klug und real ist.

SAMY DELUXE Ich mochte, dass ich nicht alles verstanden habe. Er hat einen damit nicht ausgeschlossen, sondern eher gezeigt, dass du dich eben tiefer reinarbeiten musst.

CASPER »Es ist genau wie bei Sergej – es kommt ganz auf den Anlauf an.« Mein erster Gedanke damals: Wer zur Hölle ist Sergej? Es gab damals ja kein Wikipedia. Ich habe erst Jahre später gecheckt, dass das ein Hochspringer oder so war.

MARTERIA Trotzdem hat Aphroe in meinen Augen nie Studentenrap gemacht. Seine Sprache war stark, ehrlich und wortgewaltig, hatte aber einen Bezug zur Straße. Genau das ist der Ruhrpott!

CASPER »Spiritual Combat« von Profan78 aus Dortmund hat auch mich total abgeholt. Das war mein Mindstate: ein wütender Jugendlicher, der eine Wahrheit sucht. Das war so eine einsame Aggressivität: »Junior schlägt über die Stränge wie mein Vater und seine Kollegen.« Wenn man den Song heute hört, ist das immer noch unglaublich hart und zeitlos.

FLIPSTAR RAG waren für Rap aus dem Ruhrpott genauso wichtig wie damals Too Strong. Es war eben nur eine andere Art. Der Lange von Too Strong wurde in einem Interview mal gefragt, was für ihn Hip-Hop ist. Er meinte darauf sinngemäß: Keine Regeln, einfach aus dem Bauch heraus machen. RAG waren kopflastiger, auch »technischer«. Aber beide haben den Ruhrpott-Rap auf ihre Weise beeinflusst.

MAX MÖNSTER 1999 kam auf PDNTDR die »Partner«-Maxi von Creutzfeld & Jakob aus Witten raus. Das war für mich die perfekte Mischung aus smart und Straße.

FLIPSTAR Lakmann und ich waren mit dem, was wir als Creutzfeld & Jakob gemacht haben, sicher näher an RAG. Pahel, Galla, Aphroe und Wiz sind alle ganz spezielle und sehr charismatische Typen. Die Jungs sind ja alle etwas älter als wir und deshalb in gewisser Form auch Vorbilder gewesen. Später haben RAG uns auch auf das Label PDNTDR geholt und uns unsere Karriere ermöglicht.

LAKMANN Flipstar hat die Fähigkeiten von RAG noch mal um eine Battle-Attitüde erweitert, die Aphroe oder Pahel manchmal abging. Das wurde schnell zu unserem Markenzeichen: verschachtelte Sätze, aber mit krassen Punchlines.

MAX MÖNSTER Die Stimme, die Delivery, wie entspannt er in die Tracks reingekommen ist, wie hingerotzt und gleichzeitig hart seine Parts klangen. Flipstar war der Allerkrasseste.

LAKMANN In Witten gab es so wenige Leute, die Rap gemacht haben, dass man das bei jedem sofort mitbekommen hat. Dike und OnAnOn waren als Reimwärts unterwegs. Flipstar und ich haben uns mit denen zusammengetan und für einen Zwanni pro Kopf einen Proberaum im ehemaligen Luftschutzbunker in Witten-Annen gemietet. Wir waren die einzigen Rapper dort, ansonsten gab es nur Rockbands und Punker. So ist unsere Crew Bunkerwelt entstanden, im Grunde ein Gegenstück zur Kolchose in Stuttgart. In dem Proberaum haben wir vier oder fünf Jahre lang rumgehangen, Beats gebaut und gefreestylet. Nach und nach hat sich rumgesprochen, dass wir immer im Bunker abhängen, und RAG oder Too Strong sind auch mal vorbeigekommen. Wir hatten das Glück, dass die Jungs uns mit offenen Armen empfangen haben. Die haben uns direkt unter ihre Fittiche und mit auf die Bühne genommen. Das hat sich richtig gut angefühlt. Wir haben im Pott eben aus der Not eine Tugend gemacht: Es gab nicht viele – aber die, die es gab, haben sich gegenseitig geholfen.

FLIPSTAR Die Einstellung damals war: Man muss Underground sein. Alles, was erfolgreich ist oder kommerziell klingt und nicht conscious und real ist, ist scheiße. Gegen Hamburg zum Beispiel hatten wir damals krasse Vorurteile. Aus heutiger Perspektive ist das natürlich totaler Schwachsinn. Aber während es heute um Erfolge geht, war es damals vor allem wichtig, besonders unabhängig und speziell zu sein. Deswegen haben wir uns auch bei PDNTDR sehr wohlgefühlt. Das war ein unabhängiges Label, das trotzdem Sachen auf den Weg gebracht hat. Peter Sreckovic war eine Persönlichkeit, bei der man gedacht hat: Der kann das schaffen, der hat Energie und dem vertraut man. Auch raptechnisch hat er uns imponiert. Sein Album »Ich und MC Bibabutz« als Fast Forward war geil, das habe ich viel gehört. Es war total klar, dass man auf das Label von jemandem geht, den man auch als Rapper schätzt.

LAKMANN Wenn man bei großen Labels unterschrieben hat, war da immer die Gefahr, dass am Ende ein verweichlichter Sound rauskommt. Unsere Maxime war deshalb von Anfang an, dass wir die Eigenregie behalten.

STEPHAN SZILLUS Es gab in dieser Zeit – 2000/2001 – wirklich einige Platten, die man völlig selbstverständlich als Rapmusik feiern konnte. Nicht »für das, was es ist« oder »für Deutschland«, sondern ganz normal. »Gottes Werk und Creutzfelds Beitrag«, die Alben von Curse und Azad, das erste Soloalbum von Samy Deluxe, »Rolle mit HipHop« von Afrob, die zweiten Alben von RAG und Eins Zwo, auch so Sachen wie ABS. Das waren einfach dope Beats, dope Reime, es klang fett und hat sich cool angefühlt. Das war auch in der Gesamtheit eine völlig neue Qualität.

RALF THEIL So ausdifferenziert war deutscher Rap nie gewesen. Nachdem dieser Konflikt zwischen den Hardcore-Oldschoolern und der »Wir können auch Spaß haben«-Fraktion einmal ausgetragen war, war alles relativ harmonisch und doch vielfältig. Deutscher Rap war groß genug geworden, um eine kritische Masse zu erreichen, und aus der einen Szene wurden kleinere Unterströmungen. Kommerziell erfolgreiche Singles waren genauso möglich wie ein eher rougher Anspruch an die Musik. Es kamen neue Leute dazu, und trotzdem hatten auch die alten Helden noch ihren Platz.

25 Bookends

RALF THEIL 2000/2001 war – damals unausgesprochen und wahrscheinlich auch nicht allen bewusst – der künstlerische und kommerzielle Zenit des ersten Deutschrap-Booms. Das war das Ende einer sehr fruchtbaren Zeit von zwei oder drei Jahren, in der ganz viele Sachen passiert sind. Danach gab es dann den kompletten Overkill. Genau in diesem Moment kam Torch mit seinem ersten und bis heute einzigen Soloalbum. Torch hat sich ja nie als Album-Artist gesehen, streng genommen nicht mal als Rapper. Ausgerechnet in diesem Moment hat er, mehr oder weniger unvermittelt, doch sein Album gemacht. Das mag Zufall sein, vielleicht war es auch den plötzlichen finanziellen Möglichkeiten geschuldet. Auf jeden Fall hatte es – und hat es vor allem im Rückblick – eine starke Symbolkraft.

ANDRÉ LUTH Ich habe mich total gefreut, dass neue Musik von dem kam. Aber wie lange hat der für das Album gebraucht? Und warum kam danach nichts?

RALF THEIL »Blauer Samt« war neben dem STF-Album einer der ersten Treppenwitze der Deutschrap-Szene. Man hatte lange auf das Album gewartet, als es dann tatsächlich kam, aber nicht mehr so richtig. Das war da schon ein krasser Anachronismus. Wenn das zeitgleich mit »Fenster zum Hof« erschienen wäre, hätte es sich etwas natürlicher und passender angefühlt. Die beiden Alben bilden für mich inhaltlich und stilistisch eine ähnliche Ära ab – aber zwischen den beiden Platten liegen drei Jahre, und es hatte im deutschen Rap eine komplette Revolution gegeben, auf die »Blauer Samt« entweder gar nicht oder mit einem gewissen Verdruss eingeht.

TONI-L »Blauer Samt« ist ein Lebenswerk. Das Album erklärt auf sehr gute Weise seine charismatische Person und auch die Faszination für Torch. Er hat schon sehr früh weit nach vorne geschaut und visionär gedacht. Deswegen ist dieses Album so ein Juwel. Man kann darauf heute noch Details und Inhalte entdecken, die man damals vielleicht noch gar nicht so wahrgenommen hat.

FALKADELIC »Blauer Samt« gehört für mich zu den Top-5-Alben im D-Rap.

MC RENE »Blauer Samt« ist viel mehr als nur ein klassisches Hip-Hop-Album. Torch hat sich dafür von ganz verschiedenen Büchern, aber auch Filmen inspirieren lassen. Der war riesiger Fan von David Lynch, wir haben zum Beispiel »Eraserhead« zusammen in Heidelberg gesehen. Wir waren zusammen mit einem Breaker im Kino, der hätte lieber den neuen Film mit Sylvester Stallone gesehen, aber Torch hat auf »Eraserhead« bestanden. (lacht) Die Heidelberger waren alle total die Nerds, was Filme und Literatur angeht. Ich konnte es immer kaum abwarten, wieder dahin zu fahren. Braunschweig war für mich grauer Alltag, während Heidelberg mir wie die goldene Welt vorkam. Alles, was mir zu Hause fehlte, konnte ich dort super kompensieren.

SHINDY »Blauer Samt« war eines der ersten deutschen Rap-Alben, das ich komplett gefeiert habe. Ich war begeistert von diesen harten MPC-Sounds und den Samples. Ich bin bis heute neidisch, dass ich das Sample von »Wir waren mal Stars« nicht selbst gefunden habe. Auch das Songwriting war für mich unfassbar. Ich meine, der hat einfach aus der Perspektive eines 100-Mark-Scheins gerappt! Wie all die Songs aufeinander aufbauten und angeordnet waren, hat in meinem Kopf einen richtigen Film kreiert.

RALF THEIL Es war eine total gute Entscheidung, »Wir waren mal Stars« als Single zu veröffentlichen. Zu der Zeit war es eigentlich Konsens, eine poppige Single zu haben. Durch diesen Song fand also schon ein gewisses Framing statt, das gezeigt hat, dass Torch dieser Anachronismus durchaus bewusst war, er aber gerne noch was sagen würde. Im Grunde ist der Song ein lakonisches, aber auch selbstbewusstes Vorwegnehmen des eigenen Bedeutungsverlustes.

FATONI Ich habe mich immer gefragt, warum Torch heute eigentlich so viel gedisst wird. Dass jemand, der schon ganz lange nicht mehr rappt, immer noch so eine Rolle spielt, ist total faszinierend. Torch wird ja gar nicht mehr als Person wahrgenommen, sondern vielmehr als eine Haltung – und die ist in der Regel negativ konnotiert. In erster Linie wird er als hängen geblieben gesehen, weil er wie kein anderer dafür steht, dass HipHop eine Kultur ist. Für viele ist er eben die Symbolfigur für die erste Phase von deutschem HipHop – auch wenn er diese Rolle ja eher von sich weist.

MARTIN STIEBER Bis zum heutigen Tag ist »Blauer Samt« eine sehr stimmige Platte. Ich kenne auch Leute, die nichts mit HipHop zu tun haben und losgelöst von der Sache die Musik feiern. Ich habe mich sehr gefreut, dass die ersten zehn Jahre des Deutschraps mit dieser Platte abgeschlossen wurden. »Fremd im eigenen Land« und »Blauer Samt« – Torch hat die Klammern gesetzt!

26 Aufstieg und Fall eines ganzen Musikstiles

EIZI EIZ 2000 fingen wir an, uns selbst auf die Nerven zu gehen. 1999 war der Flash im Stadtpark, das war für uns der Zenit. Danach lief sich das nach und nach tot. Wir waren ständig im Tourbus, überspielt, und irgendwie hat sich eine Stimmung eingestellt von: Ja, ist gut jetzt. Hinzu kam das Gefühl einer geplatzten HipHop-Blase.

MARTIN STIEBER 1990 war der Anfang, die Geburt des Deutschrap. Diese Szene hat bis zum Jahr 2000 existiert. Da war der Käs' gerollt, sage ich jetzt mal ganz platt. Da war der Bann gebrochen, und der Werteverfall ging los.

EIZI EIZ Alles war plötzlich so groß, aber gleichzeitig so unfunky und seelenlos. Das war nicht mehr, was Rap für mich ausmacht. Damit wollte ich nichts zu tun haben.

DENYO Wir haben unglaublich viel Liebe, aber eben auch viel Hate abbekommen. Jan war als Führungsfigur der Szene natürlich noch mehr im Fokus. Irgendwann hatte er einfach keine Lust mehr, für deutschen HipHop, wie er gerade war oder wurde, Verantwortung zu übernehmen. Mir ging das ähnlich.

EIZI EIZ Eines Tages bin ich bei meiner Freundin in Berlin aufgewacht und habe mir gedacht: Wie wäre es eigentlich, wenn wir das jetzt beenden? Also habe ich mich in Hamburg mit Dennis und Mad getroffen und vorgeschlagen, dass wir beim Flash 2000 von dem Bunker hinter dem Millerntorstadion ein Plakat mit der Aufschrift »Das war's, ihr Fotzen« runterrollen. Dennis fand die Idee gut, glaube ich. Er war auch oft schlecht gelaunt, vieles hat ihn gestört. Drei Tage lang dachten wir echt, wir machen das. Aber Mad hat dann eine flammende Rede gehalten, dass wir das nicht bringen können.

DJ MAD Wir saßen bei Jan und waren kurz davor, uns aufzulösen. Wir hatten einfach keinen Bock mehr, Teil dieser Welt zu sein. Das Handtuch zu schmeißen, wäre eine Möglichkeit gewesen. Andererseits hatten wir ja mal angefangen, um gegen etwas anzuschreiben, zum Beispiel gegen Nazis. Da wäre es inkonsequent gewesen, jetzt einfach aufzugeben.

DENYO Ich habe gespürt, dass es das noch nicht gewesen ist mit uns. Gleichzeitig habe ich aber auch die Notwendigkeit gesehen, uns als Band den nötigen Raum zu geben. Als wir damals die Entscheidung getroffen haben, das als Beruf durchzuziehen, hatten wir die Vereinbarung, dass es trotzdem keinerlei Verpflichtungen oder psychologische Abhängigkeiten geben darf. Dass uns allen klar sein muss, dass es jederzeit vorbei sein kann und das dann auch völlig okay ist – wie in jeder gesunden Beziehung.

EIZI EIZ Also haben wir beschlossen, dass wir einfach erst mal unsere Soloplatten machen und gucken, was passiert.

DENYO Das ist ein schmaler Grat. Es macht eine Clique, eine Posse oder eine Szene natürlich auch aus, dass man loyal ist und füreinander geradesteht. Aber es darf nicht zu sehr auf Kosten deines Privatlebens gehen und schon gar keine neurotische Abhängigkeit entstehen. Vieles, was wir als Band oder Vertreter einer Szene damals getan haben, war natürlich auch neunmalklug und naiv – wie Postpubertäre eben so sind. Aber in dieser Frage haben wir im Nachhinein doch recht behalten: dass es klug war, Abstand zu nehmen.

EIZI EIZ Ich habe 2000 meine Reggae-Platte als Jan Delay aufgenommen. Das war unglaublich befreiend. Ich konnte mich ausprobieren, einfach Mucke machen und mich von der ganzen Negativität der Hip-Hop-Szene befreien. Aber wenn ich Bock hatte, konnte ich trotzdem über die Musik rappen, weil die Tempi ja ganz ähnlich sind. Reggae ist die zweitsimpelste Musik nach HipHop – perfekt. (lacht)

DENYO Mein Album »Minidisco« war teilweise tatsächlich der Kater nach der großen »Bambule«-Party. Ich hatte viele neue Erfahrungen und Eindrücke zu verarbeiten. Was bedeutet eigentlich Erfolg? Was sind echte Freunde, was fake friends? Was bedeutet es, ein Star zu sein und gleichzeitig doch nicht der Star zu sein? Erwachsen werden einfach ... Eine gewisse Nachdenklichkeit und Melancholie entsprechen aber auch grundsätzlich meiner Persönlichkeit und meinem Geschmack. »Minidisco« ist insofern die musikalische Reflexion eines Menschen, der in der Öffentlichkeit gelandet ist, obwohl er da nie hinwollte.

ANDRÉ LUTH Um vorwärtszukommen, haben sich anfangs alle gegenseitig gestützt. Das Ganze war sehr geschwisterlich. Doch vom sweet smell of success haben sich dann viele betören lassen und sind in Einzelkämpfer-Module zerfallen. Jedem gefällt es oben an der Spitze, und alle kümmern sich lieber um sich selbst. Das hat vielleicht dazu geführt, dass die Leute den Eindruck hatten, die Hamburger Allianz sei erschüttert. Wenn man sich aber anschaut, was 2001 und 2002 für unglaublich gute deutsche Rap-Platten erschienen sind, konnte man wohl kaum von einer allgemeinen Krise sprechen.

STEPHAN SZILLUS Das ist parallel passiert. Einerseits hat sich das Handwerk immer weiter entwickelt und mehr und mehr verfeinert, was zu spannenden Ergebnissen geführt hat. Andererseits hat sich vor allem bei den Protagonisten der Neunzigerjahre ein gewisser Blues eingestellt, der auf einem persönlichen Level auch einfach ganz normal ist.

MARTIN STIEBER Wir hatten eine Blockade. Bei uns war die Erwartungshaltung so hoch, dass wir der gar nicht gerecht werden konnten. Ich habe dann eine Schaffens- und Sinnkrise gehabt. Immerhin habe ich weiter Remixe gemacht, für die Setlur oder die Fantas und den Michi Beck. Irgendwann habe ich dann gesagt: Ich will mich gar nicht mehr so als MC sehen.

ANDRÉ LUTH Wenn man runterkommt und sie dir die Medaillen umhängen, das ist eine Depression im Wortsinne: Der Druck lässt nach, die Luft geht raus. Das ist gar nicht inhaltlich zu fassen, sondern eine Atmosphäre, die entsteht und vieles infiziert.

DENYO Da kamen viele Dinge zusammen: Überarbeitete, teilweise desillusionierte Künstler kurz vor dem Burnout. Nachzügler, die zu nah an den Originalen und letztlich auch zu brav waren, als dass sie HipHop neu hätten erfinden können. Und eine überforderte Industrie, die nicht wusste, wie es geht. Zu allem kam noch, dass es mit dem Vinylsterben und langsam auch mit MP3 losging: ein Dominoeffekt negativer Faktoren.

KRYPTIK JOE Der Crash hat natürlich viel mit Geld zu tun, aber genauso mit Jugendkultur. Die Szene wurde immer älter, aber irgendwann wachsen ja auch junge Leute nach, und die machen immer das Gegenteil von dem, was die Alten tun. Das wurde zum Problem.

STEPHAN SZILLUS 2002 gab es ein paar Monate, in denen einige Alben gefloppt sind. Die Krise wurde von denen ausgerufen, die damals schon HipHop-Business gemacht haben und auf einmal sahen, dass sie jetzt weniger Geld verdienten.

KATMANDO Musik wurde durch Napster und die Digitalisierung auf einmal kostenlos. Aber eine gesamte Industrie, die von unglaublichen Margen gelebt hat, wollte ihre Privilegien nicht aufgeben: die Business-Class-Flüge und die Top-Hotels. Es wurde natürlich weiterhin Musik gemacht. Es war nur weniger Geld im Spiel und deswegen eine Unsicherheit bei den Majors, die zuerst alles gesignt hatten und nun auf einmal ausmisten wollten.

MARTIN STIEBER Ich weiß noch, wie es vielen Kollegen damals mit dem Druck der Major-Labels ging. Da wurden ja exorbitante Vorschüsse gezahlt, zum Teil sechsstellige Summen. Das hat die Leute auch blockiert.

LAKMANN Nach unserem ersten Album war ständig Party. Hier ein Vorschuss, da noch einer. Ich hatte immer Geld auf dem Konto. Und weil ich Single war, gehörte das auch alles mir. Also habe ich angefangen, alles zu verprassen. Man wurde irgendwie betriebsblind. Ich weiß noch, wie ich bei dem Geburtstag von Roey Marquis II. in FFM nur im Backstage gesessen bin und Dreamcast gezockt habe. Wir waren halt auf einem Major, und ich kam mir vor wie ein kleiner Superstar.

APHROE Mit dem zweiten Album zum Major zu gehen, war im Nachhinein betrachtet einfach Quatsch. Das war ein kompletter Schuss in den Ofen. Wir wollten natürlich ein zweites Album machen, und das Label hat uns dafür Geld gegeben. Aber wir wussten weder ein noch aus, und das Label hatte auch keine rechte Idee, was sie mit uns machen sollten. Wir konnten richtig Budget in Videos buttern, aber in Gänze war das eher eine anstrengende Produktion, in der wir nicht so richtig bei uns waren. Vielleicht war das auch schon der Anfang vom Ende. Danach haben wir als Kollektiv nicht mehr so richtig funktioniert und im Guten entschieden, uns erst mal zu trennen, um zu sehen, wo jeder von uns steht.

MARTIN STIEBER Auch das zweite Album von den Massiven Tönen war noch sehr gut. Aber 2002 kam dann »MT3« mit Songs wie »Traumreise« und »Cruisen«. Das war mir ein bisschen zu sehr Bling Bling – obwohl die Massiven das aus meiner Sicht gar nicht waren. Ich kannte die ja. Das hat nicht mehr so zu denen gepasst.

SCHOWI Man muss wissen, zu welchem Zeitpunkt ein bestimmter Song gemacht wurde. Rap ist immer zeitgenössisch. Ohne den zeitlichen Kontext kann man das nicht richtig verstehen. Als wir Songs wie »Cruisen« oder »Traumreise« gemacht haben, war Deutschrap eigentlich weg vom Fenster. Die Leute haben nur noch Ami-Rap gehört, vor allem Eminem kam zu der Zeit richtig auf. Wir sollten zeigen, dass wir auch geile Songs machen können wie die Amis, mit einem guten Chorus und geilen Rap-Strophen. Bei »Cruisen« konnte meine Mutter auch mitsingen, aber die Rapnazis haben trotzdem krasse Mehrfachreime gefunden – wenn sie denn faire Rapnazis waren. Wenn sie unfaire Rapnazis waren, haben sie sich halt nur darüber aufgeregt, dass der Beat bei »Traumreise« so schön war oder dass wir für eine Frau gerappt haben statt nur über Rap.

FLIPSTAR Es war eben die Zeit, in der deutscher Rap im Club laufen wollte. Wir hatten zu der Zeit die unterschiedlichsten Vorbilder im US-Rap: Big Pun, Fat Joe, Jay Z oder Capone & Noreaga haben alle als Inspiration hergehalten. Das war einfach geile Mucke, die den Deutschrap zu der Zeit geprägt hat. Man wollte sich vielleicht auch von diesem alten Deutschrap-Klischee abgrenzen und versuchen, eine neue Haltung zu entwickeln. Da kam dieses Prollige gerade richtig.

SCHOWI Tefla & Jaleel waren auch Leute, die diesen Style aufgegriffen haben. Der Beat von »Bounce mit uns« von DJ Ron ist einer der besten Beats der Deutschrap-Geschichte. Aber ansonsten waren wir mehr oder weniger alleine auf weiter Flur. Wir wurden für vieles gehatet, das später komplett üblich wurde: Tänzerinnen, gesungene Hooks mit einer gewissen Funktionalität, Bühnenoutfits, Choreografien. Hättest du dir die Beginner Ende der Neunziger mit Tänzerinnen vorstellen können? Und guck dir heute Jan Delay an ... Wir haben es damals abbekommen, und das empfinde ich mindestens als große Frechheit, wenn nicht himmelschreiende Ungerechtigkeit. (lacht)

LAKMANN Wir haben nach dem ersten Album vier Jahre lang nichts gemacht, als zu touren. Wenn man nach einem Realkeeper-Album mit Jiggy-Sound um die Ecke kommt, ohne die Leute darauf vorzubereiten, stößt man die natürlich vor den Kopf. Musikalisch bin ich nach wie vor cool mit der Platte. Ich war schon immer ein Fan davon, dass man sich weiterentwickelt, und fand gut, wenn ein Rapper nicht zwei Alben lang den gleichen Film gefahren ist. Auch die Texte über Frauen und Waffen und das ganze Geboaste sei jemandem mit Mitte zwanzig verziehen. Wir dachten, wir bringen dieses Album raus und gehen dann wieder drei oder vier Jahre auf Tour. Aber die Zeit war eine ganz andere.

FLIPSTAR Beim zweiten Album haben wir mehr nachgedacht. »Gottes Werk und Creutzfelds Beitrag« war ja schon fertig, bevor es überhaupt gemacht werden sollte: Wir hatten die Ideen alle schon im Kopf. »Zwei Mann gegen den Rest!« war dann weniger ein kreativer Prozess als eine Aufgabe, die es in den Tagesablauf zu integrieren galt. Als wir dann weniger verkauften als mit dem ersten, entstand natürlich Druck, und es gab Schuldzuweisungen auf beiden Seiten. Wir haben unserem Ärger über das Label in einem Interview mit »Mixery Raw Deluxe« auf VIVA Luft gemacht und einfach gesagt, was wir gedacht haben. Einen Tag nach der Ausstrahlung wurde uns mitgeteilt, dass Universal den Vertrag beendet.

KATMANDO Es gab viele Künstler, die auf einmal keinen Deal mehr hatten. So musste sich alles erst mal neu sortieren. Aber das ist normal. Es geht hoch und dann wieder runter. Was aber wichtig war: In der Boom-Zeit wurden von der Szene die richtigen Strukturen geschaffen, und die Leute haben verstanden, dass man keinen Major braucht.

DENYO Es war eine überhitzte Zeit, die zur Depression führen musste. Einige Jahre später ist sie dann ja auch tatsächlich eingetreten und hat Kool Savas und Aggro Berlin den Weg geebnet, um eine neue Ära im Deutschrap einzuleiten.

Die Berliner Republik: 1998–2007

27 Rap City Berlin

MARCUS STAIGER Um zu verstehen, was in den späten Neunzigern und frühen Zweitausendern in Berlin passiert ist, muss man ein bisschen zurückgehen. Das kam ja alles nicht aus dem Nichts.

ANDRÉ LANGENFELD Die ersten produktiven HipHopper in Berlin sind meines Wissens Quickmix und O-Jay von der Alliance Crew gewesen. Die haben schon früh aufwendige Mixtapes produziert und hatten 1988 ihre ersten eigenen Veröffentlichungen auf ihrem Label Freshline Records. Das lief auch in der von Monika Dietl moderierten Radiosendung »S-F Beat« auf dem Sender Freies Berlin, die ich regelmäßig gehört habe.

FRAUENARZT Die richtig krassen Oldschooler aus Westberlin waren The Alliance, die später mit M.C. Sar & The Real McCoy übrigens richtige Pophits gemacht haben, und DJ Chrizz mit »Hui Buh«. Im Osten gab es auch Leute wie 808 Mafia oder die Electric Beat Crew, die aus dem Electro-Ding kamen.

DJ DEREZON Am Ku'damm gab es einen Typen namens Tray DM. Das war ein verrückter Marokkaner, der an seinem Stand Gürtel und so Kram verkauft hat. Dort haben sich viele aus der damaligen Berliner HipHop-Szene getroffen. Ich habe zum Beispiel DJ Run X Kid dort kennengelernt. In Wannsee gab es ein Jugendhaus, in dem wir uns einmal in der Woche getroffen, unsere Plattenspieler aufgebaut und aufgelegt haben. Roscoe ist dort mal vorbeigekommen und hat gerappt. Irgendwann wollte ich auch gerne mal einen Beat produzieren. Quickmix hat damals bei WOM am Ku'damm gearbeitet und war dort für die HipHop-Abteilung zuständig. Wir kamen ins Gespräch, und er meinte zu mir, dass er zu Hause Equipment hätte, mit dem ich das machen könnte. Ich habe die Samples mitgebracht, ihm gesagt, wie er sie einspielen soll, und ihn stundenweise bezahlt. So ist der Beat für »Use The Posse« von Rock Da Most entstanden. Unsere EP haben wir dann 1989 über Imperial Nation Records rausgebracht, das Label von Tray DM. Wir waren gerade mal 17 Jahre alt und hatten keine Ahnung von Marketing oder solchen Sachen. Wir haben einfach 1500 Stück pressen lassen, die dann bis nach Thailand gingen. Unser erster Gig fand 1989 im SO36 statt.

FRAUENARZT Derezon war sehr früh am Start. Er hatte später mit Juiceful Records auch das erste gut funktionierende HipHop-Label in Berlin. Darauf waren Islamic Force und Cheeba Garden, die vom Sound an Cypress Hill erinnerten.

ANDRÉ LANGENFELD In der DDR gab es den Jugendsender DT64. Wir hörten eigentlich kein DT64, sondern fast ausschließlich Westradio, aber in der recht neuen Sendung »Parocktikum« spielte ein gewisser Lutz Schramm HipHop. Das verbreitete sich sofort wie ein Lauffeuer! DT64 sendete vom Gelände des Rundfunks in der Nalepastraße, das heute eine bekannte Event-Location ist. Ich habe dort während meiner Lehre als Datenverarbeiter bei der Deutschen Post in einem Rechenzentrum gearbeitet. In die Nalepastraße fuhr man mit der Straßenbahn vorbei an Betrieben mit qualmenden Schornsteinen und düster-dreckigen Gebäuden. Das kam mir wie die Fahrt in die Hölle vor, gerade zur Frühschicht. Wir vom Rechenzentrum konnten aber in der Radio-Kantine essen gehen, und so kam ich irgendwann mit Lutz ins Gespräch. 1990 fragte er mich, ob ich Lust hätte, eine HipHop-Sendung zu moderieren. Die Show mit dem etwas unbedarften Namen »Yo! Show« lief dann wöchentlich am Sonntagabend.

FRAUENARZT André Langenfeld hat die Leute richtig geteacht. Er hat die allerneuesten Schallplatten aus England und Amerika gespielt und immer Hintergründe dazu erklärt. Durch ihn bin ich auf viele Sachen gestoßen, die ich sonst niemals kennengelernt hätte.

ANDRÉ LANGENFELD Irgendwann kam ich in Kontakt zu Andreas Welskop. Er war als Sozialarbeiter beim Insel-der-Jugend-Verein tätig und hatte viel Kontakt zu Kids aus Ostberlin. In der Zeit gründete er auch die SWAT Posse. Über Andreas kamen viele Kontakte zur gerade entstehenden Szene zustande. Die Insel entwickelte sich durch ihn zum Berliner HipHop-Hotspot – und ich hatte dazu die passende Radioshow.

DJ DEREZON André Langenfeld war ein sehr angenehmer Typ mit viel Knowledge. Er war immer superoffen und hat uns regelmäßig in seine Sendung eingeladen. Der hat diese Sendung wirklich genutzt, um anderen eine Plattform zu geben.

ANDRÉ LANGENFELD In den letzten Ausgaben der »Yo! Show« Ende 91 hatte ich Gäste wie A Real Dope Thing, No Solo oder Mis One, später bekannt als DJ Tomekk. Er war mit seiner ersten 7-Inch da, auf der er rappt.

DJ TOMEKK In Westberlin gab es Gangs und Gewalt. Man hat den HipHop aus Los Angeles kopiert, um seine Wut irgendwie zu kanalisieren. Ich mochte die Gewalt aber nicht gerne, weshalb ich eher mit den Ossis rumhing. Bei der SWAT Posse ging es um Toleranz, Miteinander und die Disziplinen der Kultur. Das war HipHop für mich! Die SWAT Posse hat auf der Insel regelmäßig Konzerte und Jams veranstaltet. Bei einer davon ist auch dieser Treppen-Freestyle von MC Rene und Eißfeldt entstanden, den man auf YouTube findet. Aus der SWAT Posse sind später auch das HipHop-Mobil und die Graffiti-Connection entstanden.

ANDRÉ LANGENFELD Die HipHop-Szene im Osten war sehr jung. Das waren größtenteils Kids, die HipHop erst nach der Wende für sich entdeckt und auch anders begriffen hatten. Im Westen hingegen gab es ein bis zwei Generationen, auf denen aufgebaut werden konnte. Auch deswegen waren viele sehr arrogant gegenüber Ostlern. Es gab keine wirkliche Schnittmenge, die beiden Szenen hatten nicht viel miteinander zu tun.

MELBEATZ Die SWAT Posse hat immer die Fahne für HipHop hochgehalten. Die Westberliner fanden die Ossis aber uncool. Die mussten immer um Anerkennung kämpfen.

FRAUENARZT Die Mauer war zwar gefallen, aber in den Köpfen der Leute noch lange existent, weshalb sich dieses Ost-West-Denken lange hinzog. Im Osten war alles lockerer. Da gab es zwar auch Hooligan-Typen, die mal ausgerastet sind, aber die Jams dort kamen mir mehr vor wie die in Westdeutschland.

DJ DEREZON Nach dem Mauerfall gab es nach und nach immer mehr illegale Clubs, in denen HipHop-Partys veranstaltet wurden. Das waren einfach leer stehende Häuser oder Fabriketagen, in denen jemand Boxen aufgestellt und Bier verkauft hat. So ist zum Beispiel der U-Club entstanden.

MARCUS STAIGER Die HipHop-Szene war hauptsächlich über Partys organisiert. Wo heute der Kit Kat Club ist, gab es zum Beispiel einen Club, in dem urbane Musik gespielt wurde. Der A-Club in der Adalbertstraße hatte auch einen HipHop-Abend. Norbert Rudnitzky und sein Kollege Oli Massive von Radio Fritz haben da aufgelegt. DJ Alex hatte im Eimer in der Rosenthaler Straße eine Party-Reihe. Dann gab es noch das WMF und den U-Club in der Köpenicker Straße.

DJ DEREZON Außerdem gab es die Ami-Clubs wie das La Belle am Ku'damm oder das Future, wo regelmäßig DJ-Battles stattfanden. Da habe ich immer teilgenommen, weil ich so jedes Wochenende meine 600 Mark Preisgeld abgreifen konnte.

DJ TOMEKK Ich hatte den Traum, DJ zu werden – aber ein Plattenspieler war vollkommen außerhalb meiner finanziellen Reichweite. Also habe ich in der Schule mit dem Malen von Graffiti-Skizzen angefangen, bei einem Wettbewerb den ersten Platz gemacht und eine

Airbrush-Ausrüstung gewonnen. Mit der habe ich dann T-Shirts von Tim Dog oder N.W.A gebootleggt und die in der Schule verkauft. Ab und zu habe ich auch mal Auftragsarbeiten gesprüht. Dadurch konnte ich mir irgendwann meine heiß ersehnten Plattenspieler kaufen, mit denen ich dann auf jeder Schulparty oder bei Feten im Kinderheim aufgelegt habe. Zu meinem 16. Geburtstag habe ich einen Flyer erstellt und fotokopiert. Ich dachte, dass vielleicht 50 Leute kommen. Am Ende waren es zehnmal so viele, das halbe Heim war leer geklaut, und ich habe riesigen Ärger bekommen.

PRINZ PI Berlin-Mitte war in den Neunzigern ein Abenteuerland. Da hat alle zwei oder drei Wochen ein neuer Club aufgemacht. Das waren einfach irgendwelche kleinen Läden, in denen Musik lief und wo man trinken konnte. Viele dieser Läden existieren heute gar nicht mehr. Wir hatten damals alle kein Geld und haben deshalb eine richtige Wissenschaft daraus gemacht, Stempel zu fälschen.

MELBEATZ Der Osten war noch recht frisch offen, da herrschte Anarchie. Man musste durch zig Hinterhöfe und ist auf irgendwelchen illegalen Veranstaltungen gelandet.

DJ TOMEKK Als die Mauer runtergekommen war, gab es mit einem Mal richtig viel Platz, um Dinge auszuprobieren. Das ACUD zum Beispiel ist entstanden, indem man in einem leer stehenden Haus ein selbst gebasteltes DJ-Pult hingestellt und angefangen hat, Bier zu verkaufen – das war dann der Club. Savas kam oft zusammen mit Melbeatz und hat getanzt. Wenn ich »93 'til Infinity« von Souls of Mischiefs aufgelegt habe, ist er immer total ausgerastet und hat mitgerappt ... Ich bin dann vom ACUD ins Boogaloo, wo ich mit DJ Jeff zusammen aufgelegt habe. Dort tauchten dauernd Leute auf, die mich für ihren Club abwerben wollten. So kam es, dass ich in der 10. Klasse 20 000 Mark pro Monat verdient habe und auch für meine Mutter und meine Schwester in Polen sorgen konnte. Noch viel wichtiger war für mich, dass ich gehört wurde. Wenn jeder deine Sendung auf dem Schirm hat und dreimal die Woche 1500 Leute in den Club kommen, hat sich das schon nach Macht angefühlt.

JACK ORSEN Rap-Konzerte fanden vor allem im SO36 statt. Oft hatte ich kein Geld, um mir eine Karte zu kaufen, und saß deshalb vorher stundenlang auf dem Klo des Clubs und bin erst raus, als es losging. Es herrschte immer eine total aggressive und aufgeheizte Stimmung. Da waren mehr Leute aus Kreuzberg als Künstler auf der Bühne, und den Rappern wurde immer ins Ohr geflüstert, dass sie unbedingt Sachen wie »36 is in the house!« sagen sollen.

MARCUS STAIGER Es gab damals immer Schlägereien. Das war wahrscheinlich einfach der Ruf, den es zu verteidigen galt: Berlin ist hart und bleibt hart. Es gab echt immer Keile, mit Steinen und allem Drum und Dran.

FRAUENARZT Wenn du in Westberlin auf Jams gegangen bist, waren da die ganzen türkischen und arabischen Gangbanger mit Bomberjacken, weißen Hosen und Jheri Curls. Da sind teilweise sehr unschöne Geschichten passiert, die man mit 13 oder 14 vielleicht nicht mitbekommen sollte.

DJ TOMEKK Viele Jugendliche haben in der damaligen Zeit zu Hause Gewalt erlebt und die dann selber auf die Straße getragen. Die Gangs haben sich bekriegt, und weil wir ja alle aus der Armut kamen, hat man Bessergestellten ihre Jacken, Schuhe, Stifte oder Geld abgezogen. Ich war eher ein ruhiger Typ, ich fand andere abziehen nicht richtig. Mir ist vielmehr noch klarer geworden, dass ich aus diesem Elend rausmuss, indem ich an meinen Fähigkeiten als DJ arbeite.

DJ DEREZON In den Neunzigern hatte jeder Bezirk seine Gruppierung: Es gab die 36 Boys aus Kreuzberg 36, die Giants vom Ku'damm oder die 65ers aus dem Wedding. Ich habe mich, so weit es ging, aus diesem Gang-Scheiß rausgehalten und in erster Linie mit denjenigen Leuten aus deren Reihen zu tun gehabt, die Kreative waren, getanzt oder gesprüht haben: Boe B von Islamic Force zum Beispiel.

MC BOGY Boe B und auch Maxim waren legendäre B-Boys der ersten Stunde. Der hat nicht nur bei Islamic Force gerappt, sondern beherrschte auch alle anderen Disziplinen. Als Teil von Glorious Five Artists hat er gemalt, als Teil der Oralic Sound Machines war er ein enorm guter Beatboxer, und mit Battle Bunch hat er getanzt. Maxim hat unglaublich viele Jams organisiert und immer für ein Gemeinschaftsgefühl unter den Berlinern gesorgt. Leute wie Bushido und ich haben zu dem aufgeschaut und wollten sein wie er. Leider wurde er erstochen und ist viel zu früh von uns gegangen.

JACK ORSEN Islamic Force waren richtige Heros in Kreuzberg. Wenn ihr Song »Istanbul« im SO36 lief, sind die Leute durchgedreht.

MARCUS STAIGER Islamic Force waren immer heilig, über die durfte nicht schlecht geredet werden. Boe B hat den jungen Leuten das Gefühl gegeben: Ihr könnt das machen! Das war sehr wichtig für jemanden wie Savas.

KOOL SAVAS In Kreuzberg war der meistgehörte Rapper definitiv Boe B von Islamic Force. Er war auch mein größtes Vorbild. Einmal kam er auf eine Party an meiner Schule, der Hector-Peterson-Schule. Er lief da mit zehn Kanaken aus Kreuzberg ein und hat zu seinen Jungs gesagt: »Wenn wir gehen, möchte ich, dass überall hier an der Schule ›Islamic Force‹ steht.« Alle haben ihre Stifte genommen und die Schule vollgetaggt. Das war überkrass, eine richtige Ansage. Boe B war ein Anführer, aber er war zu allen Leuten cool. Er wollte auch gar nicht abgefeiert werden. Zu mir war er besonders cool. Er hat mich mit zu sich nach Hause genommen und mit mir Sachen geübt. Er hat mich, so einen kleinen, motivierten Deutschtürken, unter seine Fittiche genommen – einfach weil er gesehen hat, dass ich das extrem liebe. Irgendwann hat er dann meinen Kumpel und mich mit nach München zur Adidas Streetball Challenge geholt. Wir durften für ihn Backup sein. Das war eine unmenschliche Ehre. Das werde ich nie vergessen.

DJ DEREZON Auf einer Jam kamen Boe B und sein damaliger DJ Cut'em T zu mir, und die beiden haben quasi ein Live-Demo performt, da sie keine Möglichkeit hatten, etwas aufzunehmen. Cut'em T hat den Beat laufen lassen, das Sample von einer 45 per Hand eingespielt und versucht, dabei so gut wie möglich im Beat zu bleiben. Boe B ist nach dem Sample eingestiegen. Ich habe so viel Potenzial darin gesehen! Durch Rock Da Most hatte ich schon Zugang zu großen Studios, also habe ich den beiden angeboten, etwas für sie zu produzieren. So ist »My Melody« entstanden.

FRAUENARZT Die türkischen MCs haben alle auf Englisch gerappt. Deutsch ging gar nicht. Klar, an den Fantastischen Vier ist man nicht vorbeigekommen, und Advanced Chemistry waren auch ganz cool. Aber allgemein war deutscher Rap in Berlin verrufen.

SEPALOT Wir haben uns immer gefragt, was eigentlich in Berlin los ist. In Stuttgart und sogar in Heidelberg gab es echte Szenen, und ausgerechnet aus der einzigen echten Metropole im Land kam so wenig. Es hat bestimmt auch in Berlin viele Leute gegeben, die auf Deutsch gerappt haben. Aber die Öffentlichkeit hat davon wenig mitgekriegt. Das war ein weißer Fleck auf der Karte.

KATMANDO Die haben wirklich sehr lange gebraucht, um den Twist ins Deutsche zu schaffen – vielleicht weil sie eh schon immer multilingual unterwegs waren und sich diese Frage gar nicht so stellte.

RALF THEIL Rap aus Berlin habe ich lange Zeit nur englischsprachig wahrgenommen. Juiceful Records hat damals als Antwort auf Jazzmatazz eine Compilation gemacht, die »Juiceful Jazz« hieß. Das einzige Deutschsprachige auf der Compilation waren Pura G-Schmak. Derezon war da selbst dabei, und der Rapper, Rase, hat auf Deutsch gerappt, aber nicht gereimt.

DJ DEREZON 1997 gab es auch die Maxi »Mein Leben« von 4 4 Da Mess. Wie das klang, wie das aussah – das war einfach Berlin. Aber es war noch viel zu früh dafür. Das hat keiner verstanden.

DJ TOMEKK Charnell und TMO von 4 4 Da Mess waren einfach zwei junge Typen aus dem Ghetto, die von sich und ihrer Gegend erzählt haben. Die haben die ganze HipHop-Sozialisierung der SWAT Posse übersprungen. Aber genau das war das Geile!

DJ DEREZON Graffitis, DJ-Mixe, Beats und Raps waren in Berlin immer anders als im Rest von Deutschland. Es ist eben ein Unterschied, ob du aus Kreuzberg kommst oder aus der behüteten Mittelschicht Stuttgarts. Deswegen gefiel den Berlinern der Rap aus anderen Städten nicht: weil die Roughness gefehlt hat.

FRAUENARZT An der westdeutschen Szene hat mich am meisten gestört, dass sie nichts anderes als sich selbst akzeptiert hat. Es ging immer darum, was man darf und was man nicht darf. Auch diese Antihaltung gegenüber der Popularität fanden wir komisch. Wir wollten immer Fame und Geld.

MARTIN STIEBER Die Berliner hatten ihren eigenen Groove. Die haben oftmals auch die Jams infiltriert und terrorisiert. Die sind in Bussen gekommen, haben die Türsteher hochgenommen, sich mit Baseballschläger an die Tür gestellt und die Abendkasse vereinnahmt. (lacht) Am Schluss haben die noch alle Lampen runtergeschlagen. Nach dem Motto: We takin' over!

MELBEATZ Ami Dee hat damals Busse organisiert, mit denen die Berliner Writer zusammen auf die Jams gefahren sind. Wir haben alle Jams zerstört. Ich weiß noch, wie ich bei der Spring Jam einfach am Eingang die Kasse übernommen, die Leute durchsucht und deren Geld eingesteckt habe. Die Berliner waren immer sehr aggressiv und hatten den schlimmsten Ruf. Meine These dazu ist: Von Berlin bis nach Westdeutschland musste man mindestens drei Stunden fahren. Auch wegen des Alkoholkonsums hat sich in der Zeit die Stimmung schon so aufgeheizt, dass wir richtig asozial und abgefuckt da ankamen. (lacht)

EIZI EIZ In Braunschweig hatten wir 1992 unseren ersten Außerhalb-

Auftritt als Absolute Beginner. Wir standen zwar nicht auf dem Plakat, sind letztlich aber als Einzige aufgetreten, weil irgendwann zwei Busse aus Berlin kamen und alles auseinandergenommen haben. Unseren Auftritt fanden die offenbar cool, also durften wir noch fertig machen. Danach aber haben die 36 Boys alles rausgetragen, was da war: die Plattenspieler, die Mikros, die Boxen. Die Bullen kamen, es gab Straßenschlachten, es ist ziemlich eskaliert. Unter der Decke hing noch eine riesengroße Hakenkreuz-Fahne, die Mad während der Show zerschneiden sollte. Dazu ist es aber nicht mehr gekommen. Ich dachte nur: Wenn die jetzt runterkommt, dann ist endgültig alles aus. (lacht)

DJ DEREZON Mit der Zeit wurde es für uns immer schwieriger, Auftritte außerhalb Berlins zu bekommen. Die Veranstalter hatten Angst, dass wieder Reisebusse mit Berlinern kommen. Mit solchen Aktionen hat sich Berlin meiner Meinung nach sehr weit nach hinten katapultiert. Während die Szene in Westdeutschland immer professioneller wurde, hat man in Berlin sein eigenes Ding gemacht. Hier gab es auch jede Woche Partys, aber man ist eben unter sich geblieben. So gab es kaum neue Einflüsse.

FRAUENARZT Es gab schon Austausch. 1995 haben wir angefangen, mit unserer Crew OveRtaX auf den Jams in Westdeutschland rumzurocken. Ich erinnere mich noch an eine zweitägige Jam in Bielefeld mit einem »Hardcore Day« und einem »Funky Day«. Wir sind am Hardcore Day aufgetreten und die Beginner, damals noch zu viert, am Funky Day. Manchen Leuten hat nicht gefallen, was wir da gemacht haben, anderen aber schon. Wir haben den anderen auch Respekt gezollt, wenn sie was draufhatten: Aci Krank aus Bielefeld zum Beispiel. Oft ist man auch mit den Writern bomben gegangen, und wir haben geracket wie bekloppt. In den ganzen kleinen Städten gab es in den Baumärkten ja keine Ladendetektive, im Gegensatz zu Berlin. Wir konnten uns da mit den geilsten Dosen die Sporttaschen voll machen und einfach rausspazieren.

TUAREG Bei den MZEE Frisch-Jams waren die Berliner auch. Nicht weit von der Live Music Hall gab es einen Supermarkt. Dort haben die Jungs leere VHS-Kassetten im Zehnerpack geklaut, die unbespielten Tapes mit »Hardcore Berlin Trainwriting 1–10« beschriftet und an ahnungslose Kiddies verkauft. Das mit den Videokassetten war der lustige Part. Aber die haben auch die Aral-Tankstelle in der Nähe mehr oder weniger zu Bauschutt verarbeitet.

EIZI EIZ Die Berliner fanden das einfach geil. Die Szene dort war immer schon das Gegenteil von uns. Bei uns war alles peacig, zumindest unter den Musikern. (lacht) Bei denen war das Gegeneinander immer schon stärker ausgeprägt. Berlin halt! Da wirst du ja ständig angeschissen, selbst wenn du Brötchen kaufen willst ... Für die Berliner waren alle anderen verzogene westdeutsche Gören, scheiß Hippies oder elitäre Oldschooler. Also sind die vorbeigekommen und haben denen aufs Maul gehauen.

28 B-Stadt für immer, stirb hart, Mutterficker!

MC BOGY Berlin Crime wurde 1997 gegründet. Das war erst mal nur eine Writer-Crew, die aus Writern, Hooligans und Bangern bestand und sich durchs Malen und verrückte Scheiße einen Namen gemacht hat. Wenn wir in die U-Bahnhöfe rein sind, haben wir zum Beispiel die Sprecherkabine aufgeknackt, den Walkman aufs Mikrofon montiert und den ganzen Bahnhof mit HipHop beschallt, während wir gemalt haben. BC-Style halt.

MAXIM K.I.Z Man wusste natürlich, wer die waren. Als ich Mach One von BC mal an Silvester vor der Regenbogenfabrik getroffen habe, war das ein absolutes Highlight. Ein Kumpel von mir hatte ihn angequatscht, um mit ihm über Graffiti zu sprechen, während Mach damit beschäftigt war, die Blutung an seinem Kopf mit einem Handtuch zu stillen, weil ein Kumpel ihm kurz vorher eine Flasche übergezogen hatte. Das fand man natürlich faszinierend.

MC BOGY Frauenarzt hatte immer sein Megafon dabei – wenn wir gerappt haben und auch wenn wir sprühen gegangen sind. Der hat damit Leute angepöbelt, andere animiert, Scheiße zu bauen, oder Sprechchöre wie »Und wenn die Bullen kommen, dann sollen sie kommen« angeleitet.

SOOKEE Wenn du zu Hause eine Party gemacht hast, musstest du immer Schiss haben, dass jemand von BC oder der TMR-Crew einreitet, etwas kaputt macht oder mitgehen lässt. Irgendeine Form von Ärger gab es immer. Aus Coolness-Gründen hat man natürlich nichts gesagt – und je näher man an die herankam, umso krasser hat man sich gefühlt.

MC BOGY Bei BC wurde immer auch viel gefreestylt. Deshalb haben die Rapper von BC – Frauenarzt, Manny Marc, Mach One, Akte One, MC Basstard, King Orgasmus One, Vork, Jope, Darn, Tony D, Rako, Smoky, Poem, Mr. Long, MOK, Isar One, Aro und ich – 1998 die Bassboxxx gegründet. Die ersten Songs haben wir mit einem DAT-Recorder aufgenommen. Man hat schnell seinen Text geschrieben und one-take eingerappt. Da war nicht viel mit Schneiden.

MELBEATZ Die BC-Sachen habe ich richtig gehasst. Die konnten nicht rappen. Das waren Writer, die das einfach so gemacht haben – die hätten sich auch geärgert, wenn irgendwelche Toys mit dem Writen angefangen hätten!

MELBEATZ Auch dieses Miami-Bass-Ding, das die teilweise hatten … Zu der Zeit habe ich Rap noch viel zu ernst genommen, als dass ich da den Spaß rausgehört hätte. Heute verstehe ich das, aber damals war das für mich richtig haram.

FRAUENARZT Unsere Produktionen waren richtig schlimm, unsere Reime waren scheiße – aber unsere Attitüde war gut. Wir haben etwas gemacht, das es vorher im Rap nicht gab, und allen einen Mittelfinger gezeigt. Wir waren der Meinung, dass wir machen können, was wir wollen, und haben Wörter wie »Muschi«, »Fotze« oder »Pimmel« gesagt, wenn wir da Bock drauf hatten. Außerdem haben wir krass auf Images und Charaktere gesetzt. Orgi war der Zuhälter und Pimp. Basstard hat Horror-Rap verkörpert, sich bei Konzerten als Dämon geschminkt und ist mit einem Umhang auf die Bühne gekommen. MC Bogy war der lyrische Hooligan, hat sich eine Glatze rasiert und hatte immer Bomberjacke oder Unterhemd an. Ich war als Frauenarzt eben der Porno-Rapper. Im Grunde waren wir auch da ein Vorreiter von Aggro. Ich weiß nicht, ob Specter das von uns übernommen hat, aber die haben ihren Künstlern später auch Images verpasst und diese Charaktere perfektioniert.

MC BOGY Arzt war schon immer ein Pionier. Der hat viel Mut bewiesen und hat ganz viele Schritte ermöglicht, auch hinter den Kulissen. Der hat den Berliner Untergrund-Rap auf ein professionelles Level gebracht, auf dem ganz viele Artists gut davon leben konnten.

BLOKKMONSTA Der Zusammenhalt bei Bassboxxx war am Anfang krass. Keiner hatte etwas erreicht, wir waren alle auf einem Level und haben gehofft, dass es mit der Musik klappt. Dementsprechend hat man sich gegenseitig supportet.

MARC LEOPOLDSEDER Ich fand faszinierend, dass man diese Namen oft schon aus Graffiti-Magazinen kannte. Ich bin also nach Berlin, habe im Berliner Bär in Tempelhof gechillt, weil Manny Marc da günstig Zimmer klären konnte, und habe einen nach dem anderen interviewt. Ich bin auch auf Konzerte von denen und habe gesehen, was da los war. Das hat mir noch mal eine ganz andere Perspektive gegeben. Wenn man sich nur die Musik angehört hat, konnte man leicht sagen: Das ist schäbig aufgenommen, die können keine Doppelreime und sagen eklige Sachen. Das stimmte auch alles irgendwie – ich habe da im Sinne der Meinungsfreiheit oft Sachen verteidigt, die ich heute nicht mehr verteidigen würde. Aber auf diesen Konzerten waren richtig viele Leute, die alles auswendig konnten und das krass gefühlt haben. Ich fand das Movement so spannend: wie die versucht haben, an Grenzen zu gehen, alles selbst gemacht haben und damit tatsächlich Leute erreichen konnten.

FRAUENARZT Das, was ich gemacht habe, wurde erst später von anderen »Porno-Rap« genannt. Wir wollten eigentlich nur Miami Bass machen, und mit den deutschen Texten klang das eben noch perverser. In den Reviews wurde unsere Musik immer als »billige Synthesizer-Produktionen« abgestempelt, während jedes Samplen von einem kurzen Funk-Loop als krasse Kunst durchgewunken wurde. Wir haben uns darüber immer tierisch aufgeregt. Wir hatten all die Originalgeräte zu Hause, wir hatten den Vocoder, wir hatten die 808, wir hatten jede scheiß Schallplatte aus dem Genre – das war unser

Ding. Auch wenn wir sonst nicht viel hatten: Das war unser Heiligtum!

BLOKKMONSTA Als dann Jahre später Das Bo mit »Türlich, Türlich« kam, haben wir nur gedacht: Wollt ihr uns verarschen? Leute wie Frauenarzt wurden für diese Musik ausgelacht – und die Hamburger haben das einfach ins Fernsehen gebracht. Ab dem Zeitpunkt haben wir angefangen, die anderen Städte zu dissen.

FRAUENARZT Wir waren richtig sauer. Wir sind die Electro-/Bass-Szene in Deutschland, und auf einmal kommen diese Typen aus Hamburg, machen Bassmusik und bekommen dafür die Aufmerksamkeit! Aus meiner heutigen erwachsenen Perspektive würde ich ihn feiern und Kontakt knüpfen. Inzwischen habe ich Das Bo auch kennengelernt, der ist wirklich in Ordnung und der Song ein Hit. Aber wir waren halt jung … Das ist ein Verhalten, das ich auch jetzt wieder bei jungen Rappern beobachten kann: Diejenigen, die sich am ähnlichsten sind und gut zusammenpassen würden, haten sich.

BLOKKMONSTA Auch wenn Berliner sich untereinander ständig gefickt haben: Wenn es um die Stadt ging, haben wir immer zusammengehalten. Wir haben bei Freestyle-Battles nur darauf gewartet, dass Rapper aus anderen Städten auf die Bühne gehen und das Wort »Berlin« auch nur falsch betonen – dann sind gleich fünf auf die Bühne und haben den weggeklatscht. Wir wollten immer und überall zeigen, dass Berlin das Sagen hat.

MAXIM K.I.Z Klar fand man auch »Bambule« gut, aber wenn die BC-Leute mit ihren Shirts vor dem Club standen, war das etwas anderes. Das kam aus Berlin und hat einem viel mehr Identifikation geliefert. Ich habe mich gefreut, dass man als Berliner vom Image dieser Leute profitieren konnte. Wenn ich als netter Kreuzberger irgendwo in Westdeutschland war, hatte man Angst vor mir – weil alle dachten, dass aus Berlin nur Mörder kommen.

BLOKKMONSTA Labels wollten nicht mit uns zusammenarbeiten.

Regisseure hatten Angst, weil wir Waffen im Video hatten. Produzenten haben mich gefragt, wie es mit GEMA-Punkten aussieht. Was für GEMA-Punkte? Wir sind Untergrund, Mann! Also mussten wir unsere Beats selber machen – wie alles andere auch.

29 Könnt ihr Staiger fragen

MARCUS STAIGER Ich bin 1992 aus Stuttgart nach Berlin gekommen, wegen der Liebe. Dabei hat meine Freundin sogar in Hamburg gewohnt. Ich weiß gar nicht, was das für ein komisches Konstrukt in meinem Kopf war. Ich glaube, ich wollte keine zu ferne Fernbeziehung führen … Die Liebe war allerdings eh vorbei, als ich Berlin erreicht hatte. Ich kam am Hauptbahnhof an, der heute der Ostbahnhof ist, es roch nach Kohle, und alles war sehr trübe. Wir gingen die Treppen runter, und sie meinte: »Ich brauch Zeit für mich alleine.« Damit war die Sache gegessen. (lacht) In Stuttgart hatte ich immer relativ gut bezahlte Jobs gehabt, als Aushilfskraft bei Daimler-Benz oder der Deutschen Post. In Berlin habe ich für ein paar Mark in der Stunde hundsmiserable Sklavenarbeit für Zeitarbeitsfirmen gemacht. Ich hatte aber den Ehrgeiz und wollte hierbleiben. Die Berliner Art hat mir zugesagt: auf die Fresse, provokant, mit einem gewissen Humor – genau das, was später Royal Bunker wurde. HipHop wurde wahnsinnig wichtig in dieser Phase, in der ich ganz alleine war.

JACK ORSEN Staiger hat ein Potenzial erkannt und – obwohl das Internet noch in den Kinderschuhen steckte – global gedacht. Als Typ würde ich ihn als Mischung aus Mutter Teresa und Kimbo Slice beschreiben.

MARCUS STAIGER Ich wollte nie Konsument bleiben. Ich bin kein Sammlertyp, ich wollte unbedingt mitmachen und Teil der Kultur sein. Auf der künstlerischen Ebene hat das nie funktioniert, denn rappen kann ich leider überhaupt nicht. Es heißt ja immer, dass Leute, die gut Prosa schreiben können, nicht unbedingt Lyriker sind, und Lyriker nicht unbedingt gute Prosa-Schreiber. Bei mir trifft das zu. Ich bringe es nicht fertig, in vier Takten etwas geil auf den Punkt zu bringen. Genau das hat mich aber an Rap immer fasziniert. Savas zum Beispiel konnte das wie kaum ein anderer.

RALF THEIL Staiger und Savas, das war eine eher ungewöhnliche, aber letztlich immens wichtige Symbiose. Ein kompromissloser MC aus Kreuzberg mit riesigen Ambitionen und ein zugezogener Intellektueller mit Sozialarbeiter-Gestus. Dass da am Ende eine waschechte Revolution rauskam, ist mit ein bisschen Abstand schon amüsant.

MARCUS STAIGER Ich habe Savas 95/96 im HipHop-Haus in Steglitz kennengelernt. Ich hatte ihn davor immer mal gesehen, aber hatte Probleme, in diese Kreise reinzukommen. Die waren alle eher unter sich. Aber ich hatte diese stoische Hartnäckigkeit: Ich war der Typ, der auch immer da war und in der Ecke stand, irgendwann mussten die also mit mir sprechen! Ich habe dann beim Uni-Radio eine Show gemacht, zu der ich alle Rapper eingeladen habe, die ich kannte. Die fanden komplett verrückt, dass das ein professionelles Radiostudio war. So hatte ich bald einen Ruf: Der ist ein bisschen komisch und spricht auch komisch, aber irgendwie ist er so verrückt, dass er schon fast wieder cool ist. An irgendeinem Abend hat mir Savas dann vom Good Life Cafe erzählt, einem Freestyle-Laden in Los Angeles.

MELBEATZ Savas und ich waren übertriebene Westcoast-Fanatiker. Wir wollten uns sogar das Hieroglyphics-Logo tätowieren lassen! Wir waren ständig bei Such A Sound und haben nach immer noch unbekannteren Platten gediggt. Auf der Rückseite einer Platte von Mystik Journeymen war eine Telefonnummer abgedruckt. Savas hat einfach dort angerufen, um nach einem Feature zu fragen. Die dachten erst, es wäre ein Prank-Call, und haben aufgelegt. Aber Savas hat einfach noch mal angerufen.

KOOL SAVAS Ich meinte zu dem: »Ich bin Rapper aus Deutschland und komme nach Kalifornien. Habt ihr einen Schlafplatz?« Das war

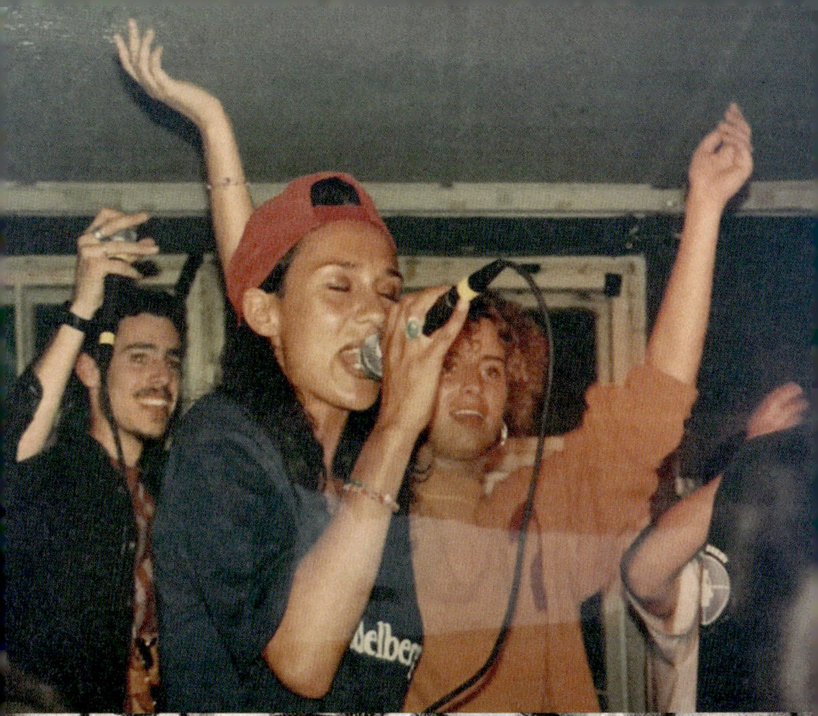

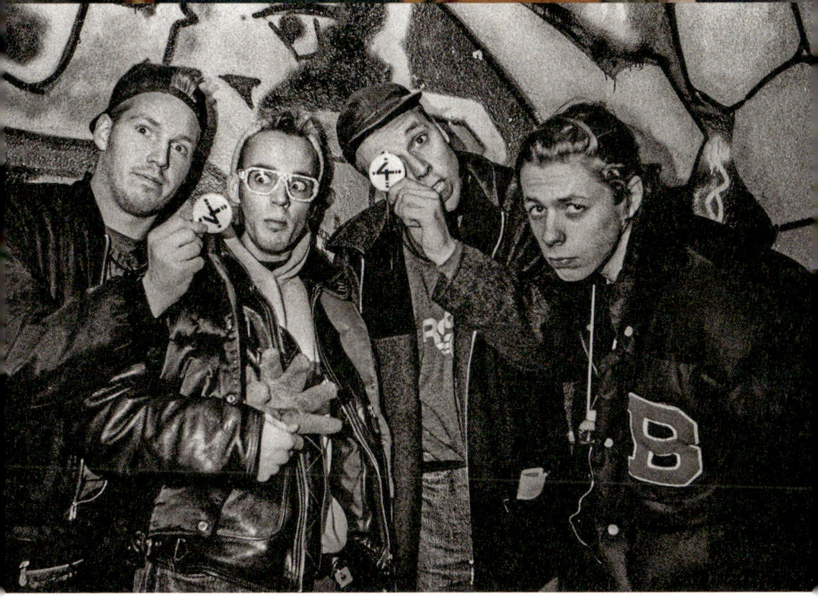

sha Friedrich bei einer Jam der SWAT-Posse in Berlin – Die Fantastischen Vier im Jahr 1993: And.Y,
mas D, Smudo & Hausmarke

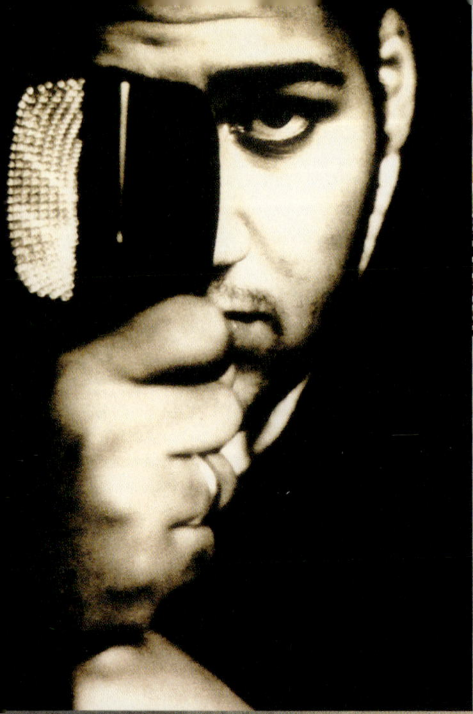

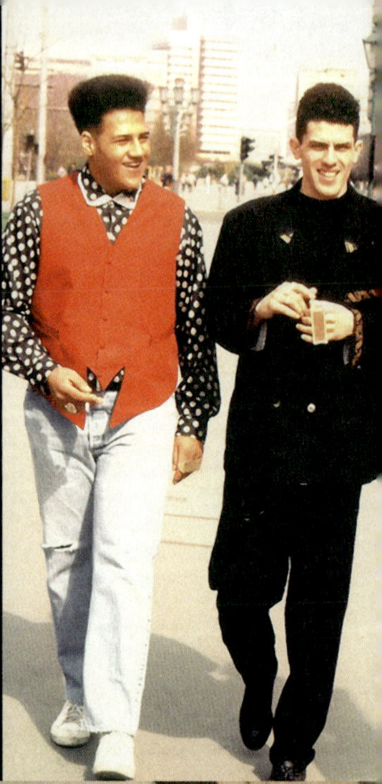

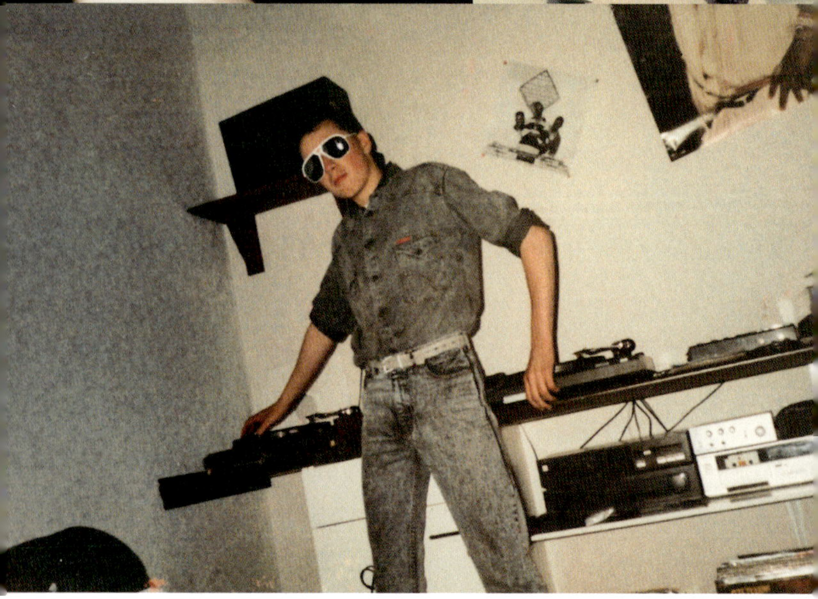

Halb Mikro, halb Moses Pelham – Moses Pelham und Rico Sparx (R.I.P.) 1988 in Ostberlin – Rick Ski

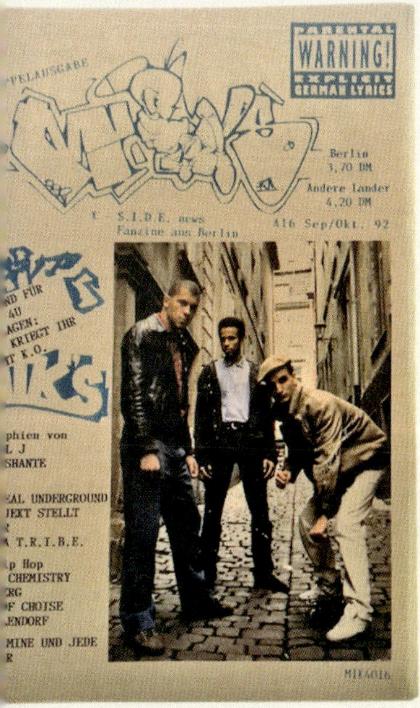

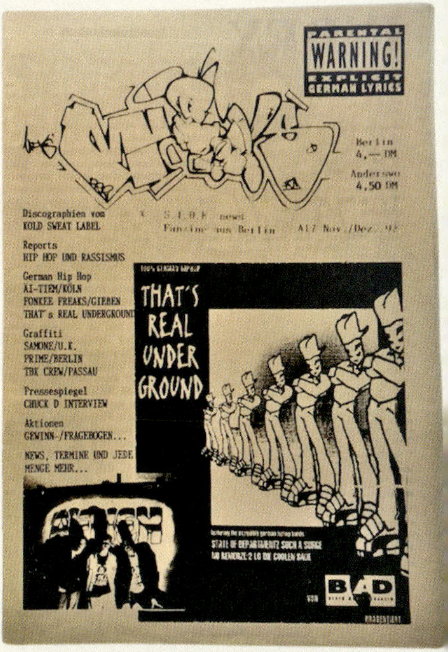

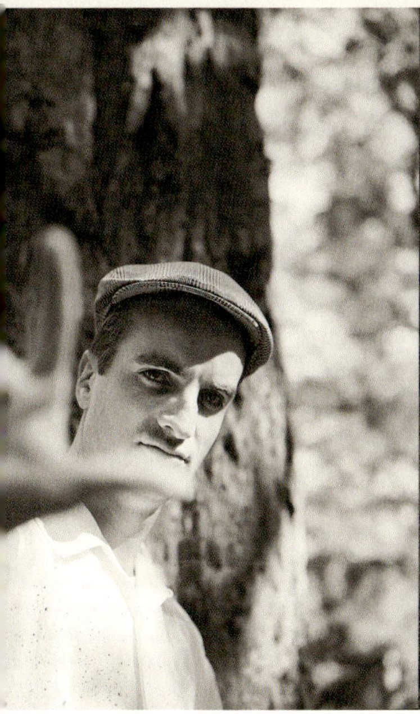

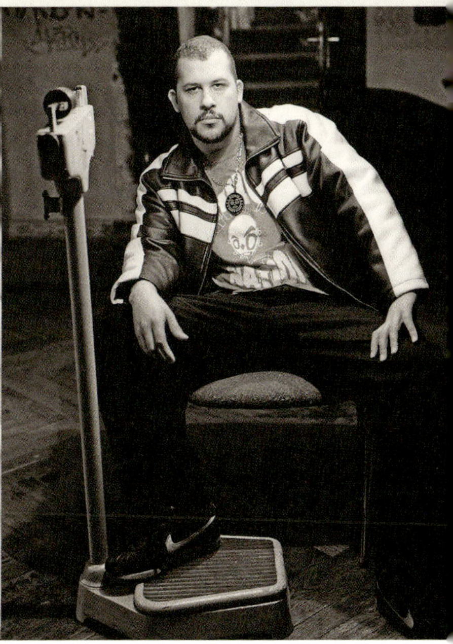

seiten von Mik‘s X-S.I.D.E. News – Toni Landomini alias Toni-L – Frederik Hahn alias Torch

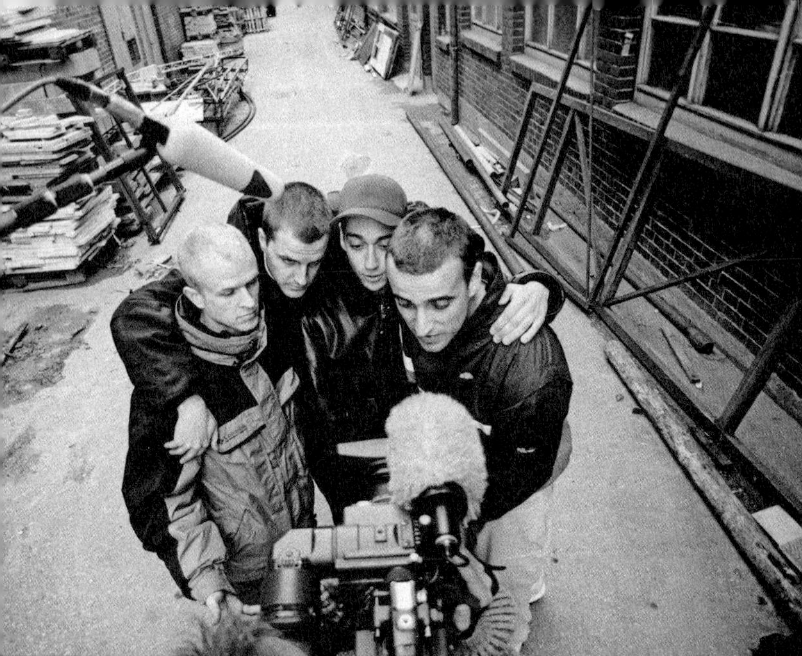

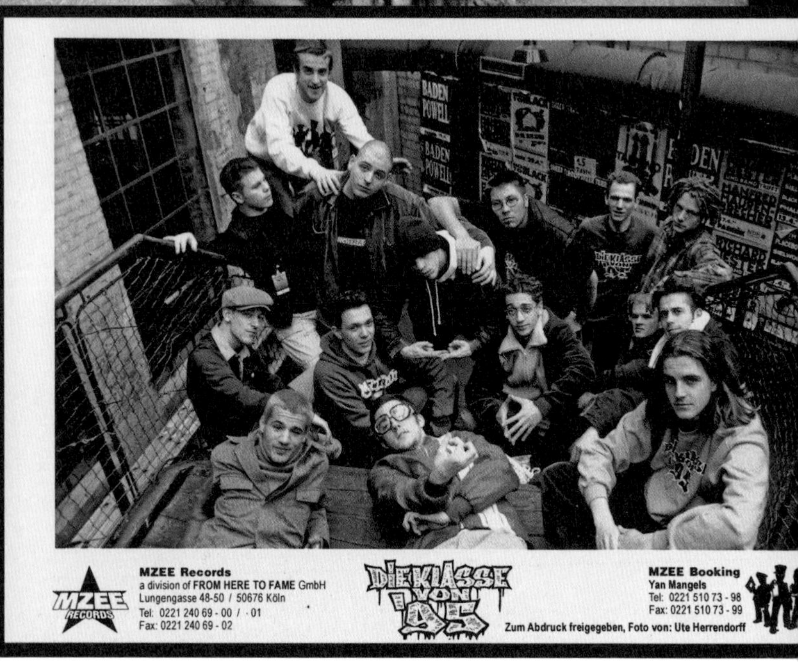

Die Massiven Töne: DJ 5ter Ton, Schowi, Ju und Wasi – Die Klasse von '95

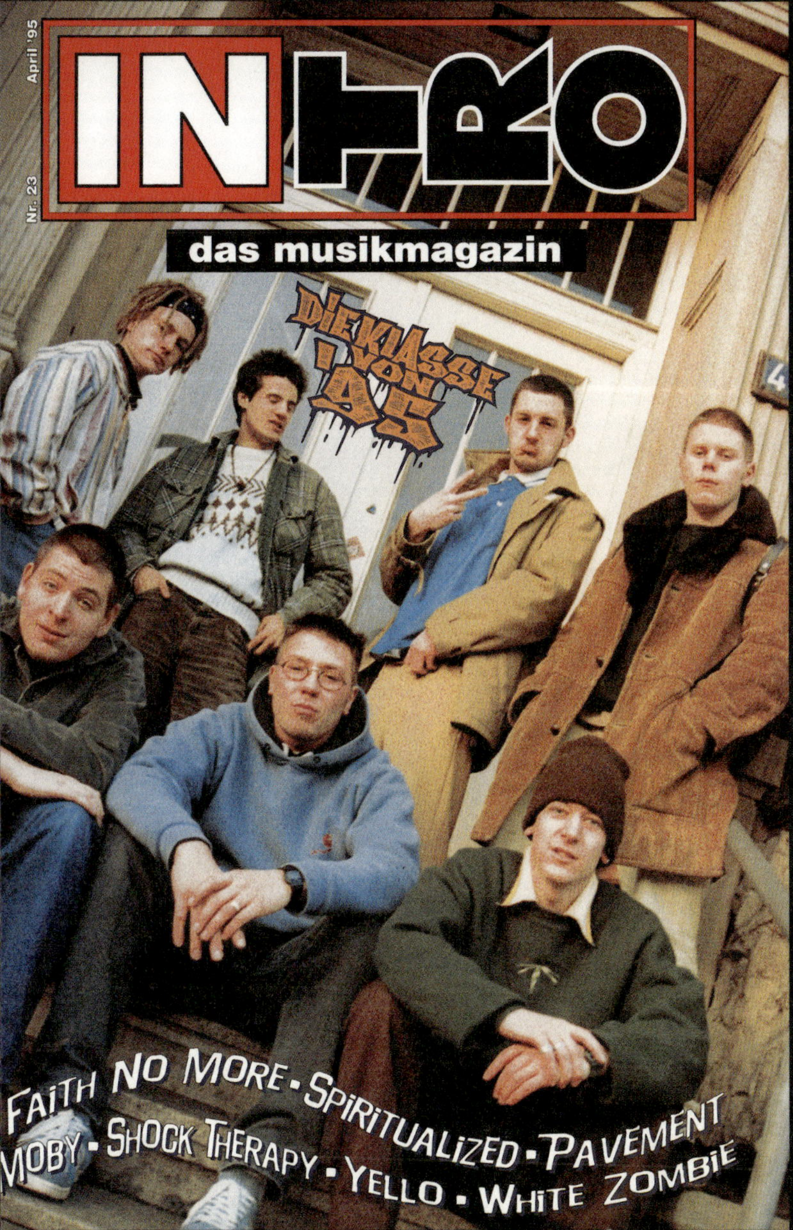

Klasse von '95 auf dem Cover des Intro-Magazins

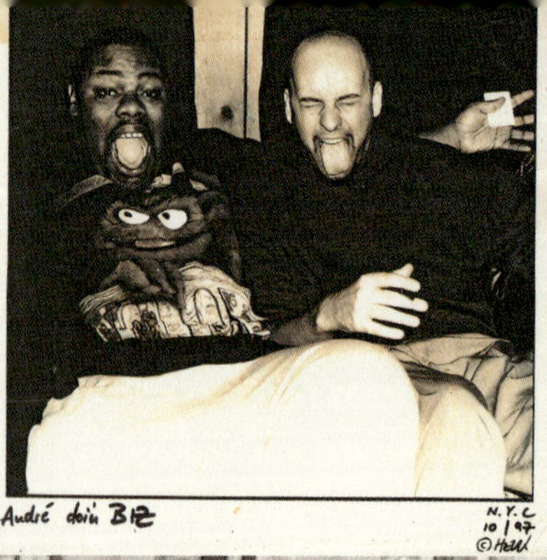

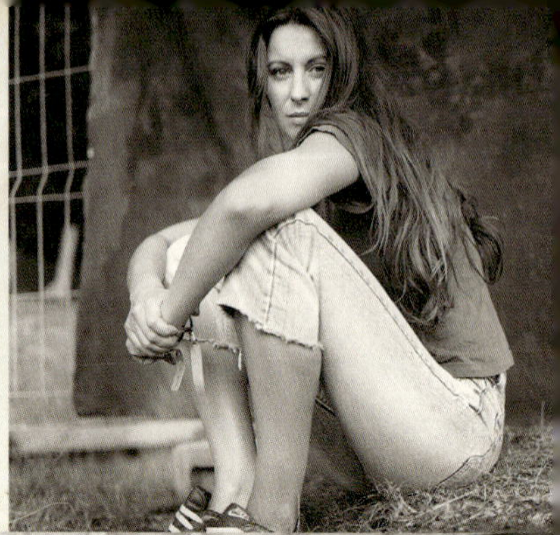

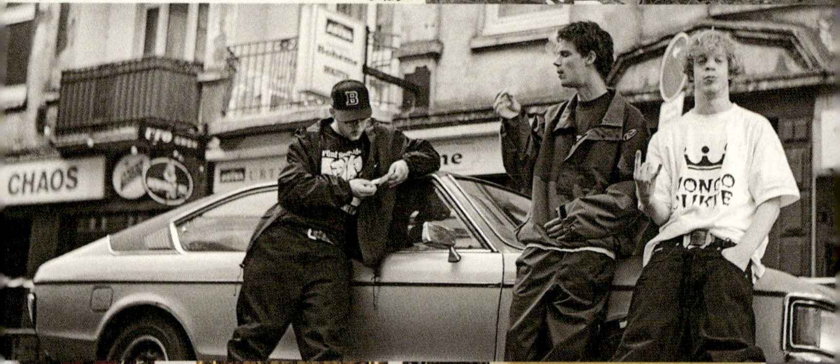

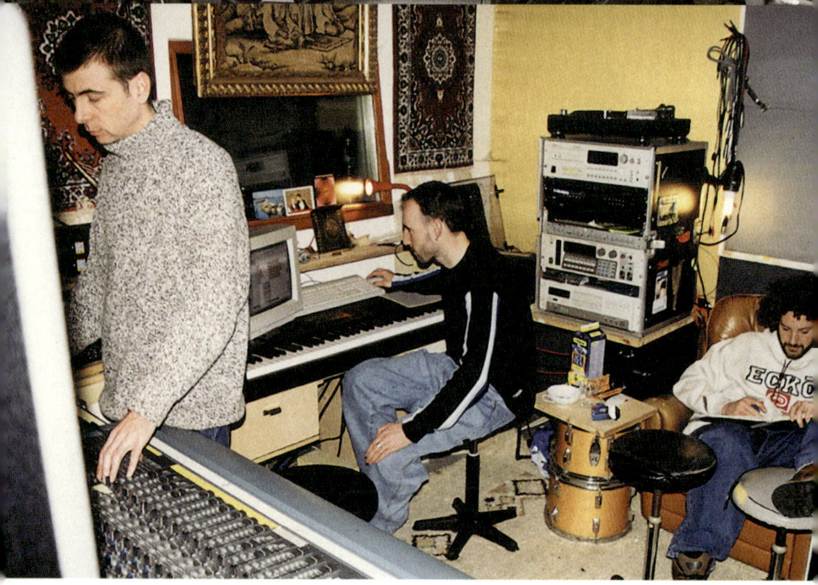

André Luth mit Biz Markie bei einer Aufnahmesession für Fünf Sterne Deluxe in den New Yorker D&D Studi
Cora E. – Mongo Clikke: Bo, Falk, Ferris – Freundeskreis in ihrem Gartenhaus-Studio

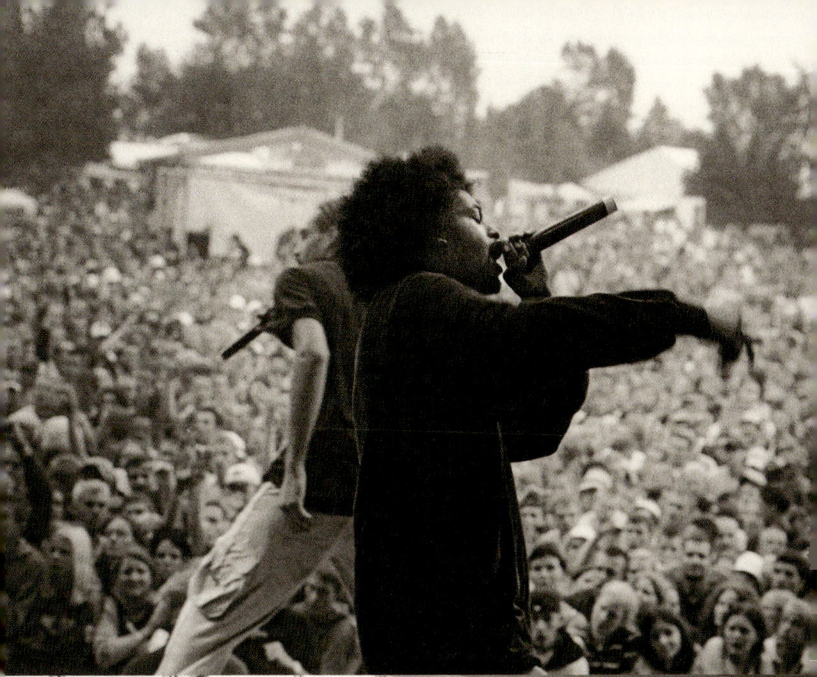

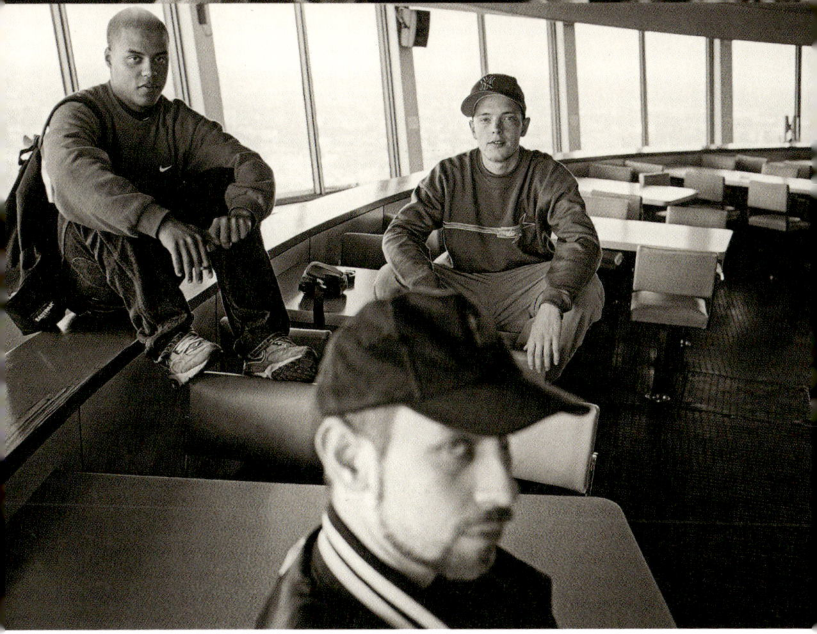

von den Spezializtz und Afrob live on Stage – Die (damals noch Absoluten) Beginner: Denyo, DJ Mad,
:iz

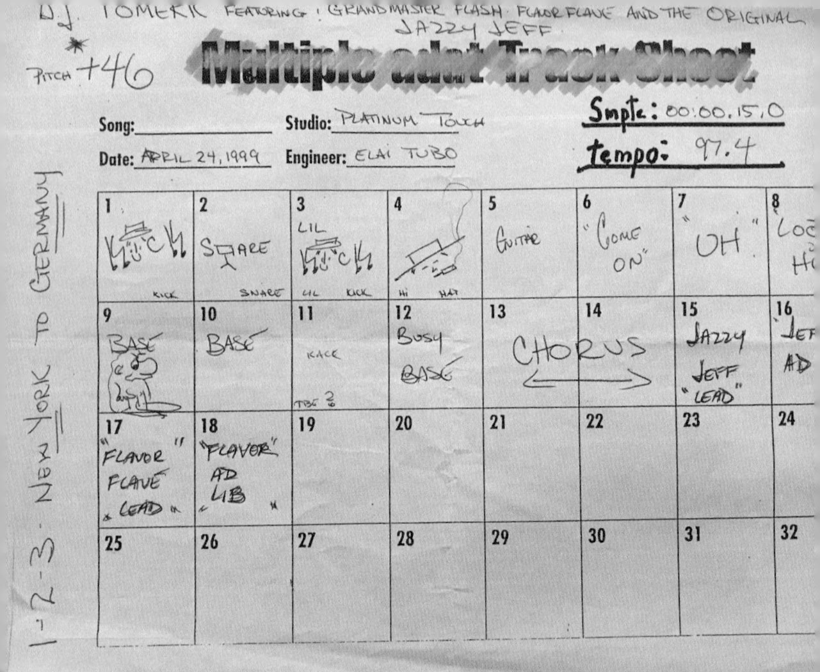

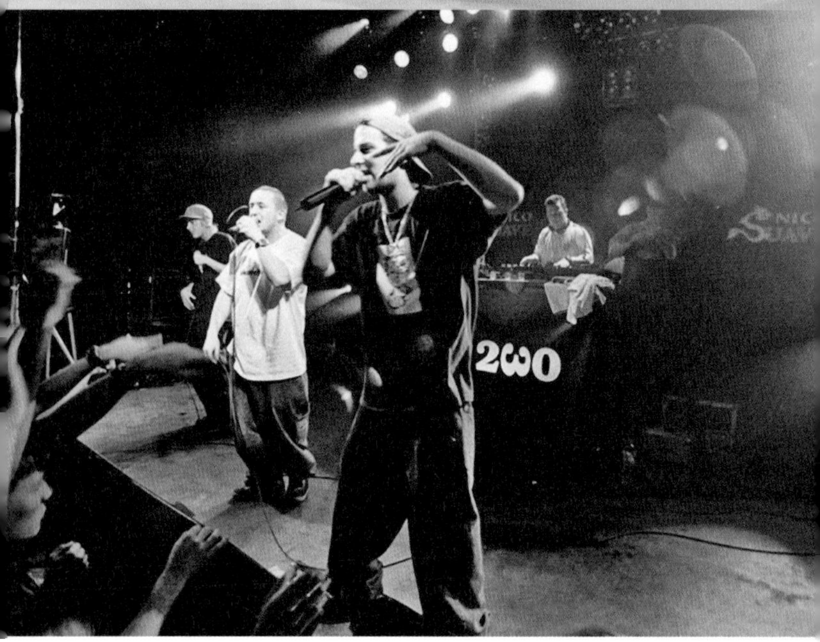

Spurbelegung des Songs »1, 2, 3, Rhymes Galore« von DJ Tomekk – Dendemann und Co. auf der Bühne

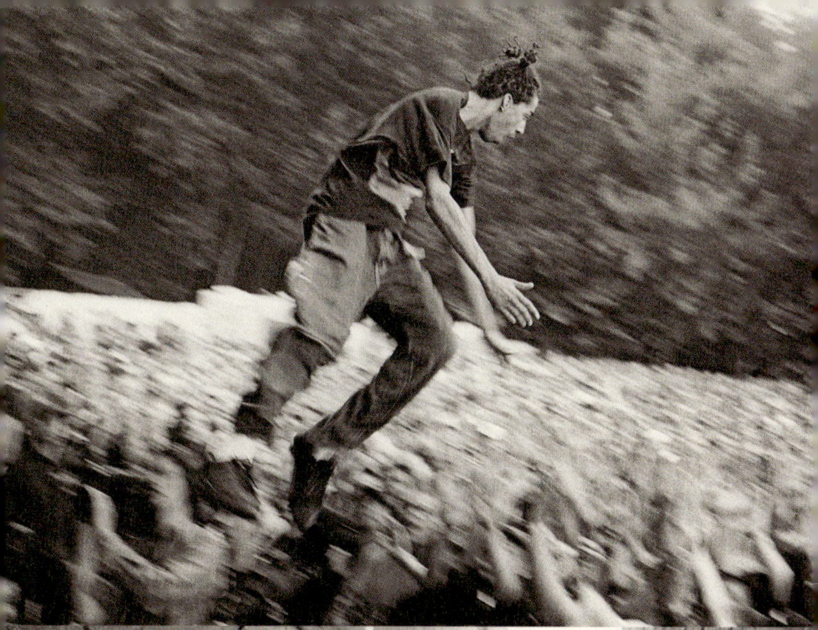

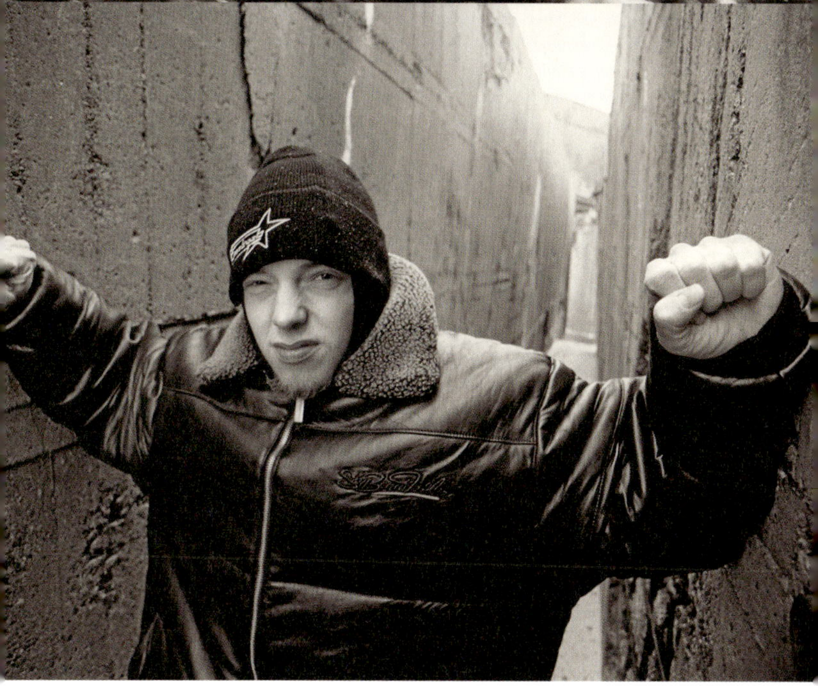

ırris bei einer seiner berüchtigten Stagediving-Einlagen – Eizi Eiz repräsentiert Eimsbush

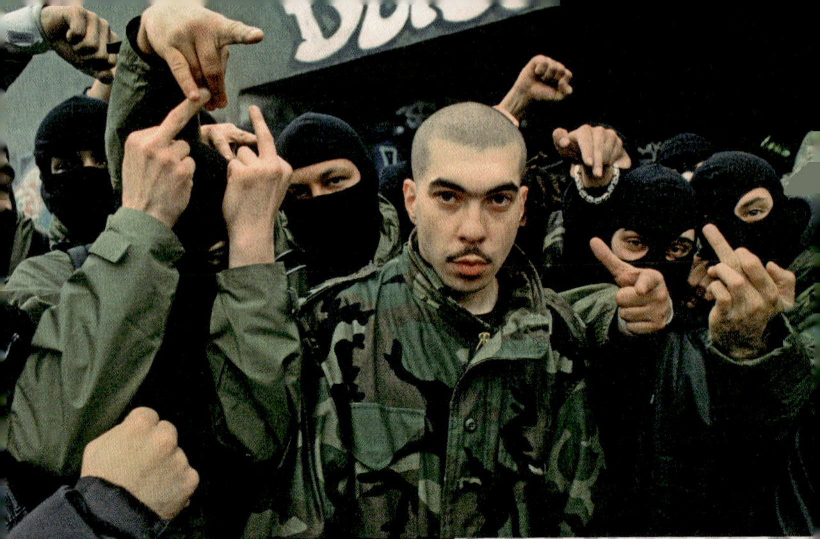

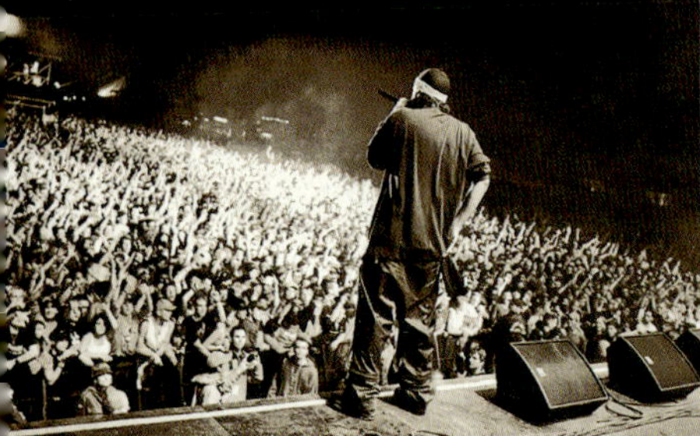

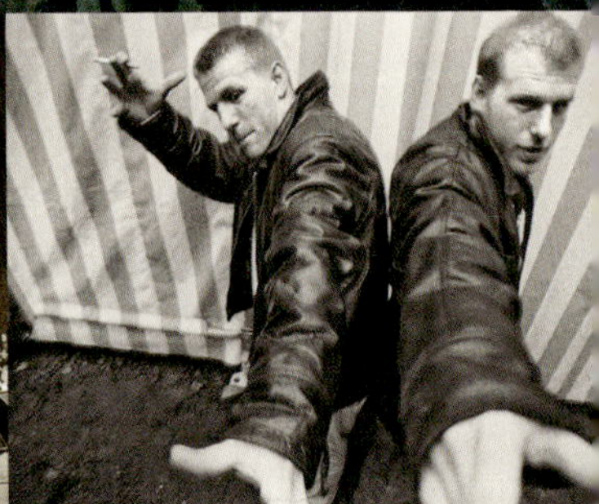

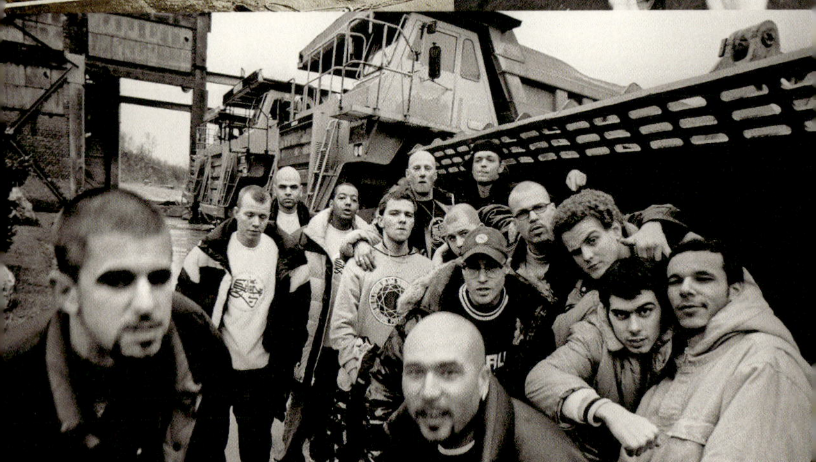

Azad beim Videodreh zu »Napalm« – Samy Deluxe – Stieber Twins – Die Put Da Needle To Da Records-Crew

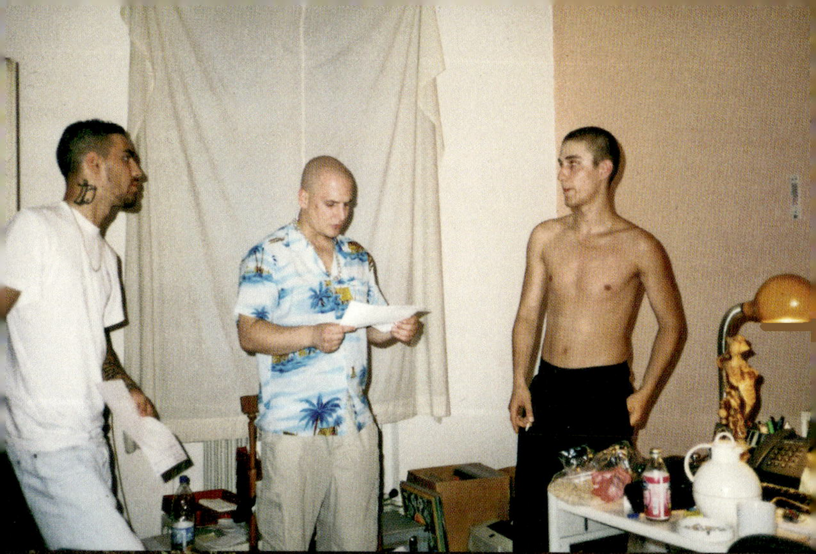

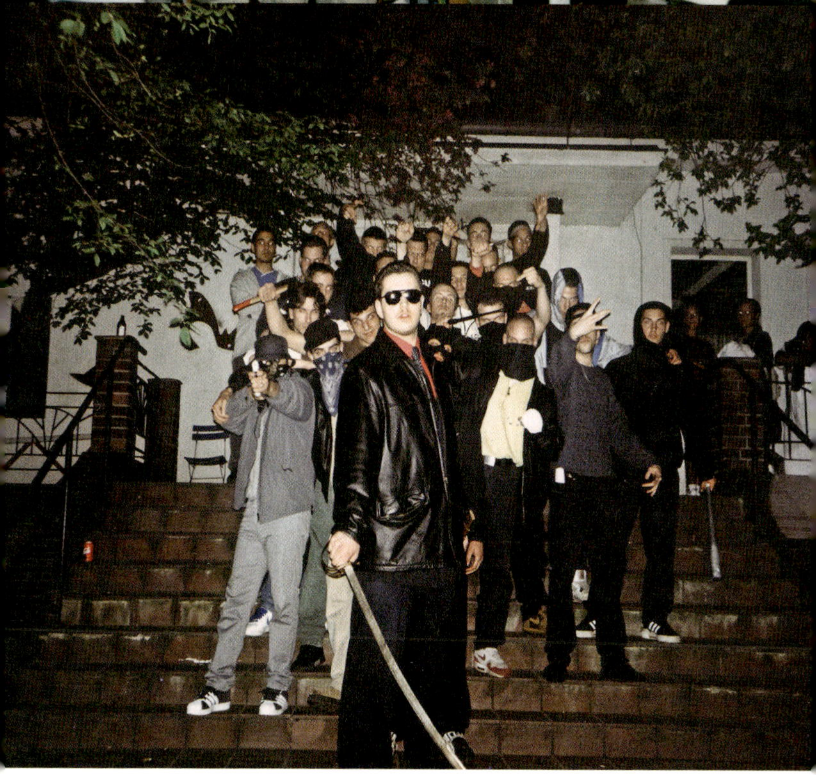

ssion: Bushido, MC Bogy und Rako – Die Bassboxxx-Crew, u.a. im Bild: King Orgasmus One und Frauen-
zt

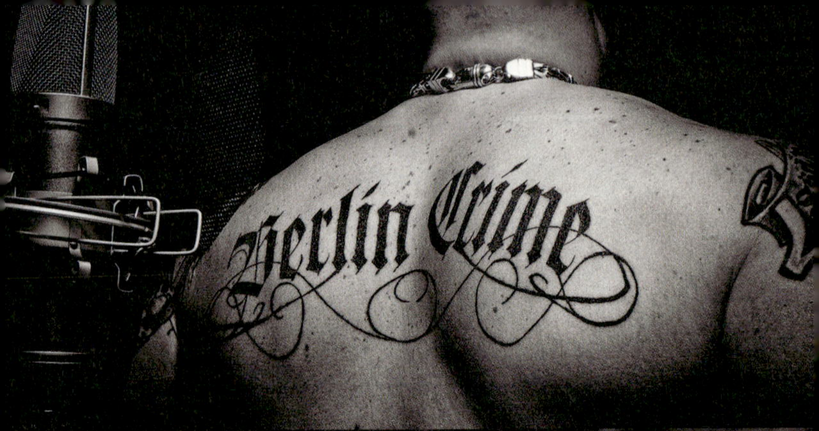

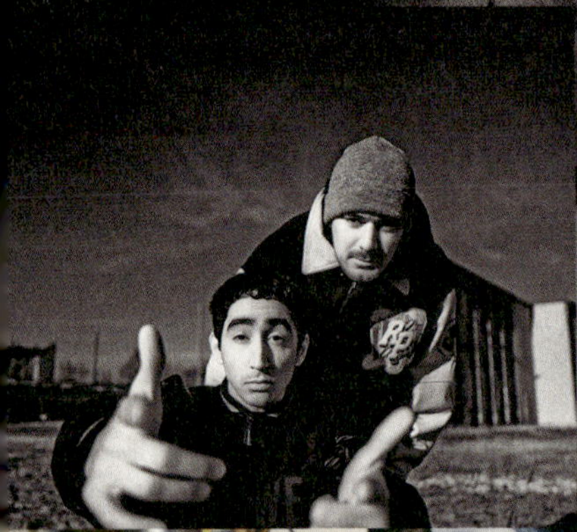

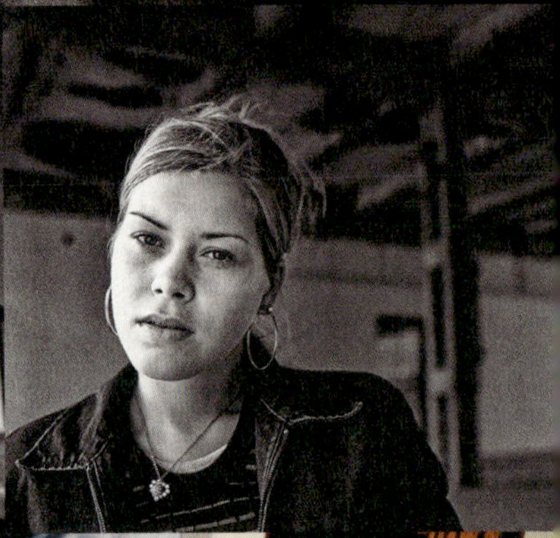

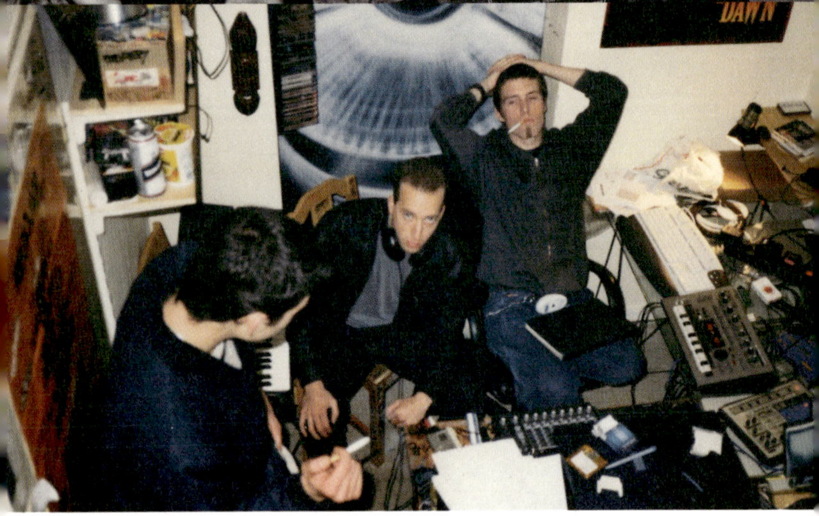

MC Bogy – Kool Savas und Eko Fresh – Melbeatz – Tony D, Frauenarzt und Mach One im »Lätzten Loch«

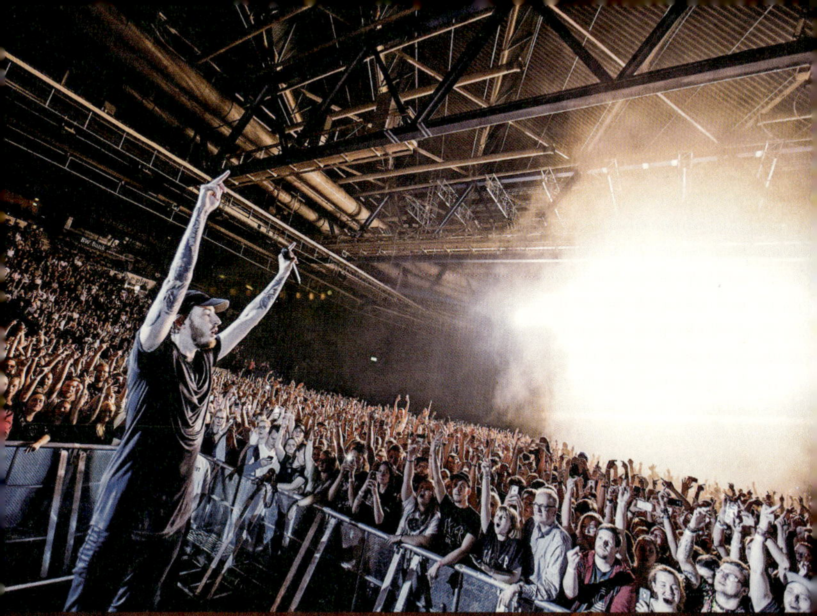

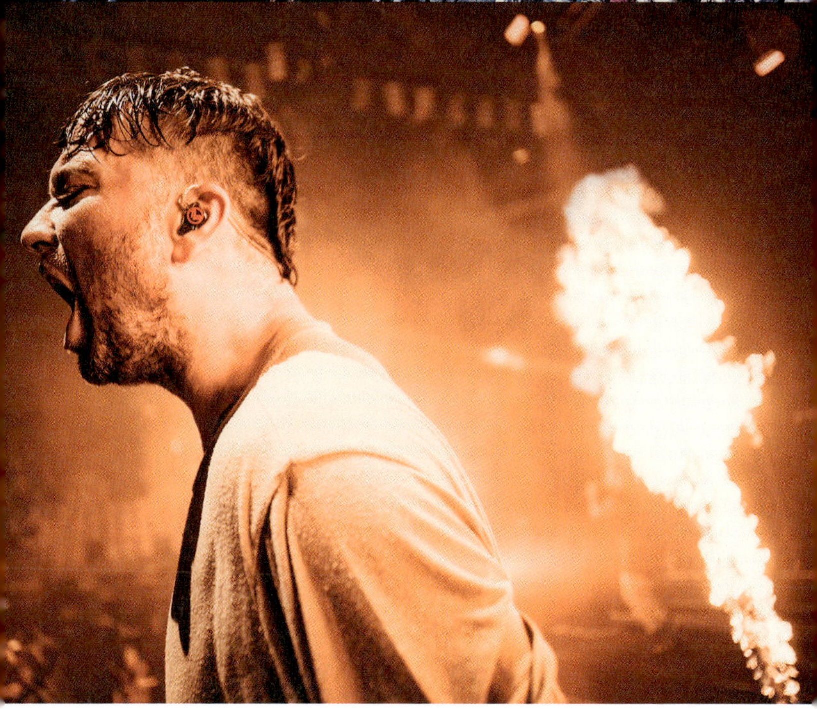

per – Marteria

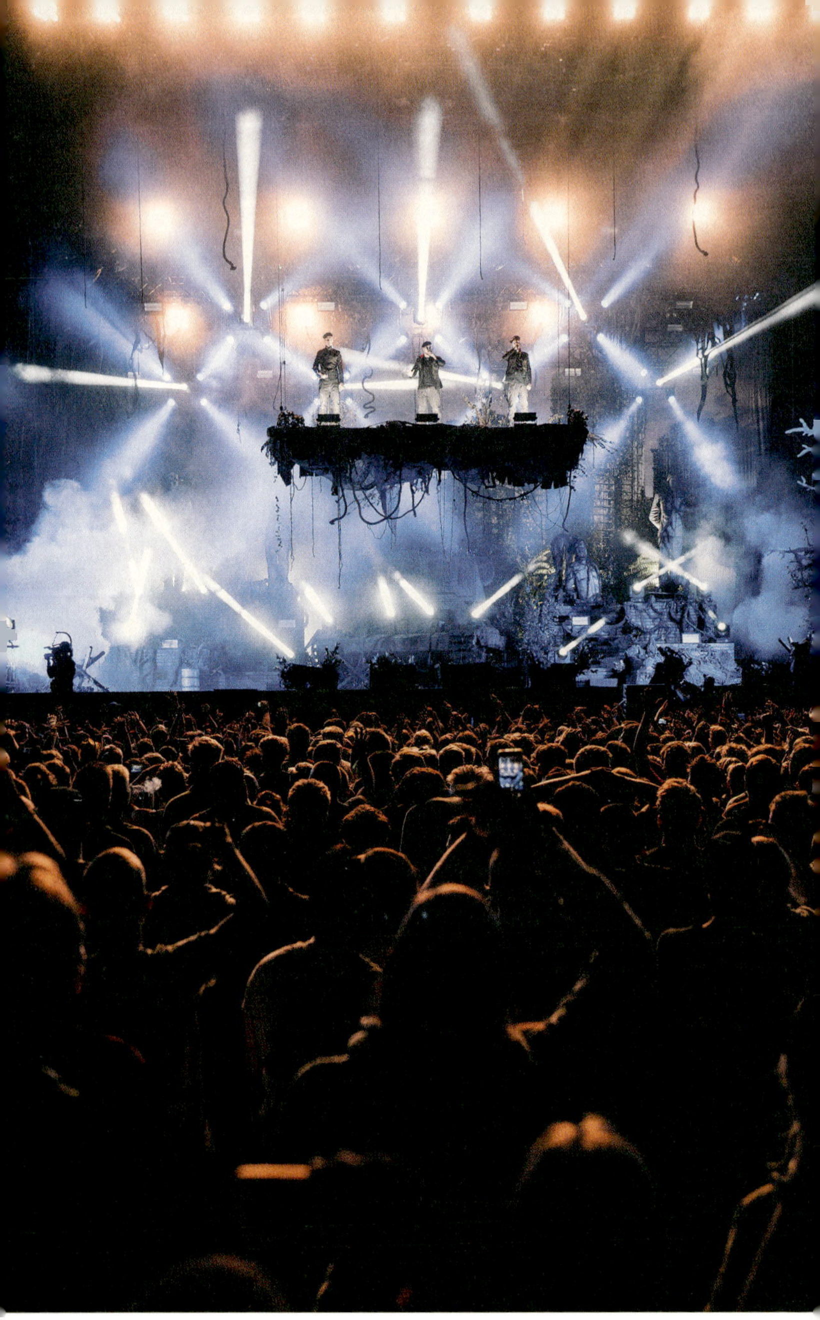

K.I.Z auf der Bühne

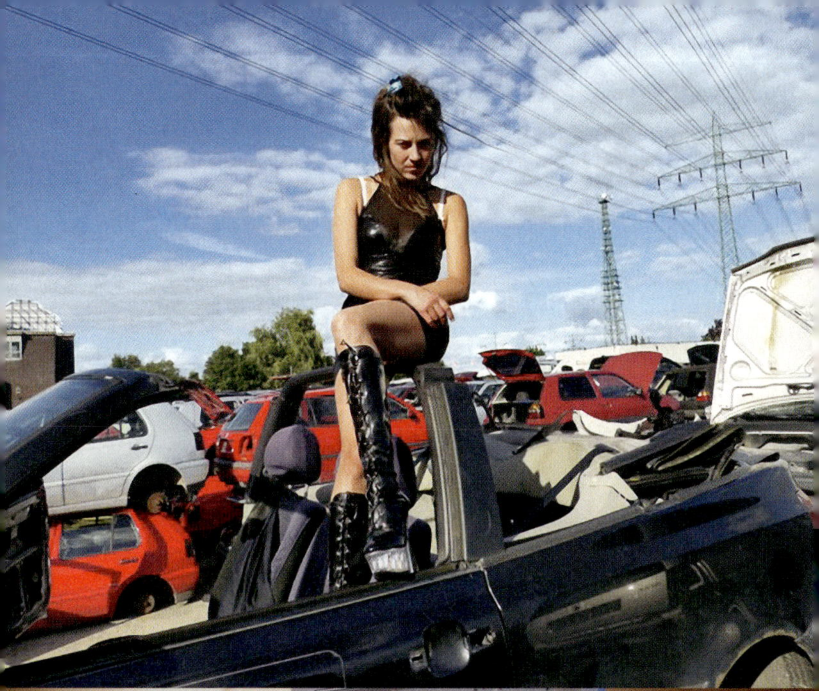

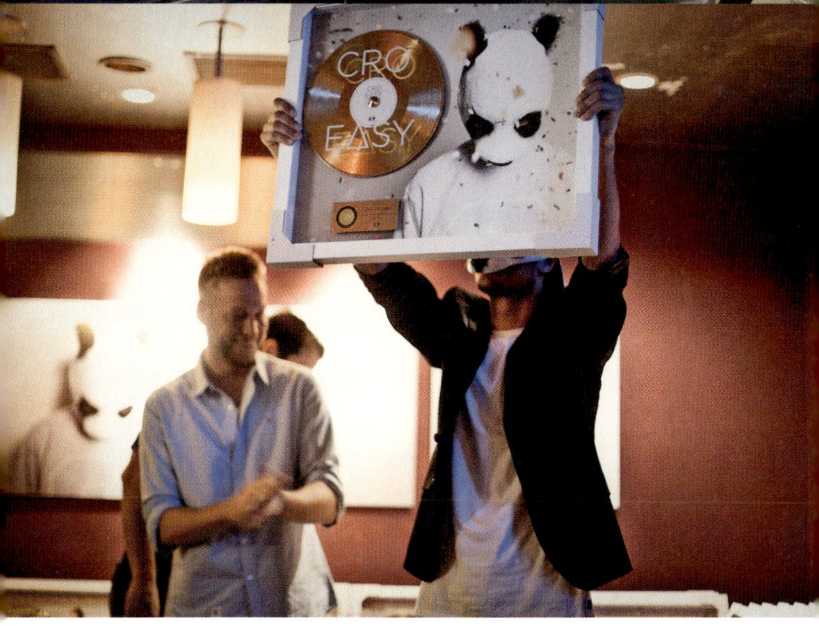

yti auf ihrem Lieblingsschrottplatz – Cro bei der Goldverleihung für seine Single »Easy«

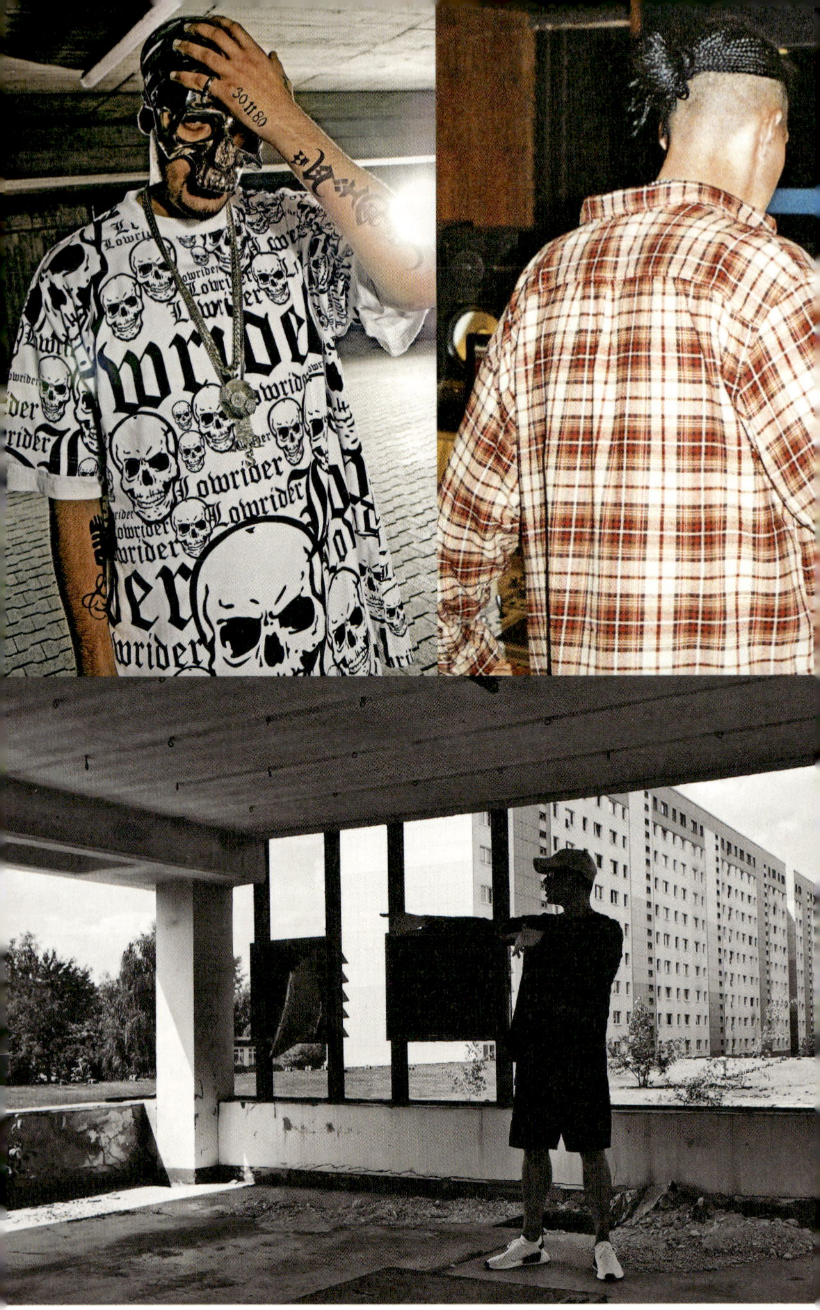

Sido – RIN – Trettmann beim Videodreh zu »Grauer Beton«

eigentlich echt naiv. Wir sind da einfach auf blöd hingeflogen, aber die haben das sehr HipHop gesehen und waren superentspannt.

MELBEATZ Wir haben bei Mystik Journeymen und bei The Grouch auf der Couch gepennt. Del und A-Plus von den Hieroglyphics haben wir auch kennengelernt. Das war für mich, als wäre ich bei Jay Z zu Hause. Ich war starstruck vom Allerfeinsten!

KOOL SAVAS Das war ein Überfilm. Die Hieros waren und sind bis heute die größte musikalische Inspiration in meinem Leben. Einen Tag nach der Ankunft sind wir nach L. A. gefahren, sind ins Good Life Cafe und haben dort Aceyalone kennengelernt. Wir waren keine zwei Tage da, und schon stand ich vor diesem Typen, der für mich ein Held war.

MARCUS STAIGER Savas hat die ganze Zeit von diesem Café erzählt. Ich dachte mir: So ein Trainingszentrum brauchen wir auch. Es musste aber eher etwas Club-mäßiges sein. Ich kannte damals Don Rispetto, der bei Kiss FM die Sendung »Radio Kanaka International« gemacht hat. Irgendwann hatte er einen Ragga-Kollegen zu Gast, der ein afrikanisches Musikcafé in der Mittenwalder Straße 42 in Kreuzberg betrieben hat. Heute ist da ein Puff drin, der früher immer nebenan war. Ich habe den jedenfalls gefragt, ob wir in seinem Café einen Open-Mic-Abend machen können. Wir durften dann jeden Sonntag um 19 Uhr rein.

FRAUENARZT Irgendjemand meinte, dass im Royal Bunker immer Rap-Session sei. Wir haben dort B-Tight und Sido von der Sekte kennengelernt, aber auch Vokalmatador, Rhymin Simon und die ganzen M.O.R.-Leute wie Fumanschu, Ronald Mack Donald, Justus oder Savas und Taktlo$$. Manchmal kamen auch ein paar Mädels mit. Beccy, die man von Taktlo$$' Auftritt bei VIVA Zwei kennt, war zum Beispiel oft mit uns da.

MARCUS STAIGER Ich habe keine Ahnung, wie die Leute davon erfahren haben. Das hatte sich so rumgesprochen. Die komplette

Sekte war dort, M.O.R., Bassboxxx, ein paar versprengte Radikale, dazu Gauner und Lunte, die immer schwer gedisst wurden. Das war die Stammmannschaft. Der erste Abend im Bunker müsste im Herbst 1997 stattgefunden haben. Das ging ja nicht lange. Es gab vielleicht 30 Abende, die auch nicht alle wahnsinnig gut besucht waren. Ein Filmemacher, der damals eine Doku über uns gedreht hat, meinte mal: »Hier ist history in the making!« Aber für uns waren diese Abende meistens eher nervig. Man musste jedes Mal die Plattenspieler ankarren, Leute kamen zu spät, kaum einer hatte neue Texte geschrieben.
FRAUENARZT Staiger hat das alles sehr gut zusammengebracht und moderiert. Es war schon geil zu sehen, wie da 20 Leute aufeinandertrafen, die ihr ganz eigenes Ding gemacht und auch mal Schimpfwörter benutzt haben. Man hat gleich gemerkt, dass da niemand von dem üblichen deutschen Rap beeinflusst war. Es wurde nicht nur gefreestylt, manche haben auch Texte mitgebracht. Die hat man dann rausgeholt, aufgeklappt und vorgerappt. (lacht) Dann gab es entweder Applaus oder Kritik. Manchmal hat man auch darüber diskutiert. Das kann man sich heute gar nicht mehr vorstellen – aber so sind Kings entstanden.
MARCUS STAIGER Ich wusste, dass aus einigen große Stars werden könnten. Bei Savas waren sich alle sicher. Bei Sido weniger – da stach zu Beginn fast eher Bobby, also B-Tight, heraus. Der hatte den besseren Flow. Ich habe aber Sido immer für den unterhaltsameren Entertainer und die interessantere Persönlichkeit gehalten. Er war halt zu Bunker-Zeiten noch nicht ganz so weit ... Er wirft mir wahrscheinlich heute noch vor, dass ich mich zu wenig um ihn gekümmert habe.
SIDO Staiger war damals genau der gleiche Typ wie heute: ein sehr egozentrischer und oberlehrerhafter Typ, der die kleinen Lümmels gerne mal hat spüren lassen, dass er aus einer besseren Gegend kam. Ich glaube aber trotzdem, dass die Berliner Rap-Szene jemanden wie ihn brauchte. Während wir nur darüber geredet haben, wie schön es

wäre, wenn man dieses oder jenes tun würde, war er einer, der Dinge in die Hand genommen und einfach gemacht hat.

KAETE Ich war mal als Gast im Royal Bunker. Das war wirklich abgefahren. Ich kam ja vom Dorf, wo im Jugendtreff Forelle vielleicht mal Bands wie Phase V aufgetreten sind. Die Stimmung im Royal Bunker war etwas ganz anderes. Dass HipHop so sehr gelebt wurde, habe ich dort das erste Mal erlebt. Aber es hat auch eklig nach Bier, Pisse und dem Schweiß von Pubertierenden gestunken – deswegen bin ich da nicht noch mal hin. (lacht)

PRINZ PI Ich war ein paarmal dort, um mir Savas anzugucken. Die anderen fand ich alle wack. Sido war da in einem komischen Strickpullover. Ich habe den gesehen und dachte nur: Was ist das für ein Typ?!

MARCUS STAIGER Wenn uns damals bewusst gewesen wäre, was hier entsteht, hätte man natürlich viel mehr rausschlagen können, finanziell wie Fame-mäßig. Aber ich finde, im Nachhinein ist das Schöne, dass wir Geschichte geschrieben haben, ohne Geschichte schreiben zu wollen. Es war nicht so kalkuliert.

SIDO Der Royal Bunker in seiner ursprünglichen Form ist noch in dieser ersten Location kaputtgegangen. Als es auf einmal Gäste gab, die nicht gerappt, sondern nur drei Mark Eintritt bezahlt und zugeguckt haben, war es für mich vorbei. Das Geile am Royal Bunker war ja, dass man unter sich war. Man konnte seine Punchlines ausprobieren und bekam direktes Feedback vom härtesten Publikum überhaupt: anderen Rappern. Der Bunker war das kälteste Wasser, in das man springen konnte. Und wenn der Bunker zugemacht hat, sind wir immer noch draußen rumgestanden, und Savas hat uns sein Wissen gepredigt. Er hat uns zum Beispiel geraten, dass wir selber Tapes aufnehmen und verkaufen sollen.

MELBEATZ In Kalifornien haben wir gesehen, wie die Jungs auf der Straße stehen und ihre Tapes verticken. Ich kannte das schon aus

New York, aber für Savas war es das erste Mal, dass er gesehen hat, wie man seine eigene Musik direkt an den Mann bringen kann.

KOOL SAVAS Die haben mir drüben das Tape-Game gezeigt. Wir sind zu einem Presswerk gefahren und haben kistenweise Mystik-Journeymen-Tapes in den Kofferraum geschleppt, die wir dann in Berkeley verkauft haben. Gleichzeitig wurde mir klar, dass die Realität anders aussieht, als man gedacht hatte. Die lebten nicht in krassen Villen und fuhren einen Luxus-Lifestyle, sondern waren ganz normale Leute in Zweizimmerwohnungen.

MELBEATZ Als wir wieder zurück in Deutschland waren, hat Savas das hier auch gemacht. Er war der Vorreiter für die ganzen Royal-Bunker- und BC-Tapes. Das ist alles unserer Reise nach Oakland geschuldet.

FRAUENARZT Wir haben unsere Tapes in einem Laden namens Cassetten Copier Service machen lassen. Royal Bunker hatte ein anderes Kopierwerk – das war etwas, ich sage mal, spießiger als unseres. (lacht) Unseres hatte eine richtig geile Atmosphäre. Die Aufkleber und Inlays haben wir selber gemacht. Teilweise hatten wir Leute bei uns in der Bude, die sich nur darum gekümmert haben, die Kassetten zu bekleben und die Hüllen mit den Covern zu bestücken. Währenddessen haben wir an neuen Beats gebastelt.

SIDO Kennst du die Leute in New York, die dir auf der Straße ihre Demos andrehen wollen? Genau so haben wir das gemacht. Zu der Zeit war Deutschrap noch keine Nummer, und der Großteil der Leute konnte überhaupt nichts damit anfangen. Aber wir haben es trotzdem versucht. Wir hatten einen Walkman dabei, mit dem wir den Leuten die Kassetten vorgespielt haben. Wenn die sich den Kopfhörer aufsetzen ließen, haben sie die Sachen auch meistens für gut befunden.

AUDIO88 Ich habe Sido und B-Tight ihr erstes Royal-TS-Tape persönlich an einem U-Bahnhof in Berlin abgekauft. Das war im Rahmen der Mauerpark-Jam, bei der Ferris MC mit Steinen und Flaschen beworfen wurde.

SIDO Wir haben die Tapes manchmal auch vor Konzerten von Ami-Rappern verkauft. Wenn wir genug Geld verdient hatten, konnten wir uns ein Ticket kaufen und drinnen noch ein Bier trinken. In einem Laden war auch mal MC Rene, und wir wollten ihm ein Tape verkaufen. Er meinte dann so ein bisschen überheblich: »Na gut, kommt her!« Man hat schon gemerkt, dass wir für ihn nur die kleinen Rapperchens waren. (grinst) Er wollte dann mit einem Hundertmarkschein zahlen, aber natürlich konnten wir nicht wechseln. Deswegen hat MC Rene damals unser Tape nicht gekauft: weil wir ihm seinen Hundertmarkschein nicht wechseln konnten. (lacht)

FRAUENARZT Das erste Tape aus dem Royal-Bunker-Kosmos war meiner Meinung nach 1997 »BRP 1« von Taktlo$$. Danach kamen Westberlin Maskulin und Die Sekte. Bei uns im Süden waren es »Nuttenjagd« von Manny Marc und mir sowie das »Westberlin Represent«-Tape von Bushido, Orgi und Vader, die damals die 030 Squad waren. Nachdem wir »Nuttenjagd« nur an Freunde verteilt hatten, wollten wir für mein »BC«-Tape ein Label gründen. Wir haben in der Erstauflage 50 Stück anfertigen lassen, sind im Auto vor die Clubs gefahren, haben das Tape auf voller Lautstärke gepumpt und an Leute verkauft, die vorbeigekommen sind. Wir haben sie auch in die Graffiti-Stores gebracht. Insbesondere bei Downstairs kamen ja Writer aus ganz Deutschland vorbei und haben sich neben Dosen auch Tapes gekauft. Da gab es irgendwann eine ganze Glasvitrine mit Releases aus Berlin.

AUDIO88 Wir sind immer mit dem Wochenendticket zu fünft von Cottbus nach Berlin gefahren, um uns Dosen zu kaufen. Das war ein richtiger Kulturausflug. Wir sind erst an die Hall of Fame und haben uns Bilder angeguckt, danach ging es zu Downstairs. Vor Ort wurde immer aufgeteilt, wer sich welches Tape holt, damit man sich die zu Hause gegenseitig überspielen konnte. So fand die Musik aus dem Westberliner Untergrund in Cottbus sehr schnell Verbreitung, viel schneller als in Köln oder so.

V.RAETER Ich weiß noch, wie ich einmal unsere Kassetten zu Downstairs gebracht habe und der Verkäufer meinte: »Mit dem traurigen Schwarz-Weiß-Cover verkauft ihr nichts! Das muss bunt sein und geil aussehen.« Das war ein guter Marketing-Tipp.

SIDO Wenig später kam dann das Internet, und wir haben auf einer Homepage unsere Adresse veröffentlicht. Da stand, dass Leute uns Kohle und einen adressierten Rückumschlag schicken sollen. Plötzlich kamen jeden Tag drei Briefe mit mindestens zehn Mark bei uns an. Davon konnten wir auch mal unseren Kumpels was zu essen holen. Einmal haben wir so viel Geld zusammengespart, dass wir 100 T-Shirts drucken konnten – allerdings sind wir dann auf einem Großteil der Shirts sitzen geblieben. (lacht)

FRAUENARZT Es gab irgendwann auch die *Wicked*. Das war ein Magazin, das zwar aus Hamburg kam, aber trotzdem cool war, weil darin viel über Underground-Rapper aus Amerika und Deutschland berichtet wurde, anders als in der *Juice* oder der *Backspin*. Gemacht wurde das Heft von einem Hamburger namens Illi, der die Tapes aus dem Downstairs-Shop zum Bestellen angeboten hat. Darüber ist wohl auch Jayo von Distributionz auf unsere Sachen aufmerksam geworden.

JAYO Distributionz hat als Independent-Vertrieb alles angeboten, was sich im Deutschrap eher an Westcoast- und South-Rap orientiert hat. Es kann gut sein, dass Leute auch schon vorher independent CDs vertrieben haben, aber Distributionz hat das zusammengetragen. Später haben die Leute die Sachen teilweise sogar nur wegen unserem Logo gekauft.

FRAUENARZT Jayo hat gecheckt, dass wir uns auch vom Sound aus Memphis haben inspirieren lassen, und wollte unsere Sachen vertreiben. Erst hat er die Sachen von uns gekauft und weiterverkauft, später haben wir die Sachen miteinander gemacht. Wir hatten Deals, bei denen jeder Künstler sechs oder sieben Euro pro verkaufter CD verdient hat.

JAYO Das Konzept von Distributionz ist mit »Unveröffentlichte Untergrund-Hits« von Frauenarzt entstanden. Ich habe ihm die Pressung der CDs bezahlt. Er hat die dann innerhalb von wenigen Tagen in Berlin verkauft und davon die Kosten zurückbezahlt. Ich habe die CDs im ganzen Rest von Deutschland verteilt und ihn danach ausbezahlt. Eine CD mit einer Auflage von 500 Stück pressen zu lassen, war deutlich einfacher als eine 500er-Auflage an Tapes. Die musste man ja kopieren lassen und danach jedes Cover einzeln ausschneiden und falten.

MARCUS STAIGER Wir haben 1998 unter dem Namen Mikrokosmos begonnen, Kassetten zu verkaufen. Ein Jahr später haben wir mit Royal Bunker als Label angefangen. Zu dem Zeitpunkt hatten die meisten Helden der frühen Anti-Sellout-Community schon an die Industrie angedockt und Verträge mit großen Plattenfirmen abgeschlossen. Ausgerechnet da haben wir die DIY-Erzählung noch mal aufgewärmt, die im MZEE-Magazin immer propagiert wurde und an die ich geglaubt habe – und alle anderen offenbar nicht. (lacht) Aber wir haben's durchgezogen und das Musik-Game damit ein bisschen gefickt. Es gab ja dieses Interview mit Andreas »Bär« Lasker, dem Chef von Def Jam Germany. Der meinte da sinngemäß, alles unter 30 000 Einheiten interessiere ihn nicht und deutscher Rap funktioniere sowieso nicht, weil die Leute die CDs lieber klauen. Der hat sich also abfällig darüber geäußert, wie die Szene aufgestellt ist. Ich habe dann in einem Blog was darüber geschrieben und ganz nüchtern gegengerechnet, dass man von 10 000 Einheiten gut leben kann. Von dem M.O.R.-Album »NLP« haben wir 20 000–30 000 Alben verkauft. Das war ein wahnsinniger Erfolg!

MARTIN STIEBER Ich fand die Berliner stark. M.O.R. haben zum Beispiel ihr Ding gemacht und unprätentiös auf alle Konventionen geschissen. Staiger war dafür sicher eine ganz wesentliche Figur. Der hat das Ding aus dem Keller gesteuert.

MÄDNESS Die Maler bei uns haben das immer gefeiert: M.O.R., Taktlo$$ und diese ganze Riege. Berliner Battlerap war viel respektloser, aggressiver und asozialer. Der hat direkt aufs Herz gezielt.
KOOL SAVAS Am Anfang waren M.O.R. nur Justus, Fumanschu und ich. Wir haben in der Konstellation auch mal bei Fumanschu zu Hause ein Demotape aufgenommen, das fand aber außer uns keiner so wirklich geil.
MARCUS STAIGER M.O.R. hat sich mit der Zeit geformt.
KOOL SAVAS Ich war der Dreh- und Angelpunkt meiner verschiedenen Crews. Kingsley kam aus dem Sprüher-Bereich. Er hat eigentlich nur Lord Finesse gehört, aber meinen deutschen Kram fand er witzig. Inspiriert dadurch hat er dann die ersten Dinger geschrieben. Er hatte quasi die gleichen Punchlines wie Lord Finesse, nur halt nicht im Takt. Das hat er durchgezogen und sich Taktlo$$ genannt.
MELBEATZ Taktlo$$ und ich fanden uns ganz lange scheiße. Wir haben uns immer wieder einen Schlagabtausch geliefert: Was die Jungs im Rap machen, sage ich Leuten halt ins Gesicht. (lacht) Damit kam er oft nicht klar. Aber er und Savas waren sehr dicke.
KOOL SAVAS Fuat war ohnehin mein Homie. Wir waren auch eine Crew, die Bonobos. Johannes (Fumanschu von den Funkfüxen) habe ich im HipHop-Mobil in Kreuzberg kennengelernt, wo unter anderem auch DJ Desue abgehangen ist. Durch Johannes kamen dann Martin, Justus und so. Ronald Mack Donald, der mein Cousin ist, hat noch Niko (Jack Orsen) an den Start gebracht. Irgendwann habe ich alle zusammengebracht.
JACK ORSEN Es gab eine Vierspur, die mal bei Fumanschu in Zehlendorf, mal bei Savas in der Wrangelstraße stand. Da haben wir Sessions veranstaltet und aufgenommen. Wir saßen alle zusammen im Raum, das Mikro wurde rumgereicht, und wir haben nacheinander eingerappt. »M.O.R.izm« auf dem Tape »Berlin No.1 Vol.2« und auch viele Songs von unserem Album »NLP« sind so entstanden. Ein

Thema gab es selten, wir haben einfach losgeschrieben. »NLP« ist ja entstanden, weil eigentlich Savas und Justus ein Album machen wollten. Aus irgendeinem Grund ist dann aber ein M.O.R.-Album daraus geworden. Deswegen hört man auch nicht immer alle auf jedem Song. »Spreng die Bank« ist zum Beispiel ein typischer Funkfüxe-Song.

MARCUS STAIGER M.O.R. war eher ein loser Zusammenschluss mehrerer bereits existierender Crews und Individuen, mehr ein Kollektiv als eine klassische Band. Aber man hat gemerkt, dass die gut zusammenpassen. Das war schon eine Hammer-Crew, mit lauter krassen Persönlichkeiten: Savas, Taktlo$$, Fuat, Justus, Fumanschu ... Die hätten die tonangebende Crew in Deutschland werden können, wenn sie nur ihre Egos besser hätten zurückhalten können.

PETER FOX Savas und M.O.R. – dort besonders Fumanschu – waren das erste Deutschrap-Ding, das ich geil fand. Die Attitude dahinter!

CASPER Abroo hat mir die erste Westberlin Maskulin gezeigt, also Taktlo$$ und Savas. Ich kam nicht darauf klar, wie heftig Kool Savas gerappt hat. Das ging so nach vorne. Der hatte auch ein ganz eigenes Vokabular. »Ich greif von oben wie ein Habicht.« Ich wäre nie auf die Idee gekommen, dass »Habicht« ein Wort ist, das man cool benutzen kann.

MELBEATZ Westberlin Maskulin hat die Szene richtig gefickt und das Feld von hinten aufgerollt.

MARCUS STAIGER Die Westberlin-Maskulin-Sachen waren im Rest von Deutschland in der Regel ein No-Go. Wenn ich das Leuten vorgespielt habe, haben alle nur den Kopf geschüttelt. Die haben nicht verstanden, dass man so Rap machen kann.

KOOL SAVAS Wir hatten einen anderen Humor. Die Westdeutschen fanden richtig geisteskrank, was ich gesagt habe. Ich war ja – zusammen mit Feinkost Paranoia – der erste Rapper, der »Fotze«, »Ficken«, »Schlampe« und »Hurensohn« gesagt hat. Für mich war das ganz normal. Zum Provozieren haben wir manchmal auch eine Hitler-Line gebracht – nicht mal als Vergleich, einfach so: »Ich bin Adolf und komme, um euch Rapper zu töten.« Wir haben aber schnell ein Gefühl dafür entwickelt, dass bestimmte Sachen nicht gehen.

MELBEATZ Weil Savas oft bei uns zu Hause aufgenommen hat, habe ich mich schnell daran gewöhnt. Manche Sachen wie dieses »Sieh, ich scheiße auf dein Brot, und du denkst, es wäre Aufstrich / Dann riechst du, dass es Kacke ist, und ich scheiße auf dich« fand ich trotzdem ziemlich eklig. Da konnte ich mich nicht mit identifizieren. (lacht)

EIZI EIZ Westberlin Maskulin habe ich damals bei Dendemann zu Hause gehört. Der hatte immer alles – hat er ja immer noch! Ich konnte mir das nicht geben. Das hat sich einfach so scheiße angehört. Erst »King of Rap« fand ich später fett.

MEGALOH M.O.R. und Westberlin Maskulin haben mich nicht so richtig gekriegt. Ich konnte zwar die Ignoranz darin fühlen. Aber die Texte genügten meinen Ansprüchen an Reime nicht, und die Beats klangen mir zu sehr nach Game Boy.

PETER FOX Ich habe mich anfangs immer gefragt, warum Kool Savas auf so schrottige Beats rappt. Aber klar, das war Teil des Untergrund-Vibes und hat die Attitude gut unterstrichen. Im Club wäre das natürlich gnadenlos untergegangen. Aber darum ging es ja nicht in erster Linie.

DJ RON Wir sind nach New York geflogen, um für 30 000 Mark ein Album zu mastern – und die nehmen das mit einem beschissenen Vierspur-Gerät auf Kassette auf, und die Leute feiern das. Wir wollten das ignorieren und denen die Qualität absprechen. Dabei haben wir nicht verstanden, dass der Reiz genau darin liegt, dass es eben nicht so klingt.

MAX HERRE Der Berlin-Sound hatte eine große Rohheit, Direktheit, Echtheit, aber auch einen Dilettantismus. Den haben einerseits die Möglichkeiten produziert, andererseits war er aber auch gewollt, weil er im Gegensatz stand zu dem wohltemperierten und sehr bedachten Sound aus Westdeutschland. Ich muss ehrlich sagen, dass ich das am Anfang nicht so mitgeschnitten habe. Ich konnte das mit keinem der Parameter bemessen, die für mich eine Rolle spielten. Man versucht im Rap ja immer zu vergleichen, wie in einer Sportart. Aber bei den frühen Berlin-Sachen funktionierte das für mich nicht mehr, weil wir da quasi über unterschiedliche Genres redeten. Das ist eigentlich das Interessante: dass Rap in Deutschland sich da nach über zehn Jahren noch mal komplett aufgespalten hat.

AUDIO88 Ich glaube, dass der Qualitäts- und Zeitunterschied zwischen Berlin und anderen Städten damit zusammenhing, dass in Stuttgart vor allem Wohlstandskinder Musik gemacht haben, deren Eltern ihnen einfach einen Atari kaufen konnten. In Berlin war einfach eine andere soziale Schicht vorherrschend. Man konnte sich ja noch nicht einfach Fruity Loops illegal aus dem Netz laden, sondern musste sich im Zweifelsfall überlegen, ob man das Geld lieber für ein Mikro, Sprühdosen oder was zu kiffen ausgeben will.

MAX HERRE Die Entwicklung war auf jeden Fall eine Liberalisierung. Es war nicht mehr so wichtig, was man an Equipment hatte und wie gut man damit umgehen konnte. Auch die Sprache wurde liberalisiert. Rap musste nicht mehr so komplex sein, und es gab kaum Minenfelder mehr, da man die deutsche Sprache nicht mehr so kaschieren, weich machen und in die Musik formen musste. Es ging ja gerade um Brüche, um Ecken und Kanten. HipHop sollte stören, sperrig sein. Rap wurde einfach Punk in dem Moment, im besten Sinne, rebellisch und unangepasst. In einem Dylan-Bild würde man sagen: Wir wollten damals nicht das Brett neu erfinden, sondern unseren Nagel ins Brett der Musikgeschichte jagen. Die Generation danach wollte das Brett aus der Wand reißen!

SAMY DELUXE Ich habe mir das alles nie angehört. Prinz Porno, Frauenarzt und King Orgasmus One war für mich schon dreimal gefühlt der gleiche Name. Dazu kam, dass man das Gefühl hatte, die seien uns nicht wohlgesonnen, ohne dafür einen Grund zu haben – außer dass wir vorher da und nicht aus Berlin waren.

EIZI EIZ Es gab dieses Tape, auf dem ich umgebracht und im Kofferraum weggefahren werde. Ich weiß gar nicht mehr, welches Tape das war. Irgendein Typ hat mir das sogar vor der Columbiahalle in Berlin verkauft … (Die Autoren: Der Typ war Staiger!) Ich war wegen meiner Freundin oft in Berlin und wurde da teilweise an der Ampel aus dem Auto heraus von irgendwelchen Vögeln angepöbelt. Das hat echt genervt. Ich habe einfach nicht gerafft, wie man jemanden öffentlich so bloßstellen kann. Ich kannte die ja alle gar nicht. Hinzu kam dieses Gefühl von: Wollt ihr mich verarschen? Auf dem Beat?? Ist das überhaupt ein Beat??? Ich konnte nicht mal ansatzweise nachvollziehen, wie die Leute sich anmaßen können, mit solcher Musik zu kommen und uns dann zu erklären, dass wir scheiße sind.

SEPALOT Die neue Welle Berliner Battlerapper hat uns ja als Hauptvertreter des braven Mittelschichtsrap auserkoren. Das ist ja auch richtig: Wir kommen aus der Mittelschicht, und wenn man es so sieht, haben wir genau das gemacht: Mittelschichtsrap. Ich meine, wir haben einen Song namens »Die Jungs aus dem Reihenhaus« … Uns ist einfach irgendwann aufgefallen, dass wir alle in Reihenhäusern aufgewachsen sind, also wollten wir einen Song darüber machen, wo wir herkommen – wie man das im HipHop eben so macht. Und was war bei uns besonders? Dass nun mal nix besonders war! Das war unsere Realität, und darüber haben wir gesprochen. Wir haben damit trotzdem immer viel in Berlin gespielt. Das SO36 zum Beispiel haben wir mehrmals ausverkauft. Man tut Berlin unrecht, wenn man die Stadt auf die Street-Geschichte reduziert, nur weil das in den Medien so präsent war. Das war ja nur ein Teil des Ganzen.

SAMY DELUXE Für mich war Berlin immer Spezializtz, die mit Afrob cool waren, Desue, KMC oder KC Da Rookee. Mit denen hatte ich immer geile Zeiten in Berlin. Aber man hatte trotzdem das Gefühl, dass es da viele Hater gab.

MARCUS STAIGER Es gab durchaus Berührungspunkte mit den Etablierten. Die Massiven zum Beispiel fanden wir gut, Savas war begeistert von deren Track »Nichtsnutz«. Auf der Marlboro HipHop Jam 1998 im Haus der Kulturen der Welt gab es auch Versuche der Annäherung, aber irgendwie kam man nicht so richtig zurecht. Es gab auch mal ein kleines Gerangel mit Max und ein paar anderen Stuttgartern in einem Club in Mitte. Man fand die halt fake – auch die Hamburger, die alle wie Clowns aussahen. Die waren von Karl Kani ausgestattet, und hier bei uns gab es nicht mal eine Plattenindustrie. Man hat sich schon sehr darüber definiert, dass man es anders macht.

BLOKKMONSTA Wir Berliner hatten eine andere Auffassung von HipHop. Wir haben gesagt: Rap lebt davon, zu sagen, was man denkt, weil man als jemand von der Straße keine andere Möglichkeit hat, gehört zu werden. Bei uns war alles scheiße. Wir mussten uns mit mehreren Leuten einen Döner teilen, wir konnten uns keine teuren Klamotten oder MP3-Player leisten. Wir haben die Sachen im Laden geklaut oder Leute aus Zehlendorf abgezogen, weil wir dachten, dass die eh genug Geld haben, um sich die Sachen noch mal zu holen. Ist doch klar, dass man dann nicht darüber rappt, was man für geile Sachen hat, sondern dass man erzählt, wie man sich die geilen Sachen auf anderem Weg besorgt.

MC RENE Berlin war für mich schon immer die HipHop-Hauptstadt. Gerade was Graffiti, aber auch B-Boying angeht, hatten die Berliner die Nase vorne – und manchmal auch die Faust. Berlin war street. Das hat man auf der Bühne gespürt, gleichzeitig hat es aber auch den Reiz ausgemacht. Die Berliner fanden alles scheiße – aber die fettesten Konzerte habe ich trotzdem da gespielt. Das war einfach eine andere Energie. Es war klar, dass jemand wie Savas kommen musste, um das alles umzukrempeln …

30 Zum König geboren

MARCUS STAIGER Savas war schon immer diese Ausnahmeerscheinung. Für ihn war das Mikrofon kein Fremdkörper, sondern ein ganz normaler Fortsatz seines Körpers. Es war keine Anstrengung für ihn zu rappen. Das war wie reden.

PANIK PANZER So wie man sich an den 11. September erinnert, weiß jeder Rap-Fan noch, wann er das erste Mal Kool Savas gehört hat.

EKO FRESH Ich habe Savas das erste Mal auf dem STF-Song »Ihr müsst noch üben« gehört. Das hat alles verändert. Nicht nur seine Art zu rappen, sondern auch der Fakt, dass er Türke war, haben mich echt berührt. Er hat einfach krasse Sachen gerappt und ist damit durchgekommen. Das fand ich Wahnsinn.

PANIK PANZER Ich saß mit ein paar Freunden im Auto, und meine Mutter hat uns an die holländische Küste gefahren, weil wir da ein paar Tage Urlaub machen wollten. Wir haben ein HipHop-Tape angemacht, und auf einmal lief Kool Savas. Mir war das ultrapeinlich vor meiner Mutter. Ich habe das sofort leiser gedreht, konnte es aber kaum erwarten, bis wir endlich angekommen und alleine waren. Wir haben das den ganzen Urlaub über gehört. Diese Grenzüberschreitung passte perfekt in meine Pubertät.

KOLJAH In der letzten Musikstunde vor den Ferien durfte jeder Musik mitbringen, um darüber zu reden. Ich habe natürlich »Schwule Rapper« und »Lutsch meinen Schwanz« auf Tape aufgenommen. Unsere Musiklehrerin war fassungslos, hat rumgeschrien und das ausgemacht. Aber genau diese Fassungslosigkeit der Erwachsenen hat einen bestätigt.

DANGER DAN Das war plumpe Provokation, die prima funktioniert hat. Genauso wie ich meine Pazifisteneltern provoziert habe, indem ich in den Schützenverein gegangen bin und mit dem Luftgewehr rumgeballert habe, hat man diese Musik gehört.

FAST FORWARD Ich habe das Savas-Demo von Chris Maruhn bekommen, der damals noch sein selbst kopiertes *In Full Effect*-Magazin hatte. Der meinte, er hätte da etwas Abgefahrenes für mich. Das Tape habe ich mir drei Tage lang angehört und drei Tage nonstop gelacht.

CURSE 1997 habe ich meinen 19. Geburtstag bei meinen Eltern zu Hause in Minden gefeiert. Das war eine riesige Hausparty mit 70 oder 80 Leuten, bei der diverse deutsche Rapgrößen volltrunken auf der Fensterbank geschlafen haben oder von der Terrasse gefallen sind. Ein Heidenspektakel! Die STF-Boys waren auch da, und irgendwann meinte Fast Forward: »Haltet alle mal die Schnauze! Ich arbeite gerade mit einem Typen aus Berlin zusammen. Ich habe ein Tape von dem mit fünf Songs dabei, und das hören wir uns jetzt an!« Auf dem Tape waren »LMS«, »Pimplegionär« und »Schwule Rapper«. Wir sind alle nicht darauf klargekommen, wie geil das war. Wir haben das an dem Abend so oft laufen lassen, dass wir es am Ende auswendig konnten. Wir haben uns einfach so weggeömmelt, was für geil asoziale Scheiße der Typ erzählt und dabei auch noch Style hat. Das war alles supersimpel, aber total präzise.

KOOL SAVAS »LMS« war schon zwei Jahre alt, als es releaset wurde. Die Szene hat es krass geschockt, aber für mich waren das old news. Ich wusste ja schon, dass es noch viel krassere Tracks von mir gibt, und dachte mir: Wenn die jetzt schon finden, dass ich rappen kann, dann hab ich die eh im Sack! (grinst) Die deutschen und türkischen Rapper haben damals alle immer nur den Endreim betont: Da-da-da-da-DA, da-da-da-da-DA … Ich dagegen war krass inspiriert von Oakland und habe dadurch ganz anders betont. Als ich 1996 wieder in Berlin war, habe ich im HipHop-Mobil in Kreuzberg meinen ersten Text auf Deutsch geschrieben. Ich habe ganz viele Worte mit »V« angefangen und das »Vau« einzeln gesagt: »Ich nehme die Vau, denn die Vau hat keinen Vau-orbau. Ich vau-erbau dir die Möglichkeit zu deinem Err-, jetzt nicht Vau, sondern eff-olg, eff-olge meinem Err-at, denn Unrat-MCs …« Irgendwie so ging das. Als ich das aufgenommen habe, hat sich das angefühlt, als ob ein Ami rappt. Das hat kein Mensch in Deutschland so gemacht. Schon da habe ich mir gedacht: Krass, du bist viel besser als die!

MELBEATZ Savas hat Rap schon ganz früh anders verstanden als andere, total detailliert. Der hat jeden einzelnen Song auseinandergenommen und analysiert und daraus dann sein eigenes Ding gemacht. Er wusste schon immer ganz genau, was er tut.

FALK SCHACHT Auf »LMS« waren noch ein paar Zweckreime, aber Savas Featurepart auf »Ihr müßt noch üben« von STF hat mich wirklich umgehauen. Das war mit der beste Rap jener Zeit, sowohl von Scope als auch von Fast Forward – und Savas hat noch mal einen draufgesetzt. Da können heute noch, zwanzig Jahre später, die meisten Rapper einpacken.

CURSE »Nutte, blas zu Ende, meine Zeit ist knapp bemessen / Deine Mutter wartet draußen und will Penis in die Fresse.« Wir waren mal in Frankfurt bei den Proben zu einer 3p-Show, und Xavier hat immer wieder diesen Savas-Verse gerappt. Der ist durchgedreht und wollte wissen, ob wir diesen Kool Savas kennen. Ich meinte nur: »Klar, you're late to the party!« (lacht)

MAXIM K.I.Z Bei Savas hat man wirklich versucht, jeden noch so unbekannten Feature-Part zu ergattern. Ich hatte einen Typen in der Klasse, der sich jedes Tape bestellt hat, auf dem Savas drauf war, und aus dessen Parts Mixtapes gemacht hat. Man hat dann die Parts auswendig gelernt, um sie sich nachts auf dem Weg zu Partys gegenseitig in der S-Bahn vorzurappen.

V.RAETER Unser HipHop-Gedanke war immer, dass man so eigenständig wie möglich sein muss und nicht biten, also kopieren darf. So wie jemand anders malen, ging gar nicht. Die gleichen Schuhe wie jemand anders tragen, war auch nicht cool. Und genau so war das mit dem Rap. Aber als Savas rauskam, wollte auf einmal jeder rappen wie er.

DAVID P. Ich habe Savas schon 1993 kennengelernt, als CUS und Islamic Force in München auf der Adidas Streetball Challenge aufgetreten sind. Damals hieß er noch Juks und hat auf Englisch gerappt. Die Berliner haben nicht viel geredet: Die haben bei meinem Kumpel Kuchar gepennt, aber ich glaube, wir haben das ganze Wochenende kein Wort mit denen gewechselt. (lacht) Nur der Juks war voll der kommunikative HipHop-Dude. Jahre später fiel dann irgendwann der Name »Kool Savas«. Ich hatte keine Ahnung, wer das ist, aber der Morris (DJ Explizit von Main Concept) meinte: Das ist der Juks! Ich fand das befremdlich, weil ich ihn ganz anders kennengelernt habe, als er sich in seiner Musik präsentiert hat. Aber gleichzeitig fand ich auch saucool, wie er dieses Roughe rübergebracht hat.

MOSES PELHAM Als ich »LMS« gehört habe, dachte ich nur: Oh Gott, was für ein Kern-Aso! Aber als ich Savas kennengelernt habe, war er der freundlichste Mensch. Ich meinte: »Krass, du hast so asoziale Texte, aber bist total der höfliche Mensch!« Da hat er mich nur angeguckt und gesagt: »Ja, wie bei dir, ne?« (lacht)

CASPER Die Faszination machte natürlich auch aus, dass man nicht wusste, wie der aussieht. Wir dachten, der sei ein komplett verrückter, riesiger Typ, der Drogen tickt und Leute zusammenschlägt. Als wir ihn dann das erste Mal auf einer Jam gesehen haben, waren wir richtig schockiert. Im Jugendzentrum Regenbogen in Hameln stand plötzlich einer auf der Bühne, der eine rote Wollmütze auf dem Kopf, ein Southpark-T-Shirt anhatte und total dünn und schüchtern war. Aber er hat trotzdem krass gerappt.

LAKMANN Ich habe Savas das erste Mal bei »Beatz aus der Bude« gesehen. Das Publikum war geschockt. Die Diskrepanz zwischen dem braven Bürgertum und diesem Typen, der eine sexistische Phrase nach der anderen drosch, hätte größer nicht sein können.

RALF THEIL Man konnte damals ja gut durch die Welt gehen, ohne sich mit Rap aus Berlin auseinanderzusetzen. Ohne Internet konnte man sich viel länger in seinem eigenen Mikrokosmos aufhalten und selbst bestimmen, was man wahrnimmt und was nicht. Aber DJ Lifeforce hat Savas zu einer seiner »Beatz aus der Bude«-Live-Veranstaltungen geholt. Die waren immer ein Querschnitt dessen, was in Sachen HipHop in Deutschland gerade passierte. Plötzlich stand da dieser Typ mit der bisschen anstrengenden Stimme und hat sich so gar nicht an die Regeln gehalten.

AUDIO88 Da waren 50 Rapper von DCS über Rano bis Laas, die ihr Standardzeug gemacht haben. Dann steppt Savas ans Mic, sagt: »Hört auf die Lyrics, nicht auf den Beat«, und geht direkt rein mit »Nutte, sieh mich an, Savas hat mehr Kraft als Rambo«. Damit hat der alle gefickt.

FATMA AYDEMIR Die einzigen Deutschrap-Sachen, die mich in den frühen Nullerjahren geprägt haben, waren von Kool Savas – und das war teilweise schon heftig, was er gesagt hat. Ich habe mir erst spät Gedanken um Sexismus im Rap gemacht. Nicht, dass es mir nicht aufgefallen wäre, aber es hat mich aus irgendeinem Grund nie gestört. Ich war sehr jung und habe mich davon nicht persönlich abgewertet gefühlt. Rückblickend denke ich, das war teilweise auch Selbstschutz: Es ist ja sehr uncool, sich als Opfer zu sehen ... Aber Savas' Sexismus war auch so übertrieben, dass ich das nicht ernst nehmen konnte. Alles war so überspitzt, wie es nur irgendwie ging. Das war nur noch eine komische, künstlerische Geste und hatte fast was von Satire.

NURA Ich habe mich nie komisch gefühlt, wenn ich als Frau solche

Sachen mitgerappt habe. Ich habe nicht eine Sekunde gedacht, dass zum Beispiel jemand wie Frauenarzt wirklich frauenfeindlich ist. Man macht ja unter Freunden manchmal auch grenzwertige Witze und weiß, dass man sie in diesem kleinen Kreis eben machen kann.

FATMA AYDEMIR Natürlich macht das auf Dauer etwas. Du disst einen Rapper, indem du sagst, er sei schwul, nicht maskulin genug oder wie eine Frau. Das schleift sich mit der Zeit ein. Aber es gibt Sexismus nicht nur, weil Savas diese Line rappt. Den gibt es wegen allem um uns herum und in uns drin.

DOKTER RENZ Ich fand auch die Line »Eure Show wirkt vom Ablauf her eher wie 'n Soundcheck/ Und obwohl da 'n paar Typen rappen, hört's sich an wie Frauenrap!« von Samy Deluxe scheiße. Männer, die wie Frauen klingen, sollen schlecht sein. Weiblichkeit wird abgelehnt. Das kann man psychologisch sicherlich erklären, aber es ist halt unangenehm. Unser Song »Schwule Mädchen« war sicherlich auch schon eine Reaktion darauf, dass Savas und andere »schwul« als Schimpfwort benutzt haben.

ANDRÉ LUTH Kool Savas kennen wir, seit er Co-Rapper von Ono von Walkin' Large war. Er ist 1995 in der Live Music Hall mit seinem ersten Solo-Tape zu Dokter Renz gekommen – ausgerechnet dem reinsten Humanisten unter uns, der »Schwanz« und »Bitch« so gar nicht im Reimwörterbuch hat. Savas hat sich da genau den Falschen ausgesucht. Über das Feedback war er sehr unglücklich, glaube ich.

DOKTER RENZ Savas hat mich gefragt, ob er mir mal sein Demo vorspielen kann. Wir haben uns in ein Auto gesetzt, und er hat mir was vorgespielt. Ich weiß noch, dass mir seine Halskette aufgefallen ist. Daran hing ein Bergkristall, in den das Wort »Votze« graviert war. Ich habe noch überlegt, ob man dieses Wort eigentlich mit F oder mit V schreibt, was mich thematisch schon mal auf das vorbereitet hat, was danach auf mich einprasseln sollte. Für mich war das echt ein kleiner Kulturschock. Ich war mit dieser Art von Sprache komplett überfordert. Ich habe ihm gesagt, dass das nichts für mich ist. Dadurch habe ich die zarte Künstlerseele von Savas wohl nicht gut genug gewürdigt. Vielleicht kam ich damals auch wie ein arroganter Erfolgsrapper rüber, der den aufstrebenden Nachwuchs-MC abkanzelt. Vielleicht bin ich auch einfach nur rot geworden. Ich habe jedenfalls eine ganze Weile gebraucht, um einen adäquaten Umgang damit zu finden.

KOOL SAVAS Das erinnere ich nicht mehr genau. Renz war jedenfalls etwas abweisend. Ich habe Fettes Brot damals auch nicht abgefeiert, aber ich war immer auf der Suche nach der Möglichkeit, mich zu präsentieren. Natürlich wollte ich von der westdeutschen Rap-Szene respektiert und gemocht werden. Aber die war, wenn wir mal ehrlich sind, mehr oder weniger komplett Anti-Berlin. Götz Gottschalk hat zu mir gesagt: »Damit wirst du nie erfolgreich.«

DOKTER RENZ Ich kann das heute, glaube ich, etwas differenzierter betrachten. Damals habe ich »LMS« gehört und mich geekelt – aber in einer Zeit, in der man statt »Doofi« »Hurensohn« sagt, ist auch Schwanzlutschen etwas anderes ... Ich glaube, HipHop ist immer ein toller Katalysator, um Sprache weiterzuentwickeln und von einem Bereich der Gesellschaft in einen anderen zu übertragen. Was diese roughe Straßensprache anging, war ich schlicht nicht erfahren genug.

LAKMANN Rapper, aber auch Label-Leute und Journalisten waren sich einig: Das wird niemals Erfolg haben. Außer Fast Forward: Der hat daran geglaubt. Wir natürlich auch, weshalb wir ihm auf unserem Album mit »Fehdehandschuh« das erste Mal im Major-Kontext einen Shot gegeben haben.

KOOL SAVAS Die Frankfurter waren immer für mich da: Illmat!c, J-Luv und Azad. Auch Die Firma und STF haben Liebe gegeben. Curse und Creutzfeld & Jakob sowieso, aber mit denen bin ich ja zusammen ins Game gekommen. Aber es gab ganz, ganz wenige. Ich habe damals alles sehr persönlich genommen. Der eine oder andere hat dann ja auch seine Line abbekommen.

DOKTER RENZ Ich weiß noch, wie ich damals bei Karstadt Sport stand und mir eine neue Trainingsjacke kaufen wollte. Es lief Hip-Hop, und auf einmal kam dieses Lied, das ich noch nie gehört hatte – und dann fiel auch noch mein Name. Da habe ich echt eine unangenehme Gänsehaut bekommen. Bis dahin wurde ja selten mit Namen gedisst. Nur Schwester S hat das mal gemacht: »Jeder Idiot schmiert Kacke auf sein Knäcke und nennt es Fettes Brot.« Heute finde ich es total nachvollziehbar, dass wir von denen gedisst wurden. Wir waren ja deren Elterngeneration, und die mussten sich an uns abarbeiten. Wenn man Teil der Wahrnehmung eines anderen Künstlers ist, hat man irgendetwas richtig gemacht.
MELBEATZ Savas hat die Leute alle nur gedisst, weil sie nicht mehr geil waren. Fettes Brot haben komische Musik gemacht, Rene hat komische Musik gemacht. Zu der Zeit waren die nicht mehr geil. Savas hat das immer für Rap gemacht und nicht aus niederen Motiven. Er wollte Rap beschützen.
PETER FOX Ich habe Savas so um 2000 mal wegen eines Features angerufen. Aber er hat sofort gesagt: »Nee, ich finde Reggae scheiße.« (lacht) Er hat sich den Song gar nicht erst angehört. Das war ganz klar, dass er sich von uns abgrenzen muss. Er meinte auch ungefragt: »Ich finde das Yaam scheiße.« Darum ging es überhaupt nicht, aber es war wichtig, das erst mal klarzustellen. (lacht) Genauso wäre ich aber auch gewesen bei bestimmten Leuten. Sich zu positionieren, war oft wichtiger als Unity und manchmal auch wichtiger als die eigentliche Musik.
DENYO Kool Savas hat alles gedisst, was aus Hamburg und Stuttgart kam oder zumindest vermeintlich aus Hamburg und Stuttgart kam – und das auch zu Recht. Das war legitim, um klarzumachen, dass er keiner dieser braven und systemkonformen Nachzügler war, sondern etwas Eigenes aufbauen wollte. Dementsprechend war er dann auch der Erste aus der Generation nach uns, der nachhaltig Erfolg hatte.

MARC LEOPOLDSEDER Ein Ding war ja: Was sagen die? Aber ein anderes war: Was können die? Wenn du damals auf einer von einem Jugendzentrum tolerierten bis geförderten HipHop-Veranstaltung an einer S-Bahn-Endhaltestelle warst, kam früher oder später immer irgendein Erkan oder Markus, der besoffen was über deine Mutter gefreestylt hat. Deswegen fand ich diesen Teil jetzt nicht so krass. In München gab es ja sowieso Feinkost Paranoia, die komplett diese Rolle übernommen haben. Aber als 2000 »King Of Rap« von Plattenpapzts Produzenten-Album »Full House« rauskam, war klar, dass der Typ einfach wirklich sehr gut rappen kann.

SMUDO »King of Rap« ist ein Song, den ich bis heute auflege. Ich belömmle mich immer noch, wenn Savas sagt: »Deine Crew ist sanft wie die untere Haut am Schwanz!« Wie kann man denn so was schreiben? Der muss sich irgendwann mal die untere Haut an seinem Schwanz angeguckt und gedacht haben: Die ist aber sanft. (lacht) Wer so etwas schreibt, kann kein schlechter Mensch sein.

RALF THEIL »King of Rap« war komplett nächstes Level. Das war der erste Song von Savas, der auch im Club aufgetaucht ist.

KOOL SAVAS »King Of Rap« entstand wie eine Freestyle-Session. Ich war anderthalb Tage bei Plattenpapzt in Düsseldorf. Den ersten Tag haben wir nur gechillt, und als wir am nächsten Tag im Studio waren, musste ich quasi schon wieder weg. Wir hatten nur fünf Stunden Zeit, aber Roe Beardie bestand darauf, dass ich noch irgendwas aufnehme. Auf dem Song mit STF hatte ich diese Zeile, in der ich »egal« wie »Tical« ausspreche, angelehnt an Method Man. Das fand Papzt so geil und wollte, dass ich das in dem Song auch mache. Also habe ich das gemacht, aber völlig ohne Konzept. Als ich zum Bahnhof musste, gab es zwei Verses, zwei Hooks, zwei Bridges – irgendeinen Müll auf irgendeinem Drecksbeat! Ein paar Tage später hat mir Papzt am Telefon einen Remix vorgespielt, den Roe Beardie von dem Material gemacht hatte. Ich fand den nicht schlecht, aber viel zu sanft. »King of Rap« ist ja übersanft: Wenn man das heute hört, klingt das Instrumental fast wie ein Witz! Ich war so: Okay, die Originalversion machen wir aber auch auf das Album, oder? Das war mir das Wichtigste.

ROE BEARDIE Savas hat supergeil verkörpert, was in der deutschen Rap-Landschaft gang und gäbe war: Riesenfresse in den Songs, aber eigentlich ein ganz unsicherer Typ, der sich noch total unklar darüber ist, wohin seine Reise eigentlich gehen soll. Ich kann mich daran erinnern, wie geschockt er war, dass seine Stimme plötzlich so gut klang. Der hat sich selbst gehört und meinte nur: »Angst, Alter!« Mit dem Wort hat er damals gerne kokettiert: »Ich hab Angst, das klingt viel zu gut.« Das war ihm viel zu weit weg von seinem Geschreie auf den Vier-Spur-Aufnahmen in Berlin. Er hatte noch nicht genug Vertrauen in sich und mich.

KOOL SAVAS Papzt hat mich dann jede Woche angerufen und mir erzählt, dass jeder auf die neue Version ausrasten würde: die Fantas, der, der. Ich dachte: Hä, die hassen mich doch alle?!? Aber mit dem Song ist die Stimmung gekippt.

ROE BEARDIE Es war ganz schnell klar, dass der Song trotz Savas' Bedenken der Hit des Albums, ach was, der Hit des Jahres würde. Alle Rapper, die das Pech hatten, nach der Fertigstellung von »King of Rap« im Studio vorbeizuschauen und den Song zu hören, hatten erst mal keinen Bock mehr. Teilweise wurden da auch Sachen wieder verworfen.

KOOL SAVAS Papzt hat dann zur Sicherheit trotzdem eine Doppel-A-Seite mit einem Song von einem etablierten Act gemacht: Das »richtige« Video wurde mit Tefla & Jaleel gedreht. Das fand ich schade, aber ich wusste damals ja auch nicht, wie krass der Track eigentlich ist. Heute würde ich dafür kämpfen, aber damals habe ich einfach mitgespielt. Auch beim Video hatte ich zu wenig Mitspracherecht. Ich war superunzufrieden damit und dachte, ich würde mich in ganz Deutschland damit blamieren. Ich habe es wirklich gehasst. Das ist ein bisschen wie die Geschichte von Jamie Foxx, der erzählt, dass er dachte, »Slow Jamz« wäre ein megawacker Song, bis irgendwann ein Typ zu ihm meinte, dass der Song auf Platz eins ist. Der hatte das gar nicht mitbekommen ... Ich dachte auch, »King of Rap« wäre richtig beschissen. Aber dann kam das Video raus, und alle haben mich bombardiert: »Oh mein Gott. Darauf hat Deutschrap gewartet. Was hast du gemacht?«

ROE BEARDIE Der Song hat echt eine neue Ära eingeleitet. Jeder hat den Song gehört und gesagt: So etwas hat es noch nicht gegeben. Das war eine Zäsur.

KOOL SAVAS Das war wirklich eine Revolution, Alter. Es gibt ja einen Grund, warum gestandene Rapstars das auswendig kennen. Die ganzen Jungs, die später auch in eine andere Richtung gegangen sind, sind damit aufgewachsen. Find ich geil.

31 Allein zu zweit

HIOB In Berlin ist man sich lange auf Augenhöhe begegnet. Natürlich gab es Leute, die einen gewissen Status hatten, aber es gab keine Distanz zwischen dem Publikum und den Artists. Bei der HipHop-Sommerschule 2000 ist mir das erste Mal bewusst geworden, dass sich das wandelte. Leute wie Savas hatten da einen Backstageraum, in dem sie sich nach der Show abgeschottet haben, anstatt einfach von der Bühne zu gehen und mit den anderen abzuhängen.

KOOL SAVAS Spätestens nach »King of Rap« war klar, dass ich als Solokünstler meinen Weg gehe. Ich habe einfach gemerkt, dass die Nachfrage da ist. Die »Warum rappst du?«-EP wurde uns auf dem Splash 2000 förmlich aus den Händen gerissen. Ich glaube, ich habe an dem einen Wochenende so 5000 Stück davon verkauft.

MELBEATZ Man hat gesehen, dass in Amerika damit Geld zu machen war. Man ist schon mit der Hoffnung da reingegangen, dass man das sein Leben lang machen kann und nicht irgendwas anderes arbeiten muss.

MARCUS STAIGER Ich dachte immer, wir sind Anti-Backstage aus Überzeugung und nicht nur so lange, bis man selbst einen Backstage kriegt. Savas wollte aber irgendwann selbst Markenklamotten und Sponsoring-Verträge haben und nicht mehr so einen abgefuckten Studenten als Manager wie mich. Ich hatte das Gefühl, die eigene Crew war ihm nicht mehr cool genug. Er wollte, glaube ich, auch ein bisschen demütigere Leute um sich herum haben und nicht nur Freaks, die selber was darstellen.

KOOL SAVAS Ich wollte immer nur Mucke machen, jedes freie

Wochenende, jeden freien Tag. Die Jungs von M.O.R. aber haben sich teilweise einfach nicht die Zeit genommen beziehungsweise die nötige Energie mitgebracht. Ich dachte, das wird sich entwickeln, alle haben Bock. Aber nach dem ersten M.O.R.-Album habe ich gesehen, dass manche in der Crew das vielleicht anders sehen und sich die Arbeit einfach nicht lohnt. Man sieht ja jetzt, was aus den M.O.R.-Leuten geworden ist: Der eine ist erfolgreicher Anwalt, der andere Star-Architekt in der Schweiz und hat für Roger Federer das Haus gebaut – Fun Fact am Rande! Ich dagegen war immer ein hungriger MC!

MARCUS STAIGER Die Trennung von Savas war richtig schmerzhaft. Das war wie in einer Liebesbeziehung, in der der eine nicht wirklich den Strich zieht und Schluss macht. Es ist langsam ausgefadet. Das hat auch persönlich wehgetan. Für andere, mit denen er auch privat Zeit verbracht hat, war das sicher noch tragischer. Eine Aussprache hat es nie gegeben.

RALF THEIL Als Kool Savas zu BMG gegangen ist, war das irritierend. Gefühlt war die Diskrepanz zwischen dem, was Savas verkörperte, und einem Major-Label immer noch sehr groß. Außerdem war man Mitte 2002 genau in dieser Katerstimmung nach dem Hype. Man konnte nicht abschätzen, was passieren würde. Savas war ein gehypter Untergrundrapper, aber man wusste nicht, ob er auf Albumlänge die Erwartungen erfüllen kann.

MELBEATZ Alle wollten Savas. Er war das nächste große Ding. East West hat, meine ich, 250 000 Euro Vorschuss geboten, aber Savas hat gesagt, dass er nur unterschreibt, wenn seine Crew mitkommen kann: Eko, Valezka und ich. BMG war das einzige Label, das uns als Optik Crew wollte – allerdings für 125 000 Euro weniger. Zeig mir einen Menschen, der aus Freundschaft auf so viel Geld verzichtet! Aber Savas war diese Loyalität unglaublich wichtig.

EKO FRESH Savas wollte einen Deal, bei dem wir alle mit gesignt werden – primär vermutlich wegen Mel, die ihn immer supportet hatte. Valezka und ich kamen quasi als die Künstler der beiden dazu. Jan Mehlhose von BMG hat Savas so einen Deal zugesagt, also hat er dort unterschrieben. Durch das Signing kam eine gewisse Professionalität ins Spiel. Wir hatten auf einmal Listening Sessions auf irgendwelchen Booten und TV-Promoter haben uns Auftritte bei VIVA klargemacht. Die Industrie spielte auf einmal eine viel größere Rolle. Aber wir waren immer noch dieselben und haben unser Ding gemacht.

KOOL SAVAS Ich hatte für »Bester Tag« ja zum ersten Mal einen Deal, aber ich habe mich gezwungen, bei meinen Leisten zu bleiben. Ich wollte keine Beats shoppen, sondern das komplett zusammen mit Mel machen. Wir lebten damals zwar schon in einer größeren Wohnung, aber immer noch in Kreuzberg, und hingen mit denselben Leuten ab wie früher. Das musste einfach so sein.

EKO FRESH Es gab immer mal wieder Situationen, in denen Savas sich bewusst von anderen Künstlern abgegrenzt und gemeint hat: Wir ziehen das hier alleine durch! Damals habe ich das nicht verstanden, mittlerweile macht es für mich aber Sinn. Savas hatte sich viel selbst aufgebaut und wollte das nicht einfach so abgeben. Ihm wurde lange keine Chance gegeben, da muss man sich ja abschotten und sein eigenes Ding machen.

MELBEATZ Savas hat für das Album einfach Beats von mir gepickt und dazugeschrieben. Das war ein ganz einfacher Prozess. Ich erinnere mich, wie ich an der MPC saß und den Beat zu »Keep It Gangsta« gemacht habe. Savas schaute von seinem Blatt auf und meinte: »Lass den Beat so, verändere da nichts mehr dran!«

XATAR Die Beats von Melbeatz waren sehr fett und hatten Ami-Level. Damit meine ich gar nicht, dass sie den Style von bestimmten US-Produktionen hatten, sondern die Qualität, die Professionalität und die Wirkung.

MELBEATZ Ich habe mich nie dafür interessiert, was andere Produzenten für Beats gemacht haben – und wenn ich mal drauf geachtet habe, habe ich immer versucht, es anders zu machen. Mir war eigener Style schon immer wichtig und Biten Blasphemie. Das kommt sicherlich durchs Graffiti.

EKO FRESH Savas wollte auf keinen Fall Sellout-Sound machen. Für Savas war das mit BMG, glaube ich, ein größerer Schritt als für mich. Er stand mit dem Album schon unter Druck. Ich war jung, habe nicht viel nachgedacht, und es war alles irgendwie selbstverständlich. Savas war um einiges vorsichtiger als ich. Aber das war nur richtig, denn er war der Ältere.

KOOL SAVAS Als ich gemerkt habe, dass mir Leute zuhören, wurde es für mich schwer. Es ist einfach was anderes, wenn du weißt, dass du das eh nur für deine Kumpels da in der Ecke schreibst. Jeder Mensch, der Musik macht, kennt das: Dein zweites Album fickt dich. Oder du schaffst es nicht mal zum Album, weil schon deine erste EP dich fertigmacht ... Entweder bist du so ignorant, dass du das ausschalten kannst, oder du musst lernen, was du aus der Situation machst. Meine Art damit umzugehen, war »Der beste Tag meines Lebens«.

MELBEATZ BMG hatte bei dem Album nichts zu melden. Ich weiß, dass sie sehr enttäuscht waren, dass kein zweites »LMS« auf dem Album war. Damit hatten viele ein Problem. Auch die *Juice* hat uns erst nur fünf anstatt sechs Kronen gegeben.

KOOL SAVAS Für viele war das Album zu verkrampft. Im MZEE-Forum zum Beispiel, das damals noch viel zu sagen hatte, wurde »Bester Tag« zerrissen. Innerhalb von drei Jahren hat sich das dann komplett gewandelt. Plötzlich fanden die Leute es dope, und alles musste sich damit messen.

PRINZ PI Man hat Savas den Deal gegönnt, aber seine Musik hat sich dadurch etwas verändert. Ich fand es gut, dass die Songs melodiöser wurden. Aber viele in meinem Umfeld haben das gehatet, weil es ihnen zu positiv und weich wurde.

MELBEATZ Savas war an dem Punkt eben schon weiter und hatte die Eier, sein Ding durchzuziehen. Das Album ist auf Platz sechs eingestiegen. Wir waren zusammen mit Hochkarätern wie Nena und U2 in den Charts. Das war schon ein krasses Ding.

CASPER »Der beste Tag meines Lebens« war die zweite Platte nach »Gefährliches Halbwissen«, auf die ich richtig hingefiebert habe. Bei MTV lief damals das Video zu dem Intro der Platte mit dem legendären »Ihr habt lang genug gewartet«-Opener. Wir Jungs sind alle zusammen in den Media Markt gefahren, und jeder hat sich die CD gekauft. Das war neu: Bis dahin hatte sich nur einer die CD gekauft und den anderen dann gebrannt oder auf Kassette überspielt. Aber das Savas-Album wollte jeder haben und sofort hören. Wir haben das noch auf der Rückfahrt gehört und fanden es nicht direkt so richtig geil. Das waren superwenige Songs und vor allem wenige Savas-Parts. Ich wollte nicht Kurupt, Royce da 5'9« oder Tre Little hören, sondern Savas! Die Single »Der beste Tag meines Lebens« fand ich mega. Da hat Savas das erste Mal von sich erzählt und erwähnt, dass er Vegetarier ist. Aber dass Valezka da drauf gesungen hat, fanden wir dann schon wieder seltsam und eventuell auch zu »Kommerz«.

RALF THEIL Es gab noch nicht die Begrifflichkeiten, um das zu beschreiben, was Savas da gemacht hat. Für ganz viele lief er damals unter Gangstarap, obwohl er streng genommen noch nicht mal Straße war. Dieses Album war im Grunde ganz klassischer Representer-Rap und – ohne dass Savas das geplant hätte – eine Geste des Händereichens an den Rest der Szene.

MARCUS STAIGER Mich hat das Album enttäuscht. Auch strategisch war es falsch, dieses Album zu machen: Savas war der Pimplegionär, und genau so ein Album hätte er machen müssen. Er hätte es durchziehen müssen wie Eminem mit seiner Trilogie: erst das

Pimplegionär-Album, dann das Savas-Yurderi-Album – und dann hätte er machen können, was er will. Damit wäre er durch die Decke gegangen. So war er letztlich nur die Treppenstufe, über die später Aggro ins Game marschieren konnte.

RALF THEIL Um dieses relativ cleane Album wurden dann aber diverse Street-Singles, B-Seiten und Hidden Tracks gebaut, auf denen Kool Savas sich gemeinsam mit Eko ein bisschen in Sachen Battlerap austoben konnte. So ist zum Beispiel dieser legendäre »Bitte Spitte«-Freestyle bei MTV entstanden, für den Savas, Eko und Illmat!c in einer Tiefgarage über Evisu-Hosen sprechen und ignorante Reime droppen.

FIZZLE Savas und Eko, das war mein Einstieg in den deutschen Hip-Hop. Ich habe eigentlich Dancehall und Punkrock gehört, aber ein guter Freund von mir, Mannu, war plötzlich der DJ von Eko Fresh. Es hieß dann, Savas hat gesagt, Eko muss jetzt nach Berlin ziehen, also mussten wir Ekos Kühlschrank mit dem Auto nach Berlin in die Sorauer Straße bringen – übrigens exakt ein Haus weiter von der WG, in der Jahre später KitschKrieg gegründet wurde. Auf der Fahrt nach Berlin haben wir den ganzen Optik-Kram gehört. Vor allem SD fand ich megawitzig. Aber auch Savas mit Eko, Melbeatz und Valezka – das war schon eine Ansage.

EKO FRESH Nachdem ich damals »Ihr müßt noch üben« gehört hatte, habe ich versucht, mir mehr Informationen über Savas zu besorgen. Irgendwann hatte ich dann die Idee, mal bei der Nummer anzurufen, die hinten auf den Royal-Bunker-Tapes stand. Staiger meinte mal, er erinnere sich, dass ich sehr nett, aber auch ein bisschen nervig gewesen sei. Ich habe jedenfalls gefragt, wie teuer es wäre, wenn die Jungs nach Mönchengladbach kommen und dort auftreten würden. Staiger meinte: »800 Mark!« Für mich war das eine Menge Geld, aber mein damaliger Chef hat mir das vorgestreckt, und ich konnte das bei ihm abarbeiten. Also habe ich eine Location organisiert, auf einem billigen Drucker die Karten für das Konzert gedruckt und die mit einem Stempel versehen, damit man sie nicht fälschen konnte. Die Tickets gab es ausschließlich im Vorverkauf – ich brauchte ja das Geld, um Savas und die anderen an dem Abend zu bezahlen. Weil ich mir kein Hotel leisten konnte, mussten die Jungs bei mir und meiner Mutter übernachten.

MARCUS STAIGER Irgendwann kam Eko bei dem Konzert zu uns und wollte uns was vorrappen. Das kommt ja meistens: »Hier meine CD, ich rappe auch.« Aber Eko war wirklich ein Talent. Er hatte lustige Punchlines, ein gutes Sprachgefühl und starke Bilder.

JACK ORSEN Ich war damals mit Savas als Backup unterwegs, und wir sind zusammen nach Mönchengladbach. Das war ja Ekos Geburtstag. Er hatte selbst einen kleinen Auftritt, der uns echt gut gefallen hat. Wir haben an dem Abend noch bei Eko gepennt, und Savas blieb danach mit ihm in Kontakt.

KOOL SAVAS »Ayo, ich lebe mein Life / Gebe ein' Scheiß / Blablabla, weil ich in der Szene jeden zerreiß …« Ich glaube, das war dieser Text. Eko hatte auch die Line »Du Kartoffel erstickst an deinem Schweinefleisch.« Das fand ich superlustig. Ich habe gemerkt, dass er kein Idiot ist und das niemals so meint. Aber so dumm klischeemäßig und provokant alle zu dissen, fand ich interessant. Also habe ich ihn nach Berlin geholt, um seine EP aufzunehmen.

MELBEATZ Savas kam von der Jam in Mönchengladbach wieder und meinte, er hätte Eko zu uns eingeladen. Als er dann kam, war er erst mal total schüchtern. Ich bin ja eher der Haudrauftyp und versuche, die Leute damit auf Augenhöhe hochzuholen. Bei ihm hat das nicht geklappt. Der war so unfassbar schüchtern! Aber nach und nach hat sich das gelegt, und ich habe gecheckt, dass der Skill-mäßig doch was draufhatte.

SUMMER CEM Eko war das Golden Child, immer zehn Schritte weiter als alle anderen. Ich war richtiger Fan von dem, was er gemacht hat.

ROOZ Wie alt war Eko am Anfang? 16? 17? Der kam raus und galt direkt als Wunderkind, weil er raptechnisch alle in die Tasche gesteckt hat.

EKO FRESH Ich habe mein Sega Dreamcast an einen Arbeitskollegen verkauft und bin mit dem Geld nach Berlin geflogen. Savas hat mich am Flughafen Tempelhof abgeholt, wir sind in die Wrangelstraße gefahren, und ich habe noch am selben Tag den Song »S.A.D.I.« aufgenommen. Ich weiß noch, dass ich in Berlin mit meinen Klamotten ein echter Exot war. Ich habe damals ja in diesem Skateladen gearbeitet und hatte immer die frischesten Sachen am Start. Ich sah viel zu stylish für die anderen aus, die noch total abgerotzt rumliefen. (lacht) Mit meinem Gehalt aus dem Skateladen habe ich dann regelmäßig Tickets nach Berlin gekauft, bis ich irgendwann die Songs für die »Jetzt kommen wir auf die Sachen«-EP zusammenhatte. In der Zeit wurde mir klar, dass das mein Leben sein soll.

KOOL SAVAS Valezka war die Freundin von J-Luv, die haben uns immer zusammen in Berlin besucht. Irgendwann haben Mel und Valezka angefangen, zusammen Mucke zu machen. Das war dann das Team.

EKO FRESH Es wurde nie offiziell gesagt, dass wir jetzt eine Crew sind, aber es war irgendwann klar, weil wir uns schon automatisch gegenseitig Bescheid gesagt haben, wenn was anstand. Ich war total beeindruckt, gleichzeitig fühlte es sich aber auch natürlich an. Da war von Anfang an eine gewisse Selbstverständlichkeit. Das alles zu hinterfragen, kam erst viel später, als ich schon bekannt war.

MELBEATZ Savas war der Mentor, hat Eko aber auch als gleichwertiges Gegenüber gesehen. Die beiden haben sich gegenseitig befruchtet. Die waren riesige Dipset-Fans, haben deren Texte analysiert und rumgefreestylet.

KOOL SAVAS Dadurch, dass ich mit Eko und Costa (Illmat!c) abgehangen bin, wurde uns Technik immer wichtiger. Wir haben uns immer »Smack«-DVDs reingezogen und uns gegenseitig mit Doppelreimen angestachelt. Das war unser Sport.

SHINDY Die Eko-Strophe auf »Deutschlands 1« war für mich bis dahin die beste deutsche Rap-Strophe aller Zeiten – auch wenn sie überhaupt keinen Inhalt hatte. Eko hat einfach locker gerappt. Der hat »Langsam mach ich mehr Cash als Sportfreunde Stiller« auf »Auf einmal werden alle deine Sportsfreunde stiller« gereimt. Auch Zeilen wie »Klar, dass ich bei diesem Lifestyle verfluchte Neider hab / Ich regel das per Drive-by-Besuch in deiner Stadt« waren krass. Ich hatte davor noch niemanden gehört, der so viele Silben aufeinanderreimt.

ROOZ Vorher war Rap ja Mathematik, am besten noch mit Kittel. Aber Eko hatte diese lockere, unangestrengte Art zu rappen, hat das gleiche Wort zweimal hintereinander gereimt. Er und auch sein Mentor Savas waren ihrer Zeit da echt voraus.

KOLJAH Ich weiß noch, dass mich das anfangs sogar etwas irritiert hat, weil es so neu und anders war. Eko hatte zwar die gleiche Attitude wie M.O.R., war aber technisch deutlich besser. Der war so ein bisschen die Kreuzung von Savas und Samy.

EKO FRESH Das war meine Saison, Alter. (lacht) Ich hatte einfach gute Parts – das sagen die Leute ja auch bis heute.

CRO Als Eko und Savas zusammen unterwegs waren, war deutscher Rap kurz auf Ami-Level. Die Doppelreime, die Klamotten, die Videos mit von unten gefilmter Fisheye-Optik. Das war schon dope und hat ein bisschen an Dipset erinnert.

SHINDY Meine ersten Texte habe ich geschrieben, nachdem ich das Touvideo von »Up In Smoke« gesehen und »2001« von Dr. Dre gehört habe. Dementsprechend habe ich meine Sachen immer mit diesem Album verglichen. Ich dachte, dass ich es nie hinbekommen werde, so gut zu rappen. Erst als Savas und Eko kamen, konnte ich das erste Mal einen direkten Vergleich zu meinem Flow und meinen Reimen ziehen. Ich muss sagen, dass ich anfangs auch sehr wie Eko geklungen habe.

AUDIO88 Ich fand Eko wack. Im Nachhinein muss ich sagen, dass wir ihm da unrecht getan haben, weil er eigentlich ganz geil war. Aber es lag auch einfach daran, dass mit dem Optik-Ding ein anderer Savas einherging. Vorher hatte er mir mehrere Jahre ins Ohr gebrüllt, dass er meine Mutter vergewaltigt und Nutten mit Samen vollpumpt, und plötzlich haben er und Eko diesen Ami-Film mit Anglizismen gefahren. »Versucht es zu versteh'n, wir sind zu true fürs Game« – da war ich raus.

EKO FRESH Andere hatten Jahre auf ihren Erfolg gewartet. Dann kam da ein schmächtiger Junge, hat von Pistolen erzählt und alle überholt – ist doch klar, dass die Leute da schauen, wo ich eine Angriffsfläche biete. Damals habe ich mir darüber aber keine Gedanken gemacht. Ich habe einfach die Mucke gemacht, die ich gefeiert habe.

RALF THEIL Ich verstehe wirklich nicht, wie man Eko so ernst nehmen und ihm vorwerfen konnte, sich mit fremden Federn zu schmücken. Das waren ja Battlerap-Songs mit Comedy-Elementen, die ganz klar als Quatsch erkennbar waren.

MELBEATZ Savas hat in der Zeit viel negative Resonanz bekommen, weil er Eko mit ins Boot geholt hat. Aber er hat ganz krass an ihn geglaubt. Er hat in jedem Interview von ihm geredet und ihn auf Songs gefeaturet, damit Eko ernst genommen wird. Savas hat sich immer schützend vor Eko gestellt und ihn verteidigt.

KOOL SAVAS Ich bin generell ein Teamtyp. Ich gehe immer noch gerne auf Tour und liebe es, nach der Show mit Leuten im Bus zu chillen. Ich mag das einfach: Family, zusammen was machen, mit Freunden campen. Natürlich hatte ich auch das Ziel, mit Optik Records so was wie ein deutsches Rawkus Records zu schaffen. Aber die finanziellen Interessen standen nie im Vordergrund. Es ging darum, eine Vision zu teilen und gemeinsam etwas aufzubauen. Ich habe das sehr ernst genommen.

EKO FRESH »König von Deutschland« war der Anfang des Streits. Warum? Weil ich es natürlich nicht erwarten konnte. Ich war gerade fertig mit der Schule, hatte einen Plattenvertrag und den besten Sommer meines Lebens hinter mir. Ich habe in Berlin meinen Traum gelebt und wollte unbedingt ein Album machen – aber Mel wollte das auch. Also wurde mir gesagt, ich solle erst mal eine Single machen, weil das Album von Mel vor meinem erscheinen würde. Als guter Soldier habe ich das getan. Für diese Single, »König von Deutschland«, habe ich mir das Konzept ein bisschen bei Eminem abgeschaut, der zu der Zeit immer wieder Celebritys verarscht hat. Meine Idee war: Ich mache ein Lied, in dem ich deutsche Promis verarsche, und werde dann genauso berühmt wie die. Mel wusste, was das Konzept ist, und hat mir einen Beat gegeben, der für ihre Verhältnisse relativ kommerziell war – und dann ging der Song durch die Decke.

KOOL SAVAS Mit »König von Deutschland« konnte ich mich noch identifizieren. Aber die kommerzielle Seite hat für mich generell eine zu große Gewichtung bekommen. Eko war ja in erster Linie ein geiler Spitter: Ich habe uns wie Kurupt und Daz gesehen und hätte mich gefreut, wenn wir wie bei Slaughterhouse noch zwei weitere Typen gefunden hätten, die auf dem Niveau rappen. Nach »König von Deutschland« aber haben plötzlich alle die Chance gesehen, kommerziell abzugehen. Das hat mich extrem gestört. Mit der nächsten Single »Ich bin jung und brauche das Geld« hatte ich dann endgültig das Gefühl, dass er jetzt genau die Leute bedient, die er kurz davor noch in seinen Battle-Texten angesprochen hat.

MELBEATZ Eko und Valezka haben zwei Jahre bei uns gewohnt. Wir waren eine Familie, die auch noch eine musikalische Vision geteilt hat. Deshalb konnten wir nicht verstehen, wie Eko sich auf einmal um 180 Grad drehen und ein *Bravo*-Rapper werden konnte. Vor allem war es so unnötig: Eko wäre auch so berühmt geworden – nur mit dem Unterschied, dass er nicht unter den 100 nervigsten Deutschen auf RTL aufgetaucht wäre. Davor wollten wir ihn schützen. Aber Eko hat da drauf geschissen und mit Absicht Moves gemacht, von denen er glaubte, damit Geld verdienen zu können.

EKO FRESH Mainstream galt ja als absolutes No-Go. Das war der Feind. Aber ich habe immer gerne Privatfernsehen und Trash-TV geguckt und habe das in meine Texte eingebaut. Ich habe ja auch nicht alles gemacht: Ich war zum Beispiel für das Feature mit Vanessa S. von »Popstars« angefragt, habe nach dem Gespräch mit Savas aber abgesagt, weshalb Ferris MC das dann gemacht hat. In dieser Ausnahmesituation wurde aber alles zum Streitpunkt – auch Dinge, die heute kein Thema mehr sind. Einen Song wie »Ich bin jung und brauche das Geld« kennen und lieben heute alle. Ich gebe Savas inzwischen in vielen Sachen recht, aber was das angeht, bleibe ich bei meinem Punkt: Das ist einfach ein geiler Song. Aber vielleicht war Savas auch einfach mit der Situation überfordert.

KOOL SAVAS »Ich bin jung und brauche das Geld« war eigentlich total witzig, aber ich hätte das nie als Single releast. Ich war der Meinung, wir müssten nach »König von Deutschland« wieder etwas Rougheres bringen, aber Eko meinte nur, dass er das jetzt durchziehen wolle. Das fand ich extrem schade. Ich dachte mir: Als dir meine Tipps noch was genutzt haben, hast du sie für bare Münze genommen. Jetzt, wo du denkst, meine Meinung könnte dich zurückhalten, ist sie dir also nichts wert, ja?

SHINDY Ich meine mich zu erinnern, dass mir die »König von Deutschland«-EP besser gefallen hat als danach das »Ich bin jung und brauche das Geld«-Album. Das war nicht schlecht, aber da waren einfach Moves drauf, die man nicht hätte bringen müssen. Eko hat ja fast schon Coverversionen von »I Need a Girl (Part Two)« und »California Love« gemacht. Ich denke, er wollte damit diesen Bling-Bling-Ami-Film unterstreichen. Aber das wäre gar nicht nötig gewesen und hat die anderen Songs auf dem Album eher abgewertet. »Wir fliegen«

mit J-Luv ist zum Beispiel ein unfassbarer Song. Unabhängig davon war es aber superwichtig, dass es das gab, weil Eko der Erste war, der ganz unverfroren die Kommerzschiene gefahren ist und gar keinen Fick auf irgendwelche HipHop-internen Debatten gegeben hat.

RALF THEIL Ich glaube, Savas und Eko wollten letztlich das Gleiche: groß werden und Geld verdienen – nur eben mit anderen Mitteln. Dazu kam dann natürlich auch noch die Beziehung zwischen Eko und Valezka.

KOOL SAVAS Es waren einfach zu viele Emotionen im Spiel. Das driftet dann schnell in extreme Enttäuschung ab und wird unschön ... Eko war ja mein Bruder!

EKO FRESH Die Trennung hat sich richtig scheiße angefühlt. Ich war ja noch ein kleiner Junge und habe teilweise deswegen geweint, zum Beispiel beim »Ich bin jung und brauche das Geld«-Videodreh: Da musste man mich echt überreden, überhaupt vor die Kamera zu treten. Gegen Ende der Albumaufnahmen war dann meine Mutter immer dabei. Daran kann man ganz gut erahnen, in was für einer Verfassung ich mich befand. Viele dachten im Zuge des Disstracks, ich würde mir die Hände reiben und mich freuen, weil mein Plan aufgegangen ist. Aber das Gegenteil war der Fall.

MELBEATZ Als Ekos Disstrack »Die Abrechnung« kam, habe ich die Welt nicht mehr verstanden. Ich habe echt nicht gecheckt, wie man so undankbar sein kann. Auch seinen Imagewechsel konnte ich nicht ernst nehmen: Wenn ich Eko während unserer gemeinsamen Zeit mal angemeckert habe, hat der angefangen zu zittern und mir eine Woche nicht mehr in die Augen geschaut. Plötzlich hat er in dem Track auf hart gemacht.

EKO FRESH Als ich »Abrechnung« geschrieben habe, war es in der Szene schon komplett salonfähig, mich zu dissen. Da gab es echt eine Saison, in der ich das Feindbild war. Ich dachte mir immer: Ich kann doch megagut rappen – was geht ab?! Also habe ich den Song geschrieben und der *Juice* gegeben, damit sie ihn auf ihre Heft-CD packen. Mir war ganz wichtig, dass ich damit kein Geld verdiene, damit man mir nicht wieder Kommerzialität vorwerfen kann.

KOOL SAVAS Ich hab Ekos Disstrack erst gehört, als er rauskam, aber natürlich hatte ich davor schon davon mitbekommen. Der Song kam ja über das Label raus, zu dem ich Eko vermittelt habe und bei dem ich selbst noch unter Vertrag stand. Und die bringen nun einen Diss gegen mich raus? Ich habe auch Ekos Mutter angerufen und sie gebeten, ihn von dem Song abzuhalten. Es war klar, dass ich antworten muss, wenn er das macht, und ich wusste, dass ihm das nicht guttun wird. Eko war einfach schlecht beraten damals. Seine Mutter war die Einzige, die zumindest versucht hat, das zwischen uns zu regeln. Aber es hat nichts geholfen. Sie hat mit ihm gesprochen und mich am nächsten Tag zurückgerufen und gesagt, dass er das weiterhin tun will.

EKO FRESH Ich glaube nicht, dass das genau so gelaufen ist. Meine Mutter hat zu der Zeit einfach versucht, mir zu helfen. Es gab einige Gespräche zwischen ihr und Savas. Sie hat dabei nicht versucht, die besten Vorteile für mich rauszuholen, sondern das eher menschlich gesehen. Dass diese Gespräche dann Einzug in Savas' Lyrics hielten, ging mir zu weit.

MELBEATZ Mit der Antwort haben wir uns richtig Zeit gelassen – schon alleine, um ihm zu zeigen, dass er nicht so wichtig ist. Wir wollten ihn richtig zappeln lassen. Der Song und das Video sind dann in meinen Augen die Blaupause für jeden weiteren Deutschrap-Disstrack geworden. Bis heute tauchen Elemente aus »Das Urteil« immer wieder in solchen Tracks auf. Wobei die Leute heute ja richtig übertreiben mit elf oder sogar dreißig Minuten ...

ROOZ Mit dem Beef zwischen Savas und Eko wurden das erste Mal Themen abseits der Musik für die Konsumenten interessant. Der Unterschied zu heute war, dass es noch nicht so schnelllebig war.

Heute kannst du jeden Tag drei Stunden lang Gossip und Gerüchte im Internet lesen. Damals hat einen das ein ganzes Jahr begleitet.

VISA VIE Dass ich mich theoretisch mit Rap beschäftigt habe, kam durch den Beef zwischen Eko und Savas. Die ersten Jahre habe ich einfach nur die Musik gehört und überhaupt keine Artikel gelesen oder Interviews angeschaut. Die Menschen hinter den Songs waren mir komplett egal. Bei diesem Battle hatte ich das erste Mal ein Interesse über die Musik hinaus. Ich wollte wissen, wer die Typen sind und was die eigentlich für ein Problem miteinander haben. Man muss leider sagen, dass da eine gewisse Sensationslust im Spiel war. Aber es hatte definitiv auch etwas Gutes: Ab da habe ich mich auch rückwirkend mit der Musik auseinandergesetzt und versucht, Zusammenhänge zu verstehen.

KOOL SAVAS Ich weiß, dass viele Leute das als großes Rap-Battle wahrgenommen haben, wie Nas gegen Jay Z in Amerika. Aber ich habe das nie so gesehen. Als ich gehört habe, dass Eko beim 1. Mai in Berlin eine Flasche an den Kopf bekommen hat, hat mit das leidgetan. Die ganze Geschichte war einfach nur hässlich. Ich würde mir wünschen, wir hätten das nicht gemacht.

EKO FRESH Viele Dinge sind aus Trotz passiert. Ich habe mit »L.O.V.E.« ein Album über Liebe und ohne jegliche Selbstironie gemacht, das wahrscheinlich nie entstanden wäre, wenn es diesen Bruch nicht gegeben und ich »Jetzt erst recht!« gesagt hätte. Genauso hat Savas auf einmal begonnen, viele verschiedene Künstler zu featuren und auf Beats von anderen Produzenten als Melanie zu rappen. Genauso sein Feature mit Lumidee – das waren alles Sachen, die er mir vorher verboten hatte.

MARCUS STAIGER Ekos Karriere ist leider etwas tragisch verlaufen. Er ist ein wahnsinnig talentierter Typ, vielleicht der beste Songschreiber der HipHop-Szene. Er hat nur das Problem, dass er nie eine Mic-Persönlichkeit für sich gefunden hat. Aber die braucht es. Die kann authentisch oder erfunden sein – aber sie muss da sein. Eko hat immer neue Charaktere angenommen: den Swag-Rapper, den Popstar, den Jungen aus dem Ghetto, den geraden Türken usw. Das verzeihen die Leute einem nicht. Eko ist ein bisschen wie ein Jazz-Musiker: Er kann perfekt spielen, aber im Rap geht es eben auch um andere Dinge.

ROOZ Am Anfang war Eko ja eher ein Battlerapper. Aber in der zweiten Phase seiner Karriere hat er seine Popularität und seinen Fame genutzt, um auch auf Themen wie Integration aufmerksam zu machen. »Türkenslang« vom »Ekrem«-Album, in dem er türkische Ausdrücke auf Deutsch erklärt, ist zum Beispiel so ein Song. Auf der Platte hat er mit »Köln Kalk Ehrenmord« meines Wissens auch als Erster das Thema Ehrenmord behandelt – nicht mit Zeigefinger und auch nicht peinlich, sondern cool und in gutes Storytelling verpackt. 2018 ist er ja auch mit dem Song »Aber« wieder viral gegangen, in dem er in einer Art Rollenspiel aus der Sicht eines Kanaken und eines AfD-Wählers die Integrationsdebatte betrachtet. Ich würde solche Sachen gerne von viel mehr Rappern mit Migrationshintergrund hören. Dafür muss man Eko echt Props geben.

EKO FRESH Im HipHop erzählt man seine Geschichte und kämpft sich hoch – zur Not auch mehrmals. Wenn ich so kommerziell wäre, wie man mir damals vorgeworfen hat, hätte ich das vermutlich nicht geschafft. Aber ich bin eben HipHop. Es gibt Songs von mir, die alle kennen. Ich will jetzt nicht wie ein frustrierter Alter klingen, aber wenn meine größten Songs in der Streaming-Ära erschienen wären, hätte es da viele Gold-Singles gegeben. Heutige Streaming-Zahlen sind ja ein bisschen mit den Video-Votings auf VIVA damals vergleichbar – und da liefen Songs wie »Ich bin jung und brauche das Geld« ständig.

SHINDY Es ist krass, dass man das jetzt sagt, aber: Zur damaligen Zeit war Ekos ganzes Ding extrem progressiv, von den Songs über die

Videos bis hin zu den Albumtiteln. Ich denke, Eko wollte vor allem eine Show abliefern – und damit ist Deutschland noch nie klargekommen.

EKO FRESH Ich hätte mir immer eine Dynamik wie bei Aggro Berlin gewünscht. Die haben auch diverse verschlossene Türen durchbrochen und dabei zusammengehalten. Wenn es da Kritik gab, hat man zusammengestanden und gesagt: Wir halten das jetzt aus, weil wir die Coolsten sind. Bei Optik kam das nicht zustande, weil wir kein Label waren, das im Hintergrund von anderen Leuten gelenkt wurde. Bei uns war alles emotional. Das Label gehörte Savas, und dementsprechend gab es eine andere Dynamik. Ich denke, mit dem Team von Aggro Berlin im Rücken wäre Optik Records unschlagbar gewesen.

32 Das Rap Deutschland Kreissägen Massaker

GÖTZ GOTTSCHALK Hinter Aggro Berlin standen Halil, Specter und Spaiche: drei waschechte Oldschooler. Die haben das gesamte Know-how der HipHop-Geschichte und eine neue Attitüde miteinander verbunden und damit einen Paradigmenwechsel eingeleitet.

SCHIVV Mit Aggro waren zum ersten Mal drei Leute an einer entscheidenden Position, die nicht in erster Linie Musiker waren. Davor war ja alles eher Künstler-driven: Eimsbush, die Stuttgarter und Savas haben auch Firmen gegründet und Merchandise verkauft, aber das war eher künstlerische Selbstermächtigung als echtes Unternehmertum. Bei Aggro hatte man das Gefühl: Das wird jetzt ein richtiges Geschäft.

ROOZ Ein großer Unterschied war, dass Aggro Berlin zugegeben haben, mit ihrer Musik in die Charts zu wollen.

MARCUS STAIGER Ich habe im MKZWO-Magazin ein Interview mit Spaiche gelesen, in dem er meinte, dass sie in die Top 10 wollen. Das war der Unterschied zu Royal Bunker. Ich kam aus einer anderen Zeit, mit einem anderen Mindset. »Think big« war nie so mein Ding. Aggro hat das durchgezogen.

SIDO Halil kannten wir schon, weil wir unsere Tapes zu ihm in den Downstairs-Laden gebracht hatten. Der war ein Hustler, der immer erzählt hat, wie er schon mit zwölf auf dem Markt Petersilie verkauft und sein erstes Geld verdient hat. Das hat mir total gut gefallen. Ich wusste, dass wir den brauchen und dass er wichtig für die Firma ist: ein super Typ mit richtig viel Herz! Specter war der Typ mit den Visionen, der das HipHop-Ding gefressen hatte und viele Dinge genauso sah wie wir. Mit Spaiche bin ich schon am dritten Tag angeeckt. Wir haben diskutiert und uns angeschrien. Aber weil ich gemerkt habe, dass er Eier hat, habe ich ihn trotzdem respektiert.

KAETE Spaiche hat den Vertrieb von Carhartt für den Osten von Deutschland gemacht. Seinen Showroom hatte er in der Münzstraße in Mitte, wo ich bei einer PR-Agentur eine Ausbildung zur Werbekauffrau gemacht habe. Als wir uns ein wenig angefreundet hatten, hat er mir davon erzählt, dass er mit zwei Kumpels ein HipHop-Label gründen wolle und mich gerne dabeihätte, weil er meine PR- und Marketingerfahrung bräuchte.

RALF KOTTHOFF Specter und Spaiche saßen mal bei mir in Köln auf dem Sofa. Wir wollten zusammen Breakdance-Klamotten machen und haben auch eine erste Kollektion gemacht. Aber das Ganze hat nie so richtig funktioniert. Irgendwann haben mir die beiden dann erzählt, sie würden jetzt ein Label machen und Die Sekte signen.

SIDO In Berlin gab es Ende der Neunziger an vielen Ecken Freestyle-Cafés, die versucht haben, wie der Royal Bunker zu sein. Deshalb bin ich bald nirgendwo mehr hingegangen. Als ich doch noch mal bei einem vorbeigeschaut habe, einem Laden namens G-Spot in der Gneisenaustraße in Kreuzberg, kam Specter auch und hat explizit nach der Sekte gesucht. Er kannte unsere Musik aus dem Downstairs. Specter, Spaiche und Halil haben sich alle Tapes durchgehört und sind dabei auf uns gekommen. Specter hat uns dann in unserem Rattenloch besucht und die richtigen Fragen gestellt: »Was stellt ihr euch vor?« Das fanden wir gut. Er hat sich unsere Ideen angehört, sie für gut befunden, aber auch gute Einwände gehabt.

ROOZ Ich glaube, dass die Visualität der wichtigste Punkt an der Sache war. Specter hatte diesen Frankreich-Vorteil. Er ist dort aufgewachsen, weil seine Eltern da beruflich zu tun hatten, und hat alles aufgesogen. Weil es das Internet in der Form noch nicht gab, war er mit dem Fokus auf die Aufmachung und die Charaktere hierzulande der Erste. Specter hat die Künstler und deren Images quasi am Reißbrett erfunden und sich überlegt, welche Zielgruppen er ansprechen will. Davor haben Rapper einfach Musik gemacht und halt mal geschaut, wer das hören könnte. Specter hat es genau andersrum gemacht – im Grunde so, wie es im Pop passiert. Das war der Faktor, der Aggro vom Rest in Berlin unterschieden hat.

MURAT ASLAN Specter war mein absolutes Vorbild, was Konzeption und Ideen angeht. Genau wie er wollte ich gestalten und gemeinsam mit Künstlern etwas auf die Beine stellen. Die Aufmachung von Aggro Berlin war unglaublich professionell, aber trotzdem immer auf Augenhöhe. Man hatte nicht das Gefühl, dass da ein Major-Label der Auftraggeber ist, dafür steckte zu viel Liebe und auch ein bisschen Naivität in der Sache.

CRO Ich fand das Logo geil. Das war schwarz-weiß, gut und schwer, und hat auf Shirts funktioniert, wie bei der Kolchose oder Def Jam.

MARCUS STAIGER Es war natürlich auch genial, Sido die Maske aufzuziehen …

SIDO Es wird oft erzählt, dass ich die Maske aufgesetzt bekommen habe. Aber das war meine Idee. Ich hatte einfach diese Vorstellung, im Bus zu sitzen, von niemandem erkannt zu werden und zu lauschen, wie Leute über mich reden. Wobei das ja eigentlich voll bescheuert ist: berühmt sein, aber im Bus sitzen … (lacht) Bobby und ich fanden die Idee von einem alten Mikrofon in Totenkopf-Form schon immer geil. Ich habe Specter davon erzählt, und er kam dann mit der Idee und dem endgültigen Aussehen der Maske. Wir sind zu so einem renommierten Typen gegangen, der Masken für Filme herstellt. Der hat einen Abdruck von meinem Gesicht gemacht und nach vier Wochen habe ich meine Maske bekommen. Die war einfach ein Hingucker. Wenn du durchs Fernsehen gezappt hast, bist du daran hängen geblieben und hast erst mal nicht weitergeschaltet. Die Maske hatte ja keinen bösen, sondern eher einen traurigen Blick. Das war schon ziemlich genial.

SAMY DELUXE Die Evolution im Battlerap lief meiner Meinung nach so: ich mit dem Egozentrismus, Savas mit dem Tabubruch und dann Aggro Berlin mit den krassen Images und der optischen Ebene. Das ist mir erst Jahre später wirklich aufgefallen. Das war schon genial von Aggro Berlin und insbesondere Specter. Auch wenn man das Gefühl hat, heutzutage mit Marketing sogar noch mehr erreichen zu können: Es gab nie wieder ein so gut gemachtes und plakatives Ding im Deutschrap wie Aggro Berlin.

DANI FROMM Alle bei Aggro hatten perfekte Images. Sido war der Druffi mit der Maske, Bushido war der Gangster, Fler war der harte Deutsche, Tony D war der verrückte Schreihals, und die erste EP von B-Tight heißt bewusst provokant »Der Neger (in mir)«. Das war alles grenzwertig, aber sehr schlau ausgereizt.

KAETE Das erste Release, an dem ich dann mitgearbeitet habe, war »Carlo, Cokxxx, Nutten« von Bushido und Fler. Ich hatte einen Rechner in diesem berühmten zum Büro umfunktionierten Puff. Weil ich es aus der Werbung so kannte, habe ich Pressemappen mit Aggro-Berlin-Aufklebern gemacht. Da habe ich Infotexte, Kontaktdaten und die CD hineingelegt und einfach 30 Stück davon an diverse Journalisten und Radiostationen versendet, die ich noch aus meiner PR-Arbeit kannte.

DANI FROMM In diesen Mappen gebe ich heute noch meine Unterlagen zum Steuerberater. (lacht) Aggro haben meiner Meinung nach alles richtig gemacht. Die Rapper waren – objektiv gesehen – mittel bis kacke. Aber diese Mittel- bis Kacke-Rapper haben sie unfassbar gut verkauft. Das ging schon mit diesen Pressemitteilungen los, auf rotem Papier mit ausgestanztem Sägeblatt.

MARCUS STAIGER Am Anfang war Aggro Berlin mehr oder weniger eine Kopie von Royal Bunker. Es gab auch viele persönliche Auseinandersetzungen. Sido hat auf der Bühne Royal-Bunker-Shirts zerrissen. Man kannte sich halt und war verwoben. Und Aggro wollte sich von uns absetzen.

MELBEATZ Ich fand Aggro Berlin total scheiße. Savas hat einfach diese Lücke hinterlassen, und die sind da rein.

MARCUS STAIGER Dass da was falsch läuft, dachte ich das erste Mal, als 2002 das Video zu »Aggro Teil 2« rauskam. Das war ein Schwarz-Weiß-Video. Kurz davor meinten so MTV-Fuzzis noch zu mir, Schwarz-Weiß-Videos gebe es quasi nicht mehr. Aber das ist dann gelaufen. Da war klar, dass Aggro ein ganz anderes Spiel spielt. Die machen das platt! Während Royal Bunker immer mit mehreren Ebenen und viel Ironie gearbeitet hat, war bei denen alles aus einem Guss: Das waren die Assis, Rüpel, Gangster – ohne doppelten Boden.

GRIM104 Ich weiß noch genau: Ich bin nachts nach Hause gekommen und in mein Kinderzimmer gegangen, habe VIVA Plus angemacht, und da lief das Video zu »Aggro Teil 2«. Das hat mich komplett reingesogen. Ich wollte so sein wie die Typen in dem Video, wusste gleichzeitig aber, dass ich das definitiv nicht bin. Das waren ganz neue Distinktionslinien. Ich bin mit dem Fahrrad über Äcker zu irgendwelchen Bombenkratern aus dem Zweiten Weltkrieg gefahren, um dort zu kiffen. Ist ja klar, dass mich dieser gewalttätige Moloch Berlin total fasziniert hat.

MAXIM K.I.Z Auch »Bei Nacht« von Bushido war so richtig schön düster: diese dreckig-krisselige Schwarz-Weiß-Optik wie in »Pi« von Darren Aronofsky. »Mein Block« von Sido dagegen hatte eine viel sauberere Optik, wie ein Hollywoodfilm. »Neue Deutsche Welle« von Fler auch: Klar wurden da viele Klischees wie die Bareknuckle-Kämpfe bedient, aber die Art, wie es gefilmt wurde, war revolutionär.

FELIX BRUMMER Die Videos sahen aus, als ob der Teufel Specter gesagt hätte, was die 14-Jährigen gerade brauchen. Das war genau das, was ich sehen wollte.

DANI FROMM Ich habe mich in diesem Gefährliche-Großstadt-Ding nicht so wiedergefunden – ich bin halt 'ne Provinzhupe! Dem Frauenbild konnte ich naturgemäß auch wenig abgewinnen. Inhaltlich konnte ich mit Aggro Berlin also wenig anfangen, aber ich habe gesehen, dass die als Label sehr viel richtig machen.

GÖTZ GOTTSCHALK Aggro Berlin waren die Speerspitze des ersten wirklichen Generationswechsels und Generationskonflikts in der Szene. Jetzt gab es eine zweite Welle von Machern, Hörern und Fans, die andere Themen, Looks und Sounds wollten.

FATONI Die alte HipHop-Definition hat sich über die Jahre in Luft aufgelöst. Schon zum großen Hype um 2000 wurde darüber nicht mehr geredet, aber zumindest die Attitude war noch in den Köpfen der Leute und wurde weitergetragen. Aggro Berlin hat das bewusst mit Füßen getreten. Die wussten ganz genau, was sie da taten.

DENYO Spätestens ab Sido waren wir Oldschool – oder zumindest diese eine Schule und nicht die andere. Ab da gab es eine Trennung. Man hat das schon gemerkt, als wir 2003 »Blast Action Heroes« gemacht haben. Wir waren mit dem Album auf der Eins und haben große Touren gespielt, aber man hat trotzdem gespürt, dass jetzt eine andere Zeit ist. Im Gegensatz zu unserem jüngsten Album »Advanced Chemistry«, wo wir dann schon ultraerwachsen und total locker waren, hatte »Blast Action Heroes« etwas von einer Kampfansage. Wir wollten uns und HipHop noch mal beweisen. Das ist uns auch ganz gut gelungen, denke ich, aber es war schwierig, das Album zu machen. Da haben definitiv auch Egos und Unsicherheiten eine Rolle gespielt, vor allem auch bei mir persönlich.

TOBI TOBSEN Die Neunziger haben eine gewisse Form von deutschem HipHop hervorgebracht, der am Ende sehr spitz zugelaufen ist. Wenn man ehrlich ist, gab es keinen echten Fortschritt. Es bedurfte dieser Inhaltsspritze. Dem Ansatz, einfach lustige Wortspiele aufzuschreiben und dabei möglichst viel Spaß zu haben, wurden eine gewisse Story-Lastigkeit und Tiefe entgegengesetzt.

FATONI Das krasseste Missverständnis ist, dass man Straßen- und Gangstarappern von Anfang an Dummheit unterstellt hat. Das ist ja heute noch so. Wenn du Passanten in Charlottenburg ansprichst, wie sie Bushido finden, werden sie sagen: Das ist dumme Musik. Dabei hat das überhaupt nichts mit dem Intellekt zu tun. Wenn man ganz ehrlich ist, waren die Sachen von Fünf Sterne Deluxe oder den frühen Deichkind auch nicht klüger. Das hatte einen Bildungsbürger-Swag, aber gesagt wurde da auch nix.

TOBI TOBSEN Straßenrap war ein Fortschritt, schon alleine weil es das vorher in Deutschland augenscheinlich nicht gegeben hatte, warum auch immer ...

SIDO Das Splash 2002 war überkrass. Die Berliner durften damals noch nicht auf der Hauptbühne spielen, weshalb es für sie ein Zelt gab. Bei den Auftritten der anderen standen immer höchstens 200 oder 300 Leute vor der Bühne, aber vor unserem Auftritt hat es sich langsam gefüllt. Wir standen Backstage und haben gehört, wie es immer lauter wurde. Als der Beat anging und ich auf die Bühne bin, war das ganze Zelt voll. Ich wollte eigentlich total cool mit Wasserflasche in der Hand performen, aber die ist mir sofort aus der Hand gefallen. Auch das Merchandise war innerhalb von einem Tag leer gekauft – und das, obwohl wir mit einem ganzen Lkw dort hingefahren sind. Alle, die vom Splash nach Hause gefahren sind, haben über uns geredet. Das war ein sehr wichtiger Moment für unsere Karriere.

CASPER Der Splash-Auftritt im Jahr darauf auf der Hauptbühne galt dann als die endgültige Übernahme. Der Gig war um 14 Uhr, aber vor der Bühne war es bumsvoll. Auf dem Zeltplatz wurde danach den ganzen Tag darüber gesprochen. Ich habe das nicht gefühlt, mir war das zu stumpf. Auf der Rückfahrt von Chemnitz nach Lemgo haben wir dann »Vom Bordstein bis zur Skyline« von Bushido gehört. Da hat es bei mir Klick gemacht. Aber ich habe eine Weile gebraucht.

SIDO Als es mit Aggro Berlin losging, hat man richtig gemerkt, dass der elitäre Kreis uns nicht dabeihaben wollte, weil wir diejenigen gewesen waren, die ihre Jams kaputt gemacht hatten. Dass wir dann auch noch rappen, war für die das Schlimmste! Medienvertreter wie Falk Schacht oder Dida Dodder von »Fett MTV« wollten nichts mit uns machen. Erst mit der »Aggro Ansage Nr. 3« oder meinem Album ist niemand mehr an uns vorbeigekommen.

KAETE Ich habe gemerkt, dass ich bei der Fachpresse nicht weiterkomme, und musste andere Wege wählen. Bei den Kulturmedien fand man Aggro irgendwie gut. Sido hat sein erstes großes Interview mit der *taz* geführt, unser erster Fernsehbeitrag war bei »Polylux«. Aber in der *Juice* haben wir gefühlt nur stattgefunden, wenn wir Anzeigen geschaltet haben.

CURSE Ich war Straßenrap gegenüber nie abgeneigt. Specter und Spaiche waren auch Bekannte von mir, die sogar im »10 Rap Gesetze«-Video zu sehen sind. Als ich den Namen »Bushido« gehört habe, war ich daher total neugierig, weil ich mich ja für Samurai interessiere. Dann lese ich das erste Interview mit ihm in der *Backspin*, und er sagt, dass ich nicht rappen kann. Ich dachte nur: Krass, dass du es mir gerade unmöglich machst, dich zu supporten.

DJ RON Beim Splash haben Aggro das gesamte Gelände mit einer unfassbaren Menge an »Splash hat A.i.d.S.«-Stickern zugepflastert. Da hat man sich schon provoziert gefühlt. Im Nachhinein kann ich das verstehen. Für die muss sich das so angefühlt haben, dass wir – die ältere Generation – sie nicht dabeihaben wollten. Deshalb wollte ein Fler uns »ficken«. Heute würde man das ohnehin als normalen Promo-Move ansehen. Aber damals hat es einen verstört.

MEGALOH Der Song »Der Neger« von B-Tight hat mich richtig aufgeregt. Aggro haben damals Vorgruppe auf einem DMX-Konzert in der Columbiahalle gemacht. B-Tight steht auf der Bühne und fragt: »Wer hat das Gras weggeraucht?« Alle um mich herum brüllen aus voller Kehle: »Der Neger!« Ich hätte am liebsten jeden Einzelnen umgeboxt – inklusive B-Tight, weil er den Leuten die Möglichkeit gegeben hat, das zu sagen. Ich bin seit meiner Kindheit mit diesem

Wort beleidigt worden und habe es schon immer als Peitschenhieb empfunden: Ich spüre Schmerz, wenn ich dieses Wort höre! Das geht zurück in die Kolonialzeit, in der man versucht hat, einem ganzen Kontinent die Würde zu nehmen. All das steckt in diesem Wort. Jedes Mal, wenn man es sagt. B-Tight hat auf alles geschissen, was in diesem Wort steckt, und es für seine Aufmerksamkeit genutzt. Er hat das von Weißen geprägte Bild des bösen schwarzen Mannes überzeichnet, inklusive Blackfacing. Für ihn hat das funktioniert. Aber für mich hat es sich wie Hochverrat angefühlt.

DJ RON Das familiäre Gefühl des Miteinanders war definitiv weg, als Aggro kam. Ab dem Punkt gab es auch ein Gegeneinander.

FALK SCHACHT Wir hatten eine weitgehend heile HipHop-Welt, und dann kommen die rein und fronten alle. Was soll das? Warum sind die so wütend? Warum reden die von Ghettos und Kokain? Ich hatte damals im Grunde eine ähnliche Position zu Sido, Bushido und Fler wie viele Außenstehende zu Rap allgemein: Sie verstehen es nicht, wollen aber auch nicht zuhören. Irgendwann habe ich dann begriffen, dass ich und meine Einstellung das Problem sind. Ich hatte das Wesen der HipHop-Kultur nicht verstanden. Erst wenn man sich den schmerzhaften Wahrheiten und Widersprüchen darin aussetzt, kann man es wirklich »real halten«. Aggro Berlin wollten Rap gar nicht zerstören, sondern nur ihre eigene Version davon verfolgen. Wer bin ich, ihnen das Recht dazu abzusprechen?

FATONI Ich frage mich oft, warum genau ich das damals scheiße fand. Weil die über Straße geredet und »Nutte« gesagt haben? Weil das hart und menschenverachtend war? Oder weil ich gedacht habe, dass das nicht real ist? Für mich ist das immer noch eine Frage: Ist es überhaupt wichtig, ob es real ist? Megaloh sagt auf dem Song »Rap ist …«: »Einzige Mucke, wo man das, was man sagt, auch verkörpern muss.« Alle lieben diese Zeile. Aber ich frage mich, ob das überhaupt so ist. Verkörpern? Ja. Aber auch leben? Verkörpert haben die Rapper bei Aggro Berlin das definitiv, auch wenn sie es vielleicht nicht gelebt haben …

LAKMANN Das war schon eine andere Mentalität. Es gibt diese Geschichte, die das für mich ganz gut symbolisiert. Wir sind ja öfter mit Bushido und Fler aufgetreten, weil Flipstar und Bushido eine Zeit lang angebandelt haben. In Kassel sind wir von einem Typen gebucht worden, der einfach krasser HipHop-Fan war und aus Liebe zu der Sache ein Konzert veranstaltet hat. Es kamen weniger Leute als gedacht, und er konnte uns nicht so viel bezahlen, wie ursprünglich abgemacht war. Wir haben dann auf die Hälfte unserer eh schon geringen Gage verzichtet, damit Fler und Bushido auch noch was kriegen. Aber für die beiden war das keine Option. Die wollten unbedingt ihr Geld und haben dem Typen gedroht, dass sie alles kurz und klein schlagen – was sie dann auch gemacht haben. Anschließend haben sie allen Ernstes die Eltern von dem Veranstalter einlaufen lassen und die auch noch langgemacht. Der Vater hat versucht, Bushido zu beschwichtigen, und ihm das Surfboard seines Sohns angeboten, damit er das zu Geld machen kann. Aggro Berlin haben da auf jeden Fall einen Paradigmenwechsel eingeleitet. Und gleichzeitig wurde alles immer schneller.

33 Ghetto Supastar

FRAUENARZT Aggro wollten eigentlich Berlins Most Wanted signen, das waren Bushido, King Orgasmus One und Bass Sultan Hengzt. Orgi und Hengzt hatten aber, meine ich, keinen Bock, weil es ihnen nicht mehr underground und unabhängig genug gewesen wäre. Die hatten keinen Bock auf einen Manager und wollten nicht in Studios aufnehmen, sondern lieber mit der Vierspur ihr Ding machen. Bushido war der Einzige, der Bock darauf hatte.

MARCUS STAIGER Für den Erfolg von Aggro war für mich zum großen Teil Bushido verantwortlich. Ich hab ihn damals mit Fler in einer Radiosendung bei Jam FM gehört. Die waren so asozial, haben alles und jeden gefrontet, durch die Bank weg. Das war nicht besonders sympathisch, aber sehr stimmig und konsequent.

SIDO Bushido hatte den Deal, aber Fler war der kreative Part und hatte die Ideen. »Im Ghetto kennt mich jeder / Electro Fensterheber«, »Ich komm auf die Party und mach Stress ohne Grund«, »Vom Bordstein bis zur Skyline« – diese ganzen Lines und Titel waren Ideen von Fler. Aber ohne einen Bushido hätte Fler auch nicht funktioniert.

MARCUS STAIGER Bushido hatte Biss. Der hat für sein erstes Album Flyer auf dem Ku'damm verteilt. Das ist keine besonders kreative Marketingmaßnahme, zeigt aber, was für ein Commitment er hatte. M.O.R. hätten mich ausgelacht, wenn ich das vorgeschlagen hätte.

SIDO Bushido und ich kamen aus verschiedenen Bezirken. Wir haben uns echt nur gesehen, wenn wir bei Aggro im Büro oder zusammen auf Tour waren. Privat haben wir uns nie getroffen. Bushido war eh jemand, der sich selbst am nächsten und nur auf sein Business fokussiert war. Der wusste genau, wo diese Reise eines Tages für ihn hingehen würde.

FRAUENARZT Bushido hat von Anfang an gesagt, dass er die großen Bühnen spielen und das Game übernehmen wird.

OLLI BANJO Rap lebt ja, wie alles andere auch, von Hypes, vom Auf und Ab. Zu der Zeit war Straßenrap omnipräsent. Das hat dazu geführt, dass sich noch mal ganz andere Leute für Deutschrap interessiert haben. Kanaks waren zu der Zeit noch total auf 2Pac und R&B – aber dann kam Bushido. Das hat für deutschen Rap auch kommerziell noch mal ein ganz neues Level aufgemacht.

XATAR Bushido war ein richtiger Kanake und hat nicht mal mehr versucht, der HipHop-Szene zu gefallen. Dabei hat der ja sogar seine Beats selber produziert. Aber er hat das nicht an die große Glocke gehängt und nicht über HipHop-Themen gerappt. Das war ein Move, den es brauchte, um Leute zu gewinnen, die sich das sonst nicht angehört hätten.

AHZUMJOT Bushido war krass. Der hat die Leute beleidigt, die ich jahrelang lächerlich fand: »Geh zu Blumentopf, du Obsthändler!« Ich konnte einfach keine Band hören, die »Blumentopf« heißt. Als Junge wolltest du damals nichts mit Blumen zu tun haben. Das klingt aus heutiger Perspektive so dumm, aber man war halt jung und wollte männlich sein. Wer das nicht war, war »eine Schwuchtel«. Solche Begriffe hatten wir von Eminem und dann bei Aggro auch auf Deutsch gehört. Heute würde ich das nicht mehr sagen, aber damals war das Letzte, woran man gedacht hat, was politisch korrekt ist und was nicht. Wir wollten einfach cooler als die anderen sein. Freundeskreis wollten mit »Esperanto« zeigen, dass wir alle gleich sind, aber die Realität sah doch ganz anders aus. Auf dem Schulhof haben nicht alle die gleiche Sprache gesprochen und sich super verstanden.

FELIX BRUMMER Die Musik von Bushido wollte böse sein. Der Typ war hyperaggressiv und gegen alles und jeden. Das hatte so eine Power. Das hat mich richtig überrollt.

AHZUMJOT Aggro hatte einen harten, brutalen, auch kalten Sound. Böse Synthies, die keine richtigen Melodien, sondern immer nur abgehackte Sounds gespielt haben. Das hatte keinen geilen Groove, zu dem man tanzen konnte, sondern war einfach nur aggressiv – das genaue Gegenteil der organischen Soul-Sample-Beats aus Hamburg oder Stuttgart. Ich erinnere mich noch an diese typische Bushido-Snare mit ganz viel Hall. Die klang, als würde man zwei Eisenstangen aneinanderschlagen. Das fand ich derbe.

AZAD Das war derselbe düstere Gangsterfilm, den wir auch gefeiert haben. »Vom Bordstein bis zur Skyline« fanden wir alle dope.

STEPHAN SZILLUS Ich habe Bushido immer in der Sparte von Azad und viel weniger in der Berliner Tape-Tradition gesehen. Vor allem das »Bei Nacht«-Video, das ja so auf Leni Riefenstahl meets East New York gemacht hat, hatte dieses ultraapokalyptische Dunkle, das ich am Eastcoast-Rap und am französischen HipHop so geil fand. Es gab bei Bushido immer wieder eklige Sätze und holprige Lines, aber irgendwie hatte es trotzdem sehr viel Soul – nicht im Gospel-Sinn, sondern im Sinn von Dringlichkeit. Er wollte seine Geschichte erzählen und mit allen Mitteln gehört werden. Ich fand das gleichzeitig beängstigend und superfaszinierend.

SHINDY »Vom Bordstein bis zu Skyline« war für mich das erste Album, bei dem alles gestimmt hat, von den Songs über die Videos bis hin zu dem Typen mit seinem Kleidungsstil. Das war einfach ein perfektes Produkt. Man dachte: Bushido ist ein Star, der genau dafür gemacht ist.

STEPHAN SZILLUS Bushido ist in meinen Augen unangefochten der größte Popstar, den Deutschrap je hatte. Deutscher HipHop hat nie wieder eine Person hervorgebracht, die so charismatisch und gleichzeitig so streitbar ist, dass jeder dazu eine Haltung haben muss.

SCHOWI Bushido ist der deutsche 2Pac. Das sind natürlich grundverschiedene Typen, und 2Pac war ein verdammtes Genie, was ich nicht nur bei Bushido, sondern bei den meisten deutschen Rappern anzweifeln würde. Aber von der Funktion und der Rolle her ist Bushido sowas Ähnliches für die deutsche Gesellschaft, was 2Pac für Amerika war – so wie Helene Fischer die deutsche Beyoncé ist.

STEPHAN SZILLUS Mir war das nicht sofort klar, aber im Grunde hätte es mir klar sein müssen. Wir haben Bushido 2002 mit der Wicked seine erste große Titelgeschichte gegeben. Auf dem Titelbild sitzt er auf dem Motorrad, mit Lederjacke und Tattoo. Das sah komplett anders aus als alle Magazin-Cover, die es davor mit deutschen Rappern gab. Da hat sich sein Status als totale Ausnahmegestalt schon abgezeichnet.

BONEZ MC Das war der neue Shit damals. Ich habe zu der Zeit in Landau in der Pfalz gelebt, an der Grenze zu Frankreich. Dadurch habe ich viel französischen Kram gehört, Booba zum Beispiel. Specter hat diesen Style mit Bushido sehr gut umgesetzt. Und plötzlich hat man das verstanden – ich spreche ja nicht so gut Französisch. Bushido und Sido waren damals schon zwei verschiedene Paar Schuhe: Bushido war der Draufgänger-Kanake, Sido mehr so der Asi aus'm Block.

MARC LEOPOLDSEDER Sich eine Lederjacke anzuziehen und auf hart zu machen, fand ich scheiße. Aber der verpeilte Drogentyp, der sich davon, dass er arm ist, nicht den Spaß am Leben nehmen lässt – das konnte ich komplett nachvollziehen.

SIDO Bobby und ich haben zusammengewohnt. Weil man für die Haustür keinen Schlüssel brauchte, sondern sie einfach mit einer Telefonkarte öffnen konnte, stand ständig irgendjemand bei uns in der Bude. Die Wohnung hat 160 Mark Miete im Monat gekostet. Bobby und ich haben dafür unsere Sozialhilfe zusammengelegt. Irgendwann hat aber nur noch er welche bekommen, weil ich dort nicht mehr hingegangen bin. Ab und an kam dafür mal was über Konzerte rein, die wir im JUZ gespielt haben. Aber das waren allerhöchstens 50 oder 100 Mark. Wir hatten eine Vierspur von Tascam, in die man eine normale Audiokassette einlegen konnte, aus der das Gerät dann vier Audiospuren gemacht hat. Das SM-58-Mikro haben wir uns irgendwo geklaut. Damit haben wir uns in einen mit Decken vollgehangenen Schrank gestellt und gerappt. Irgendwann wurde es dann professioneller: Da haben wir das Mikro an einen Lampenständer montiert und uns aus einem Kleiderbügel und einer Damenstrumpfhose einen Poppschutz gebastelt.

NICO K.I.Z Ich komme ja auch aus Reinickendorf. So hatte man über Freunde mitbekommen, dass Die Sekte ihre Beats mit der Playstation und Magix Music Maker machen. Weil Die Sekte das so gemacht hat, haben wir das auch gemacht. Tatsächlich klangen unsere Beats ein bisschen nach der Sekte – einfach weil es die gleichen Sounds aus dem gleichen Programm waren.

MELBEATZ Ich fand Die Sekte richtig scheiße. Ich meine, die haben ihre Beats mit der Playstation produziert! Ich dachte mir nur: Was soll das denn sein?!

MAXIM K.I.Z Ich fand die Art, wie Sido und B-Tight bis zur Veröffentlichung von »Maske« gerappt haben, großartig. Das war krass roh und anekdotisch. »Du gewinnst zwei Millionen Mark in einem Jackpot / Weil du auf diese Zahl gesetzt hast – und nicht Gott.« Die Jungs würden das heute vermutlich ungeschickt nennen, aber diese Art, Sätze zu bauen und den Reim manchmal so kurz vor der Snare zu setzen, war einfach ein ganz eigener Style.

NICO K.I.Z »Ich cruise täglich durch mein Ghett-ooo / Immer auf der Suche nach Ghetto-Hoes.« Das hatte beinahe etwas Oldschooliges, die Sätze so zu zerhacken. Das klang ja fast schon nach Kurtis Blow.

FELIX BRUMMER Die Sekte hat mich genau an dem Punkt abgeholt, an dem meine Adoleszenz eingeleitet wurde. Ich komme ja aus einem Haushalt, in dem künstlerisch viel geht. Meine Eltern haben in der DDR in einer Avantgardeband gespielt und meterdicke Stasiakten. Wenn ich mich für Punk interessiert hätte, hätte mein Vater das vermutlich verstanden. Was er definitiv nicht verstanden hat, war der »Arschficksong«. Deutschrap war, wenn man so will, mein Punk.

NURA Klar kannte ich Fettes Brot und Fanta 4 und kann deren Songs mitsingen. Aber bei Sidos »Arschf*cksong« habe ich einfach eher hingehört. Das ist wie in der Schule: Bei einem Lehrer, der mit den Schülern besser umgehen kann, hörst du automatisch eher zu – ganz egal, ob ein anderer vielleicht schlauer ist, dafür aber keine Ahnung hat, wie er die Sachen rüberbringen soll.

DOKTER RENZ Dendemann hat mich auf »Mein Block« aufmerksam gemacht. Das hat eine Faszination und Bedrohlichkeit gleichermaßen ausgestrahlt. Ich habe gleich gemerkt, dass das ein dickes Ding ist. Ich habe das natürlich auch alles geglaubt. Heute, mit etwas Abstand, kann ich das Künstlerische darin viel besser sehen. »Rosetten sehen aus wie kleine Sterne« – das ist ja Straßenpoesie vom Feinsten!

OLLI BANJO »Mein Block« ist doch mittlerweile schon deutsches Kulturerbe, oder?

FELIX BRUMMER Wir sind nach der Schule echt nach Hause gerannt, um vor dem Fernseher bei »Get The Clip« darauf zu warten, dass »Mein Block« kommt. Lange hat das nie gedauert. Da haben immer genug Leute angerufen.

AHZUMJOT Als ich das Video zu »Mein Block« auf MTV gesehen habe, fand ich das am Anfang superalbern, weil da schon wieder jemand verkleidet war, wie bei den Beginnern. Auf dem Schulhof haben wir uns erst darüber lustig gemacht. Aber dann kam das Video immer wieder, und wir haben gecheckt, dass das real ist, was er da erzählt. Wir hatten noch nie vom »MV«, dem Märkischen Viertel in Berlin, gehört, aber die Sachen, die er da erzählt hat, erinnerten an das, was wir kannten: Hochhäuser. Die Hamburger Rapper kamen aus Vierteln wie Eppendorf und Eimsbüttel, wo wir nie waren und wo wir niemanden kannten. Bei uns gab es ein Hochhaus, das immer nur »Hannibal« genannt wurde, wahrscheinlich wegen Hannibal Lecter. Das war ein riesengroßer grauer Klotz, von dem sich schon mal jemand in den Tod gestürzt hatte. Die eine Seite war mit Hakenkreuzen beschmiert, auf der anderen stand überall: »Nazis raus!« Es war eine Mutprobe, in dem Haus bis ganz nach oben zu gehen. Man hat dort nie jemanden getroffen, aber das war immer heftig. »Mein Block« war der Song zu diesem Gebäude – und eben nicht mehr »Gustav Gans«. Das war der Moment, in dem Aggro Mainstream wurde.

SIDO In der Zeit wurde klar, dass ich ein Soloalbum mache, obwohl ich da eigentlich gar keinen Bock drauf hatte. Also habe ich gesagt, dass ich mir wenigstens meinen Produzenten aussuchen will. Weil ich »Renevolution« von MC Rene so gut fand, wollte ich unbedingt zu Roe Beardie, der dieses Album ja produziert hat.

ROE BEARDIE Es hat total Spaß gemacht, mit Aggro zu arbeiten. Das Problem war nur, dass die Künstler nicht alle auf einem Level waren. Sido war der Einzige, der seine Rolle als Comicfigur und Superheld erfüllen konnte, hinter den Kulissen aber ein reflektierter, feingeistiger Typ und ein musikalisches Talent war, ein wirklicher Künstler.

RALF THEIL Durch die Produktionen von Roe Beardie und auch den Beathoavenz war es für jemanden mit meiner Sozialisation viel einfacher, mit an Bord zu kommen.

HARRIS DJ Smolface von Beathoavenz hat mich eines Abends mit dem Auto abgeholt, und vorne saß Siggi drin. Ich kannte Aggro überhaupt nicht, obwohl sie aus Berlin waren. Siggi hat sich dann vorgestellt und mich gefragt, ob ich auf seinem Album sein möchte. Wir haben direkt überkrass gelinkt. Noch in derselben Nacht haben wir drei Songs gemacht. Das Erste, was er mir vorgespielt hat, war der Song »3 Leben«. Ich bin aus-ge-rastet! Der hat eine Zeile gerappt, und ich hatte einen ganzen Film im Kopf.

MARC LEOPOLDSEDER Wenn man das »Maske«-Album gehört

hat, hat man danach verstanden, wie der Typ drauf ist. Da hat sich eine komplette Welt erschlossen.

SCHIVV Diese Phase hat mich eigentlich überhaupt nicht interessiert, aber Sido war die Ausnahme. Das war ein Character. Und es war nicht so dumpf, sondern hell irgendwie. Hell und fresh.

BONEZ MC Ich erinnere mich noch genau an das *Juice*-Cover von Sido mit der Fahne und den Schlagringen. In der Titelstory hat er erzählt, dass Leute in der Bahn die Musik extra lauter machen, wenn sie ihn sehen, damit er peilt, dass sie seine Musik hören. Solche Dinge sind mir im Kopf geblieben.

SIDO Nachdem die *MKZWO* für mich lange Zeit das wichtigste Magazin der Welt gewesen war, wurde das Heft irgendwann von der *Juice* abgelöst. Ich habe das Heft immer verschlungen, wenn es rauskam, und danach noch zwei- oder dreimal gelesen. Auf dem Cover zu sein, war eine echt große Nummer. Marc Leopoldseder hat mich für die Titelstory zu Hause besucht. Mit den Jahren ist Marc ja ein guter Journalist geworden, aber bei dem Gespräch war er noch total unsicher und ist bei jeder Frage rot geworden. Das hat der Sache aber gutgetan, weil ich mich umso mehr ausleben und auf die Kacke hauen konnte. Er hat die Sachen gar nicht hinterfragt, sondern sie einfach so in seinen Text geschrieben.

SEPALOT Da ist eine neue Generation von Medienprofis herangewachsen, die gekonnt mit der Öffentlichkeit gespielt hat. Sido wusste genau, was er den Leuten geben musste, und ist damit auch offen umgegangen. Er hat mal gesagt, er wisse genau, dass es bei der *Bravo* gut ankommt, wenn er erklärt, dass er gerne mal Jeanette Biedermann ficken würde, weil die dann was zu schreiben haben – und im nächsten Interview hat er wieder was anderes gesagt. Das war eine echte Neuerung.

KOLJAH In diesem legendären ersten *Juice*-Interview hat er sehr ausführlich und offen darüber geredet, dass er Drogen wie Ecstasy oder Kokain nimmt. Das kannte man nicht. Kiffen war cool, aber alle anderen Drogen hatten in der HipHop-Szene keinen guten Ruf.

GRIM104 Sido hat als Erster über Ecstasy gerappt. Ich glaube, dass sich Rapper auch vorher schon Teile geschmissen haben, aber auf einmal wurde es schick.

MARTERIA Ecstasy war für uns nichts Neues. Das soll jetzt nicht verherrlichend klingen, aber wir waren da schon voll drin, weil wir in Rostock zu Drum 'n' Bass gefeiert haben. Da hat einem immer irgendjemand so ein Ding in die Hand gedrückt, und man hat das einfach genommen. Aber zu der Zeit war das in der Rap-Szene noch total verpönt, also hat man darüber auch nicht gerappt, höchstens versteckt. Aggro waren die Ersten, die keinen Hehl daraus gemacht und einfach gesagt haben: Wir sind Junkies.

GRIM104 Koksen und Rap passte für mich auch überhaupt nicht zusammen. Das war doch eine unbezahlbare Manager-Droge! Es gibt bei »Dreckstück« von Bushido und Fler diesen Skit, in dem die beiden miteinander reden und ständig ihre Nasen hochziehen. Ich dachte immer, die würden voreinander heulen. Dabei ziehen die Kokain!

MAXIM K.I.Z Die Abgrenzung zu den Ravern hatte etwas krass Elitäres, so nach dem Motto: Mit den dummen Pillenschmeißern wollen wir nichts zu tun haben, das ist doch keine Musik! Aber Sido hat drauf geschissen und einfach einen Drum-'n'-Bass-Remix gemacht.

SIDO Der elektronische Einschlag der Musik kam dadurch, dass ich zu der Zeit eine richtige Ecstasy-Phase hatte und viel auf Techno feiern gegangen bin. Ich war im Electric Kingdom, wenn Westbam oder Lexy & K-Paul aufgelegt haben, oder im Magic Gate in Hennigsdorf. Ich hab eine Pille eingeworfen, Tanith hat aufgelegt, und dann ging es rund. Da gab es ständig Schlägereien, ein Kumpel von mir hat einen Typen mit 18 Stichen abgestochen. Diese Techno-Partys waren schlimmer als alles, was ich im Viertel erlebt habe. Da haben sich alle gehen lassen. Das Ecstasy hat natürlich seinen Teil dazu beigetragen.

MARTERIA Der Einfluss von Electro auf das »Maske«-Album ist nicht von der Hand zu weisen. Damit haben sie auch die Brandenburger abgeholt.

MC RENE Sido und Bushido waren die ersten richtigen Stars im klassischen Popkultur-Verständnis. Klar hatten Samy und Savas schon einen besonderen Status, und Kids mit Migrationshintergrund, die vorher eher Snoop oder 2Pac hörten, konnten sich auch mit Savas und Azad identifizieren. Aber mit Aggro erreichte das ein ganz neues Level, auch bei den deutschen Kids in den Vorstädten.

KAETE Als einer der wenigen deutschen Rapper hatte Sido außerdem die Begabung, über sich selbst lachen zu können. Als er das erste Mal bei »TV Total« zu Gast war und Stefan Raab ihn auf den »Arschficksong« ansprach, entgegnete Sido, dass er davon in Köln besonders viele Exemplare verkauft habe. Damit hatte er die Lacher natürlich auf seiner Seite. Er konnte auch mit großen Entertainern auf Augenhöhe agieren, die ihn deshalb immer gerne mochten und nicht von oben herab behandelten.

RALF THEIL Der Inszenierungsfaktor war ungemein groß. Das hat Deutschrap komplett verändert und ganz viele Sachen geschaffen, die bis heute stattfinden. Es hat aber auch dazu geführt, dass es bald langweilig wurde. Die Charaktere waren schnell erzählt und das Label ab da für mich nur noch als unternehmerisches Konstrukt interessant. In den Jahren 2004 bis 2006 haben Aggro gezeigt, wie erfolgreich etwas sein kann, ohne dass es künstlerisch allzu viel Eindruck hinterlässt. Die Alben von Fler, die »Aggro Ansage«-Compilations ... das war ja alles unfassbar erfolgreich.

MAX MÖNSTER Ich war großer Fan von Aggro, aber als dann Künstler wie Kitty Kat oder Tony D gesignt wurden und sich auch der Dunstkreis erweiterte, hatte man immer mehr das Gefühl, dass da versucht wird, mit allem und jedem eine müde Mark zu verdienen.

ELVIR OMERBEGOVIC Es war wichtig, dass es ein Label wie Aggro Berlin gab, die gezeigt haben, dass man mit Rap wirtschaftlich erfolgreich sein kann. Wenn es die nicht gegeben hätte, hätte ich es selbst vielleicht gar nicht probiert.

HARRIS Ich war damals viel mit Aggro unterwegs und habe das als Herausforderung und Bereicherung empfunden. Ich habe jeden Tag was Neues gelernt, einen anderen Blickwinkel bekommen. Ein Stück weit habe ich natürlich auch die Gelegenheit gesehen. Das heißt nicht, dass ich krampfhaft mit denen cool sein wollte, um ein Stück vom Kuchen abzubekommen, aber ich dachte mir: Jede Erfahrung bringt dich ein Stück weiter im Leben. Ich fand immer traurig, dass viele Leute nicht gesehen haben – oder nicht sehen wollten – wie viel Potenzial Siggi hat. Warum hatet ihr den? Weil er einen Song hat, der durch die Decke gegangen ist? Dann seid ihr nur Neider. Und ich habe keine Zeit, mich mit Neidern zu umgeben, die sich nur selbst in ihrem Sein blockieren. Als wir zusammen das Deine-Lieblings-Rapper-Album gemacht haben und damit beim Splash ausgebuht worden sind, hat mein Herz geblutet.

SIDO Das war vielleicht der schlimmste Tag meiner Karriere. Mir ging das wirklich nah. Wir haben uns so viel Mühe gegeben, hatten spezielle Outfits und uns so viele Sachen für diese eine Show überlegt. Als das Publikum dann so reagiert hat, bin ich aus allen Wolken gefallen. Am liebsten wäre ich direkt in die Crowd gesprungen und hätte jeden Einzelnen geschlagen. Stattdessen habe ich gesagt: »Alle Lichter aus, Spot auf mich – und jetzt werft alles, was ihr habt, ihr Hurensöhne!« Als dann auch wirklich alles geflogen kam, ist mein Bodyguard Moussa von der Seite gekommen und hat mich von der Bühne geholt. Ich war eigentlich nicht bereit weiterzuspielen, aber Harry hat mich zur Räson gerufen, hat auf der Bühne eine kurze Rede geschwungen, und dann haben wir die Show durchgezogen.

HARRIS Ich weiß nicht mehr genau, was ich auf der Bühne gesagt habe, aber es war auf jeden Fall viel Schmerz dabei. Ich dachte mir:

Wenn es euch nicht gefällt, dann geht doch zu eurem Zelt oder zu einer anderen Bühne, aber verschwendet nicht eure Zeit damit, Ravioli-Dosen zu schmeißen. Das war einfach nur traurig. Siggi ist Über-HipHop – mehr HipHop als die meisten, die ihn gehatet haben.

SIDO Diese Show hat mich komplett auf den Boden der Tatsachen zurückgeholt. Da habe ich verstanden, wie ich innerhalb dieser Szene gesehen werde. Es war vielleicht hart, das auf diese Weise zu lernen. Aber für meine weitere Karriere war es sehr gut, weil ich mich ab diesem Abend viel besser reflektieren konnte.

34 Aggro Berlin Zeit

GÖTZ GOTTSCHALK Die Speerspitze des Straßenrap der frühen Zweitausenderjahre hatte enorme Skills, auch in einem klassischen Sinn. Aber insgesamt war das Skillset nach Aggro Berlin ein anderes. Es ging nicht mehr nur um technische Fähigkeiten, sondern ganz stark um Attitüde sowie Zugehörigkeit zu einer bestimmten Crew.

CURSE In der Zeit sind durchaus Klassiker entstanden. Massivs »Wenn der Mond in mein Ghetto kracht« zum Beispiel war einfach ein dickes Ding und der Titel ein geiles Bild. Aber es gab auch viel Schrott von Leuten aus der fünften und sechsten Reihe, bei denen überhaupt keine Qualität, sondern nur noch Attitüde vorhanden war.

OLLI BANJO Jeder Typ auf der Straße hat sich gedacht: Das kann ich auch, gib mal das Mic! Das hat mich in meiner Rapper-Ehre gekränkt. Ich habe dann ja auch den Song »Pistole« geschrieben, der sich damit beschäftigt – auch wenn das eher ein spontanes Ding von zehn Minuten war und eigentlich nur ein Skit sein sollte.

SIDO Dass Leute Aggro Berlin verstanden und nachgemacht haben, hatte ich natürlich auf dem Schirm. Aber ich fand das gut. Wieso sollte man das nicht kopieren? Aggro Berlin hatte als Label ja ein funktionierendes Konzept, das auf den HipHop abgestimmt war.

CURSE Irgendwann war klar: In diesem Spiel gewinnt derjenige, der am lautesten und überzeugendsten die asozialste Scheiße erzählt und mit den meisten harten Jungs irgendwo auftaucht und Angst und Schrecken verbreitet. Ich hatte keinen Bock auf dieses Wettrüsten, bin ins Studio gegangen und habe Musik gemacht. Aber diese Zeit von 2003 bis 2008 war echt schwierig. Es haben ja auch nicht wenige das Handtuch geworfen.

SAMY DELUXE Ich war zu der Zeit voll auf meinem Ami-Film und durchaus erfolgreich, habe aber auch gemerkt: Damit kann ich gerade nicht ficken. Ich hatte auf meinem Album »Verdammtnochma« krasse Beats von Produzenten aus Amerika, aber das war lange nicht so interessant wie die Typen mit den guten Marketing-Moves.

SCHOWI »Zurück in die Zukunft« von 2005 ist mit unser bestes Album. Aber es hat kaum jemanden interessiert. Die Zeit war gegen uns.

DAVID P. Wir haben 2006 auf unserem Label 58Beats das Album von VI4R 2U EINS rausgebracht, 2007 dann Creme Fresh mit Fatoni und Keno, die heute beide ja sehr erfolgreich sind. Fünf Jahre vorher wären die alle durch die Decke gegangen. Aber in der Zeit hat sich für geistreichen HipHop mit positiver Message und politischen Ambitionen keiner mehr interessiert. Das war plötzlich altbacken.

FATONI Es gab nur Aggro Berlin. Es gab nichts anderes, keine Form der Koexistenz. Die Musik, die wir gemacht haben, wurde einfach kategorisch scheiße gefunden. F.R. hat damals sinngemäß gerappt: »Du sagst, du machst HipHop, und Leute gucken dich an, als erwarten sie eine Rechtfertigung.« Das hat perfekt auf den Punkt gebracht, wie wir uns mit unserer Art von Rap gefühlt haben. Rap war gleich Gangstarap, wir waren ganz offensichtlich keine Gangster und galten dadurch automatisch als hängen geblieben. Man hatte das Gefühl, man darf Rap für das, was man ist und sein und machen möchte, nicht als Ausdrucksform nutzen. Ich habe immer in die USA geguckt und gedacht: Warum kann Rap hier denn nicht auch so vielschichtig sein?

SAMY DELUXE Das war die krasseste Identitätskrise, die deutscher Rap je hatte. Ab dem Moment ging es nicht mehr darum, wie man etwas sagt, sondern nur noch um die Story, die dich dazu berechtigt, überhaupt etwas zu sagen. Diese Image-Sache war so krass, dass ein Rapper wie Nico Suave – der eigentlich kurz davor war, auf das Level von mir oder Dende zu kommen – einfach keine Berechtigung mehr hatte. Die Aufmerksamkeit war nur noch bei den Typen mit den Images.

MARC LEOPOLDSEDER Es war die Zeit, in der galt: Credibility über alles. Außerdem dachten die Leute, sie müssten die angreifen, die oben waren. Das hat nie funktioniert: bei Shok Muzik nicht, bei Bözemann nicht, bei La Honda Boys nicht und bei allen anderen auch nicht. Trotzdem wurde es immer wieder probiert. Es war so frustrierend, sich das anzugucken. Irgendwann war dann halt Heidenheim-Ost voll hart … Dass einem alleine eine Straßen-Biografie die Berechtigung gegeben hat, zu rappen, hat jeden kreativen Ansatz für eine Weile komplett gekillt. Auch die Leute, die es eigentlich anders machen wollten, wie zum Beispiel Selfmade Records, haben zu der Zeit oft keine gute Mucke gemacht.

DJ MAD Wir hatten halbwegs erfolgreich einen Kampf gegen die kleindeutsche Ignoranz gegenüber Rap geführt, »Das ist doch keine Musik« und so. Davon ging mit Aggro Berlin relativ viel wieder flöten. Ich habe das eher als Rückschritt wahrgenommen: Das hat zwar thematisch und ideologisch ein neues Kapitel aufgemacht, aber musikalisch nicht. Es gab echt Zeiten, in denen ich auf der Straße nicht als HipHopper erkannt werden wollte, weil das einen blöden Ruf hatte.

ELVIR OMERBEGOVIC Rap war in den Augen der Leute schmuddelig und gewalttätig. Man musste sich ständig erklären und das Ding verteidigen. Das war ein richtiger Kampf.

LAKMANN Ständig gab es neue Rapper, die Probleme miteinander hatten. Diese Ellbogengesellschaft war das genaue Gegenteil der Community, die wir kannten. Veranstalter, die uns ein Jahr vorher noch gebucht hatten, wollten das auf einmal nicht mehr tun, weil sie gerade schlechte Erfahrungen mit Rappern gemacht hatten.

SAMY DELUXE Auch beim Splash wurde die Atmosphäre anders.

Das Splash war ja das Epizentrum dieser – aus nostalgischer Sicht – happy family gewesen, und plötzlich kamen Rapper an, die keiner kannte, die aber professionelle Bodyguards hatten, was dem Ganzen einen total schlechten Vibe gegeben hat. Wir wussten gar nicht, wofür man Bodyguards überhaupt gebraucht hätte.

RALF THEIL Es gab genug Beispiele: die Schüsse auf Massiv, den Messerangriff auf Fler und natürlich den Vorfall beim Auftritt von Selfmade Records in Berlin. Mich hat das sehr abgefuckt, weil es wirklich überhaupt nichts mehr mit Rap zu tun hatte.

VISA VIE Während der Beef zwischen Savas und Eko auf eine gewisse Weise unterhaltsam gewesen war, fand ich den Streit zwischen Berlin und Selfmade Records nur noch unangenehm. Da wurden tote Eltern mit reingezogen und, noch viel schlimmer, Bühnen gestürmt und Leute verletzt. Viele Leute aus meinem Umfeld fanden das richtig, weil Kollegah und Co. sich negativ über Berlin geäußert hatten. Aber ich fand den Vorfall schlimm. Für mich war klar: Wenn das Rap ist, will ich damit nichts zu tun haben.

SIDO Die Disses von Selfmade gingen mir am Arsch vorbei. Nur Fler ist – wie auch davor schon bei Shok Muzik – immer durchs Büro gerannt und hat gerufen: »Wir müssen da was tun!« Specter war derselben Meinung. Aber bis auf Spaiche, der damals bei meiner Auseinandersetzung mit Azad auf dem HipHop Open an vorderster Front mitgekämpft hatte, konnte man von dem Rest nichts erwarten. Deshalb meinte ich zu Specter: »Du bist nicht Suge Knight. Wenn da was passiert, können wir von euch keine Unterstützung erwarten.« Ich habe mich von der ganzen Sache auch nicht genug angegriffen gefühlt, um da einen Krieg zu führen. Aber weil es immer mehr wurde und Berliner eben zusammenhalten, wenn es hart auf hart kommt, haben ein paar Jungs das Konzert gestürmt.

ELVIR OMERBEGOVIC Ich bin in einem gewalttätigen und kriminellen Umfeld im Sozialbau aufgewachsen, deshalb war das für mich die Norm. Aber im Nachhinein muss ich sagen, dass wir das anders hätten regeln müssen. Wir wussten ja, dass da was passiert. Heute würden wir mit Sicherheit nicht einfach in der Location warten, um uns der Sache zu stellen. Das war verkehrt und dumm. Aber leider sind viele dumme Menschen im Dunstkreis von Rappern unterwegs. Viele Gangstarapper fühlen sich alleine nicht sicher und suchen sich andere, um sich stärker zu fühlen – und oftmals sind das genau die Leute, die Probleme verursachen. Gewalt ist in der deutschen Rap-Szene leider immer noch ein Thema.

MAX MÖNSTER Die Anschuldigungen damals lauteten schwere Körperverletzung, Landfriedensbruch und eine Art von organisierter Kriminalität. Aufgrund solcher Vorfälle wollten viele nichts mehr mit HipHop zu tun haben. Die Rapper, die auch im Mainstream stattfanden, wurden eben mit Gewalt assoziiert. Dabei waren diese Aushängeschilder im Grunde ein Genre innerhalb des Genres, mit dem sich ein ganz großer Teil der Szene selbst nicht identifizieren konnte.

RALF THEIL Irgendwann hat dann auch die Bundesprüfstelle für jugendgefährdende Medien (BPjM) deutschen Straßen- und Gangstarap als dankbares Opfer entdeckt. Gefühlt wurde jede Veröffentlichung von Aggro Berlin indiziert.

FRAUENARZT Basstard hatte schon zu Tape-Zeiten den Song »Bullenmörder«. Der war nicht indiziert, aber die Polizisten sind zu seinen Konzerten gekommen und meinten, dass er den nicht spielen darf, weil sie ihn sonst festnehmen. Als wir bekannter wurden, häuften sich die Beschwerden von Eltern bei irgendwelchen Ämtern. Die Sache mit den Indizierungen ging los, weil ein Journalist einen großen Leitartikel über die Verrohung der Jugend geschrieben und das auf Rap geschoben hat. Dadurch häuften sich die Verfahren.

RALF THEIL Das wirkte relativ bald wie ein Running Gag. Wenn die BPjM auf einem Album etwas finden wollte, dann hat sie auch was gefunden. Dabei konnten die nie wirklich etwas verhindern, weil sie eine viel zu große Latenz hatten. Bis sie rechtlich durchsetzen konnten, dass dieses oder jenes Release nicht mehr an Personen unter 18 Jahren verkauft werden durfte, hatten die Kids das alle schon.

JAYO Die Alben wurden meist so spät indiziert, dass nur noch 300 oder 400 CDs übrig waren.

FRAUENARZT Das Problem war, dass nicht nur einzelne Songs verboten, sondern die gesamte Platte vom Markt genommen wurde. Ich war ja selbstständiger Labelbetreiber. Ich habe damals von einem Album 8000 CDs gepresst und im Folgemonat noch mal 8000 Stück anfertigen lassen, weil die Nachfrage so groß war. Genau in dem Moment wurde das Album indiziert und die 8000 CDs kamen nicht nur zurück, sondern man musste auch noch 1,50 Euro pro CD für Retour und Versand draufzahlen. Die GEMA-Kosten von einem Euro pro CD kamen ebenfalls noch dazu. Wir haben nur Verlust gemacht. Aggro waren die Ersten, die gerichtlich dagegen vorgegangen sind, dass ganze Platten wegen eines Songs verboten werden. Daraus sind dann die X-Versionen ihrer Alben entstanden, auf denen nur die indizierten Songs nicht mehr drauf waren.

KAETE Für uns waren Indizierungen kein Super-GAU, sondern eher ein Ritterschlag – schließlich wurden sogar schon Die Ärzte indiziert. Außerdem ging es wirklich durch sämtliche Medien und das Sprichwort »Jede Presse ist gute Presse« bewahrheitete sich. Für uns war klar, dass wir uns davon nicht kleinkriegen lassen.

JAYO Schlimm wurde es erst, als die Anzeigen kamen. Wir hatten da einen Staatsanwalt am Hals, der es sich zur Aufgabe gemacht hatte, Rap zu indizieren, weil sein Sohn ein großer Fan davon war und er ihm zeigen wollte, wer die größeren Eier hat. Der hat sich sehr auf uns eingeschossen und viele Durchsuchungen angeordnet.

FRAUENARZT Bei mir kam noch eine Gerichtsverhandlung wegen zwei Textzeilen auf meinen »Gastparts«-Mixen dazu. Die Textzeilen waren nicht mal von mir, aber laut BPjM strafrelevant, also musste ich dafür 8000 Euro zahlen und wurde für fünf Jahre vorbestraft.

JAYO Das Absurdeste war, dass Blokkmonsta wegen »Friss oder stirb«, einem Album über das Töten von Zombies, für zwei Jahre ins Gefängnis sollte. Das Ganze war ein bisschen eine Hexenjagd. Zum Glück hat der Richter das dank unserer genialen Anwälte schnell gemerkt, und das Ganze endete in einem Freispruch.

RALF THEIL Es schien tatsächlich, als hätten sich da ein paar Leute auf Rap eingeschossen. Allerdings muss man schon sagen, dass unter den indizierten Alben auch wirklich viel geschmackloser und moralisch grenzwertiger Schrott war. Wie man damit umgegangen ist, war nicht immer sinnvoll. Aber die Musik selbst war es oft auch nicht.

PURE DOZE David P. hat mal gerappt: »HipHop verbindet, egal wo man sich gerade befindet.« HipHop ist erfunden worden, damit Leute sich nicht mehr mit Waffen bekämpfen, sondern künstlerische »Waffen« verwenden, um sich zu messen. Battle gehört dazu, so ist HipHop entstanden. Aber ich weigere mich, von Gewalt erfüllte und menschenverachtende Texte als HipHop-Musik zu bezeichnen. Wer das tut, hat HipHop nicht verstanden.

FATONI Ein Problem ist, dass sich Rap-Journalisten immer so vor Rap schmeißen, wenn er von außen angegriffen wird. Sexismus zum Beispiel ist im Rap definitiv krasser als in vielen anderen Teilen der Gesellschaft verankert. Aber die Diskussion darüber findet einfach nicht statt. Natürlich kann man da immer von Kunstverständnis reden, aber man sollte die Leute schon darauf hinweisen. Ich merke gerade, dass ich die Rolle des alten Spießers einnehme, aber mir geht's da um die Kids. Rap hat nun mal eine krasse Wirkung. Wir haben damals wegen Samy auch mehr gekifft. Das ist einfach so!

RALF THEIL Mich hat halt geärgert, dass das nie in einen Kontext gesetzt wurde. Viele dieser Sachen, von denen man auf *Spiegel Online* gelesen hat, dass sie indiziert wurden, fanden ja in einer obskuren Sub-

Sub-Szene statt und waren nicht repräsentativ für die Kultur in ihrer Gesamtheit. Trotzdem litt das Image einer ganzen Musikrichtung. »Die Szene« gab es zu dem Zeitpunkt ohnehin schon nicht mehr. Man war viel zu sehr in unterschiedlichen Welten unterwegs, als dass ein Jan Delay aus seiner Welt zurückgekommen wäre, um eine Lanze zu brechen. Bis Marteria oder Casper kamen und Positivbeispiele lieferten, war Rap negativ konnotiert.

35 Und was ist jetzt?

RALF THEIL Ab Mitte der Zweitausender folgten vier oder fünf Jahre, die sehr anstrengend für die Szene waren. Rapper sind da zu offensichtlich irgendwelchen Vorlagen gefolgt, sei es Aggro Berlin oder das internationale Punchline-Format à la Dipset oder G-Unit.

MAX MÖNSTER Eine Zeit lang war es wirklich schlecht um deutschen Rap bestellt. Im Grunde war alles nur ein schlechter Abklatsch – es kam so gut wie nichts raus, an das man sich heute noch erinnert. Es gab natürlich solide Rapper, und du hattest auch interessante Newcomer wie Olli Banjo oder Maeckes & Plan B. Aber die befanden sich alle noch in der Findungsphase. Es gab einfach nichts richtig Geiles. Man muss sich da auch an die eigene Nase fassen. Zu der Zeit hatte ich ja auch eine kleine Karriere und war durch Shiml viel mit Selfmade unterwegs. Damals sah einfach alles kacke aus: die Cover, die Videos. Das war so weit weg von dem, was man von Freundeskreis oder Massive Töne kannte.

ALI AS Viele Künstler waren halt sehr verwirrt. Selbst ein Prinz Pi, der in seiner Karriere heftige Alben abgeliefert hat, war nicht unbedingt auf seinem All-Time-High. Bei mir war das genauso. Was wir damals gemacht haben, war einfach nicht gut genug und auch nicht anders genug.

EIZI EIZ Der Einzige, den ich ein bisschen interessant fand, war Olli Banjo. Das erste »Zuhältertape« von Kollegah habe ich auch mitbekommen, weil die Leute von Deluxe Records das derbe abgefeiert haben. Das war schon irgendwie geil. Aber alles in allem gab es nichts, hinter dem ich komplett stehen konnte.

AHZUMJOT Über diese Zeit wird ja gerne gesagt, dass zum zweiten Mal eine Blase geplatzt war. Als Fan habe ich davon aber nichts mitbekommen. Für mich gab es immer deutschen Rap. Ich habe zu der Zeit eher mehr deutschen Rap gehört. Ich fand alles geil und habe keinen Unterschied zwischen den Stilen gemacht. Ich fand Azad und Savas dope, aber auch Samy. Die hatten auch alle eigene Labels und Crews. Auf ein Azad-Album folgten Sachen von Jeyz oder Chaker, und das hat man sich natürlich angehört, weil das die Homies von Azad waren ... Samy hatte Deluxe Records, Bushido hatte ersguterjunge und Künstler wie Chakuza oder Saad, Savas hatte Optik mit Ercandize, Caput, Amar. Ich habe gar nicht mehr gefiltert, ob irgendwas cool ist oder nicht. Ich fand einfach Deutschrap geil und habe mir alles gegeben: »Futurama«-Remix, dann Manuellsen, dann Warheit, alles geil. Retrospektiv finde ich aber fast alles scheiße, was in der Zeit rausgekommen ist.

SAMY DELUXE Ich habe 2005 Deluxe Records gegründet, aber leider ohne Know-how. Ich dachte halt: Jay Z hat ein Label, dann mache ich das auch mal. Ich habe versucht, Künstler aufzubauen, aber konnte denen gar nicht wirklich helfen. Mich hat schon tierisch genervt, wenn ich beim Einrappen dabei sein musste, und wollte lieber selber was machen! Ich konnte diese Position des Labelchefs nicht so bekleiden, weshalb das alles auch nicht durch die Decke gegangen ist.

MARC LEOPOLDSEDER Es gab damals genau zwei Optionen für Rapper. Die deutschen Jungs haben sich Schürzen und Helme angezogen und jeder, der schwarze Haare hatte, eine Lederjacke.

AHZUMJOT Auch typisch für die Zeit: Alben, auf denen für jede Zielgruppe ein Song war: für die Ladys, für den Club, für die Freundin, für die Homies. Jeder Song hatte ein anderes Thema, jeder Beat wurde von jemand anderem produziert. Es gab immer die »richtige« Single und eine »Streetsingle«, irgendwann auch »Streetalben«. Das waren keine Mixtapes, sondern einfach Alben mit weniger Budget oder mit weniger Mühe.

CASPER Streetalben gab es vermutlich nur, weil sich keiner getraut hat, ein Album rauszubringen, was dann floppt. Deshalb hat man der Sache einfach einen anderen Namen gegeben. (lacht)

EIZI EIZ Das war die Phase meiner zweiten Deutschrap-Depression. Hinzu kam die Depression durch Regression. Die Sache mit den illegalen Downloads wurde immer schlimmer, keiner hat mehr Geld verdient. Die ganze Industrie war scheiße drauf.

ELVIR OMERBEGOVIC Die Flaute war so brutal, dass du eigentlich nur im Internet stattgefunden hast. Dort gab es zwar schon eine Community, aber es war nicht jeder Rap-Fan online wie heute. Bis auf Aggro Berlin oder zuvor schon etablierte Acts wie Jan Delay, Samy oder Savas hat niemand Platten verkauft.

FATONI Dass Rap noch mal so etwas wie eine Berufsoption wird, ist damals für mich in weite Ferne gerückt. In München hatten wir alles erreicht, waren mit Blumentopf auf Tour und bei Main Concept auf dem Label. Das waren ja schon Hausnummern. Aber darüber hinaus ist nicht viel passiert. Ich habe manchmal gedacht, dass es mit Rap jetzt vorbei ist.

CELO Jeder hat gesagt, dass deutscher Rap tot ist. Viele Labels haben Konkurs angemeldet und geschlossen. Manche Rapper haben sogar ihre Karriere beendet.

AZAD Da waren oft Momente, in denen ich dachte, ich müsse aufhören. Ich hatte mein Leben für HipHop geopfert und alles gegeben, aber nicht das zurückbekommen, was mir meiner Meinung nach zustand. Gerade 2009 nach dem Album »Assassin« war das so. Da habe ich ganz viel Geld und Kraft reingesteckt, aber am Ende war die Veröffentlichung ein Minusgeschäft. Ich habe gedacht, dass ich mir einen normalen Job suchen muss, um zu überleben. Zum Glück kam irgendwann der Moment, an dem man gemerkt hat, dass man anscheinend doch noch von Rap leben kann. Und irgendwie ist Rap auch einfach mein Ding ... Das kann ich nicht sein lassen.

XATAR 2007 und 2008 war Rap tot. Toter ging nicht. Ich bin mit meinem Album zu allen Vertrieben gegangen, und alle haben mich abgelehnt. Der Einzige, der sich gemeldet hat, war Ramin von Groove Attack. Er meinte, dass er die Sachen gut findet und gerne mit mir arbeiten würde, es aber bei seinen Chefs wegen meines Straßen-Backgrounds nicht durchbekommt. Das ginge nur, wenn ich ihm eine Garantie mache, damit sie kein Risiko eingehen. Einen Tag später stand ich mit 15 Mille in bar bei ihm im Büro und habe mein Release im Voraus bezahlt. Rap wirkte auf mich ohnehin nicht wie etwas, womit man gut verdienen könnte. Im Gegenteil: Die Geldsummen, mit denen ich im normalen Leben auf der Straße gearbeitet habe, waren ganz andere. Rap war eine Herzensangelegenheit, die mit Geld oder Erfolg gar nichts zu tun hatte.

MAX MÖNSTER Als ich angefangen habe, bei der EMI zu arbeiten, wollte dort keiner so richtig mit deutschem Rap zu tun haben. Wir hatten nur Samy Deluxe und über seinen Deal mit Deluxe Records dann auch Manuellsen und Snaga & Pillath. Ich habe ab 2008 viele Rapper dort angeboten: Casper, Prinz Pi, die Orsons. Chimperator hat ihnen sogar Cro angeboten! Aber es gab einfach niemanden, der sich um Rap gekümmert hat.

FELIX BRUMMER Eine Zeit lang war Rap so unselbstbewusst! Ständig wurde er von den Medien oder den Akteuren selbst für tot erklärt. Dauernd wurde davon geredet, dass jemand kommen und ihn retten müsse, oder es wurde immer besonders lobend erwähnt, wenn jemand mal intelligenten Rap mit Niveau gemacht hat. Das hat so krass genervt! Als es mit Kraftklub losging, hatten wir auch öfter das Gefühl, dass die Rap-Medien nach dem letzten Strohhalm greifen und uns interviewen, weil im eigentlichen Rap nichts Spannendes passiert.

MARTERIA Ich habe diese Flaute gar nicht so sehr mitbekommen. Ich war sehr bei mir und meiner Musik und hatte immer diesen Gedanken, dass vielleicht doch etwas geht. Mit einem Mal standen nicht mehr nur zwölf, sondern 24 Leute beim Konzert. Das war zwar nur ein kleines Wachstum, aber ich habe gemerkt, dass ich da jetzt dranbleiben muss. Ich habe mich beinahe täglich verbessert und eine Reife und ein Verständnis entwickelt für das, was ich sagen will.

KOLJAH Wir haben uns zu dem Zeitpunkt unsere ganz eigene Welt erfunden und uns gar nicht mehr in Bezug zu der Szene gesetzt. Wir haben einfach Musik gemacht.

CASPER Nachdem die zweite Hype-Blase geplatzt war, hat die Szene quasi wieder bei null angefangen. Für uns war das die nächste Pionierphase.

Die Postmoderne: 2006–2015

36 Bitte Spitte

RALF THEIL Mitte der Zweitausender gab es diese im Rückblick etwas seltsam für sich stehende Phase, die stark vereinfachend, aber nicht ganz zu Unrecht »Dipset Germany« genannt wurde. Es mussten da sehr dringend Punchlines gespittet werden, möglichst absurd und ignorant.

KOLJAH »Ich schick dich rund um die Erde / Meine Goldkette geht einmal rund um die Erde.«

RALF THEIL Das stand ein bisschen in der Tradition von Eko oder dem »Freunde der Sonne«-Projekt von Savas und Illmat!c, hat aber schnell eine eigene Dynamik entwickelt, mit den riesigen weißen T-Shirts und sonstigen Ritualen sowie einer Reimfixierung, die das Ganze manchmal gefährlich in die Nähe von Büttenreden gerückt hat. Unterhaltsam war es aber schon.

CASPER Die Musik aus der Ära ist nicht immer gut gealtert und manchmal schwer zu erklären. Aber jeder, der dabei war, muss nostalgisch grinsen, wenn man sich alte Songs von Snaga & Pillath, Sentino oder High Society anhört. Das war eine geile Zeit, die sehr frei und ungezwungen war.

PILLATH Wir haben damals einen Song nach dem anderen aufgenommen. Ich habe das nie als Arbeit wahrgenommen: Wir haben einfach im Studio rumgehangen, Scheiße gebaut, uns über andere Leute lustig gemacht und nebenher Parts geschrieben, aus denen dann Songs geworden sind. Von 2004, als wir angefangen haben, bis 2007, als das erste Album kam, haben wir bestimmt hundert Songs gemacht. Wir haben gar nicht groß nachgedacht, sondern einfach gemacht.

MAX MÖNSTER Snaga & Pillath haben etwas komplett Neues gemacht: gute Wie-Vergleiche mit Doppelreimen und krassem Humor. Klar hatte ein Savas vorher auch schon gute Zeilen, aber bei den beiden ging es nur noch um die Punchline. Im Grunde war das wie der Drop bei EDM: Man wusste immer schon, dass die eine Zeile nur die Vorbereitung auf die zweite ist und es gleich richtig knallt.

OLLI BANJO Dieses langsame, arrogante Flowen war im Grunde das Gegenteil zum aggressiven Gangstarap. Man war so unfassbar cool und ignorant, dass man noch nicht mal mehr reimen musste und einfach zweimal das gleiche Wort aufeinander gerappt hat.

MAX MÖNSTER Vor allem die ersten beiden Mixtapes von Snaga & Pillath, »Die linke und die rechte Hand Gottes« und »Eine Frage der Ehre«, waren legendär. Das Album »Aus Liebe zum Spiel« hatte leider nicht mehr ganz diese Leichtigkeit.

PILLATH So Sachen wie der Horndog Shoe Shuffle ... Ich weiß gar nicht mehr genau, wie das entstanden ist. Da haben wir wieder irgendein schwachsinniges Video von Cam'ron gefeiert. Der hat doch mal so eine Pressekonferenz gegeben, in der er erzählt hat, dass er sein eigenes Pink entwickeln will. Ich meine, wie soll das gehen? Die Farbe Pink gibt's doch nur einmal! Also haben wir aus Scheiß unseren eigenen Tanz erfunden, das gefilmt und hochgeladen. Weil wir schon dabei waren, haben wir auch noch einen Song dazu gemacht und uns dafür gefeiert. Wenn ich das Video heute sehe, denke ich mir nur: Wie behindert kann man eigentlich sein?! Aber ich bekomme heute noch Nachrichten zu dem Ding.

CASPER Wir haben halt einfach das gemacht, was wir aus Amerika kannten – das wird ja bei AC oder den Fantas nicht anders gewesen sein. Das 8XL-Shirt war, wenn man so will, die Weiterführung der Zulu-Kette aus den Achtzigern!

PILLATH Jadakiss, Fabolous, Cassidy – das waren alles unsere Inspirationen. Auch Diplomats, klar. Die waren ein Rieseneinfluss. Wir haben uns das alles im Internet besorgt. Ich hatte einen Homie, Ben, mit dem ich oft von Donnerstag bis Samstag in den Club gegangen bin. Ben sah eher nerdig aus, war aber ein richtig fresher Dude. Der hatte schon ganz früh DSL und hat immer gezielt nach Sachen gesucht, die andere noch nicht kannten. Irgendwann sind wir mit dem Auto rumgefahren, und er hat mir »I Really Mean It« und »Dipset Anthem« vorgespielt. Diese Beats von Just Blaze, die Punchlines von Cam und Juelz ... Wahnsinn!

SAMY DELUXE Diplomats haben höchstens 100 Leute in Deutschland gefeiert, und trotzdem haben sich alle Rapper davon beeinflussen lassen. Die hatten einen so krassen Einfluss, das war crazy.

RIN Mir ging es bei Musik schon immer nur darum, ob sie echt ist. Ganz egal ob jemand ein Gangster ist oder liebevolle und emotionale Sachen macht – Hauptsache, man spürt, dass es echt ist. Genau das war deutscher Rap eine ganze Zeit lang aber nicht. Manche deutschen Rapper haben Dipset nicht nur nachgemacht, sondern exakt die gleichen Wörter benutzt. Bei Sätzen wie »Ich pull die Glock und shoote auf deinen Homie!« habe ich mich gefragt: Was machst du? Wie bitte?! Das war einfach wack.

KOLJAH Für viele sind High Society das Paradebeispiel dafür, wie lächerlich diese Dipset-Phase in Deutschland angeblich war. Aber ich hab das Album damals gefeiert. Ich fand sogar die Outfits cool. (lacht) Kid Kobra hat diese Ignoranz perfekt rübergebracht, seine Stimme und seine Art zu rappen fand ich enorm. Dass das inhaltlich teilweise haarsträubend war, versteht sich natürlich von selbst, da musste man schon ein dickes Fell haben.

MEGALOH Zu der Zeit haben manche Leute sogar Lines eins zu eins übersetzt. Das geht gar nicht. Eine Line als Hommage zitieren, ist gar kein Thema. Aber übersetzen ist wack.

PILLATH Es wurde ja oft behauptet, wir hätten die Diplomats eins zu eins kopiert. Das habe ich aber nie so gesehen. Sicher gab es da

Parallelen, gerade in der Beat-Auswahl und in dem ignoranten Swag. Aber die Diplomats hatten nicht solche Punchlines wie wir. Die Technik und die Texte waren schon anders.

NICO K.I.Z Dieses Ghetto-Soap-Opera-Ding, das bei Cam'ron immer eine große Rolle gespielt hat, gab es in Deutschland auch nicht. Während Cam'ron echtes Storytelling gemacht hat, hat man hier einfach eine Punchline an die andere gereiht.

MAXIM K.I.Z Wenn es damals schon Leute wie SSIO gegeben hätte, die in der Lage gewesen wären, interessant zu erzählen, was auf der Straße alles so passiert, hätte es vielleicht funktioniert. Aber so wirkte es extrem konstruiert und peinlich. Für mich waren Snaga & Pillath die Einzigen, die man sich wirklich anhören konnte. Die hatten ein enormes Level an geilen und assoziativ gedachten Punchlines. Erst wurde irgendwo die Tür eingetreten und jemand verkloppt, dann kam der Fußballvergleich und zum Schluss noch eine Metapher, die erklärt hat, warum die Frau des Gegners sehr doll stinkt. Und bei allem waren die extrem witzig, ohne albern rüberzukommen.

NICO K.I.Z Auf mich haben Snaga & Pillath immer wie zwei richtige erwachsene Männer gewirkt. Vor denen hatte man total Respekt. Ich fand die Klamotten zwar lächerlich, aber das hätte ich mich nie getraut, denen ins Gesicht zu sagen. Da hätte man sofort eine kassiert.

PILLATH Das klingt immer so arrogant, aber die meisten deutschen Rapper waren unsere Fans – und als die habe ich die meisten auch wahrgenommen. Das meine ich gar nicht respektlos, aber eine ganze Zeit hatten wir diesen Status als Your Favourite Rapper's Favourite Rapper. Als Sido im Interview saß und meinte, dass er uns feiert, war das krass. Aber nach und nach gab es von allen Seiten Props und wurde immer mehr zur Normalität.

RALF THEIL Wenn man ehrlich ist, war das immer vor allem Rap für Rapper – oder zumindest für Leute, die Rap als Handwerk genauso tief durchdrungen haben wie Rapper. Auf Außenstehende muss das wirklich sehr befremdlich gewirkt haben. Diese bunten Klamotten und weißen T-Shirts in 6XL, der selbstreferenzielle Humor, die seltsamen Geräusche in den Adlibs, das Monothematische nah am Autistischen.

KOLJAH Die Punchlines von Snaga & Pillath waren so geil überspitzt, dass es total egal war, was sie gesagt haben. Ich fand das einfach eine geile Vorstellung, dass jemand wie Pillath ein Haus mit 85 Zimmern und 30 Angestellten hat. Wir haben das gehört und Tränen gelacht. Durch Snaga & Pillath und vor allem meinen alten Helden Illmat!c hatte ich Blut geleckt, was diesen Style anging. Mit dem ersten »Sentinos Way«-Mixtape von Sentence, der sich ab dem Zeitpunkt Sentino nannte, war dann alles aus. 2005 war er die wichtigste Neuentdeckung für mich.

EKO FRESH Ich würde sagen, Sentence und ich haben es perfektioniert, Reime, Inhalt und Freshness miteinander zu kombinieren.

KOLJAH Diese Art zu rappen und die Beats von DJ Desue, das war alles so fresh! Ich habe mit NMZS dann auch direkt so Mucke gemacht. Ich hatte mich damals in so eine Politrap-Sackgasse manövriert, in der ich mich schon länger unwohl fühlte, und das Dipset-Ding war der Ausweg daraus. Auf einmal habe ich wieder gecheckt, wie viel Spaß Rap macht ... Bei Sentence habe ich direkt gemerkt, dass er auch über das Dipset-Ding hinaus was Besonderes ist. Der ist einfach ein Poet mit einem bemerkenswerten Wortschatz. Das geht manchmal leider unter, weil immer nur von seinen Eskapaden die Rede ist. Aber für mich gehört der auf eine Ebene mit Savas oder Samy. Er hat ja auch alle Großen beeinflusst. Ich glaube, er hat eine Inselbegabung – und die ist eben Rap.

MEGALOH Mit meinen Moabiter Jungs hieß Party machen immer: Frauen checken und Typen mit Eiswürfeln anspucken oder an den Brustwarzen ziehen. Mit Sentence haben wir uns im Club stattdessen gegenseitig Freestyles ins Ohr gelabert. Es gab nicht viele Leute, die zu der Zeit so auf mehrsilbige Reime geachtet haben wie wir. Das waren aus meiner Sicht nur Eko, Sentence und ich, vielleicht noch Kid Kobra. Später habe ich dann Ali As kennengelernt, bei dem war das genauso.

BARTEK In Amerika gab es die »Smack«-DVDs, auf denen die coolen oder auch nicht so coolen Rapper sich eins gegen eins a cappella gebattlet haben. In Deutschland gab es »Feuer über Deutschland«. Das war im Grunde das Gleiche, nur auf Deutsch. Rapper aus allen Städten haben sich zu einem Battle getroffen, das auch gefilmt wurde. Das Ganze war kein klassischer Freestyle: Man wusste vorher, gegen welches Team und welche Rapper man battlen würde, und konnte sich dementsprechend vorbereiten.

AHZUMJOT Das war super unterhaltsam, auch weil die Rapper ihre Stimmen so verstellt haben. Plötzlich wollten Rapper nicht mehr stoned bzw. aggressiv, sondern arrogant und überheblich klingen. Das sollte sich anhören, als wäre der Gegenüber es eigentlich gar nicht wert, dass man sich mit ihm abgibt. Die Moves waren auch ultrawichtig. Man hat sich bei den Battles von seinem Gegner weggedreht oder mit eingebildeten Gesten gezeigt, was für einen Fick man auf den anderen und sein billiges Outfit gibt.

PRINZ PI Das Prinzip von »Feuer über Deutschland«, dass man einen Text mit coolen Sprüchen vorbereitet und den dann abspult, fand ich immer zu leicht. Das ist für mich wie eine Choreografie statt Kampfsport. Die große Kunst beim Freestylen ist für mich, das einzubeziehen, was dein Gegner macht oder was um dich herum passiert. Ein Schachspiel kannst du auch nicht im Voraus planen.

MORLOCKK DILEMMA Bei »Feuer über Deutschland« steckte diese Art von Battlerap noch in den Kinderschuhen. Die meisten Leute waren damit beschäftigt, ihre 16 Zeilen nicht zu vergessen und froh, wenn sie es hinter sich hatten. Bei den heutigen Veranstaltungen wie »Rap am Mittwoch« oder »DLTLLY« sieht das ganz anders aus. Da schreiben Leute Parts gegen ihre Gegner, die fast zehn Minuten gehen, oder stellen Textblöcke um, damit sie in Echtzeit auf ihre Gegner reagieren können. Da ziehe ich wirklich den Hut vor.

CHEFKET Mir haben die »End of the Weak«-Battles immer gut gefallen, weil man sich in verschiedenen Challenges beweisen musste: über Gegenstände freestylen, die man aus einer Tüte zieht, auch bei Beatwechsel weiterrappen, in einer Cypher stehen und Vierzeiler auf den Punkt bringen et cetera. Als ich nach Berlin gekommen bin, gab es jeden Abend irgendwo eine Open-Mic-Session. Dienstags war der Lauschangriff, mittwochs Bar11, freitags Alte Feuerwache. In der Feuerwache kostete Jackie-Cola 1,50 Euro, es stank übelst nach Schweiß, und wenn man mit dem Mund zu nah ans Mikro kam, hat man sich gefühlt, als würde man irgendeine Krankheit bekommen. Aber es war cool.

MÄDNESS In anderen Ländern haben solche Veranstaltungen noch einen viel höheren Stellenwert. Da gehen gestandene Stars in die Cypher. Aber man sieht ja an Karate Andi oder Capital Bra, die beide über »Rap am Mittwoch« bekannt geworden sind, dass da auch in Deutschland richtig gute Jungs am Start sind.

MORLOCKK DILEMMA Ich würde sehr gerne bei solchen Battles mitmachen, aber das ist eine zeitintensive Sache, und es muss auch Feuer drin sein. Die besten Battle-Geschichten sind immer die, bei denen es eine Vorgeschichte gibt – so wie als Phreaky Flave und Micro bei »Feuer über Deutschland« gegeneinander angetreten sind und man nicht wusste, ob es da vielleicht kracht. Laas stand bei seinem legendären »Rap am Mittwoch«-Auftritt auch mit dem Rücken zur Wand. Man wusste, dass er mit Rap aufhören kann, wenn er dort verkackt. Das hat es interessant gemacht.

RALF THEIL Parallel zu »Feuer über Deutschland« entwickelte sich auch eine Battle-Szene im Netz. Die Reimliga Battle Arena gab es sogar schon ab 1998. Die RBA und die Deutschrap-Geschichte gehören zwangsläufig zusammen. Ganz viele Rapper haben dort eine Vergangenheit.

MARC LEOPOLDSEDER Ein paar Leute kannte man schon von »Feuer über Deutschland«, wie zum Beispiel Pillath. Aber die Liste derer, die sich in der RBA getummelt haben und dann was geworden sind, ist schon beeindruckend: Cro, Casper, JAW, K.I.Z, Sun Diego – und natürlich Kollegah, der da richtig abgeräumt hat.

CRO Um bei der RBA mitmachen zu können, musste man einen Bewerbungstrack machen. Weil ich ein paar Kumpels hatte, die schon dabei waren, wusste ich genau, wie mein Track aufgebaut sein musste. Wenn man drin war, konnte man sich einen Gegner suchen und den battlen. Dann hat man 16 Zeilen gedroppt, und der andere hat geantwortet, dann waren beide noch mal dran, und am Ende hat eine Jury entschieden, wer besser war. Wichtig war, dass man sich jemanden ausgesucht hat und nicht ausgesucht wurde. Dann konnte man nämlich zweimal anfangen und sich einen Beat aussuchen. Das war wichtig, weil die meisten nur Bauern-Beats gepickt haben.

DEXTER Bei den Battles waren viele total ernst drauf, aber wir haben da immer nur Scheiße gemacht. Ein Kumpel von mir hatte zum Beispiel Bock auf Aggro-Rap und hat als »MC Menschentöter« alle durchbeleidigt. Ich war nie so der Battle-Fan und fand die meisten Freestyler mit ihren komischen Phrasen und Füllsätzen wie »Ich weiß ganz genau …« oder »Ich bin der Typ, der …« immer peinlich. Wenn Leute auf einem Parkplatz vor einem Konzert eine Cypher gemacht haben, fand ich das immer sehr unangenehm. Deshalb hatten wir auch in der RBA den Drang, diese Leute zu beleidigen und ihnen mit abstrakten Beats und abstrusen Versmaßen das Leben schwer zu machen. Das hat echt Spaß gemacht.

LGOONY Ich glaube, dass die RBA und später das VBT viele Leute zum Rappen gebracht haben. VBT war ein Turnier, bei dem man

Battle-Tracks gegeneinander macht und ein Video dazu dreht, ehe das von einer Jury aus Usern bewertet wird.

KURT PRÖDEL Das VBT hat sehr viel vom Voyeurismus der Zuschauer gelebt. Das Interessante war, dass dort nicht einfach nur gebattlet wurde, sondern die Rapper immer versucht haben, private Details über ihren Gegner herauszubekommen, oder auf Geschehnisse in der gemeinsamen Vergangenheit verwiesen haben. Das war ein total eigener Kosmos, der aber unheimlich viele Leute interessiert hat. Die Finalrunden hatten teilweise über eine Million Klicks, was zu der Zeit kaum vorstellbar war. Der Mechanismus hinter dem Erfolg dieses Formats war dabei der gleiche wie bei den Rap-Interviews auf Spielfilmlänge, im Grunde nichts anderes als das Talkshow-Gucken in den Neunzigern: pures Nonsense-Entertainment, in dem man sich jedoch verlieren kann.

LGOONY 3Plusss, Lance Butters, Weekend und BattleBoiBasti waren richtige Character, die das Turnier interessant gemacht haben.

KURT PRÖDEL Das VBT hat einen totalen Figurenkult kreiert. Die Rapper waren nicht einfach nur Rapper, sondern in Aussehen und Wortschatz vollkommen überzeichnete Figuren mit einem hohen Wiedererkennungswert. Klar gab es das im Rap schon immer, aber beim VBT war das noch stärker ausgeprägt. Das war wie ein musikalisches Quartettkartenspiel, bei dem jeder eine eigene Verkleidung, eine eigene Stimmlage und eine eigene Catchphrase hatte. Das hatte meines Erachtens einen großen Einfluss auf die mittlerweile untrennbare Einheit aus Musik und Entertainment – und natürlich darauf, wo das alles stattfindet: im Internet.

37 RapUpdate

PILLATH Ich bin mit dem ersten Deutschrap-Boom richtig auf den HipHop-Film gekommen. Darüber habe ich dann auch zu Ami-Rap gefunden, wo es viel nachzuholen gab. Internet gab es damals aber noch nicht. Selbst wenn man ein Modem hatte, war das kompliziert, weil man damit die Telefonleitung belegt hat und es Stress mit den Eltern gab, wenn Tante Inge drei Stunden lang nicht durchkam. Deshalb bin ich einmal im Monat zu »Mad Flava« nach Moers gefahren und habe dort den Tim gefragt, was gerade angesagt ist. Er hat dann im Laden die Platten aufgelegt. Und wenn mir die gefallen haben, habe ich die gekauft.

CELO Eine CD hat 33 Mark gekostet und wir hatten nie viel Patte. Deswegen habe ich nur selten Alben gekauft. Aber irgendwann kamen Napster und Emule.

MOSES PELHAM Nachdem wir 2003 »Brillant« von Illmat!c ans Presswerk geschickt hatten, kam irgendwann jemand zu mir ins Büro und meinte: »Moses, wir haben ein Problem: Das Album ist auf Tauschbörsen.« Ich wusste noch nicht mal, was Tauschbörsen überhaupt sind! (lacht) Aber das war ungefähr die Zeit, in der diese Möglichkeiten durch das Internet in der Mitte der Gesellschaft Einzug hielten.

ANDRÉ LUTH »Emanuela« war 2005 der am meisten illegal gezockte Song. Bei über zehn Millionen Downloads auf den P2P-Plattformen haben wir aufgehört zu messen.

DANGER DAN Auf einmal konsumierte man Musik nicht mehr, indem man sich Platten gekauft und über Booklets noch andere Künstler entdeckt hat, sondern indem man sich jedes erdenkliche Album bei Fettrap.com umsonst runtergeladen hat. Als irgendwann mal ein Release von uns auf Fettrap gelandet ist, waren wir richtig stolz. Das war im Grunde genauso ein Ritterschlag wie ein Artikel in der *Juice*. Diese Entwicklung hat die Labels sicher zerstört, aber die HipHop-Szene viel diverser gemacht.

LGOONY Das Internet war richtig wichtig für Rap, weil es viel einfacher wurde, sich mit der Musik zu beschäftigen. Es gab Blogs, Foren, YouTube und Online-Magazine, viele Alben, aber auch Free-Downloads. Auf Last.fm konnte man gucken, welche Songs von bestimmten Leuten man noch nicht kannte. Da hat sich eine ganz neue Welt aufgetan.

KOLJAH Im MZEE-Forum gab es Threads zu allen HipHop-Elementen – von Graffiti über Producing bis Gossip. Das war eine komplett neue Welt, in der ich mich mit Leuten über HipHop auseinandersetzen konnte, die ich in meinem persönlichen Umfeld gar nicht hatte. Ich war dort aktiv geworden und später sogar Moderator.

FRAUENARZT Bushido war der Erste, der sogar ein eigenes Forum hatte. Das war einer seiner schlausten Moves – der zieht die Leute von damals ja bis heute mit. Halil kam damals auch zu mir und meinte: »Wir haben jetzt bei Aggro ein Forum, das braucht ihr auch.« Wir haben das aber nie gebacken bekommen. Allein der Gedanke daran war schon krass anstrengend. (lacht)

CASPER Ich war ständig in Foren unterwegs: MZEE, rappers.in, RBA. Ich habe alles kommentiert und ausdiskutiert. Die Foren waren zu der Zeit die aktuellste Infoquelle. Labels oder auch Rapper selbst waren dort angemeldet und haben neue Releases angekündigt oder Videos gepostet, über die man dann diskutieren konnte.

OLLI BANJO Manche Leute auf MZEE waren so unreflektiert frech und haben Sachen geschrieben, die sie dir nie ins Gesicht sagen würden. Klar sollte man da eigentlich drüberstehen, aber man lässt es natürlich trotzdem an sich ran und ist sensibel, was die eigene Kunst angeht. »Pickel« habe ich damals geschrieben, weil immer mehr Leute ihre Meinung im Internet kundgetan haben, die offenkundig gar keine Ahnung hatten.

AHZUMJOT In den Foren haben sich Leute über Rap, aber auch über Technik unterhalten. Davor wusste ich zwar, dass Eminem ein krasser Rapper ist, aber ich konnte nicht sagen, warum das so ist. Das habe ich erst durch das Internet verstanden. Erst da habe ich erfahren, dass das schnelle Rappen von Eminem »Doubletime« heißt, man das am besten auf einen halb so schnellen Beat macht und diese Art von Beat »Halftime« heißt. Im Endeffekt habe ich auch superviele Leute aus meinem Umfeld über das Internet kennengelernt. Rockstah habe ich zum Beispiel über MySpace kennengelernt.

CASPER Wir haben alles über MySpace gemacht. Die Plattform war revolutionär. Bushido hatte da einen Account: Man hätte dem einfach eine Nachricht schreiben können, und wenn der gerade online war, was man ja auch gesehen hat, bestand sogar die Möglichkeit, dass er sie direkt liest. MySpace war ein Tool, das ich bis heute unerreicht genial finde. Das war Soundcloud, Twitter, Facebook und Instagram in einem. Man konnte Nachrichten schreiben, Kommentare verfassen, Bilder kommentieren und vor allem Songs hochladen.

PANIK PANZER Was früher Grußlisten auf den Platten waren, sind um 2008 herum die Top Friends bei MySpace gewesen. Die waren immer mit sehr viel Bedacht ausgewählt. Man hat dort nur Leute reingenommen, die man wirklich mochte, um zu zeigen, dass man mit jemandem down ist. So habe ich unheimlich viel interessante Musik gefunden.

AUDIO88 Ich habe über MySpace superviele Leute kennengelernt, Soda zum Beispiel, über den ich später mit Yassin in Kontakt gekommen bin. Auch die Zusammenarbeit mit Rappern und Produzenten aus USA kam über MySpace. Danach hat man sich auch mal im echten Leben getroffen und ist ins Studio gegangen, aber der Erstkontakt kam oft über das Internet.

MARC LEOPOLDSEDER Die Verlagerung der gesamten Szeneinfrastruktur ins Netz hat das Game komplett verändert. Um zusammenzuarbeiten, musste man nicht mehr zwangsläufig am selben Ort sein. Kritik und Lob musste man nicht mehr über den Umweg der Medien an den Mann bringen. Du musstest kein Netzwerk in deiner unmittelbaren Nachbarschaft haben oder regelmäßig Veranstaltungen besuchen, um etwas mitzubekommen. Alles wurde viel direkter und vor allem unabhängiger. Das hat auch dafür gesorgt, dass Menschen an der Szene teilnehmen konnten, die geografisch weit von den kulturellen Epizentren lebten. Mittlerweile kannst du auch glaubwürdig und konkurrenzfähig Rapmusik machen, wenn du in Hörstel oder Bargteheide wohnst.

ELVIR OMERBEGOVIC Ich war der Meinung, dass der Ruhrpott im deutschen Rap unterrepräsentiert sei. Es gab Hamburg, Berlin, Stuttgart und Frankfurt. Aber Westdeutschland, immerhin die bevölkerungsreichste Region, fehlte. Also wollten wir ein Label gründen und haben in meinem Schlafzimmer eine Ansage gefilmt, in dem Flipstar alle Newcomer dazu aufgerufen hat, sich bei uns zu bewerben. Das Video habe ich bei »Mixery Raw Deluxe« vorbeigebracht, wo es wenig später gesendet worden ist.

FLIPSTAR Elvir ist ein Macher mit viel Energie und Ideen. Als wir uns kennengelernt haben, haben wir zusammen überlegt, wie man dieses Denken auf Deutschrap übertragen könnte. Er meinte, man müsse die technischen Möglichkeiten und die Kontakte nutzen, um etwas Eigenes auf die Beine zu stellen.

ELVIR OMERBEGOVIC Das erste Release war der Sampler »Schwarzes Gold« mit Rappern aus dem Ruhrgebiet. Nach und nach hat sich dann herausgestellt, dass Flipstar zu sehr mit seinem Medizinstudium beschäftigt war, und ich habe komplett übernommen. Ich hatte nur einen Anwalt, der mir lustigerweise von Bushido empfohlen wurde – den Rest der Labelarbeit habe ich mir selbst beigebracht. Nach dem ersten Sampler haben sich dann auch immer mehr Künstler mit ihren Demos bei uns gemeldet, die nicht aus dem Pott kamen. Max Mönster aus Bremen zum Beispiel hat ein Album von sich als Montana Max und Shiml geschickt. Auch Kollegah hatte mitbekommen, dass wir das Album von Favorite und Jason gut promotet haben, indem wir auf den einschlägigen Seiten Banner und Interviews geschaltet haben. Er hat mir eine E-Mail geschrieben, in der er gefragt hat, ob wir nicht sein neues Mixtape rausbringen wollen. Ich habe mir das Tape direkt runtergeladen und angehört. Schon der zweite oder dritte Song war »Showtime«. Von dem Moment an wusste ich: Dieser Humor und diese Vortragsweise sind etwas Besonderes.

CASPER Kollegah habe ich das erste Mal in der RBA gehört. Erst mal konnte ich damit nichts anfangen, aber nach ein paar Anläufen war ich so: Das ist der heftigste Rapper, den dieses Land je gesehen hat. Ich hatte ihn über das RBA-Forum auch in meiner ICQ-Liste und habe ab und zu mit ihm geschrieben. Er meinte dann zu mir: Ich bringe mein »Zuhältertape« noch mal über dieses Label Selfmade Records raus – willst du da einen Part für machen? Hab ich dann einfach gemacht. Auf dieses ungezwungene Internet-DIY-Ding hat alles aufgebaut.

CRO Kollegah kam als Erster mit diesen Ultra-Punches an, mit Lockerheit und Witz. Die Stimme war auch überstylish. Alle haben auf dieses »Zuhältertape« gewartet. Als es 2005 dann rauskam, war das den Sommer über unser Soundtrack.

CASPER Zu der Zeit klang Deutschrap nicht mehr nach BoomBap wie in den Neunzigern und frühen Zweitausendern. Die Beats bestanden aus Geigenflächen und harten Drums, über die man möglichst technisch geflext hat.

BONEZ MC Kollegah ist Wortakrobat und Text-Mathematiker. Viele Leute fühlen das – wahrscheinlich auch viele Mathematikstudenten, die die Achtfach-Reime raushören. (lacht) Das ist extrem krass bei ihm und eine wertvolle Art von Kunst. Ich habe viel Kollegah gehört, die ersten »Zuhältertapes« und so. »Die Geldzählmaschine macht ratatatata!« (lacht)

FARID BANG Ich war von Anfang an Riesenfan von Kollegah. Mich hat immer amüsiert, dass er technisch so gut ist, aber gleichzeitig auch geisteskranke Ideen hat. Ich war damals schon davon überzeugt, dass wir die zwei besten Rapper des Landes sind und zusammen ein Album machen müssten. Kollegah ist ein Typ, dem wenige Leute noch etwas beibringen können. Der kann alles – genau wie ich.

MEGALOH Inhaltlich konnte ich Kollegah nicht gutheißen, weil die Geschichten mindestens extrem übertrieben waren. Auch seine Delivery fand ich immer wack. Er ist in meinen Augen einfach nicht gut auf Beats, da fehlt ihm das Musikalische und der Swing eines, sagen wir, Biggie. Aber für seine Reimpattern und die um die Ecke gedachten Punchlines muss man ihm auf jeden Fall Credits geben.

ELVIR OMERBEGOVIC Ich wollte bei Selfmade Records nur Leute unter Vertrag nehmen, die man unter tausend Rappern wiedererkennt. Außerdem war mir Technik wichtig: Keine Haus-Maus-Reime, sondern Lines, die um die Ecke gedacht sind und dich überraschen. Heute herrscht ja generell ein höheres Niveau. Aber 2005 waren solche technisch ausgefeilten Rapper wie Shiml, Favorite oder Kollegah noch eine Seltenheit. Auch Casper, die 257ers, Genetikk oder Karate Andi habe ich später gesignt, weil sie ihr Handwerk perfekt beherrscht haben.

CASPER Selfmade Records haben dann die Promo komplett revolutioniert. Die haben aus der Veröffentlichung eines neues Albums ein Event im Internet gemacht und das erschaffen, was man heute Promophase nennt.

ELVIR OMERBEGOVIC Zu der Zeit haben nur wenige ihre Musik so strukturiert im Internet gepusht wie wir. Unser Marketing-Chef Thomas Burkholz zum Beispiel war damals in vielen Foren aktiv. Wir haben Kontakt geknüpft, und er wurde der erste Mitarbeiter von Selfmade – mit 18. Wir haben sämtliche Foren als Plattform für unsere Promotion genutzt, Threads erstellt und die durch beständiges Kommentieren am Leben gehalten. Das war echte Sisyphusarbeit.

CASPER Erst kam die Ankündigung der Ankündigung. Dann wurde angekündigt, dass in drei Monaten ein neues Album kommt. Dann folgte das Cover, dann das erste Video und irgendwann auch die Tracklist, auf der die Features aber noch als Fragezeichen gelistet sind. Das gibt es bis heute. Und das war alles Selfmade Records.

ELVIR OMERBEGOVIC Die Videos wurden als Media-Dateien auf den eigenen Server geladen, wo die Fans sie in schlechter Quali downloaden konnten. Anschließend wurde darüber in den Foren diskutiert. Im Grunde hat man da, auf einem sehr niedrigen Niveau, Consumer-Feedback bekommen, das man dann auswerten konnte. Marktforschung, wenn man so will!

OLLI BANJO Ich habe Riesenrespekt vor Elvir und dem, was er mit Selfmade Records geschafft hat. In meinen Augen ist er der krasseste Geschäftsmann im Deutschrap.

ELVIR OMERBEGOVIC Wir wurden lange von der *Juice* ignoriert – und wenn wir mal vorkamen, dann mit schlechten Reviews. Also haben wir unseren eigenen Videokanal gegründet und den mit unseren Musikvideos, aber auch anderen Content-Formaten gefüllt. Zum Beispiel hat Jan Köppen, der damals bei VIVA moderiert hat, Videoblogs gemacht. Das war quasi ein Vorläufer zu Social Media und ein ganz wichtiges Tool, um uns selbst darzustellen und nicht darauf angewiesen zu sein, dass andere über uns berichten.

VISA VIE Der große Knall kam dann mit dem Song »Mittelfinger hoch« von Casper, Kollegah und Favorite. Der Song war eine richtige

Ansage. Das waren drei komplett unterschiedliche Charaktere, jeder mit einem eigenen Rap-Style – so etwas hatte man noch nicht gesehen. Allen voran natürlich Casper …

ELVIR OMERBEGOVIC Es gab Vorurteile gegenüber Casper seitens der Selfmade-Fans. Sein Emo-Image ist vielen sauer aufgestoßen. Aber das fand ich gut. So eine Reibungsfläche kann ja auch hilfreich sein. Ich glaube, Casper hat dieses Kontra auch ein Stück weit gefallen, und er hat sich davon motivieren lassen. Beim Label-Sampler »Chronik II« haben wir ihn ganz bewusst in den Vordergrund gestellt, und er hat den »Mittelfinger hoch«-Song mit einem sehr guten Part begonnen.

VISA VIE Viele haben gedacht: Was hat der für eine beschissene Frisur? Was trägt der für komische Klamotten? Aber der hat auf dem Track so abgeliefert, dass man ihn einfach ernst nehmen musste.

ELVIR OMERBEGOVIC Durch die ständigen Veröffentlichungen und vor allem die Präsenz im Internet hat man sich nach und nach eine größere Fanbase aufgebaut. »Zuhältertape Vol. 3« haben wir zum Beispiel über unseren eigenen Shop verkauft. Davon haben wir so 12 000 bis 15 000 Alben abgesetzt. Den richtigen Durchbruch hatten wir mit dem »Bossaura«-Album von Kollegah. Davon haben wir independent 40 000 oder 50 000 Alben verkauft.

38 Leaders of the New Cool

RALF THEIL In den Jahren ab, sagen wir, 2006 hat man gemerkt, dass sich in Deutschland immer mehr tut, das gegen die von der Aggro-Dominanz ausgelöste Katerstimmung ankämpfen wollte. Da gab es einige spannende Künstler und Phänomene. Aber das waren eben noch keine Zugpferde, ganz lange noch nicht. Selbst als ich 2009 bei »Mixery Raw Deluxe« angefangen habe, gab es noch keine echten Erfolgsgeschichten. Wir wollten diese Sachen aber gerne supporten und zum Thema machen.

MARC LEOPOLDSEDER Im Schatten des Stillstands hat sich viel entwickelt, von Olli Banjo über Morlockk Dilemma und Huss und Hodn bis hin zu Marteriacasper und Crockstahzumjot. Es war halt Untergrund. Aber deswegen konnten diese Leute die Muster des Street-Credibility-Zwangs ganz bewusst und in aller Ruhe aufbrechen.

MAX MÖNSTER Es war gar nicht daran zu denken, viel Geld zu verdienen. Also hat man unter Ausschluss der Öffentlichkeit herumprobiert und sein eigenes Ding entwickelt, ohne zu gucken, was gerade angesagt ist, weil sich ja ohnehin niemand für das Genre interessiert hat. So hat Rap sich zu der Zeit neu erfinden und Acts wie K.I.Z hervorbringen können.

MARCUS STAIGER K.I.Z war das radikale Gegenkonzept. Die Botschaft an den Hörer war: Hier darfst du spackig sein, musst dich nicht an Codes halten. Wir gehen ab, schwitzen, trinken und lachen. Und wir finden alles scheiße, was dieses System ausmacht. Das wollten die Leute zu dem Zeitpunkt. Man hatte das einfach satt, auf seinem Koks-Film böse in der Ecke zu sitzen. Das klingt vielleicht bescheuert, aber es stimmt: Man wollte wieder so sein, wie man sein möchte.

MAXIM K.I.Z Wir haben unser erstes Demo schon 2000 bei Staiger vorbeigebracht. Er fand es aber nicht gut. Wir waren natürlich stinkig und wollten nie wieder etwas mit dem Bunker oder überhaupt irgendeinem Label zu tun haben. Unser Plan war: die Musik selber machen, auf CD brennen und dann verkaufen.

MARCUS STAIGER K.I.Z saßen irgendwann bei mir und haben mir ein politisch angehauchtes Demotape vorgespielt. Ich habe mir das angehört und ihnen dann viel Glück auf ihrem weiteren Weg gewünscht. (lacht) Ein Weile später meinte aber Fumanschu zu mir, die wären wirklich gut. Und wenn Fumanschu sich positiv äußert, dann heißt das was. Das war dann schon »Das RapDeutschlandKettensägenMassaker«. Es war gerade die große Crunk-Welle, und ich wollte das unbedingt rausbringen.

MAXIM K.I.Z Das war ein großer Einfluss. Bassboxxx haben hauptsächlich ja Miami Bass gemacht, aber Frauenarzt hatte auch Songs mit einem krassen Südstaateneinfluss. Im Wedding gab es DeinEltan, die leider nie so erfolgreich geworden sind, aber mit Songs wie »Ellbogen raus« krasse Pioniere waren, was diesen Sound anging. Ich wollte zu der Zeit exakt so rappen wie Juicy J – auch wenn ich technisch dazu nicht in der Lage war. Der Titelsong »Das RapDeutschLandKettensägenMassaker« sollte eigentlich eine Hommage an Three 6 Mafia werden.

NICO K.I.Z Der Südstaaten-Einfluss war sicher ein wichtiger Grund, warum das so gut funktioniert hat. Das hat live einfach enorm auf die Schnauze gegeben.

RALF THEIL Ich habe K.I.Z in Hamburg im Mandarin Kasino gesehen. Ich kannte ein paar ihrer Coverversionen wie »Riesenglied« und »Wir waren mal Stars«, aber hatte das Mixtape noch nicht gehört. Das Konzert war anders als alles, was ich vorher im Deutschrap-Kontext erlebt hatte. Es fühlte sich an wie bei einem Punkrock-Konzert. Die Fanbase war nicht groß, aber mit Leib und Seele dabei. Alle waren unfassbar betrunken, laut und krawallig drauf. Da war eine unglaubliche Energie im Raum, die total Spaß gemacht hat.

MAXIM K.I.Z Zu der Zeit wurde auf Rap-Konzerten ja noch nicht gepogt. Wir mussten die Leute damals quasi unterrichten. Der Song »Pogen« war im Grunde eine Anleitung, wie man sich auf unseren Konzerten bewegen sollte.

BEAT GOTTWALD Ich war auf dem Geburtstag des Radio-Fritz-Redakteurs Patrick Ressler. Da lief »Hurensohn« von K.I.Z, und alle sind so unfassbar dazu ausgerastet, dass man sofort wusste: Diese Band ist etwas Besonderes. K.I.Z waren im Grunde Eminem auf Deutsch. Die haben einfach mit jedem Tabu gebrochen, waren dabei aber nicht komplett asi, sondern auch humorvoll und intellektuell. Das war eine Mischung, die ich bis dahin nur aus dem Deutschpunk kannte.

PETER FOX K.I.Z fand ich mega. Die hatten ja dieses R.-Kelly-Cover, »Was willst du machen«. Das fand jeder in Berlin gut. Das war einfach witzig, Punkt.

MARC LEOPOLDSEDER K.I.Z haben aufgezeigt, wie man sich – kredibil – über den ganzen Quatsch lustig machen kann. Außerdem haben K.I.Z Rap in eine Richtung geöffnet, in der bis dahin überhaupt kein Interesse bestand. Leute wie 257ers oder Trailerpark sind ja heute das, was früher Die Ärzte und Die Toten Hosen waren: deutschsprachige Musik mit ein bisschen Kante und einem Humor, den man auch fühlen kann, wenn man weder in einer kriminellen Subkultur verhaftet ist noch in so einem HipHop-HipHop-HipHop-Zirkel steckt. Das haben K.I.Z klargemacht.

MAX MÖNSTER Die Jungs sahen auch nicht wie Klischee-Rapper aus, wie man sie zu der Zeit im Kopf hatte. Alle anderen Acts konnte man schon anhand ihres Erscheinungsbildes extrem gut einordnen. Aber K.I.Z haben das alles gesprengt.

MARCUS STAIGER K.I.Z ergänzen sich wahnsinnig gut und können verschiedene Aspekte abdecken. Maxim gibt den überheblichen Zyniker, Tarek hat diese Unmittelbarkeit und einen gewissen Straßen-Flavour, Nico eine sehr persönliche Sichtweise und eine gespielte Abgründigkeit, die aber ebenfalls eine persönliche Ebene hat. Dadurch dass in den jeweiligen Parts immer etwas anderes passiert, funktionieren die als Band sehr gut. Ich bin auch ein bisschen wehmütig, dass Sil-Yan nicht mehr als DJ dabei ist. Ich finde ja, er war eine wichtige Persönlichkeit in der Gesamtkonstruktion.

NICO K.I.Z Tarek kam irgendwann mit »Tekknohurensohn«, für das er über einen Techno-Beat gerappt hatte. Das war total abgefahren, aber auch geil. Ab da hat man auch mal überlegt, auf noch mehr solche genrefremden Sachen wie zum Beispiel Aphex Twin zu rappen. Das knallte und machte vor allem Spaß, es live zu spielen – schon weil man mit den Erwartungen der Leute gebrochen hat.

MAXIM K.I.Z Im Grunde waren die K.I.Z-Sachen am Anfang sehr poppig. Wir haben immer geschaut, dass die Songs schöne Melodien und Refrains haben. Der Anspruch war schon immer, einen richtigen Song zu machen. Musikalisch kam das direkt gut an, aber textlich wussten manche uns nicht so richtig einzuordnen. Für die gewöhnlichen Rap-Hörer war es zu hart, für die Fans von Straßenrap zu albern.

NICO K.I.Z Da kamen oft Sätze wie »Du kannst dich doch nicht über deine eigene Familie lustig machen!«

BEAT GOTTWALD Bis K.I.Z kamen, waren deutsche Rapper doch stockkonservativ. Ich glaube, dass K.I.Z diese Spießigkeit aufgebrochen haben – vor allem auch, weil die überhaupt nicht dazugehören wollten. Genau wie Die Ärzte haben sich K.I.Z eine Nische geschaffen. Es gibt ganz viele, die probiert haben, dieses Konzept zu kopieren. Aber das hat nie geklappt.

MARCUS STAIGER K.I.Z ist im Grunde *die* Royal-Bunker-Band. So wie wir eigentlich ein Punk-Label waren, das zufälligerweise HipHop gemacht hat, waren sie eine Punkband, die gerappt hat. In ihrer Distanz zur Szene waren K.I.Z sehr nahe an M.O.R. Zwischen diesen beiden Bands haben wir ganz viel unterschiedliche Musik rausgebracht, aus der ja einige Schulen entstanden sind: Tua war bei uns, Eko war bei uns, Chablife mit Kay One waren bei uns, Prinz Pi auch. Das war sehr unterschiedliche Musik. M.O.R. und K.I.Z sind das, was uns zusammengehalten hat – der Anfang und das Ende. (lacht)

FELIX BRUMMER Als ich K.I.Z gehört habe, wurde mir schlagartig klar, dass es das, was ich davor mit der Sekte kennengelernt hatte, auch noch mit einer Metaebene gibt.

AUDIO88 K.I.Z haben sich im Grunde derselben Mechanismen wie Westberlin Maskulin bedient. Der Unterschied war, dass da ganz schnell klar wurde, dass es ironisch gemeint ist und sie meine Mutter nicht unbedingt kaputtficken wollen. »Hahnenkampf« hat mich voll abgeholt. »Stich einen Schwulen ab / Auch du kannst ein Künstler sein, bemal ein Judengrab« in diesem damals gängigen Duktus eines platten Motivationssongs – das sind für 2007 sehr stabile politische Lines gewesen. Genauso das »Geld essen«-Video, in dem sich zwei Männer geküsst haben: Spätestens da war klar, dass die ganz bestimmt nicht homophob sind.

MAXIM K.I.Z Gerade dieses verkrampfte Betonen von Männlichkeit und das Schwören auf die eigene Heterosexualität sind mir bei Rappern immer schon auf den Sack gegangen. Es hat sich perfekt angeboten, darüber Witze zu machen.

GRIM104 Bei den Sachen, die die gesagt haben, habe ich zum ersten Mal viele der Dummheiten aus Rap-Songs infrage gestellt, die ich die Jahre davor durch Hören und Mitrappen immer wieder reproduziert hatte. Klar fand man es edgy, wenn King Orgasmus One gerappt hat, dass er Frauenfeind ist. Aber eigentlich wusste man, dass das nicht cool ist. K.I.Z haben diesen Sexismus, der einem aus vielen Rap-Texten entgegengeschlagen ist, auf eine sehr gute und witzige Art überzeichnet.

BEAT GOTTWALD Der gemeinsame Nenner bei einer Band wie K.I.Z ist nicht die Musik, sondern der Humor. Wir waren echt erstaunt, als auf den ersten Konzerten lauter Metal-Typen und Punks waren. Dieses Integrative unterscheidet K.I.Z von klassischen Rap-Bands.

ROE BEARDIE Die Leute haben einfach gemerkt, dass sie einen eigenen Style entwickeln müssen, wenn sie eine Langlebigkeit haben wollen. Ich will nicht sagen, dass Olli Banjo und ich der ausschlaggebende Punkt für dieses Umdenken waren. Aber man hat schon gemerkt, dass nach den ersten Sachen von uns eine gewisse Experimentierfreude Einzug hielt. Als ich K.I.Z und Marteria das erste Mal gehört habe, dachte ich mir: Das sind Ollis Söhne! Das waren alles Leute, die mit Stereotypen brechen und Grenzen ausloten wollten. Manchmal denke ich, dass Olli mit seiner Kunst einfach fünf bis acht Jahre zu früh da war.

OLLI BANJO Romans Vision für mich als junger Künstler war, dass die Beats ganz anders klingen müssen als alles, was es zu der Zeit im deutschen Rap gab. Das war eine krasse Erfahrung. Bei meinem ersten Album »Erste Hilfe« von 2003 habe ich teilweise auf normale Ami-Beats geschrieben und eingerappt, weil mir das leichter gefallen ist, und Roman hat die A-cappellas dann geremixt. Zu der Zeit klang niemand so wie wir: sehr reduziert, elektronisch, knarzig, rough und hart, dazu verschachtelte Flows, viel Mathematik und Feintuning.

ROE BEARDIE Wir waren da echt in unserem Elfenbeinturm. Der Olli war ja immer schon ein Rapper's Rapper. Beim Publikum war der Tenor eher: Der kann geil rappen, aber wann pickt der denn endlich mal coole Beats? Diese Engstirnigkeit beim deutschen Hörer war so etwas wie unser Punchingball. Je mehr die Leute gejammert haben, desto mehr haben sie beim nächsten Mal in die Fresse gekriegt. Daraus entwickelt man schnell eine Arroganz und Überheblichkeit. Wir waren auf einem richtigen Höhenflug. Die Autofahrten zum Studio und wieder zurück haben wir immer nur unsere Musik gehört und darüber gesprochen, wie scheiße alle anderen sind. Aber es war klar, dass das, was wir da gerade machen, keiner so schnell nachmachen kann. Und das war dann wieder die Messlatte für den nächsten Tag.

RALF THEIL »Schizogenie« von Olli Banjo war 2005 eine enorm wichtige Platte. Einerseits lebte es von den wahnsinnigen Roe-Beardie-Produktionen, andererseits war Olli ein krasser MC, krasser als fast alle anderen. Olli konnte man aus Rap-Sicht nicht haten.

ROE BEARDIE In Olli Banjo habe ich meinen kongenialen Counterpart gefunden. Wir haben uns vom ersten Tag an blind verstanden. Auch wenn wir uns damals vollkommen ins Abseits der Entwicklung des hiesigen HipHop geschossen haben, war das mein kreativer Höhepunkt. Da war ich wirklich ein Musiker und wir eine richtige Band. Uns ging es nur noch darum, alles über den Haufen zu werfen, was landläufig als HipHop verstanden wurde, und noch mal neu zu interpretieren.

GRIM104 »Wer Rap macht, aber nur Rap hört, betreibt Inzest« haben die Beginner ja mal gesagt. Aber trotzdem war das ganz lange ein Dogma. Vollblut-HipHopper haben allerhöchstens mal Reggae gehört. Mir hat dann »Halloziehnation« von Marsimoto gezeigt, dass es okay ist, auch andere Musik zu hören. Es tat total gut, zu merken, dass da noch jemand ist, der sich nicht nur monothematisch in diesem Rap-Kosmos aufhält.

RALF THEIL Da waren das Erbe von Timbaland drin und viel elektronischer UK-Kram, aber auch so Sachen wie The Streets oder Björk. Das Album klang wie ein weirdes Mixtape, das überhaupt kein Konzept, aber genau deshalb das geilste Konzept überhaupt hatte.

LGOONY Auf dem Album waren 30 Songs, manche nicht viel länger als eine Minute. Aber das Album hatte so ein durchgängiges Feeling, weil er ganz eng mit seinem Produzenten Dead Rabbit zusammengearbeitet hat. Ich war nie Kiffer und hasse Kiffermusik eigentlich, weil sie meistens uninspiriert ist. Aber dieses Album war wie ein Trip, der in Musik gepresst wurde.

MARTERIA Ich finde deutsche Musik oft wack. Bei Marsi war die Soundästhetik von Anfang an sehr undeutsch, total ungerade und zerhackt. Wir haben mit dem Projekt immer versucht, anderen voraus zu sein. Den Pitch-Effekt in der Stimme zum Beispiel haben wir schon 2005 mit Auto-Tune gebaut, was heute ein allgegenwärtiges Tool ist.

RALF KOTTHOFF Ungefähr zeitgleich mit Marsimoto kam auch Casper auf. Das war ein Rapper, auf den ich seit Jahren gewartet hatte. Ich hatte ihn mal auf einem Freestyle-Battle in Köln gesehen und sofort gedacht: Das ist die Zukunft! Natürlich kam für ihn letztlich alles komplett anders, als ich damals gedacht hatte, aber irgendwie habe ich doch recht behalten, oder?

GÖTZ GOTTSCHALK Casper hat mich von Anfang total begeistert. Wie er schon 2008 auf »Hin zur Sonne« so viel Persönliches von sich in den Tracks verarbeitet hat, war beeindruckend. Da war jemand, der eine fast schon dramatische Bereitschaft hatte, seine Emotionen offenzulegen, aber mit Songs wie »Casper Bumayé« auch technisch zu überzeugen wusste.

CASPER Es fühlte sich für mich so an, als würden unglaublich viele Menschen auf mein Album »Hin zur Sonne« warten. Dementsprechend viel Druck habe ich bei der Entstehung verspürt. Ich hatte wirklich das Gefühl, dass das mein Alles-oder-nichts-Moment ist. Aber im Endeffekt beschränkte sich der Hype auf einen Artikel in der *Juice* und ein paar Online-Interviews. Wir haben in der ersten Woche 500 CDs verkauft, wenn überhaupt. Es war die Zeit, in der ich oder auch Marteria und die Orsons in der Szene ein Begriff, für den Rest aber komplett irrelevant waren. Das war paradox: Es hat niemanden interessiert, aber trotzdem hatten wir alle das Gefühl, etwas voranbringen zu müssen. Es gab ja diese Tour 2008 mit Marteria und den Orsons, auf der wir jeden Abend vor maximal 50 Leuten gespielt haben. Das war total absurd. Ich hatte ein, zwei Millionen Plays auf einem einzelnen Song bei MySpace, aber es hat sich nicht auf die Shows übertragen.

BARTEK Wir haben ein Konzert mit Marteria und Casper in Fulda gespielt, bei dem zehn zahlende Gäste waren. Während die jeweils anderen aufgetreten sind, haben wir uns vor die Bühne gestellt und die Show angesehen. Die Aussicht darauf, dass man auch in Zukunft nur vor vier Leuten spielt, danach in einen vollgepissten Backstageraum geht und in ranzigen Hostels pennt, hat mich manchmal schon fragen lassen, ob das noch Sinn macht. Aber weitergemacht haben wir natürlich trotzdem.

MAX MÖNSTER Sei mal Maeckes & Plan B in einer Zeit, in der Bushido und Sido die Charts regieren! Ich habe wirklich großen Respekt vor solchen Künstlern, weil sie sich nicht dem angesagten Sound gebeugt, sondern etwas Antizyklisches und ganz Eigenes gemacht haben.

SEBASTIAN SCHWEIZER Streetrap war einfach durch. Jeder hatte die Knarre und den Pitbull im Video gehabt. Nach der tausendsten Wiederholung war das einfach langweilig, und man hat gespürt, dass die Leute sich auf was Neues freuen, dass da gerade etwas passiert – und das waren eben wir, zusammen mit Marteria, Casper und Prinz Pi.

BARTEK Alles sollte bunt, quietschig und gut gelaunt sein. Auf der Suche nach Inspirationen haben wir im Studio ein Kinderbuch gefunden. Das haben wir durchgeblättert und zu jeder Kapitelüberschrift einen Orsons-Song gemacht. Wir wollten zeigen, wie anders Rap auch sein kann. Im Grunde waren die Orsons immer eine Gegenbewegung zu dem, was im Mainstream läuft. Sind sie immer noch.

SCHOWI Ich konnte deren Sozialisierung nachvollziehen, aber die haben der Sache trotzdem ihren eigenen Stempel aufgedrückt. Die sind faszinierende Charaktere, haben fette Beats, flowen ab, schreiben intelligente Texte, sind Styler und funktionieren obendrein nach banalsten Boygroup-Kriterien. Eigentlich müssten die den Headliner-Slot auf der Hauptbühne von »Rock am Ring« haben. Das wird oft nicht so gesehen, vielleicht weil sie echte Künstler und damit etwas komplexer sind: Menschen haben oft Angst, etwas zu feiern, das sie nicht komplett einordnen können. Die Orsons haben Rap von Anfang an ein bisschen wie Theater aufgezogen. Das hat manche Hörer vielleicht verwirrt. Aber dadurch stecken da eben noch so viele Ebenen drin, die entdeckt werden wollen.

RALF THEIL Das erste Album hatte aus meiner Sicht nicht die nötige Ernsthaftigkeit. Erst Tuas Soloalbum »Grau« von 2009 hat für mich eingelöst, was die Orsons in mir an Erwartungshaltung ausgelöst hatten.

SAMY DELUXE Ich bin froh, behaupten zu können, diese Platte veröffentlicht zu haben. Das ist ein Deutschrap-Classic. Das ist eigentlich der einzige Tonträger, auf den ich im Rahmen dieses Deluxe-Records-Imperiums stolz bin.

CASPER Ich fand die Platte superkrass. Die Einflüsse alleine: Drum 'n' Bass, Electronica und überhaupt nur Sachen, die man nicht aus dem Rap kannte. Das Intro war so unglaublich atmosphärisch, genauso das Outro »Endpunkt«. Er hat auch richtig gut gesungen. In dem Kontext, in den wir uns bewegt haben, war das das musikalischste, konzeptionell ausgereifteste Meisterwerk überhaupt. Ich war fest davon überzeugt, dass diese Platte alles klarmachen wird. Nach »Grau« wollte ich genau so eine Platte machen.

AHZUMJOT »Grau« ist für mich safe ein HipHop-Klassiker, eines der besten Deutschrap-Alben ever. Ich fand geil, dass ein Rapper sich selbst produziert. »Grau« trug nur Tuas Handschrift. Das war ein Album wie ein Film und sicherlich auch ein Vorbild für viele andere Künstler, die danach wieder Alben aus einem Guss und mit Konzept gemacht haben. Ohne »Grau« kein »XOXO«, kein »Zum Glück in die Zukunft« und kein »Monty«.

STEPHAN SZILLUS Was in der allgemeinen Wahrnehmung total unterschätzt wird, ist diese Szene, die mit Morlockk Dilemma und Huss und Hodn angefangen hat und heute von Amewu oder Audio88 & Yassin über Zugezogen Maskulin und die Antilopen Gang bis hin zu Fatoni und Juse Ju in vielerlei Ausprägung präsent ist. Das ist eine Spielart von HipHop, die sich – teilweise auch ironisch – mit HipHop als Kultur befasst und trotzdem Teil davon ist. Diese Welt kommt für mich aus einer Berliner Ursuppe, vor allem aus dem Prenzlauer Berg und der Funkviertel-Crew um Marcello, V.Raeter und Hiob. In der Zeit des großen Berlin-Hypes wurde das meist als Ökoscheiß und hippieske Randerscheinung abgetan. Dabei kann man gar nicht hoch genug einschätzen, was die für dieses Parallel-Narrativ im Deutschrap geleistet haben. Funkviertel haben die Härte, die das Leben in der Großstadt nun mal mit sich bringt, mit einer gewissen Melancholie verbunden und gleichzeitig die Absurdität einer in den Mainstream wachsenden Subkultur thematisiert. Das ist ein sehr interessanter Aspekt in der Deutschrap-Erzählung, der nie wirklich Anerkennung bekommen hat.

V.RAETER Uns war Aggro Berlin zu aggressiv. Also haben wir 2006 quasi als Gegenbewegung das Label Spoken View gegründet. Wir wollten positiven Conscious-Rap mit vertretbaren Inhalten und organischem Sound veröffentlichen. Auf dem Label waren Mr. Mick, Sir Serch und Damion Davis, der heute ja auch erfolgreich für andere Künstler schreibt und Schauspieler ist. Im Verlauf kamen noch Hiob und Morlockk Dilemma dazu. Wir wollten zeigen, dass es in Berlin nicht nur Bushido, Sido und Fler gibt.

CHEFKET Ich muss sagen: Berlin war viel positiver, als ich es aus den Videos von Aggro Berlin kannte. Bevor ich hingezogen bin, dachte ich, man stolpert hier über Leichen. Aber ich habe dieses Hippie-

Berlin kennengelernt, in dem man sich gar nicht verstellen muss. Ich wollte Musik machen und Gleichgesinnte finden – und Berlin, wo so viele Subkulturen stattfinden, war dafür der richtige Ort.

HIOB Was ich gemacht habe, war kein bewusster Gegenentwurf – aber natürlich war es einer. Ich habe einfach mit den Mitteln, die mir zur Verfügung standen, die bestmögliche Musik gemacht. Berlin ging mir ab einem gewissen Zeitpunkt am Arsch vorbei. Wir wollten einfach die Musik an den Mann bringen, die wir gut finden, und haben uns deshalb unbewusst immer auch überregional orientiert. Ende der Nullerjahre ploppten dann aber auf einmal immer mehr Leute auf, die – genau wie wir – schon fünf oder sechs Jahre ihr Ding gemacht hatten und alle gar nichts voneinander wussten.

DEXTER Das war einfach eine Handvoll Leute, die zur gleichen Zeit mit dem Musikmachen angefangen hat und mit Einflüssen wie Stones Throw oder Rawkus sozialisiert worden ist, sich aber auch menschlich gut verstanden hat. Während alle davon gesprochen haben, dass es eine Deutschrap-Flaute gibt, ist da nach und nach eine ganz eigene, städteübergreifende Szene entstanden.

AUDIO88 Stilistisch waren wir ja trotz Schnittmengen hier und da schon weit auseinander. Wir hatten einfach nur einen ähnlichen Humor und haben die Mucke gemacht, die wir selber geil fanden. Daraus sind dann der gegenseitige Respekt und die Zusammenarbeiten entstanden. Das war anders als das, was damals angesagt war, aber wir haben uns nie als Gegenbewegung zu Aggro oder Dipset-Deutschland verstanden. So richtig Thema war das eigentlich nur auf »Jetzt schämst du dich« von Huss und Hodn.

RALF THEIL Das Album hat gezeigt, dass man Neunziger-Sound machen kann, ohne dass es sich hängen geblieben anfühlt. Kurt, also Retrogott von Huss und Hodn, war in seinen Texten damals ein charmant ignoranter Asi und hat übertrieben gut gerappt. Das hatte für mich einen ähnlichen Effekt wie »Maske«. Ich mag, wenn jemand sich weigert, eine offensichtliche Sache zu bedienen. »Jetzt schämst du dich« kam soundtechnisch wie eine Real-HipHop-Platte daher, aber die Attitüde und das Vokabular waren überhaupt nicht mit dem Mindset der Leute vereinbar, die auf diese Art von Musik gewartet haben. Das fand ich geil.

DAVID P. Wir sind in der Zeit mal mit denen in Köln aufgetreten. Ich hatte keine Ahnung, wer die sind, aber ich habe mir den Auftritt von Anfang bis Ende angeguckt, weil ich dem einfach gerne zugehört habe. Es gibt wenige Zuhör-Rapper. Der Kurt ist einer davon. Man hängt an seinen Lippen und fragt sich, was er als Nächstes sagt.

MC RENE Retrogott hat eine ganz neue Generation von MCs geprägt und die Tür geöffnet für das, was man wohl »Underground-Rap« nennt – als Alternative zum mittlerweile doch sehr kalkulierten Deutschrap.

DEXTER Aus dieser neuen kleinen Rap-Szene entwickelte sich dann nach und nach auch eine Beat-Bewegung – und da hinkte Deutschland dann nicht mehr so krass hinterher wie beim Rap, sondern hat schnell einen ganz eigenen Sound entwickelt. Da wurden ja nicht einfach nur Madlib-Beats kopiert, sondern es gab viel eigenen Sound mit elektronischen, fast schon technoiden Einflüssen, weshalb das Ganze auch international Erfolg hatte. Jemand wie Brenk Sinatra hat darüber zum Beispiel eine Connection zu MC Eiht hergestellt.

GÖTZ GOTTSCHALK HipHop ist eine Begegnungsstätte. Man muss sich nur die Anfänge in New York ansehen. Q-Tip von A Tribe Called Quest hat trotz seiner Wurzeln in der Native-Tongue-Bewegung ein hartes Streetrap-Album von Mobb Deep co-produziert und gemischt – für die Sache. Da gab es keine Berührungsängste.

FALK SCHACHT Dass heute Menschen zusammenkommen, die sich sonst nie begegnet wären, ist ein wertvolles Stück Integrationsarbeit, das kein anderes Genre und keine andere Institution geschafft haben.

KOLJAH Irgendwann hat man sich auch hier lockerer gemacht. Da hatten die Orsons oder sogar Fettes Brot ein »Halt die Fresse«-Video bei Aggro TV, und umgekehrt war Marteria auf dem Album von Bushido und Shindy.

GÖTZ GOTTSCHALK In der Liebe für das Genre sind alle gleich. Dadurch, dass die Qualität Ende der Nullerjahre hierzulande wieder so zunahm, ist diese Liebe bei allen erneut entflammt – und Flows, Techniken und Ansichten haben sich vermischt.

SCHIVV Da fing es an, für mich wieder Sinn zu ergeben. Das fühlte sich wieder gut an. Es musste nur noch jemand in ein wirklich schlüssiges Produkt übersetzen.

39 Lieder, geil.

STEPHAN SZILLUS Es gibt meines Erachtens zwei Phänomene, die diese neue Offenheit im Rap der Nullerjahre so auf den Punkt gebracht und in universelle Songs übersetzt haben, dass es auch für den deutschen Mainstream begreifbar war. Das ist einerseits das Soloalbum von Peter Fox von Seeed und andererseits Deichkind mit »Remmidemmi (Yippie Yippie Yeah)« und ihrer ganzen Hinwendung zum Party-Techno-Theater. Lustigerweise waren beide Phänomene kein Rap im engeren Sinne, aber vermutlich konnten sie genau deswegen zu den Brücken werden, die es brauchte.

KRYPTIK JOE Für uns war es immer ein bisschen anstrengend, den HipHop-Moment auch nach außen zu feiern. Wir kamen aus dem fernen Bergedorf in das große Hamburg und hatten dort eine Outlaw-Position. Wir hatten kein subkulturelles Erstlingsalbum, sondern waren bei Warner Music, liefen im Fernsehen und hatten mit »Bon Voyage« direkt unseren ersten Erfolg. Also haben wir uns selbst schon so weit interpretiert, dass wir den Hatern die Tür geöffnet haben, wenn die einlaufen wollten. Aber das war Selbstschutz. Eigentlich wären wir natürlich gern unter den ersten fünf Bands, die genannt werden, wenn es um Hamburger HipHop geht. Ali As hat unser Album mal in einem Interview an dritter Stelle seiner wichtigsten Einflüsse genannt. Das hat mich schon berührt.

ANDRÉ LUTH Ich habe vor allem das zweite Deichkind-Album »Noch 5 Minuten Mutti« total abgefeiert. Dass es Jahre später bei denen noch mal komplett anders abgegangen ist, hatte nachvollziehbare

Gründe. Von den vier ursprünglichen Mitgliedern ist nur noch Kryptik Joe übrig.

KRYPTIK JOE Ich habe HipHop ursprünglich nach New-York-Regeln interpretiert. Auf unseren ersten beiden Alben sind superkrasse Samples, von denen darf ich gar nicht erzählen! Irgendwann hat dann aber Malte, der anfangs der federführende Songwriter von Deichkind war, gesagt, dass HipHop für ihn vorbei sei. Der hatte schon immer unterschiedliche Bands: erst eine Punk-Band, dann eine Funk-Band und schließlich ein Techno-Projekt, das in die Daft-Punk-Richtung ging, nur härter. Daran haben wir mit Deichkind angeschlossen, obwohl Buddy und ich da zunächst totale Probleme mit hatten – das hat schließlich unser ganzes Regelwerk umgeschmissen. Ich wusste bei Konzerten auch erst nicht, wie ich mich verhalten soll, weil wir ständig zwischen 90 und 130 BPM hin und her gesprungen sind. Aber ich konnte das irgendwann abstrahieren. Buddy dagegen konnte nicht so damit umgehen. Das war eine schwierige Zeit, in der Buddy und ich uns viel gestritten und letztlich auch getrennt haben.

TOBI TOBSEN Deichkind sind ein schönes Beispiel dafür, wie es manchmal läuft im Leben. Die waren ja kurz davor aufzuhören und wollten eigentlich nur den Karren an die Wand fahren, indem sie mal so richtig Quatsch machen. Ausgerechnet das haben die Leute gemocht. Mir ging es als Hörer ähnlich: Ich fand, Deichkind hatten immer schon ein paar richtig stylische Tracks, aber in der Gesamtheit waren sie eher »die Nachfolger« und wurden dadurch auch ein wenig als mittelmäßig wahrgenommen. Der Wendepunkt war »Limit«. Was für eine geile Nummer!

KRYPTIK JOE Im Grunde wurden wir erst ernst genommen, als wir die Techno-Sachen gemacht haben. Wir wurden damals sehr authentisch, indem wir uns frei machten. Als Jugendliche waren wir sehr verkopft und verbunden mit einer Szene, die wir bedienen wollten. Man erreicht aber viel mehr, wenn man aus diesen Regeln ausbricht und Leute vor den Kopf stößt. Wir standen auf der Bühne und merkten, dass die Leute am Rad drehen. An dem Punkt kamen auch andere Bands auf uns zu und meinten, das wäre zwar nicht ihr Musikgeschmack, aber sie fänden krass, was wir machen.

TOBI TOBSEN Mit Deichkind ist zum ersten Mal eine modernere Form der popkulturellen Referenzialität in den Rap gekommen: keine wertende Auseinandersetzung, sondern etwas, das ich »Aufzählungsrap« nenne. Man schneidet das Thema durch bloße Erwähnung an, hat aber eigentlich keine Message drin, sondern bringt die Leute dazu, ihre eigenen Gedanken zu dem Thema zu denken. Es gibt keine Entscheidung für die eine oder die andere Seite. Deichkind ist wahnsinnig ambivalent zwischen Ballermann und hochpolitischem Diskurs. Es wird einfach ein Multiversum aufgespannt, zu dem jeder seinen eigenen Zugang hat. In gewisser Weise ist das dem durchaus ähnlich, was man heute Cloudrap nennt.

HAIYTI Wenn Leute mich in Interviews fragen, wer mich beeinflusst hat, sage ich immer: ich selbst, meine Freunde, mein Crime Life. Aber mir ist aufgefallen, dass meine Texte und mein Auftreten eigentlich ganz schön nah an Deichkind sind. Ich habe das natürlich nie absichtlich gemacht. Aber wenn man ehrlich ist, ist es im Endeffekt nichts anderes.

KRYPTIK JOE Unser Tour-DJ, DJ Phono – der sonst eigentlich House und Techno auflegt –, fing schon bei den HipHop-Shows an, eine richtige Show hinzulegen, mit Flammen und allem. Das war nicht mehr »Keine Effekte«, sondern hat auf einer ganz anderen Ebene funktioniert. Ein Mikrofon und ein DJ können natürlich auch eine gute Show ausmachen, aber wir fanden ein gewisses darüber hinausgehendes Entertainment-Element immer interessant. Ich denke, wir haben etabliert, dass man Kulissen aufstellen und eine richtige Show inszenieren kann. Daran schließen heute Rapper wie Marteria an.

ALI AS Der Einzige neben Deichkind, der es geschafft hat, einen wirklich eigenständigen deutschen Sound zu kreieren, ist Peter Fox. Deutsche Wurzeln genommen, entwurzelt, in was Neues umgepflanzt und dabei einen echt stabilen Baum geschaffen.

PETER FOX Nach dem Seeed-Album »Next!« 2005 hatte ich Bock, anderen Sound zu machen, der im Band-Rahmen nicht möglich gewesen wäre. Ich wollte Orchester aufnehmen, zerschnippeln, samplen. Auch die Drum-Sounds sollten sich abheben von dem, was damals üblich war.

MONK Das Konzept war: etwas ganz anderes machen als alles, was gerade im Radio läuft. Keine Claps, keine Snares mit Teppich, kein Eisen, dafür viel Percussion. Außerdem sollte die Musik mit Streichern arbeiten. Wir sind dann alle zusammen nach Frankreich gefahren. Dort haben wir Beats gebaut und an Melodien und Toplines gearbeitet. Daraus entstand ein instrumentales Album, noch ganz ohne Text.

PETER FOX Ursprünglich sollte darüber Cee-Lo Green singen. Er hat das gefeiert und meinte: Ich habe hier dieses Projekt mit Danger Mouse – wenn das Album fertig ist, können wir anfangen.

MONK Als der aber mit Gnarls Barkley den Hit »Crazy« hatte, war das off, und Peter hat sich entschlossen, es selber zu machen. Er hat mich dann gefragt, ob ich nicht Lust hätte, mit ihm die Refrains und Strophen zu schreiben. Wir hatten also viele recht einfache Melodievorlagen, die eigentlich für das Englische konzipiert waren, und wollten die mit etwas betexten, das eine Aussage hat. Das war eine ganz neue, riesige Herausforderung. Es hat tierisch lange gedauert, das alles zu knacken.

PETER FOX Bei Gesang ist das sehr schwierig, weil man weniger Wörter verwendet als im Rap. Der sparsame Satz muss Sinn ergeben und sich auch noch gut anhören. Das ist hart – und noch viel, viel härter auf Deutsch. Ganz viele Wörter, die bei Stakkato-Rap noch funktionieren, fallen im Deutschen beim Singen weg: »Krampf«, »Krach«,

»gebracht«, »gespuckt«, »geduckt«. Alles, was im Mund sperrt, willst du nicht benutzen. Dann hast du nicht mehr so viele Möglichkeiten. Es gibt schlicht nicht so viele Wörter im Deutschen, die sich cool anhören und einen Vibe haben, aber nicht ganz so ausgelutscht sind.

AHZUMJOT Sehr viel mit sehr wenig Worten zu sagen, ist eine große Kunst. »Jeder hat einen Hund, aber keinen zum Reden« ist eine Zeile, die ich nie vergessen werde. Was andere Leute nicht mal auf einem ganzen Album sagen, macht Peter Fox in einem Satz. Das hat es so genial gemacht.

PETER FOX Ich finde: Immer wenn etwas stark davon abweicht, wie man es im Alltag sagen würde, ist es kein guter Rap-Text. Meine Zeile mit der »heißen Liste« beim Seeed-Song »Aufstehn« zum Beispiel ist einfach Schwachsinn, weil ich das so nie sagen würde. Okay, bei vielen Trap-Songs sagen die ausschließlich Schwachsinn, und es funktioniert. Aber wenn man eigentlich etwas mit Sinn und Verstand texten will, und dann ist eine schlechte Zeile dabei, fällt es halt auf ... (lacht)

SIDO Peter Fox hat alles bis ins kleinste Detail geplant und gestaltet. Das Album ist für mich bis heute eine Blaupause dafür, wie man an Kunst herangeht.

PETER FOX Wir hatten ein paar Regeln. Zum Beispiel: nichts aus dem nautischen Bereich. »Segel hissen«, »Anker lichten«, »Kurs auf« ... das ist alles nicht fresh.

MONK Auch Zeitgeist war ein absolutes No-Go. Deshalb werden in den Texten keine mittlerweile veralteten Geräte oder Apps genannt. Die Texte sollten zeitlos und allgemein verständlich sein. Was das angeht, war vielleicht Erich Kästner unser Vorbild.

AHZUMJOT Solche Musik hatte ich vorher so noch nie gehört – weder aus Deutschland noch aus Amerika, Frankreich oder Großbritannien. Schon alleine der Song »Alles neu« war genial. Er hat dieses Einreißen und Neubauen so gut beschrieben, dass jeder damit etwas anfangen konnte. In Rap-Songs wurde bis dahin ja immer alles total konkret beschrieben, aber »Alles neu« konnte in dem Moment alles bedeuten. Der Song hat jemandem, der sich gerade von seiner Freundin getrennt hat, genauso etwas vermittelt wie jemandem, der in eine neue Stadt gezogen oder auf eine neue Schule gekommen ist. Auch mit »Haus am See« meinte er nicht das Haus am See, sondern das Sich-zur-Ruhe-Setzen.

SAMY DELUXE Für mich war »Stadtaffe« in dem Jahr das beste HipHop-Album – ohne dass es ein HipHop-Album war.

MONK Dadurch, dass Peter Fox und ich Flow-Fetischisten sind und wir den Anspruch hatten, dass jeder Text mit einer Punchline arbeiten muss, steckt sehr viel Rap in der Platte. Die Melodien sind auf einer emotionalen Ebene vielleicht Pop. Aber alles, was darin passiert, ist Rap: welche Wörter benutzt werden, wie sehr es drückt, wie es sich anfühlt.

DJ ILLVIBE Ich weiß nicht, ob das Peter Fox zuzurechnen ist oder eine natürliche Entwicklung war, aber man hat schon gemerkt, dass das textliche Level in der deutschen Popmusik nach ihm enorm angestiegen ist. Das liegt sicher auch daran, dass ab dem Zeitpunkt viele Rapper an den Texten von Pop-Künstlern mitgeschrieben haben und die textlich eben deutlich weiter vorne waren ...

PETER FOX Es gibt auf jeden Fall Momente, bei denen ich mir denke: Die haben auch mal unsere Platte gehört – genauso wie man wahrscheinlich bei mir merkt, dass ich bestimmte Sachen gehört habe. Ich glaube, das ist ganz normal. Wenn etwas erfolgreich und musikalisch nicht schrottig ist, dann hinterlässt es Spuren.

GÖTZ GOTTSCHALK Die Platte hat gezeigt, wie weit man mit HipHop kommen kann. Ich meine, er hat weit über eine Million Exemplare verkauft. Das ist unglaublicher Irrsinn! Das hat viele Türen aufgestoßen. Nach »Stadtaffe« sind sehr viele erfolgreiche Rap-Platten entstanden.

40 Schöne neue Welt

CASPER Die Initialzündung für unsere Generation, die Platte, die alles wirklich aufgemacht hat, auch in der großen Wahrnehmung: Das war »Zum Glück in die Zukunft« von Marteria. Es gab schon vor dem Deal mit Four Music einen riesigen Hype um ihn. Aber mit dieser Platte wurde alles viel, viel fetter.

STEPHAN SZILLUS Ich habe »Zum Glück in die Zukunft«, ein paar Wochen bevor es im Spätsommer 2010 rausgekommen ist, bei Marten zu Hause gehört, nachts, in seiner WG direkt am Schlesi. Ich kann mich noch ganz genau an dieses Gefühl erinnern. Das war nicht weniger als ein Quantensprung. Das kann man heute vielleicht nicht mehr nachvollziehen, aber hör dir mal den Vorgänger »Base Ventura« an. Das ist ein relativ belangloses Rap-Album von einem Dude, der zwar guten Geschmack und ein paar krasse Song-Konzepte hat, das aber nicht richtig umsetzen kann. Auf »Zum Glück in die Zukunft« war dann alles on point.

MARTERIA »Base Ventura« war das Representer-Album. Ich hatte zu der Zeit schon Ideen für Songs wie »Endboss«, die waren aber noch nicht ausgereift. Solche Sachen konnte ich erst mit dem richtigen Team ausarbeiten. Insofern war »Zum Glück in die Zukunft« eigentlich das erste richtige Album. Da war alles drin, mein ganzes Leben.

CASPER Irgendwann ging das Gerede los. Jeder Medienmensch, den man getroffen hat, munkelte, dass das ein heftiges Album werden würde. Irgendwann hat Marten mich dann gefragt, ob ich nicht dabei sein will. Als er mir den Beat für unseren gemeinsamen Song »Alles verboten« geschickt hat, fand ich den superweird. Ich habe trotzdem geschrieben und bin zum Aufnehmen zu Marten und den Krauts. Das war für mich eine komplett neue Welt. Die hatten da ein Riesenstudio, nebendran waren die Jungs von Seeed, und ich dachte nur: Oah, was?!

MARTERIA Das Wichtigste war, das richtige Team zu finden. Da war Volker Mietke auf jeden Fall entscheidend. Er hat mich zu Four Music geholt und bei Götz Gottschalk im Verlag untergebracht, damit ich meine Schulden abbezahlen konnte. Dann hat er mich den Krauts vorgestellt, die gerade »Stadtaffe« mit Peter Fox gemacht hatten. Ich war erst mal total eingeschüchtert, aber wir haben uns sofort super verstanden. Das ist beim Musikmachen meiner Meinung nach ganz wichtig: sich verstehen, Unterhaltungen führen, zusammen durch den Park laufen oder in eine Bar gehen und dabei eine gemeinsame tiefere Ebene entwickeln. All das schreibt gute Songs.

DJ ILLVIBE Zuerst haben wir drei Songs für das Marsimoto-Album »Zu zweit allein« gemacht. Anschließend ist der Song »Zum König geboren« entstanden. Danach haben wir uns an die Arbeiten für das Marteria-Album gemacht. Dafür haben wir uns richtig Zeit genommen.

CASPER Marten und ich sind uns in der Zeit immer wieder über den Weg gelaufen, und er hat jedes Mal erzählt, dass er an seiner Marteria-Platte arbeitet. Ich dachte mir immer nur: Was dauert das denn jetzt so lange?! (lacht)

MONK Ich kam mit diesem ultrahohen Anspruch aus den Arbeiten an »Stadtaffe«. Dort hatte alles gesessen – und bei Marteria war das eben noch nicht der Fall. Ich bin dann richtig in seine Texte rein, und wir haben alles von Grund auf hinterfragt. Was will er in einem Song erzählen? Welche Punchlines brauchen wir, und was sind nur Füllwörter? Manchmal habe ich ihn auch einfach wieder nach Hause geschickt, und er musste alles neu schreiben.

CASPER Zu der Zeit hat man ja Platten gemacht, indem man sich ein paar Beats besorgt und da so viele Sechzehner drauf geschrieben hat, bis ein »Track« daraus wurde. Marten meinte, dass die Krauts mit Rotstift über seine Texte gehen würden. Das habe ich überhaupt nicht verstanden. Was haben die Typen, die die Beats machen, denn bitte für eine Berechtigung, seine Texte zu verändern?! (lacht)

MARTERIA Monk hat mir sehr bei den Texten geholfen. Songs wie »Endboss« oder »Sekundenschlaf« existierten schon viel länger, aber er hat sie mit mir auf den Punkt gebracht. Der war wie ein Lehrer und hat mir immer wieder gesagt, worauf ich achten soll. Ich habe auch mit Malo geschrieben, der früher zusammen mit Monk bei Moabeat gerappt hat. Mir geht es bei einem Text gar nicht darum, dass ich hinterher sagen kann, dass er komplett von mir ist. Wenn ich mir mit interessanten Menschen die Bälle zuschmeiße und daraus ein Song entsteht, ist das etwas total Schönes.

MONK Was Marterias Texte ausmacht, ist die Perspektive von Marteria. Der sieht die Welt aus einem Blickwinkel, den viele Leute gar nicht einnehmen können. Bei Marsimoto, der ja eine Kunstfigur ist, geht das ins Extreme: Da rappt er zum Beispiel aus der Sicht eines Pinguins. So etwas hätte auf einem Marteria-Album keinen Platz, weil es da mehr um persönliche Themen geht. Aber auch da schafft Marten es, mit einer ganz anderen Sicht auf eine Sache zu schauen und sie mit Wörtern zu beschreiben, die man in diesem Kontext noch nicht gehört hat.

MARTERIA Viele herausragende Rapper wie Kool Savas, Sido oder Eminem haben hohe Stimmen mit extrem viel Druck dahinter. Das ist etwas, das ich von Natur aus gar nicht leisten kann. Also haben wir beschlossen, dass wir weg vom Spitter-Rap müssen: langsames Tempo, wenige Silben und klare Sätze, die dafür umso mehr knallen und aus einer ganz eigenen Welt kommen.

MONK Marteria stehen hektische Flows gar nicht. Also haben wir ihm für seine tiefe Stimme und die eher langsame Vortragsweise ein musikalisches Bett geschaffen, das einen Song auch über drei Minuten interessant hält. Dafür haben wir mit Effekten wie Auto-Tune oder Vocoder gearbeitet. »Zum Glück in die Zukunft« sollte sich elektronisch anhören – aber nicht nach Techno, sondern eher warm, sogar ein bisschen nach Samples.

MARTERIA Diesen Sound zu finden, hat sehr lange gedauert. Ich hatte gute Zeilen und starke Texte, aber wir wussten nicht so richtig, wie wir das mit Musik zusammenkriegen. Als wir diesen Sound gefunden hatten, sind die Lieder nur so gefallen.

CHEFKET Ich weiß noch, wie ich das erste Mal »Verstrahlt« gehört habe. Da kam dieser Halftime-Beat mit der Snare rein, und ich dachte, Marten würde jetzt gleich doubletime darüberrappen. Aber dann hat er so ultrareduziert gerappt, fast schon gesprochen: »Ich will hier weg, jeden Tag das Gleiche.« Ich dachte nur: Warum killt der den Beat nicht? Der muss den Beat doch killen!!! Aber nach und nach habe ich verstanden, dass er dadurch Bilder malen kann, die sich beim Hörer einbrennen. Bei Marteria sitzt einfach alles. Da wird genau darauf geachtet, welches Wort wo steht und wo man eine Lücke lässt, damit das Wort wirkt. Das hat auch meinen Horizont als Rapper ungemein erweitert.

CASPER Irgendwann habe ich die Promo-CD bekommen. Schon als »Verstrahlt« losging, wusste ich, dass diese Platte alles verändern wird. Als dann das Video dazu erschienen ist, war eh alles vorbei. Das sah so gut aus, der Sound war so da, die Stimme auch. Die Texte waren gut gerappt, aber trotzdem für Tante Hilde verständlich. Und er hatte Jan Delay und Peter Fox als Features mit drauf. Plötzlich redete die ganze Welt über Marteria – meinen alten Kumpel Marten, mit dem ich gefühlt gestern noch besoffen vor 50 Leuten im Faust in Hannover gespielt hatte.

CRO Was für ein krasser Hit »Verstrahlt« war! Marteria hat sich viel getraut. Vor allem war er nicht verkleidet oder gemacht, sondern einfach ein normaler Typ und trotzdem fresh. Ich dachte immer: Den hätte ich gerne als Homie.

DJ RON Marten ist einfach ein normaler Typ von der Straße. Das könnte jeder sein, deswegen kann sich jeder mit ihm identifizieren. Als »Zum Glück in die Zukunft« erschien, war es trotzdem, als würde er in eine andere Liga aufsteigen. Der Sound war total neu: ganz nah am Zeitgeist und trotzdem futuristisch.

EIZI EIZ »Zum Glück in die Zukunft« war die erste Platte seit »Deluxe Soundsystem«, die mich komplett als Album geflasht und inspiriert hat. Das hat mich motiviert, wieder eine Beginner-Platte zu machen. Dazwischen lagen genau zehn Jahre.

VISA VIE Ich glaube, viele haben eine total emotionale Beziehung zu »Zum Glück in die Zukunft«, weil das Album nicht nur Marterias Geschichte vom Underdog zum Rapstar klargemacht hat, sondern für die ganze Szene der Startschuss von etwas Großem war.

CASPER Als die Platte rauskam, herrschte Marteria-Mania. Das Album hat alle Mauern eingerissen, mit Hits und Cleverness. Plötzlich war klar: Das ist der eine von uns, der alles verändern wird. Bis dahin war es vollkommen unmöglich, dass ein Deutschrap-Album in solche Aufmerksamkeitsgefilde vordringt. Das war richtig revolutionär. Und vor allem stellte man sich die Frage: Wer ist der Nächste?

41 Alles verboten, trotzdem machen

RALF THEIL Nach dem Erfolg von »Zum Glück in die Zukunft« war die Erwartungshaltung an Caspers Album »XOXO« immens. Es war ein Jahr vorher schon klar, dass da was Krasses passieren würde. Man hat immer mal wieder mitbekommen, dass Casper und seine Leute an etwas arbeiten, wusste aber überhaupt nicht, wie das klingen würde.

BEAT GOTTWALD Casper hatte von Anfang an eine musikalische Vision, die weit über den klassischen Rap-Kosmos hinausging. Der ist mit der gesamten Bandbreite der Popmusik aufgewachsen, war neugierig und konnte sich alles vorstellen.

RALF THEIL Noch bevor das Album rausgekommen ist, war er auf einer Tour mit Kraftklub, bei der sie ganz kleine Clubs gespielt haben, so 300er-Läden. Wir haben an dem Nachmittag vor dem Auftritt im Indra in Hamburg ein Interview mit ihm für »Mixery Raw Deluxe« gemacht, und da standen schon Teeniemädchen vor dem Laden. Das war ziemlich ungewöhnlich dafür, dass ihn außerhalb der Szene eigentlich noch niemand kannte. Noch ungewöhnlicher war aber der Auftritt selbst. Am hinteren Ende des Ladens standen die männlichen Überreste aus der 4XL-New-Era-Zeit, die den Rapper Casper geil fanden. Aber achtzig Prozent des Publikums waren hysterische Mädchen, denen man angesehen hat, dass sie sich nicht für »Feuer über Deutschland«, sondern nur für diesen Typen da vorne interessieren. Ab dem Moment war klar: Der wird ein Star.

CASPER Es wusste ja niemand, worauf das Interesse bei mir wirklich basiert. Beruht das auf dem, was ich bei »Mittelfinger hoch« gemacht hatte, oder auf dem, was ich jetzt im Kopf habe? Bei Marten hat sich die Frage nie gestellt, wo das hingehört. Da war klar: Das ist Rap. Bei mir wusste ich das selber nicht mal. Ich wollte auch Rap, aber eben mit Gitarrenmusik, die man damit eigentlich nicht zusammenbringt – und zwar nicht unter diesem »Crossover«-Terminus. Zum Glück habe ich in Steddy einen Produzenten gefunden, der das Abenteuer eingehen wollte.

BEAT GOTTWALD Casper weiß, welches Mitglied von dieser oder jener Metal-Band um wie viel Uhr ein Bier getrunken hat. Das ist wirklich irre. Und genauso detailverliebt, wie er sich für die verschiedensten Musikrichtungen interessiert, stückelt er auch seine Musik zusammen. Für ihn war während der Arbeiten an »XOXO« klar: Ich mache was anderes. Nicht weil das funktionieren könnte, sondern weil ich das auch alles höre.

MONK Casper war schon immer ein wandelndes Pitchfork. Als er bei uns im Studio saß und mir erste Sachen vorgespielt hat, hat er zig verschiedene musikalische Einflüsse aufgezählt, die alle in diese Platte sollten. Das meiste davon habe ich erst viel später gecheckt.

BEAT GOTTWALD Als wir mit den ersten Demos zu Plattenfirmen sind, hat ein A&R zu uns gesagt, dass wir uns gar keine Hoffnungen machen müssten. Solche Musik würde niemals im Radio laufen. Aber das war uns noch nicht mal wichtig. Uns war immer viel wichtiger, Festivals spielen zu können.

CASPER Es war ein Wagnis, weil wir keinerlei Vorbilder hatten. »Blut sehen« war ein geiler Dexter-Beat, sollte aber auch nach »Yonkers« von Tyler, the Creator klingen – tut es nicht. »Auf und davon« sollte nach »I'm God« von Lil B klingen – tut es auch nicht. Wir waren mit Songs wie »Der Druck steigt« bei den Krauts. Die meinten: »Ja, klingt ganz geil, aber wo ist der Bass, wo ist der Bounce? Das wird so nicht funktionieren.«

BEAT GOTTWALD Wir haben ja von Anfang an mit allen Stereotypen gebrochen. Es hat wahnsinnig Spaß gemacht, immer wieder mit dem zu kokettieren, was man nicht darf. Das Indietum von Casper haben manche Leute ja gerne als »schwul« abgekanzelt, also haben wir damit gleich im ersten Pressetext kokettiert. Für das *Juice*-Cover haben wir Casper neben dem Schriftzug »Du sollst keine anderen Götter neben HipHop haben« fotografiert.

VISA VIE Casper hat eine enorm große Angriffsfläche geboten, aber so perfekt abgeliefert, dass alle die Schnauze gehalten haben.

AHZUMJOT Während Peter Fox nur alles neu machen wollte, kam in Caspers Musik ein Gefühl von Aufbruch dazu. Es wurde klar: So geht es nicht weiter, es muss sich etwas ändern. Er hat keine politischen Themen angesprochen, aber irgendwie hat ihn genau das zur Stimme einer Generation gemacht. Jugendliche haben sich von Zeilen wie »Jeder von uns ist Kunst, gezeichnet vom Leben« einfach verstanden gefühlt. Durch Casper haben zum ersten Mal auch solche Jugendliche eine Stimme im Rap bekommen, die nicht posen oder sich geil fühlen wollten, sondern sich selbst und alles andere infrage gestellt haben. Curse hatte so etwas 15 Jahre vorher auch schon gemacht, aber das fand nur in der Rap-Szene statt und war vielleicht auch eher für ältere Leute. Aber Casper haben 14-jährige Mädchen und Jungen gehört und gefühlt, die mit Rap vorher nichts anfangen konnten.

MAX HERRE Casper ist für mich einer der wenigen in Deutschland, die es geschafft haben, klassisches Songwriting authentisch in den Rap-Kontext zu überführen.

MARTERIA Casper hat im Grunde das Gleiche gemacht wie ich, nur mit einem anderen Sound. Über dieses Indie-Ding hat er aber noch viel mehr Leute reingeholt. Ich glaube, die Platte war auch deshalb so erfolgreich, weil Songs da drauf sind, die die Leute ein Leben lang begleiten.

AZAD »XOXO« habe ich krass gefeiert. Ob ich dasselbe machen würde, ist eine andere Sache, aber ich feiere ihn als Künstler sehr. Seine Lyrik, seine Live-Performance und seine Körpersprache – alles an ihm strahlt aus, dass er durch und durch ein Künstler ist. Und ich mag es, wenn jemand ein Künstler ist.

CASPER Das Feedback auf »XOXO« war kompletter Wahnsinn. Das kann man nicht erklären. Das war, als wäre die Luft aus Benzin gewesen und einer hätte ein Streichholz reingeschnipst. Wir haben ständig Shows gespielt, es sind neue Gigs dazugekommen, Konzerte hochverlegt worden. Wir haben wirklich jedes Festival gespielt! Das war ein allumfassender Hype, auf den weder mein Management noch meine Plattenfirma, noch ich vorbereitet waren. Ich wusste nicht, wo mir der Kopf steht.

STEPHAN SZILLUS »XOXO« hat in der ersten Woche 35 000 Einheiten verkauft. Kurz davor gab es noch eine *Juice*-Jam, bei der Marten und Casper für ein paar Hundert Euro Gage gespielt haben. Irre.

CASPER Das Album ging Gold, danach Platin. Und das nächste wieder. Headliner-Shows hier, TV-Auftritte da. Diese Zeit von 2010 bis 2015 fühlte sich an wie drei Monate. Überall, wo ich hinkam, war ich der größte Star im Raum – und auch die größte Opposition. Jeder hatte etwas zu meiner Musik zu sagen, im Guten wie im Schlechten. Die Rapper haben gesagt, dass ich kein Rap bin, und die Indie-Leute haben sich dagegen gewehrt, dass ich jetzt einer von ihnen bin.

BEAT GOTTWALD Das große Ziel eines Pop-Künstlers sollte immer sein, sich selbst zu erfinden und etwas als Erster zu machen. Das hat Casper definitiv. Es war spannend zu sehen, wie danach viele so wie er klangen und auch auf die gleichen Produzenten und Fotografen zurückgegriffen haben.

DANI FROMM Ich finde aufgesetzte Jungmännerweinerlichkeit eigentlich noch schlimmer als aufgesetztes Gangstertum. Wenn du schon öffentlich leidest, will ich wenigstens spüren, dass du wirklich leidest und nicht nur weil das bei diesem Casper gut funktioniert hat.

AUDIO88 Casper hat leider eine furchtbare Welle an uninspirierter Nachahmung losgetreten, für die er aber nix kann. Er ist der Einzige, bei dem ich diesen Coming-of-Age-Rap glaubwürdig fand und bei dem die Musik nicht nach kalkuliertem Produkt klang.

YASSIN »XOXO« hat dem deutschsprachigen Rap eine gehörige Portion Reife mitgegeben. Die ganze Szene hat kapiert, was möglich ist – was Erfolg, aber auch was Themen und Ernsthaftigkeit im Rap angeht.

MARTERIA Genau wie ein Sido oder ein Azad haben auch Casper und ich Pionierarbeit geleistet. Das heißt aber nicht nur Lob, sondern natürlich auch, dass wir für alles die Fresse hinhalten mussten, während andere einfach auf den schon fahrenden Zug aufgesprungen sind. Gleichzeitig ist es aber umso schöner, weil wir uns für ewig auf die Fahnen schreiben können, die Ersten gewesen zu sein – und heute ein Stadion ausverkaufen. (lacht)

42 Pop Life

RALF THEIL Nach Casper kam Cro. Das war die logische Folge. Zwischen »Stadtaffe« und »XOXO« hatte sich die Mainstream-Landschaft komplett verändert, die Tür war plötzlich ganz weit offen für Rap. Und Cro ist da mit der größtmöglichen Selbstverständlichkeit reinspaziert.

SCHIVV Mit Cro und »Easy« hatte ich einen echten Moment. Damit war das Deutschrap-Ding für mich an einem Punkt angelangt, an dem es nicht nur cool und gut gemacht, sondern auch noch sexy war. Das ist die Art von Sexyness, die man nicht in Worte fassen kann, weil alles so selbstverständlich ist und einen irgendwie gefangen nimmt.

RALF THEIL Das hatte gar nicht mehr diesen Künstlergestus, den Marteria und vor allem Casper noch sehr bewusst vor sich hergetragen haben. Cro hat jede Ecke, jede Kante und alles Kontroverse rausgenommen und ist damit an allen vorbeigeschossen.

MARTERIA Wenn Casper und ich schon groß waren, dann war Cro noch mal eine größere Nummer. Der hat ganz viele Kids abgeholt und schon allein dadurch mehr Tickets für seine Shows verkauft – weil da gleich noch eine Mutter und eine Oma mitgekommen sind.

SEBASTIAN SCHWEIZER Auf der MySpace-Seite von Cro waren am Anfang drei Tracks und Fotos, auf denen man ihn nicht erkannt hat. Ansonsten gab es keine Infos.

MARC LEOPOLDSEDER Kaas von den Orsons hat getwittert: »Wer ist dieser Cro?« Ich hatte schon das »Meine Musik«-Mixtape, das Anfang 2011 kam, und fand es krass gut. Ich musste ein bisschen abstrahieren, aber du hast sofort gecheckt: Der macht Musik so, dass die Gralshüter sie durchnicken können, hat gleichzeitig aber so viel Melodie und so viel von dem Hipster-Swag jener Zeit drin, dass er damit viele Leute erreichen kann. Da muss ich mich mal selber feiern: In meiner Review habe ich damals geschrieben, dass man von ihm noch einiges hören wird.

SEBASTIAN SCHWEIZER Irgendwann hatten wir es dann geschafft, mit ihm in Kontakt zu treten. Auf dem Mixtape, das er uns geschickt hat, waren Songs, bei denen ich einfach nur noch gedacht habe: Wow! Die Musik war unglaublich leicht und melodiös und erinnerte mich an das, war zu der Zeit unter dem Label »Hipster Rap« zusammengefasst wurde. Cro hat Einflüsse aus Indie und Pop für seine Beats verwendet und total locker dazu gerappt.

CRO Ich habe die Chimperator-Jungs im Büro besucht, das damals aus einem Zimmer mit zwei Schreibtischen bestand. Wir haben gequatscht und sind danach auf eine Party in der Schräglage gegangen. Wir waren alle superbesoffen, und ich dachte, ich hätte mich krass danebenbenommen. Aber ich habe trotzdem einen Vertrag angeboten bekommen. Den habe ich erst mal ein halbes Jahr zu Hause liegen lassen. Ich wusste gar nicht, ob ich überhaupt Rapper werden will.

RALF THEIL Cro war ja nicht nur ein Mann ohne Gesicht, sondern auch ein Mann ohne Geschichte. Casper hat sich komplett nackig gemacht: Bei dem wusste man, dass er durch die Scheiße gegangen war. Auch bei Marteria gab es die millionenfach erzählte Story vom gescheiterten Fußballer und Model. Aber dann kam plötzlich dieser Typ, der eine Unbeschwertheit und Leichtigkeit hatte, die für viele Leute schwer einzuschätzen war. Das hat es zwar geil und einzigartig gemacht, aber gleichzeitig auch etwas seltsam. Dieser fehlende Kontext war in dieser Ära etwas komplett Neues.

SEBSTIAN SCHWEIZER Nachdem wir Cro auf Myspace entdeckt hatten, haben wir ihn ja ewig gesucht, aber nicht gefunden. Das hat mich fast verrückt gemacht, gleichzeitig aber auch etwas in mir ausgelöst, das ich total spannend fand. Das war der Grund, warum wir ihn als Künstler erst mal total anonym aufgezogen haben. Wir haben weder seinen Namen noch sein Alter, noch sein Aussehen verraten. Als dann irgendwann der erste Auftritt anstand, fiel uns auf, dass wir diese Idee ja auch auf der Bühne umsetzen müssen. Cro und sein DJ Psaiko.Dino haben daher Masken von Bushido bzw. Thilo Sarrazin getragen. Später wurden daraus Tiermasken, darunter die berühmte Panda-Maske. Ursprünglich wollte übrigens Psaiko.Dino die Panda-Maske tragen – nur weil sie Cro besser gepasst hat, ist aus ihm der Panda geworden.

RALF THEIL Ende 2011 ging dann das Video zu »Easy« viral. Das Musik-Internet begann damals, sich von einer relativ kontrollierten Blogosphäre in seine heutige Ausprägung mit YouTube und Social Media zu wandeln. Dass ein Musikvideo auf diese Weise viral geht, war in Deutschland ein neues Phänomen.

CRO Das »Easy«-Video habe ich in der Schule unterm Tisch mit dem Handy geplant. Mein Kumpel Luca hat die Klamotten besorgt, und Harris von den Flying Steps hat die Sula Starridou organisiert, die in dem Video an meiner Stelle rappt. Nachdem das Video hochgeladen wurde, ging es schnell. Man konnte richtig dabei zugucken, wie die Klicks mehr wurden. Das ganze Internet hat dieses Video gepostet. Ab dem Moment war mir klar, dass das nicht normal ist.

SEBASTIAN SCHWEIZER Ich habe den Hype nicht in dem Maße kommen sehen. »Easy« war ja nur als Track für die Rap-Leute gedacht, aber ist dann komplett durch die Decke gegangen. Cro hat im Video ja Marken wie Supreme oder ein Complex-Magazin eingebaut, worauf bestimmte Leute natürlich reagiert haben, »die Coolen«. Dass es dann auch abseits von diesem elitären Kreis funktioniert hat, lag sicherlich an der Maske, durch die jeder seinen eigenen Wunsch-Cro auf ihn projizieren konnte.

CRO Jan Delay hat den Song gepostet und meinte, ich sei die Zukunft des deutschen HipHop. Das war krass. Davor war er nur eine weit entfernte Figur gewesen.

SCHIVV »Easy« war zeitgeistig und trotzdem authentisch. Es hat den Architekten jeden Respekt gegeben, aber gleichzeitig war es total frei. Aber aus meiner Sicht war das ein ganz wichtiger Meilenstein für deutschen Rap. Da war jemand mit einem offensichtlich riesengroßen Talent und hat einfach gemacht, ohne sich auch nur im Ansatz darüber Gedanken zu machen. Mit Cro hat sich alles irgendwie gelöst.

BARTEK Cro hat diese Hipster-Sache, die schon zu spüren, aber noch nicht ausgesprochen war, mit dem »Easy«-Video auf den Punkt gebracht: Red Cups, Skateboards, Wintermützen im Sommer ...

RIN Jedes Mädchen hatte plötzlich eine Wollmütze auf und wollte Skateboard fahren. »Easy« hat in Stuttgart und Umgebung jeder gehört. Das war einfach ein fresher Song. So einen Impact hatte davor nur Bushido.

SALWA HOUMSI Es war irgendwie uncool, weil Cro die ganzen Dreiecke und die engen Hosen hatte, »Hipster« in Berlin aber schon voll das Schimpfwort war. Heimlich haben es trotzdem alle gehört.

CRO Das Album »Raop« habe ich dann in zwei oder drei Monaten gemacht. Das ging ganz schnell. Ich bin einfach durch meine Skizzen, Ideen und Beats gegangen, die ich noch von den Mixtapes davor übrig hatte, und habe Texte geschrieben, gerappt und gesungen. Ich habe da gar nicht groß nachgedacht, sondern einfach gemacht. Das war ganz gut, weil alle auf mich geguckt haben. Jeden Tag kam jemand im Studio vorbei und wollte wissen, was ich so gemacht habe. Das war ein guter Druck. Als »Raop« rauskam, waren dann nicht mehr nur die Leute aus der Szene, sondern alle am Start.

CHEFKET Bei Cro hat man gemerkt, dass sich die Radios für Rap öffnen. Inzwischen läuft Rap ja rauf und runter. Ich kenne sogar Leute, die zum Beispiel Folk machen und sagen, dass sie gar keine Chance mehr gegen Rap haben. Als »Verstrahlt« von Marteria kam, war das noch nicht der Fall.

SEBASTIAN SCHWEIZER Cro hat da auf jeden Fall Türen geöffnet. Dass Sido später einen Radio-Song wie »Astronaut« machen konnte, hat sicher auch mit Cro zu tun. Er hat gezeigt, dass das geht. Als »Raop« dann auf die Eins ging und fünf Wochen dort blieb, ging es langsam los, dass Leute aus der Szene die Sachen scheiße finden. Da hieß es dann, dass Cro keinen Rap, sondern Pop-Musik für kleine Jungs und Mädchen macht. Ich kann das schon nachvollziehen: Die Songs waren noch mal melodiöser und poppiger als »Easy«: Raop eben, Rap und Pop. In einem bestimmten Alter hört man Musik, um sich abzugrenzen. Wenn deine kleine Schwester die auch gut findet, geht das nicht.

VISA VIE Cro hatte ein großes Talent für Ästhetik, egal ob es die Artworks, die Videos, die Beats oder die Texte waren. Das war nie billig, sondern hatte Style. Aber für mich ging das alles zu schnell in den Mainstream und hat dadurch etwas von seinem Rap-Gefühl verloren. Gleichzeitig war ich irgendwie stolz darauf, dass er aus der Szene kam und noch mal ganz andere Türen aufgestoßen hat.

CRO Die Abkehr der »coolen« Leute kam mit »Melodie«. Ich fand das aber gar nicht so schlimm. Die Leute, die sich abgekehrt haben, waren ja nur ein paar hippe Leute aus Berlin. Der ganze Rest, das ganze Land fand es immer noch geil.

BARTEK Bushido hatte ja schon vorgemacht, wie man aus Rap ein richtiges Geschäft machen kann, bei dem die Musik zweitrangig ist. Aber nach den Erfolgen von Marteria, Casper und vor allem Cro wurde auch der Rest total Business-lastig. Im Backstage der Festivals wurde viel öfter über Vorschüsse gesprochen. Es war Thema, wer gerade bei welchem Verlag unterschrieben oder wer welchen A&R hat. Es ist natürlich gut, wenn mehr Künstler von der Musik leben können. Aber es hat auch genervt.

RIN Mich hat gestört, dass das immer ein Crossover war. Das war immer Rap mit etwas anderem – mit Indie, mit Pop, mit Songwriter-Sachen. Es gab nie diesen Superstar, der nur durch Rap berühmt geworden ist.

ELVIR OMERBEGOVIC Ich fand die Erfolge von Casper – an dem wir ja auch beteiligt waren –, Marteria und Cro gut. Rap wurde von der breiten Masse wieder positiver wahrgenommen. Ich glaube, dass dadurch auch gute Voraussetzungen für den Erfolg von klassischem Rap geschaffen wurden, der eigentlich keine Mainstream-Kompatibilität hat. Davon profitieren heute indirekt ganz viele, auch ganz andere Künstler.

RALF THEIL Rap hatte zum ersten Mal seit 2003 nichts Anrüchiges mehr. Das war jetzt ein Phänomen, das auch Normalos anzieht. Das liegt sicher auch daran, dass es in der Zeit durch YouTube und Streaming völlig normal wurde, Musik aus ganz unterschiedlichen Genres zu hören. Diese frühere Abgrenzung aus beiden Richtungen war kein Thema mehr.

XATAR Leute wie Marteria oder Casper sind die neuen Westernhagens und Grönemeyers. Die wurden nicht von irgendwelchen kreativen Köpfen erfunden, sondern sind welche von uns. Das ist doch richtig Jackpot.

43 Komm ins Café, wir müssen rappen

SAMY DELUXE Casper, Cro und Marteria haben das ganze Ding auf ein neues Level gehoben. Parallel dazu ist aber auch etwas gewachsen, von dem man jetzt erst so richtig checkt, wie groß es ist. Es gibt heute eine ganze Generation von Kids – vor allem Street-Kids –, die rappen und Standleitung direkt aus dem Studio auf die Schulhöfe haben. Das sind im Grunde zwei Szenen, die gar nichts miteinander zu tun haben. Ich weiß gar nicht, ob es das in einem anderen Land gibt.
STEPHAN SZILLUS Inzwischen landen Street-Rapper mit migrantischem Hintergrund ganz selbstverständlich auf Platz eins der deutschen Charts und sind das größte Gesprächsthema auf den Schulhöfen. Diese Entwicklung passierte und passiert immer noch weitgehend abseits des etablierten Entertainment-Betriebs, ohne Unterstützung klassischer Medien oder das frühzeitige Eingreifen von Major-Labels. Rapper wie Capital Bra, KC Rebell und Summer Cem oder die KMN Gang gehören alleine durch Streaming und Social Media zu den erfolgreichsten Künstlern im deutschen Musikmarkt – und zwar genreübergreifend. Das ist schon erstaunlich: Du hast Künstler, die mehrere Millionen von Hörern erreichen, die aber kaum jemand über dreißig auf dem Schirm hat. Das ist eine neue Generation, auch eine neue Art von Star. Unter diesen neuen Deutschrap-Stars befinden sich übrigens nicht mehr nur Kinder von Gastarbeitern, sondern auch Geflüchtete aus Kriegsgebieten …
EKO FRESH In den Neunzigerjahren haben Ausländer keinen Rap gehört, deutschen Rap schon gar nicht. Das Höchste der Gefühle war R&B. Als Freundeskreis mit »Quadratur des Kreises« rauskam und da

ein paar R&B-Lieder drauf waren, ging das gerade noch so klar. Aber eigentlich war das eine ganz andere Ecke.

FARID BANG Bis zu meinem 17. Lebensjahr war ich deutschem Rap gegenüber total abgeneigt. Ich bin mit amerikanischem Rap groß geworden, 2Pac oder Coolio.

SUMMER CEM Ich habe viel Musik gehört. Die ganzen Bad-Boy-Sachen, 2Pac, Nas, Lauryn Hill, Fugees und auch R&B, Bobby Brown oder New Jack Swing. Englischsprachige Musik kam einem eh schon mal fancy vor, weil man den Text nicht verstanden hat. Ist doch klar, dass man da lieber »Pony« von Ginuwine hört als Fanta 4. Das fand ich richtig eklig. Da habe ich mir immer gedacht: Was sind das für Larrys? Das ist gar kein Disrespect. Ich war damals einfach zu hood unterwegs, als dass ich das gefeiert hätte.

EKO FRESH Mein Kumpel Yunus, Kingsize, war Skater und eher in dieser Community, die in Mönchengladbach auf die HipHop-Jams ging. Der hat mich mitgenommen. Yunus und ich waren oft die einzigen Türken. Manchmal, etwa bei den Wu-Tal-Jams, gab es auch andere Gruppen, die einen Türken dabeihatten. Ercandize habe ich zum Beispiel oft dort gesehen. Aber es war nicht so gang und gäbe wie heute, dass HipHop von Migranten gefeiert wird.

SUMMER CEM Ich war nur einmal bei einem Auftritt der Stieber Twins in Mönchengladbach – aber nicht wegen dem Konzert, sondern weil es Palaver gab und ich da etwas regeln sollte. Die richtigen Gangster liefen bei uns in NRW in pistaziengrünen Anzügen mit Schulterpolstern rum, hatten fette Goldketten um den Hals und haben ihre Pferdeschwänze mit roten Haarbändern zusammengebunden. Die haben deutschen Rap einfach nicht ernst genommen.

EKO FRESH Ich weiß noch, wie Yunus und ich mit Platten unterm Arm durch die Stadt gelaufen sind und die anderen sich gefragt haben, was wir da machen. HipHop war ein Ding für die Außenseiter mit den Baggy-Pants und den Rucksäcken.

XATAR Irgendwann fing es an, dass es in jedem Viertel ein oder zwei Kanaken gab, die gefreestylet haben – aber nicht auf ernst, sondern einfach ein paar lustige Sprüche …

FARID BANG Ich bin mit meinen Jungs von Stadt zu Stadt gefahren, wir haben gesoffen und uns geprügelt. Das war wie so eine Art Kampfturnier. Während wir das gemacht haben, habe ich mit dem Rappen angefangen. Bei uns in Düsseldorf gab es die besten Freestyler. Jesen und Millionadi von der Icklack Squad waren die besten in Deutschland. Aber das waren eben die Deutschen. Erst als Bushido und Eko mit dem Rappen angefangen haben, kamen auch die Ausländer dazu und haben sich ihre parallele Szene aufgebaut.

EKO FRESH Anfang der Zweitausender haben auf einmal viel mehr Leute Musik über Fernsehsender wie VIVA und VIVA Plus konsumiert, so wie Musik heute auf Spotify konsumiert wird. Da kamen zwischen den Popsongs auch mal Typen wie Bushido oder ich, bei denen die Leute dachten: Ach, der sieht ja aus wie ich! Oder man sah mal eine türkische Flagge im Video … Dadurch sind noch mal ganz andere Leute zum Deutschrap gekommen.

FARID BANG Wir sind abends immer auf Partys gegangen. Die Deutschen haben da gefreestylet, ich habe mich dazugestellt und auch mal mitgemacht, während meine Freunde mich angefeuert haben. Ich habe einfach über Sachen geredet, die mich umgeben haben. Ich war natürlich nicht so gut wie Jesen oder Adi. Aber für einen Typen, der drauf war wie ich, waren das schon gute Punchlines. Die Leute haben das gefeiert, aber ich habe es nicht weiter ernst genommen. Ich wollte auch kein Teil der Szene sein. Rappen war einfach nur ein Teil meiner Abendgestaltung. Vorher habe ich mich nur betrunken und geprügelt – dann kam eben das Rappen als neues Element dazu.

EKO FRESH Das ist der NRW-Style: cooler Kanak-Rap mit Sprüchen – von Leuten, die sich selbst nicht so ernst nehmen, aber definitiv rappen können.

FARID BANG Die Ausländer in NRW waren denen in anderen Städten schon immer weit voraus: viel sympathischer, intelligenter und auch abgewichster. Das beste Beispiel dafür ist das Produkt Farid Bang. Der macht im Grunde das Gleiche wie alle anderen. Aber er ist eben sympathischer und kann sich besser artikulieren.

EKO FRESH Nach der Trennung von Optik Records hat sich die Gründung von German Dream für mich wie ein Neuanfang angefühlt, auch weil auf einmal viel mehr Kanaks Rap gehört und mich gefeiert haben. Wegen des Streits mit Savas standen wir vielerorts aber auf der schwarzen Liste. Also haben wir uns unseren Respekt – sinnbildlich – mit Gewalt genommen. Wir haben megaasozial gerappt und die Szene überhaupt nicht ernst genommen. In meinen Augen ist German Dream damit zu einer Art Vorreiter geworden, was Kanaken-Rap mit Punchlines angeht.

FARID BANG German Dream war eines der wichtigsten Labels für Gangstarap in Deutschland. Der Rap war vielleicht nicht so ausgereift wie zum Beispiel bei Kollegah, aber die Musik und die Kanakenattitüde haben gepasst. Die Rap-Szene hat Eko und das Label dafür belächelt. Kein Mensch hat German Dream ernst genommen – dabei waren dort Eko Fresh, Kay One, Manuellsen, Summer Cem und ich unter Vertrag. Das sind noch heute alles erfolgreiche Rapper.

EKO FRESH Summer hat am Anfang überhaupt nicht gerappt. Als Teil unserer Manum-Crew hatte er ein oder zwei Texte, aber er hat in Rap nichts von Dauer gesehen. Als ich dann nach »König von Deutschland« wieder öfter in Mönchengladbach war, haben wir aber viel rumgehangen und ich meinte zu ihm, dass er unbedingt seinen Humor in Textform bringen soll. Ich musste ihm am Anfang noch zeigen, wie man Bars aufschreibt, aber die Sprüche hatte er von Anfang an. Ich finde schön, dass er nach all den Jahren das bekommt, was er verdient. Über ihn kam damals auch Farid zu uns.

FARID BANG Ein Freund von mir hat schon immer gerappt. Der war auch sehr gut, musste aber dann in den Knast. Bevor er rein ist, meinte er zu mir, ich solle, während er sitzt, auch richtig mit dem Rappen anfangen. Nach seiner Entlassung würden wir dann alles ficken. Ich habe das total ernst genommen, Texte geschrieben und richtig trainiert. Als mein Freund rauskam, hatte er aber total den Haftschaden: Der war durch und hat das mit dem Rappen überhaupt nicht mehr ernst genommen. Ich habe dann mit einem anderen Kumpel weitergerappt, und wir sind abends wieder durch die Clubs gezogen. Dort haben wir Summer Cem und Manuellsen gesehen. Wir sind direkt zu den beiden hin und haben Summer vorgerappt, und er war krass von mir begeistert. Ich habe irgendwas darüber gerappt, dass ich Araber bin und Frauen schlage. Das stimmte natürlich nicht, aber dieses Klischee in eine Punchline einzubauen, kam einfach geil.

SUMMER CEM Farid war genauso, wie ich mir einen Rapper gewünscht habe. In ihm habe ich mich total wiedererkannt. An der Seite von Eko war ich immer in einem Zwiespalt, habe versucht, mich anzupassen und eher Deutschrap-affine Musik zu machen. Mit Farid war das anders. Seine Themen und das Maß an Asozialität haben viel mehr zu mir gepasst.

FARID BANG Wir haben Nummern ausgetauscht, und zwei Wochen später rief mich Eko an. Ich war megaaufgeregt, weil er voll der Star war und ich ihn nur aus dem Fernsehen kannte. Ich bin zu ihm nach Köln gefahren, und PA Sports – der gerade mal zwölf Jahre alt war – hat mich vom Bahnhof abgeholt. Als ich ins Studio gekommen bin, saß auch Bushido da. Und ich habe da den ersten Part meines Lebens aufgenommen!

SUMMER CEM Farid hatte eine ganz eigene Wortwahl, bei der ich mich richtig bepisst habe. Der hat richtige Asylanten-Wörter wie »Betreuer« und so benutzt. Sein damaliger Partner Tekken Bugatti wusste schon, wie man Sechzehner schreibt und so, aber die Attitüde und das Charisma von Farid waren viel krasser.

FARID BANG Bei uns in Düsseldorf herrscht ein anderer Vibe als in Frankfurt oder Berlin. Da sind die Ausländer alle sehr ernst, hängen zu zehnt im Café ab und sehen alle gleich aus. In Düsseldorf ist das anders. Wir haben hier auch krasse Gangster, aber wenn du sie in der Disco triffst, können die auch tanzen, sind sympathisch und witzig. Als ich mit Rap angefangen habe, habe ich es genauso gemacht. Bis ich mit meinem Album kam, haben sich Gangstarapper als Pate inszeniert. Aber das war ich nicht und wollte ich auch nicht sein.

XATAR Straßenrap war zu Beginn sehr angespannt und hat deshalb viele Leute abgeturnt. Dabei ist Humor auf der Straße präsenter als überall sonst. Wenn du mit Jungs in einer Bude hockst und die gerade das Koks verpacken oder das Gras vakuumieren, werden die ganze Zeit nur Witze gemacht. Das wollten wir auch in die Musik transportieren.

FARID BANG Ich wollte lustig sein und Punchlines bringen, aber immer klarmachen, dass mit mir nur bis zu einem gewissen Grad zu spaßen ist. »Deine Freunde reden Englisch / Meine stehlen Handys.« Das war lustig und hat gleichzeitig klargemacht, wer ich nicht bin und wer das Feindbild ist.

SUMMER CEM Wir haben eher augenzwinkernde Texte geschrieben, aber hatten trotzdem den Respekt. Wir waren selbstironisch, ohne uns zur Lachnummer zu machen.

FARID BANG Ich habe mal gegen Silla gebattlet, als er mit King Orgasmus One in Düsseldorf aufgetreten ist. Mir wurde gesagt, ich solle mich da zurückhalten, weil die Berliner so krass sind. Aber mein Gedanke war: Ich bin krasser. Ich weiß noch, wie wir uns diese »Rap City Berlin«-DVDs angeguckt und das total belächelt haben. Wir sahen cooler aus als die Rapper in Berlin, waren breiter gebaut und haben auch besser als die meisten gerappt. Auch wenn das gar nicht unbedingt gestimmt hat, waren wir da felsenfest von überzeugt. So sind Rapper halt. (lacht) Wenn ich Optik oder sonst wen gedisst habe, habe ich das einfach gemacht, weil es lustig war. Ich hatte gar keinen Bezug zu denen. Auf »Jung, brutal, gutaussehend 1« mit Kollegah habe ich zum Beispiel Samy Deluxe gedisst. Dabei habe ich gar nichts gegen den. Der rappt doch gut. Der ist ein super Rapper. Wenn »Weck mich auf« auf VIVA lief, habe ich als Kind nicht weggeschaltet. Aber ich dachte: Der ist erfolgreich, also disse ich den – es kommt ja eh nichts zurück. Die Leute denken immer, dass hinter solchen Moves oder auch unseren Promophasen irgendwelche Quantenphysik oder Marktanalyse steckt. Dabei telefonieren wir einfach nur einen Abend lang und machen dann kranke Scheiße, für die wir ein bisschen mit unseren Klischees arbeiten. Das war's.

FATMA AYDEMIR Rap lebt von Provokation. Es geht immer wieder darum, Grenzen auszuloten und auch zu übertreten. Meistens ist ja auch sehr klar, dass ein Text nicht ernst gemeint ist, sondern nur metaphorisch. Aber gerade bei politischen Sachen wird es schnell schwierig.

ALI AS Früher in den Battles durftest du alles sagen. Maximal wurde davor festgelegt, ob mit oder ohne Mutter. Das konnte man so ankreuzen: mit oder ohne. (lacht) Heute muss man richtig hart aufpassen, was man sagt. Ich würde jetzt gerne sagen: »Das finde ich schwul«, aber kann ich ja nicht. (lacht) Also: Das finde ich schade. Ich glaube, »JBG3« war auch deswegen so ein krasser Erfolg, weil die Leute es anstrengend finden, dass man immer aufpassen muss, was man sagt. Das war mal wieder was, wo man das Gefühl hatte, dass jemand einen krassen Fick gibt – und zwar auf alles.

STEPHAN SZILLUS Was mich so erschreckt: dass die Grenze des Sagbaren in diesem Spiel um Aufmerksamkeit immer weiter verschoben wird und dafür kaum Gegenwind kommt. Aber bis zu einem gewissen Grad gehören Provokation und verbale Aggression gegen Konkurrenten natürlich dazu. Das war schon immer so und hat auch seine Berechtigung.

FARID BANG Ich bin kein Mensch, der andere Leute unterdrückt. Das ist noch nie meine Intention gewesen. Es gibt Rapper, die versuchen, den Leuten hinter den Kulissen Angst einzujagen. Viele Leute sprechen das ja nicht aus, aber jeder in der Rap-Szene weiß, dass solche Sachen passieren. Wir haben natürlich auch unsere Leute dabei und schützen uns – Mike Tyson läuft auch nicht alleine auf der Straße rum. Aber unsere Mission ist es nicht, Leute zu unterdrücken. Unsere Mission ist es, geil zu rappen und die Competition mit Humor anzugehen. Wenn ich sage: »Ich ficke KMN wie Robert Geiss«, dann ist das natürlich ein Diss, aber auch eine gute Zeile, bei der man sich denkt: Wie kommt der da drauf? Ich war und bin ein fairer Sportsmann. Wenn morgen ein Newcomer kommt und mich auf eine sportliche Art und Weise disst, ist das für mich vollkommen okay.

EKO FRESH Wenn einer den Erfolg verdient hat, dann Farid. Der wollte das mit dem Rappen richtig. Er war total selbstständig, war pünktlich, hat seine Parts eingerappt. Wir waren zu German-Dream-Zeiten ja alle noch junge Männer, da war so eine Arbeitsmoral nicht selbstverständlich. Aber irgendwann wird man dafür belohnt. Dass Straßenrapper heute die Möglichkeit haben, mit ihrer Musik so erfolgreich zu sein, ist in meinen Augen unser Verdienst.

ROOZ Eko war der erste deutsche Rap-Superstar mit – wohlgemerkt türkisch-kurdischem – Migrationshintergrund, der ganz normal bei VIVA lief oder ins Fernsehen eingeladen wurde. Selbst Savas kannte man am Anfang nur in der Szene. Eko war eine Zeit lang so large, dass Bushido ihn erst dissen musste, um an ihm vorbeizukommen. Man kann nicht von der Hand weisen, dass er damit vielen Leuten die Tür geöffnet hat.

FATMA AYDEMIR Ich find's geil, dass Rap 2019 so ist, wie er ist. Wäre ich jünger, würde ich mich wahrscheinlich davon repräsentiert fühlen. Früher gab es wenige Rolemodels und Stimmen für uns, die wirklich eine Plattform hatten. Dass die jetzt alle so am Start sind, freut mich.

XATAR Als ich im Knast war, ging es los. 2010 sind das erste Mal seit langer Zeit wieder richtige Rap-Alben in die Top 10 eingestiegen, die nicht von Sido oder Bushido waren: erst Nate57, danach Kollegah. So was hat im Knast schnell die Runde gemacht. Ich habe mit meinem Handy aus der Zelle immer Ramin von Groove Attack angerufen, um bei ihm nachzufragen, ob das alles stimmt. Ich hatte noch diese Sprüche von Neffi von Universal im Ohr, der meinte, dass kein Straßenrap außer Sido und Bushido je erfolgreich sein könnte. Aber plötzlich wusste ich: Es geht doch!

RALF THEIL Es war klar, dass Straßenrap existiert und erfolgreich sein kann. Aber es war auch klar, dass er erneuert werden muss. Während Marteria, Casper und Cro den Mainstream erobert haben, hat sich im Straßenrap eine neue Gegenkultur entwickelt. Vielleicht brauchte es diese total harmlose Bewegung, um dieser Gegenkultur den nötigen Arschtritt zu verpassen. Haftbefehl hat das Ding dann so richtig klargemacht.

44 La Connexion

CASPER Haftbefehl habe ich das erste Mal 2009 auf dem »La Connexion«-Sampler gehört. Haftbefehl kam aus dem absoluten Nichts und war aus dem Stand Star-Material. Der hatte die Slogans, die Sprüche, die Stimme, den Slang und die Coolness. Auf ihn konnten sich alle einigen – von den Straßentypen bis hin zu den Sample-Diggern.
SIDO Es gab nach Aggro Berlin ja immer wieder neue Straßen- und Gangstarapper, aber vielen hat man diesen Film nicht abgekauft. Bei Haftbefehl war das anders. Der war ein Typ, der sich selber nicht zu ernst genommen hat, den man aber definitiv ernst nehmen musste. Der ist mit diesem Straßending – das auch unser Straßending bei Weitem überstieg – total locker umgegangen und war dabei auch noch witzig.
RIN Man hat dem alles abgekauft, was er gesagt hat. Das war einfach ekelhaft echt. Ich hatte das auf meinem Handy und habe es ständig gehört.
FATONI Ich fand Haftbefehl interessant, aber hatte auch Angst vor ihm. Im Nachhinein betrachtet ist es ja immer gut, wenn man jemanden nicht lächerlich findet, sondern Angst vor ihm hat …
SALWA HOUMSI Ich werde nie das Gefühl vergessen, als ich das erste Mal Haftbefehl gehört habe. Ich bin mit Kopfhörern nach Hause gelaufen und habe mich plötzlich gefühlt, als könnte mir keiner was tun. Okay, ich bin ein kleines, schmales Mädchen – aber mit Hafti auf den Ohren habe ich mich unangreifbar gefühlt! Plötzlich hatte ich deutsch-arabisches Mädchen aus einem nicht gerade wohlhabenden muslimischen Haushalt einen Soundtrack für einen Teil meiner Per-

sönlichkeit, der vorher nirgendwohin konnte: den »Ich komm aus Berlin und hab 'ne große Fresse und viel jugendliche Wut in mir«-Teil nämlich. Ganz kitschig gesagt hat Haftbefehl dazu geführt, dass ich mehr ich selbst sein konnte.

FATMA AYDEMIR Er hat die Dinge gemacht, die ich in meiner Jugend im deutschen Rap vermisst habe. Diese Figur Haftbefehl ist total interessant, weil sie etwas subtil Fragiles hat. Seine Musik ist hart, gleichzeitig hat sie aber auch etwas Verletzliches.

MAX MÖNSTER Es gab diese Kontroverse, weil ständig wieder jemand behauptet hat, dass er nicht rappen kann. Dabei ist er einfach ein Character, wie er einem nicht alle Tage über den Weg läuft, und ein echter Künstler.

LGOONY Wie er Wörter verbogen und anders ausgesprochen hat, damit sie sich reimen, hat mich beeindruckt. Ich meine: der hat »NPD« auf »Dresden« gereimt.

SHINDY Zeilen wie »Ich komm mit 200 Cousins aus Rüsselsheim / Schüsse fallen« oder »Du kommst nicht rein, weil du trägst Fishbone« waren einfach genial. Der konnte ohne viele Beschreibungen unfassbare Bilder im Kopf kreieren und hat dabei trotzdem nicht seinen Straßencharme verloren.

EIZI EIZ »Gestern an der Gallus, heute in den Charts / Auch wenn mein Album nicht Gold geht, Chab / Deutscher Rap ist am Arsch und richtig Blamage / Dein Rap ist Fiat und meiner ist Porsche.« So hatte keiner je gerappt in Deutschland! Wie er betont hat. Als er dann in Interviews noch Biggie als Referenz genannt hat, war mir alles klar ... Das war so Rap!

CASPER Die Medien haben ja versucht, mich als Gegenentwurf zu ihm aufzubauen – bis ich mich hingestellt und gesagt habe, dass Haftbefehl der beste Rapper ist, den wir aktuell haben.

DJ RON »Russisch Roulette« war 2014 dann der deutsche »Get Rich or Die Tryin'«-Moment. Da hat alles gepasst.

MAX MÖNSTER Bei dem Album hat sich Haftbefehl überhaupt nicht dafür interessiert, was hier in Deutschland in Sachen Sound passiert. Das hat ihn in seiner Kunst total frei gemacht. Wie er an seine Songs herangegangen ist, hatte teilweise ja fast schon dadaistische Züge. Und Bazzazian hatte als Produzent dafür den perfekten Sound.

VISA VIE Haftbefehl war genauso ein Revolutionär wie Casper. Er hat einen Spagat geschafft, den Straßenrapper vor ihm nicht hinbekommen haben: »Lass die Affen aus'm Zoo«, »Ich rolle mit meim Besten« oder »Chabos wissen, wer der Babo ist« waren ernst zu nehmende Gangstarap-Tracks, aber gleichzeitig so eingängig, dass sie auch im Club laufen konnten und Leute dazu abgegangen sind wie zu normalen Popsongs.

GÖTZ GOTTSCHALK Der Gangstarap der ersten Generation ist irgendwann wegen seiner Beliebigkeit und mangelnden Qualität auf die Schnauze gefallen. Diese neue Generation hat das Level deutlich angehoben. Haftbefehl und die Leute um ihn herum haben darauf geachtet, dass sie einen geilen Sound haben und auch ganz eigene Begrifflichkeiten prägen.

CELO Als ich Haftbefehl gehört habe, war das genau so ein Gefühl, wie als ich das erste Mal Moses oder Azad gehört habe. Die Sprache, die Sprüche, der Jargon – das war hundert Prozent Frankfurt. Haftbefehl und wir sind die Vorreiter für Rap mit Straßenjargon. Aber am Anfang wollten uns die Leute nicht dabeihaben. Die kamen nicht darauf klar, wie wir geredet haben, und meinten: »Rap muss Hochdeutsch sein!«

MARTERIA Die Sprache von Haftbefehl macht aus, dass er seine Wurzeln mit einbezogen hat. Das macht ihn in meinen Augen zum Pionier. Vieles versteht man erst mal nicht, aber gerade dadurch setzt man sich damit auseinander. Man versucht, es zu dekodieren, und wenn man es dann versteht, gibt einem das ein geiles Gefühl. Haftbefehl hat einfach geredet, wie er wollte – ganz egal ob das grammatikalisch Sinn ergeben oder jeder das auf Anhieb verstanden hat.

FELIX BRUMMER Das Schöne an Kunst ist doch, dass sie nicht »richtig« sein muss. Es geht nur darum, ob es jemanden kriegt oder nicht.

MARTERIA Rap ist kein Studiengang, sondern dazu da, seinen Gefühlen freien Lauf zu lassen.

MÄDNESS Ich fand schon immer geil, wenn jemand Slang oder Dialekt gerappt hat – sei es bei Kamp aus Wien oder in Hessen eben bei Manges, El Ray, Baggefudda, Tone und Jonesmann, um nur auf ein paar Beispiele einzugehen. Die haben Wörter benutzt, um die man sich kümmern musste wie um neue Klamotten oder Tapes. Haftbefehl hat das weiterentwickelt, indem er ganz verschiedene Slangs und Sprachen in seinen Rap hat einfließen lassen.

XATAR Wo Menschen aus unterschiedlichen Kulturen und Ländern auf engem Raum zusammenleben, entwickelt sich eben so ein Slang. Mittlerweile siehst du sogar Deutsche, die so sprechen. Das ist doch das Geilste, was passieren kann, wenn sich alles vermischt.

CELO Wir reden, wie wir reden. Dass sich so viele Leute dafür interessieren und es Teil der Jugendsprache wird, war nicht abzusehen. Aus dem Wort »Babo« zum Beispiel hat man in den Medien und in der Werbebranche ja echt alles rausgeholt, was ging ... Das wurde richtig vergewaltigt! Dass man auf einmal auch ins Feuilleton gerutscht ist, hat einen aber natürlich gefreut. Dass die Kanaks uns gefeiert haben, lag ja auf der Hand. Aber dann kamen plötzlich Leute zu unseren Konzerten, von denen ich gedacht hätte, dass sie nur Eins Zwo hören. Da waren dick viel Tobiasse! Das hat mich echt begeistert.

ABDI Aber eigentlich ist es auch egal, ob Tobias und Max oder Hassan und Mehmet vor der Bühne stehen.

CELO Ein Mensch ist ein Mensch, fertig.

FELIX BRUMMER Im Feuilleton war ständig zu lesen, dass die Azzlackz das Sprachrohr der Straße seien. Mir war das immer ein bisschen zu viel Abgekulte. Jeder Text, der ein paar französische Vokabeln benutzt hat, war gleich Teil einer neuen Sprache.

RALF THEIL Es gab auch dieses Phänomen des ironischen Feierns. Wenn Studenten und selbst Jan Böhmermann diesen Soziolekt übernehmen und mit ihren Händen fuchteln, wird es halt sehr schnell sehr schwierig ... Das weckte Erinnerungen an die Zeit von Erkan und Stefan. Plötzlich gab es Germanistikstudenten, die ironisch »Chabos wissen, wer der Babo ist« gerappt haben. Es ist schade, aber ich glaube, dass der Erfolg von Haftbefehl ohne das nicht möglich gewesen wäre.

CELO Dass Studenten und Hipster unsere Musik hören, habe ich nur an meinem Kontostand mitbekommen. Ob die das ironisch hören oder nicht, ist mir egal – Hauptsache, sie pumpen das.

AUDIO88 Schwierig. Ein Publikum, das einen ironisch hört, wünsch ich keinem, auch wenn die Eintritt zahlen. Ich war schon auf ein paar Straßenrap-Konzerten, bei denen ein Teil des Publikums so wirkte, als wäre das der coolere Zoobesuch.

XATAR Dass man von der, sagen wir, anderen Seite so viel Props bekam, war eine total neue Erfahrung. Ich denke, es lag auch daran, dass zum ersten Mal wirklich echte Leute wie SSIO oder Schwesta Ewa über die Straße gerappt haben. Davor waren viele Leute unterwegs, die nur Klischees bedient haben: Jemand, der Koks tickt, muss seine Frau schlagen und die Leute unterdrücken, die für ihn dealen. Aber wenn der echte Dealer oder die echte Nutte selber anfangen zu rappen, checkt man: Das sind eigentlich nette Leute, die sich auf schlaue Weise einen eigenen Wirtschaftszweig aufgebaut haben und auch humorvoll sein können. Da herrscht gleich ein ganz anderer Vibe.

YASSIN Die Mucke hat ein neues Level freigespielt, aber das Publikum ist nicht ganz mitgekommen, schätze ich. Ich freue mich für sehr viele Künstler, dass jetzt jeder Rap hört. Aber die Rolle, die Nationalität, Herkunft, Abstammung oder auch Religion in dieser Musik spielt, gewinnt durch die Zusammensetzung des Publikums oft noch an bitterem Beigeschmack. Wenn ironisch gehört wird, hält man sich eine Hintertür offen – zum Beispiel die, dass ein Künstler gewisse Dinge sagen darf oder kann, weil er »aus einem anderen kulturellen Umfeld« stammt. Man darf das also in dem Moment feiern und am nächsten Tag in der Uni darüber referieren, dass man so etwas nicht sagen darf – und das, ohne sich über diesen Widerspruch Gedanken machen zu müssen. Umgekehrt genauso: Ein Slangausdruck, den man in bestimmten Kreisen als verbindende Gemeinsamkeit wahrnimmt, gerät im falschen Mund zur diskriminierenden, vielleicht sogar rassistischen Beleidigung. Keine Ahnung, ob es dazu eine Lösung gibt oder geben muss oder ob das nur Kinderkrankheiten eines eigentlich versöhnlichen Prozesses sind. Dafür bin ich nicht schlau genug. Das war nur mein subjektiver Eindruck der letzten Jahre.

RALF THEIL Wenn Leute dazukommen, weil sie etwas ironisch feiern, bleiben manche auch dabei. Das zieht sich ja seit »Die da?!« durch die HipHop-Geschichte. Jedes Massenphänomen hat das Potenzial, die Leute zu einem tieferen Verständnis zu bringen. Und alles, was zu mehr Verständnis führt, finde ich erst mal gut.

MAXIM K.I.Z Die erste Welle an erfolgreichen Straßenrappern in den frühen Zweitausendern hatte das ständige Bedürfnis, sich abzugrenzen und zu zeigen, wie hart sie sind. Selbst wenn die mal Props von anderen Leuten bekommen haben, haben sie die nur beleidigt. Rapper wie Haftbefehl oder Xatar hatten dagegen so ein Selbstverständnis, dass sie auch Cro Props geben können. Die Angst, dass ihnen jemand abspricht, Straße zu sein, war einfach nicht mehr gegeben.

CELO Beef wird es immer geben, das ist klar. Aber die Angst, dass jemand einem anderen den Platz wegnimmt, gibt es nicht mehr so stark. HipHop ist Marktführer in der Musik.

XATAR Als im Rap finanziell nichts zu holen war, hat man sich Anerkennung durch Macht geholt. Jetzt gönnen die Leute mehr, weil das Geld da. Wenn man von Rap essen kann, muss man nicht mehr dauernd unter Beweis stellen, dass man der Krasseste ist.

EIZI EIZ Ich finde, das zeichnet diese Renaissance der frühen 2010er-Jahre aus: dass auf beiden Ebenen geile Sachen entstanden sind, Straße und Daisy Age; dass sich das teilweise auch verbunden und den Weg für neue Sachen bereitet hat. Nur deswegen hast du jetzt einen Ufo361, der quasi das Bindeglied zwischen diesen Welten ist.

FIJI KRIS In dieser Zeit ist sehr viel entstanden. Deutschrap war ja ursprünglich kein Thema für KitschKrieg: Wir kamen aus dem Dancehall, haben Bass-Kram aus UK gehört und uns zusammengetan, um mit Noah Slee moderne Soulmusik auf Englisch zu produzieren. Aber dann wurde Deutschrap plötzlich interessanter. Es gab die Azzlackz und Leute wie die 187er: echte Leute, die aber trotzdem Humor und Bock auf gute Musik haben. Ein paar von den Alten, zum Beispiel die Beginner, waren auch wieder da und haben den Schulterschluss mit Gzuz und Haftbefehl durchgezogen. Gleichzeitig gab es eine ganz neue Welle von Leuten, die konsequent auf die Regeln der Alten geschissen und ihr eigenes Ding gemacht haben. Das war irgendwie geil.

Die Jetztzeit:
2015–2019

45 Dreh den Swag auf

FIJI KRIS »Ich bin ein Berliner« von Ufo361. »City Tarif« von Haiyti. Die ersten Sachen von LGoony und Crack Ignaz.

TRETTMANN Yung Hurn, RIN, Juicy Gay, Brown-Eyes White Boy, Fruchtmax.

FIJI KRIS Diese Zeit, 2015/2016, hat die endgültige Vormacht des – ich nenne es mal – Atlanta-Sounds eingeleitet. Beats mit US-Südstaaten-Wurzeln, die aber durch die geografische Lage Atlantas noch ganz andere Einflüsse haben. Die Auflösung der Grenze zwischen Rappen und Singen. Der radikale Fokus auf eingängige Hooks und allgemein Melodie. Einfach diese Mischung aus total Hood und total Pop! Durch seine Zugänglichkeit und natürlich die Verbreitung durch das Internet ist dieser Sound eine internationale Blaupause geworden. Es war klar, dass das irgendwann auch in Deutschland das Ding wird.

SALWA HOUMSI Ich habe eine Zeit lang viel Indie und Alternative Pop gehört. Dieses Musikalische hat mir im Deutschrap oft gefehlt. Deswegen war für mich krass, als Rap plötzlich Melodien hatte und auch Emotionen zugelassen hat. Songs wie »Rot« von Yung Hurn oder »Globus« von Haiyti haben mir aufgezeigt, wie man auf eine coole Weise über Gefühle rappen kann.

TRETTMANN Ich habe das als sehr angenehm empfunden. Deutschrap war lange zu textlastig und sperrig, auf den Partys gab es massiven Männerüberschuss. Aber auf einmal gab es neben den kodexverseuchten Realkeepern und den Badboys mit den Hoodies diese frischen, positiven Leute. Es ging um Musik und Melodien, um gute

Songs und gute Vibes. Ich musste im Club nicht mehr vom Floor schleichen, wenn etwas aus unseren Breiten lief.

MARC LEOPOLDSEDER Die Leute, die diese Musik machen, kommen aus ganz unterschiedlichen Ecken. Ufo hat eine krasse Graffiti-Vergangenheit und hat schon ewig auf BoomBap-Beats gerappt. Haiyti hat früh das Memphis-Zeug verinnerlicht und harten Gangstarap im Südstaatenstil gemacht. RIN hat eigentlich eine sehr klassische Rapper-Sozialisation. Aber eine Sache haben die gemeinsam: dass Money Boy ein bisschen der Papa für das ist, was aus denen allen geworden ist.

CASPER Ich glaube, dass es drei Godfathers der aktuellen Szene und ihrer Gesten gibt: Lil B, der späte Soulja Boy und Chief Keef. Vielleicht spielen Lil Wayne und Gucci Mane als deren Väter auch eine Rolle. Money Boy hat das jedenfalls für Deutschland übertragen.

KURT PRÖDEL Für mich ist Money Boy die einflussreichste Persönlichkeit im Deutschrap seit Torch. Eine derart umfangreiche und nachhaltige Neuprägung hat noch keiner vor ihm geschafft.

RALF THEIL Cro war das erste Phänomen aus dem Internet, das eine Lawine nach sich gezogen hat. Money Boy wiederum war der Erste, der das ganz bewusst ausgenutzt hat.

KURT PRÖDEL Meiner Meinung nach ist das gesamte Erfolgsrezept von Money Boy in den ersten zehn Sekunden des Videos zu »Dreh den Swag auf« verbaut. Schon in den ersten Frames kann man erkennen, dass er ein etwas unförmiger Typ ist, der ungelenke Bewegungen in bunten Def-Shop-Klamotten ausführt. Dann setzt dieses unglaublich schief gesungene »Steige aus dem Bett, dreh den Swag auf« ein. Überhaupt: »Swag« – ein Wort, das man davor noch nie gehört hat! Dazu kommt der plastikhafte Sound des Beats. Diese Komponenten haben ausgereicht, um den Leuten einen WTF-Moment zu bescheren.

HAIYTI Ich habe »Dreh den Swag auf« gesehen und dachte: Was für ein geiler Typ. Ich wusste sofort, dass der auch schlau ist. Der ist kein

Paddel, er hat einfach nur die Stärke, sich schwach zu zeigen. Wer hat die schon?

KURT PRÖDEL »Dreh den Swag auf« war total unperfekt, gleichzeitig hat Money Boy in seiner Ausstrahlung keinen Zweifel daran gelassen, dass er es ernst meint. Das hat es komisch gemacht. Und wenn etwas komisch ist, erklären sich die Leute das oft damit, dass es ein Fake, Verarsche oder ein Gag von Simon Gosejohann ist.

SIDO Ich hatte mir ein paar Videos, Ansagen und Interviews angeschaut und fand das lustig, war mir aber nicht sicher, ob er sich nicht vielleicht über HipHop lustig machen will. Weil ich zu der Zeit viel in Österreich war, konnte ich ganz schnell seine Nummer herausfinden. Ich habe ihn angerufen, und wir sind was essen gegangen. Nach dem Treffen war mir klar, dass er das ernst meint.

HAIYTI Money Boy ist das, was ich »durchdrungen« nenne. Manche Leute machen Musik – und generell Kunst – über ihre Cleverness. Ich würde da mal Nicki Minaj als Beispiel nennen. Andere Leute sind durchdrungen. Die müssen. Money Boy ist durchdrungen. Ich war ja in seiner Wohnung, das ist wirklich eine Trap. Da stolperst du über Neuware und leere Kodein-Flaschen. Ich finde wirklich, er und Hustensaft Jüngling sind die Besten in Deutschland. Die ziehen das komplett alleine durch und sind immer einen Schritt voraus. Klar gucken die bei den Amis ab, aber *alle* gucken bei den Amis ab. Die machen das am gefährlichsten, und das respektiere ich. Wir sind in Wien auf einem Konzert, Money Boy wird fast totgeprügelt, Schuhe ins Gesicht – und am nächsten Tag gehen wir in den Designershop, er kauft sich für 500 Euro eine Brille und sagt: »Ich kann euch Hater nicht sehen.« Wer ist so real?

SIDO Auch wenn ich seine Mucke nicht mag, war er für mich ab unserem Treffen ein Teil der Szene. Es hat sich ja auch bestätigt: Die Musik, die er macht, ist immer noch da und wird von anderen weitergeführt.

DEXTER Money Boy war ein Vorreiter für vieles, was heute selbstverständlich ist. Größenwahnsinnige, total übertriebene Raps über Klamotten, Geld und Autos waren früher ein No-Go. Heute ist das völlig gängig und akzeptiert. In Deutschland hat das Money Boy etabliert.
CASPER Musik ist aktuell total leicht und frei. Es geht nicht darum, dass es eine Bedeutung hat oder gar Verantwortung übernimmt. Der absolute Hedonismus!
RALF THEIL Money Boy lebte nicht in der Illusion des Reichtums, sondern hat einfach solche Musik gefeiert und sie deshalb ganz genau so gemacht, mit all ihren Inhalten und Konventionen. Damit hat er auf jeden Fall eine Vorreiterrolle gespielt. Bei einem LGoony musste man später schon nicht mehr drüber sprechen, ob das »real« ist oder nicht. Es war klar, dass der keine 17 Bugattis hat, sondern einfach eine Art von Musik macht, in der das ein Thema ist.
LGOONY Money Boy hat 2010 bei MZEE das »Swagger Rap«-Tape gepostet. Das war einfach so geil locker. Deutschrap war so verkrampft und auf Technik fixiert. Azad ist da ein gutes Beispiel: Ich habe seine Musik auch gehört und fand die gut – aber als Money Boy kam, habe ich gemerkt, dass mir jemand gefehlt hat, der einfach nur Spaß an der Musik hat.
JUICY GAY Bei Money Boy habe ich das erste Mal gesehen, dass man Musik machen kann, ohne vorher groß zu überlegen. In diesem Kosmos war egal, wer was gemacht hat und wie man es gemacht hat – es war nur wichtig, dass du was machst. Als ich dann selbst angefangen habe, als Juicy Gay Musik zu machen, habe ich mich richtig frei gefühlt. Dieses Gefühl hat Rap früher gefehlt, macht ihn heute aber umso mehr aus.
CASPER Money Boy hatte immer einen neuen, aktuellen Grind. Manchmal hat er Ami-Tracks ins Deutsche übersetzt, dann hat er harte Trap-Banger gemacht. Manchmal hat er darüber gerappt, dass er Heroin spritzt, dann darüber, wie healthy er foodet. Man wusste

immer, in welchem Film der gerade war. Das war so viel Zeug, dass die Hälfte davon ruhig mal scheiße sein konnte. Ich mochte, dass er auf die Quali geschissen und die Sachen einfach rausgehauen hat. Das war ja fast schon Punkrock!

KURT PRÖDEL Der handwerkliche Aspekt war mit Money Boy auf einmal sekundär. Er hat sich da komplett abseits der vorherrschenden technischen Standards bewegt. Ich hatte über Twitter relativ früh Kontakt mit ihm und meinte zu ihm, dass ich Leute kenne, die seine Sachen richtig mischen könnten. Er hat mir dann die Spuren geschickt, und ich habe sie weitergeleitet. Als der fertige Song nach drei Tagen zurückkam, war er total angepisst, weil es so lange gedauert hat.

CASPER In gewisser Weise war das auch eine Reaktion auf den Perfektionismus und die lange Entstehungszeit von Alben wie meinem oder dem von Marten. »Bei dir dauert alles drei Jahre? Ich mache in zwölf Monaten fünf Alben!«

GÖTZ GOTTSCHALK Dieser Umgang mit HipHop ist bei mir ein wunder Punkt. HipHop hatte schon immer einen DIY-Charakter, das hieß aber nie, dass man sich mit schlechter Qualität zufriedengab. Ganz im Gegenteil! Nun sagen ja manche Leute, dass HipHop und Punk nicht unähnlich sind und beide Genres davon leben, dass man anti ist und einfach mal macht. Das mag in Teilen stimmen. Aber HipHop hatte immer auch etwas mit Kunstfertigkeit, Meisterschaft und Wettbewerb zu tun.

DJ MAD Das Grundprinzip war immer: Jede neue Generation ist deswegen die neue Generation, weil sie etwas besser kann als die alte. Das war bei Torch so. Das war bei uns so. Das war bei Kool Savas so. Das war bei Marteria so. Heute geht es um Parameter, die ich nicht mehr nachvollziehen kann. Du kannst mir zehn Lieder vorlegen, eines davon ist der größte Hit unserer Zeit, die anderen neun interessieren keine Sau – und ich kann dir nicht sagen, welches der Hit ist. Das widerspricht allem, was ich so gelernt habe.

GÖTZ GOTTSCHALK Wenn man einfach nur anti ist und irgendeinen Quark macht, empfinde ich das nicht als bereichernd. Das mag daran liegen, dass ich schon so lange dabei bin. Aber ich habe Menschen für ihre Qualität und ihren Stand bei anderen Musikern ackern sehen, sodass ich diesen Dilettantismus nicht als Qualitätssiegel sehen kann.

MAX HERRE In DIY-Kulturen entsteht oft eine Schönheit durch die Diskrepanz zwischen dem, was man will, und dem, was man kann. Auch im Rap ist viel Neuerung – oder zumindest augenblickliche Energie – letztlich durch Dilettantismus entstanden. Das war schon bei Group Home so. Und bei Yung Hurn oder LGoony war es nicht anders.

MARCUS STAIGER Wie entstehen denn geile Sounds? Daraus, dass man eben nicht weiß, wie man eine 808 bedient, und einfach alles aufdreht. Daraus, dass man es genau nicht so macht, wie es in der Gebrauchsanweisung steht.

RIN Money Boy hat die Leute in ihrer Hörgewohnheit geschockt und desensibilisiert. Das war wichtig. Aber er hat auch dafür gesorgt, dass diese ganze Art von Musik erst ein paar Jahre später wirklich ernst genommen wurde.

KURT PRÖDEL Ich mochte an Money Boy, dass er immer weitergemacht und vor allem auch seine Unerwartbarkeit nicht verloren hat, über sechs Jahre hinweg. Er wurde nicht immer besser, die Qualität seiner Songs hat immer geschwankt. Schon der dritte Song nach »Dreh den Swag auf« war das auf einmal unglaublich gut gerappte »Back in the Building«, dann kamen wieder Songs, die man kaum ausgehalten hat.

HAIYTI Er macht immer was Neues, sorgt immer für eine Überraschung. Ey, allein wie die Stimme auf »Der Louis Store war zu« abgemischt war ... Als das rauskam, dachte ich wirklich: Das ist der coolste Typ der Welt. (lacht)

LGOONY Money Boy hat einfach das gemacht, worauf er Bock hatte. Außerdem hat er genau gewusst, wie er im Gespräch bleibt. Er hat immer wieder Songs mit absichtlich schiefem Gesang gedroppt oder irgendwelche Hooks eins zu eins geklaut, weil er wusste, dass die Leute dann wieder haten. Direkt danach hat er einen Track gedroppt, auf dem er einfach gut rappt, und so die Aufmerksamkeit genutzt, um neue Fans zu generieren.

RIN Wo man Money Boy eine Pionierrolle zuschreiben muss, ist das Internetmarketing. Er hat eine Formel entwickelt, nach der heute alle ihr Marketing aufziehen: Kamera an, rausgehen, loslabern. Er hat auch oft kalkuliert provoziert. Zum Beispiel hat er sich immer wieder über schlimme Katastrophen lustig gemacht oder beim Splash den Auftritt von den Orsons gecrasht und auf der Bühne Fanta verschüttet. Dadurch ist er immer im Gespräch geblieben. Das war superklug.

LGOONY Seine Videoblogs haben wir uns immer reingezogen. Am Anfang hat die noch seine Freundin gedreht.

KURT PRÖDEL Am Anfang hieß sein YouTube-Kanal noch seppo2121. Da hat er oft seine Einkäufe in Designerläden präsentiert. Meist waren das nur kleine Sachen wie ein Bandana in viel zu großen Tüten, aber er hat das richtig zelebriert. Er war ernsthaft stolz, etwas von diesen Marken zu besitzen. Diese Videoblogs haben massiv dazu beigetragen, die Kontroverse anzufeuern. Auf dem Kanal hat er später neben der Musik noch ganz viele andere Sachen hochgeladen: Comedy-Bits, Kochvideos und vieles mehr. Auf dem Channel waren 500 Videos unterschiedlichster Art, quasi ein multimediales Museum – bis er irgendwann alles gelöscht hat. Es gibt mittlerweile eine organisierte Community, die digitale Archäologie betreibt. Da wird mithilfe von öffentlich einsehbaren Tabellen nach verschollenen Videos gesucht und versucht, den gesamten Channel wieder zu vervollständigen.

LGOONY 2012 gab es die »Swag Mob«-Gruppe bei Facebook. Die wurde von einem gewissen Stefano Swagger gegründet, der aber nur einmal im Jahr was gepostet hat.

JUICY GAY Alle, die Money Boy auf Facebook geliket hatten, wurden in den Swag Mob eingeladen. Wenn er wieder ein neues Wort oder einen neuen Slang erfunden hatte, haben das in der Gruppe alle nachgemacht und auch außerhalb der Gruppe benutzt. Eine Zeit lang hat Money Boy zum Beispiel immer Capri Sonne Elfentrank getrunken. Also haben alle Leute Memes mit dem Getränk gemacht und da gepostet. Das war eine richtige Bewegung.

KURT PRÖDEL Als ich mal aus dem Swag Mob ausgetreten war und wieder reinwollte, habe ich einen Fragebogen mit zehn Fragen über Money Boy zugeschickt bekommen, die man sich nur schwer oder gar nicht ergoogeln konnte. Da wurde wirklich sichergestellt, dass niemand einfach nur zum Rumschnüffeln reinkommt.

LGOONY Money Boy hat auch selbst viel gepostet, meistens, wenn er ein Cover für einen neuen Song brauchte. Dann haben alle direkt in Photoshop ein Artwork gebastelt, gepostet, und er hat sich das beste rausgesucht.

JUICY GAY Irgendwann haben auch die Ersten angefangen, genau solche Musik wie Money Boy zu machen – mit Trap-Sound und Swag-Sprache – und in die Gruppe zu posten.

LGOONY Da haben meine Kumpels und ich auch mitgemacht. In dieser Gruppe ist sehr viel entstanden. Die Twitter-Lingo zum Beispiel, die ja zwischenzeitlich von jeder Werbeagentur verwendet wurde – mit »1« und »bim« und »G« für »gönnen« usw. –, wurde von einigen Membern mitgestaltet. Money Boy hat sehr viel Input mitgenommen.

JUICY GAY Ich habe viele der Memes in den Songs verarbeitet. »Musik ist haram« ist zum Beispiel entstanden, weil es in der Gruppe ein Mixtape gab, auf dem Interviewaussagen von Deso Dogg auf Beats gelegt wurden. Ich fand es eine lustige Idee, dass Deso Dogg –

der ja früher Rapper war und dann beim IS gelandet ist – heute Trap machen würde, und habe einen Song aus seiner Sicht gerappt. So ist ganz viel Musik von mir entstanden. Ich habe mich hauptsächlich damit beschäftigt, was im Internet stattfindet. Ich hatte einfach das Gefühl, dass das dem Zeitgeist entspricht, in dem ich selbst gefangen war. Ganz viele Sachen, die im echten Leben passiert sind, waren mir real Rap-egal.

KURT PRÖDEL In Amerika war das Musik aus den Wolken, weil es da viel um Drogen ging, die Leute alle high waren und entsprechende Musik gemacht haben. Als der Begriff in Deutschland für eine bestimmte Gruppe von Leuten adaptiert wurde, haben ihn die meisten Leute, glaube ich, eher als »Musik aus der Cloud« verstanden: Internet-Rap.

HAIYTI Ich habe »Musik ist haram« von Juicy Gay auf Soundcloud gefunden und gefeiert. Das ist immer noch mein Lieblingslied. Aber mit Cloudrap hatte ich nie was zu tun. Ich bin von der Straße, mit Computern kann ich überhaupt nicht umgehen. 2011 ist bei meinen Freunden ein Laptop vom Lkw gefallen, also hatte ich plötzlich einen nigelnagelneuen Apple. Nur so habe ich Soundcloud entdeckt. Da lief ein Song: »Fahre durch die Straßen, Girl, komm setz dich rein.« Das war AsadJohn. Ich habe ihn angeschrieben, weil ich für den Song einen zweiten Part machen wollte. Ich wusste gar nicht, dass er eigentlich Producer ist. Ich habe ihn dann auf einer Party von Live From Earth in Berlin kennengelernt, auf der ich gebucht war. Danach haben wir innerhalb kurzer Zeit das »City Tarif«-Mixtape gemacht.

MELBEATZ Haiyti ist einfach die Trap-Königin. Die kann's einfach. Ich liebe ihre Stimme. Und Songs wie »Ein Messer« haben unglaublichen Tiefgang.

RIN Aus dem Dunstkreis von Money Boy kam nichts Interessantes – bis ich das erste Mal »Stoli« von Yung Hurn gehört habe. So viel Herz habe ich vorher noch nie in der Musik gehört.

KURT PRÖDEL Auch LGoony war jemand, der den Sprung von »Ist das ernstgemeint?« zu einem ernst genommenen Rapper früh geschafft hat – und damit nachträglich auch zur Ernsthaftigkeit von Money Boy beigetragen hat.

SALWA HOUMSI Cloudrap ging genau da los, als ich mit HipHop-Journalismus angefangen habe. Für mich war superspannend, wie da eine Umbruchsstimmung entsteht und eine neue Generation etwas ganz Eigenes schafft. Darin konnte ich mich total wiederfinden.

FIJI KRIS Ich war damals in Hamburg im Boogie Park, um an der Beginner-Platte zu arbeiten. In den Arbeitspausen habe ich, quasi heimlich, die erste Trettmann-EP fertig gemacht. Nach Feierabend habe ich dann »City Tarif« gepumpt. Das war total verrückt: Auf der einen Seite waren meine alten Helden, auf der anderen Seite kam dieses Neue am Horizont auf, das mich total fasziniert hat. Langsam wurde uns dann klar, wie man diese Welten zusammenbringen könnte …

PILLATH Als ich 2015 nach mehreren Jahren Pause zum Rap zurückgekommen bin, habe ich die Welt teilweise nicht mehr verstanden. Ich höre mir einen Yung Hurn ja auch an und versuche zu verstehen, was die Leute daran geil finden. Tu ich aber nicht. Ich glaube auch nicht, dass das ein Generationenproblem ist: Es gibt genug junge Leute, die das auch nicht verstehen.

MARC LEOPOLDSEDER Als die Generation LGoony klein war, haben die viel übersetzten Rap um die Ohren gehauen bekommen. Deren persönliche Oldschool ist Sentino und Snaga & Pillath, die auch Sachen aus Amerika cool fanden und den Film nach Deutschland übertragen haben. Ob alles genau so stimmt, was die gesagt haben, war letztlich egal, solange es sich gut angefühlt hat. Das Cloudrap-Movement besteht im Kern ja auch darin, etwas aus Amerika cool zu finden und dann zu übertragen, gern auch mit ein, zwei Ironie-Layern. Die Inhalte sind dadurch scheißegal geworden. Und das meine ich in dem Fall positiv.

SALWA HOUMSI Ich kann verstehen, dass es manche Leute gerade bei LGoony stört, wenn sich da ein offensichtlicher Alman durch die Musik in seine Zauberwelt versetzt. Aber es ist doch scheißegal, ob er wirklich Waffen hat. Zu der Zeit hat das Sinn gemacht – ganz genau so, wie es war. Es war auch bisschen eine Karikatur dessen, was unsere Generation die ganze Zeit von etablierten Rappern gesagt und vorgelebt bekommen hat. Das gehörte zu diesem Cloudrap-Swag: Keine Demut vor der älteren Generation! Die heutigen Realkeeper haben anfangs doch genauso durch HipHop ein Tool gefunden, um zu rebellieren und sich abzugrenzen. Eigentlich hätte da noch viel mehr Verständnis kommen müssen – und vor allem Freude, dass es weitergeht. Cloudrap war sehr wichtig, was diesen elitären Umgang mit der Kultur angeht.

46 Junge, fühlst du nicht den Vibe?

MAX HERRE Es gibt in Deutschland traditionell eine Textfixierung, die mich total nervt. Was gerade passiert, bewundere ich daher auf eine Art: dass Leute Worte wegmumblen, Stimmen durch Maschinen jagen, Songs einfach raushauen. Dadurch tritt die Sprache ein Stück weit in den Hintergrund.

KRYPTIK JOE Mich fasziniert, dass Rap heute darauf aus ist, einfach zu sein. Ich selbst bin mit meinem Songwriting ja noch immer in dem alten Doppelreim-Gedresche verhaftet – vielleicht mag ich die Einfachheit gerade deswegen so sehr. Leute wie RIN, Bausa, Yung Hurn oder Trettmann waren die Ersten in Deutschland, die mich nach einer langen Durststrecke wieder gecatcht haben.

CRO Ich mag an diesen Leuten, dass es nicht mehr so wichtig ist, was sie sagen, sondern wie sie es sagen. »Der Scheiß ist weiß« klingt einfach geil. Ich habe mich neulich mal wieder durch meine Alben gehört und dabei bemerkt, dass ich auf den alten Alben viele Sachen so superdeutlich ausspreche. Auf den neuen Songs wie »Computiful« swagger ich viel mehr rum und achte darauf, dass es dope klingt – egal ob Deutsch, Englisch oder Kauderwelsch.

SCHOWI Wir haben früher sehr darauf geachtet, korrekt zu reimen. Ein Beispiel: Auf dem Song »Unterschied« vom »Kopfnicker«-Album fängt Jus Strophe an mit den Zeilen »Ich mach Schlagzeilen wie die Zeitung, so lautet die Prophezeiung«. Eigentlich wollte er damals schreiben: »Ich schlag Zeilen wie die Zeitung«. Das wäre auch viel geiler gewesen. Bam! Bam! Bam! Viele Vokale, viel Power, starke Wörter. Aber es wäre eben kein korrektes Deutsch gewesen – und das wurde damals nicht akzeptiert. Ich bin ihm da stark über den Mund gefahren, nicht aus Unwissenheit, sondern aus der Angst heraus, von der Welt da draußen korrigiert und belehrt zu werden. Heute wird Haftbefehl von der FAZ dafür abgefeiert, dass man kein Wort versteht, und wenn RIN »Und sie frägt, und sie frägt« rappt, ist das eine seiner größten Lines. Zu Recht! Denn das ist ja das Geile an Rap: dass man versteht, wo jemand herkommt, ohne allzu groß drüber nachzudenken.

DJ RON Das ist wie in der bildenden Kunst: Irgendwann gab es halt den Maler, der komplett fotorealistisch gemalt hat. Als man nichts mehr draufsetzen konnte, hat eine surreale Phase eingesetzt, und die Uhr war auf einmal nicht mehr rund, sondern oval und verschwommen. Das ist im Rap genauso: Es gibt schon den schnellsten Rapper, den besten Storyteller, den krassesten X-fach-Reimer. Für mich ist daher die heutige Entwicklung nur logisch und konsequent.

OLLI BANJO Picasso hat auch lange Zeit naturalistisch gemalt, aber irgendwann war er gelangweilt davon und hat begonnen, Frauen mit drei Augen auf der Backe zu malen. So muss man Rap meiner Meinung nach sehen. Rap ist Kunst – und jeder MC hat seine eigenen Pinsel und seine eigenen Farben. Wenn Yung Hurn in einem Song einfach zwanzigmal »Nein« sagt, dann ist das nicht scheiße, sondern verkörpert doch eine Haltung. Da kommt einer und macht die bestehenden Strukturen kaputt. Dadurch zeigt er, dass es auch anders geht und sich Rap immer weiterentwickeln kann.

AZAD Ich habe immer besonderen Respekt für Künstler gehabt, die das Rap-Feld weiter ausdehnen. Leute wie KMN oder Ufo361 haben eine neue Note mit reingebracht und Rap dadurch erweitert. Für viele ist komplett unverständlich, was Ufo361 macht. Aber er folgt einfach seinen Gefühlen.

SCHOWI In Deutschland schaffen es immer mehr Rapper, eine Stimmung zu kreieren und die Leute zu pushen. Die Kids setzen sich die Kopfhörer auf und hören Luciano oder Ufo361, wie wir damals Mobb Deep gehört haben. Die Texte sind dabei gar nicht so wichtig – die englischen haben wir früher ja auch kaum verstanden. Dieses Erzeugen einer Stimmung ist Deutschrap in der Vergangenheit nicht oft gelungen. Man fand die Texte witzig, interessant, virtuos, konnte sich mit den Inhalten identifizieren oder sie ablehnen. Aber man hat die Musik nicht so krass gefühlt. Das Level an emotionaler Identifikation ist heute ein anderes, und das flasht mich.

RIN Der Vibe ist das Allerwichtigste. Meinen Song »Ich will, dass du mich brauchst« habe ich zum Beispiel nachts besoffen in mein 100-Euro-Mikrofon gefreestylt, um ihn dann später irgendwann umzuschreiben und auszubauen. Aber im Endeffekt ist genau die Version auf dem Album gelandet. Die klang einfach echter. Der Song wäre wertlos, wenn man nicht hören würde, dass ich bei der Aufnahme besoffen war. Das Gefühl steht immer über allem.

CHEFKET Ich will bei Künstlern den Schmerz hören. Das ist der Charme dieser neuen Generation. Man hört manchmal so einen krassen Schmerz in dieser Musik und weiß gar nicht, woher der kommt, weil er ja auch nicht erklärt wird. Es könnte an den Drogen liegen. Ich selbst trinke und kiffe ja nur ab und zu …

MAX HERRE Ich fand RIN spannend, weil unter dem ganzen Hedonismus eine Schwermut war, die mich angesprochen hat.

SCHOWI Für mich ist das klassischer Rap von jemandem, der im Stuttgarter Raum mit diesem Ami-Mindset groß geworden ist: immer die neuesten Beats, immer die neuesten Klamotten, immer fresh, immer mit Soul. Das hätte auch von jemandem aus unserem Umfeld kommen können, aber halt zwanzig Jahre später. Bei Songs wie »Bros« oder »Blackout« sehe ich starke Parallelen zu Ju: dieses Anarchomäßige, das Expressive.

ELVIR OMERBEGOVIC Er ist die Antwort auf all das, was wir mit Selfmade Records etabliert haben, also technisch versierten Rap, der wenig emotionale Projektionsfläche bietet. RIN ist das genaue Gegenteil davon. Er bringt Sachen selten auf den Punkt, sondern kreiert einen Vibe.

RIN Ein Song ist immer eine Momentaufnahme. Da fließt alles rein, die Stimmung des ganzen Tages. Morgen bist du nicht mehr der Gleiche wie heute, deshalb musst du das einfangen. Im Grunde ist ein Song wie ein Foto: Du kannst am nächsten Tag wieder zur gleichen Stelle fahren und genau zur selben Zeit auf den Auslöser drücken. Aber irgendwas ist immer anders – und sei es nur eine kleine Wolke am Himmel.

HAIYTI Ich muss Ideen sofort aufschreiben und verarbeiten, weil ich sie sonst vergesse. Deswegen arbeite ich so schnell.

RIN Ich habe gelernt, dass man Sachen nicht erzwingen kann. Wenn es kommt, dann kommt es. Manchmal brettert es, und der Text steht in zwei Minuten. Manchmal schreibt man ein oder zwei Wochen an einem Song.

LGOONY Wichtig ist, dass ich keine Musik mache, wenn ich keine Lust darauf habe. Ich versuche, mir selber wenig Druck zu machen, damit meine Kunst möglichst unverkopft bleibt. Das ist teilweise die größte Herausforderung.

TOBI TOBSEN Ich sehe da durchaus Parallelen zu der Arbeitsweise von Der Tobi & Das Bo. Da wird sich nicht der Kopf zerbrochen, sondern einfach gemacht. Solange es einen Vibe transportiert, ist alles gut. Viele Songs sind ja auch recht kurz, was wiederum in die Hörgewohnheiten unserer Zeit passt. Wenn es nach 30 Sekunden nicht knallt, ist schon längst der nächste Track an. Und so wie diese Musik gehört wird, wird sie auch produziert.

HAIYTI Ich arbeite eigentlich wie jeder andere Rapper auch. Ich schreibe was auf, kann meine Schrift nicht lesen und nehme das auf.

MARTERIA Wenn eine Generation sich belanglos fühlt, klingt auch ihre Musik eher belanglos. Das heißt aber nicht, dass die Musik scheiße sein muss. Wenn ich das zwanzigste Lied über eine WhatsApp-Nachricht höre, dann ist das offensichtlich Thema in der Generation.

HAIYTI Es ist einfach nur ein bisschen abstrakter. Geschichten ohne Pointe. In jedem Song gibt es einen emotionalen Anfang und ein Ende. Du beginnst den Song mit einer Emotion, und wenn er fertig ist, beendest du etwas für dich selbst. Das Wichtigste ist doch, dass du die Leute in eine Geschichte, in ein Gefühl reinziehst. Wenn du die Geschichte auflöst, ist sie ja zu Ende. Ich will die Leute drinbehalten – in der Trap!

47 Bock auf deine Story

GÖTZ GOTTSCHALK Rap lebte lange in Abgrenzung, aber auch in Abhängigkeit vom Mainstream. Es brauchte einige Zeit, bis eigene Strukturen geschaffen wurden, die einen Erfolg aus dem Genre heraus möglich gemacht und damit auch legitimiert haben. Heute kann HipHop Mainstream-Erfolg haben, ohne den Mainstream zu nutzen. Es ist eine absolut schlagkräftige Maschinerie der Eigenvermarktung entstanden – vor allem weil HipHop immer die neuen Technologien für sich zu nutzen wusste, von Anfang an. HipHopper hatten kein Geld, um sich Instrumente zu kaufen oder Unterricht zu nehmen, also haben sie mit dem Plattenspieler einzelne Teile aus Platten wiederholt, bis daraus ein neues Musikstück wurde. Ähnlich war es mit Sampling, Auto-Tune oder dem Internet.

SUMMER CEM Wir haben das Internet genutzt, weil wir in die anderen Sachen nicht reingekommen sind. Radio? Tabu. Fernsehen? Tabu. Wir hatten nur das Internet, und das haben wir genutzt. Die Ersten, die auf YouTube Welle gemacht haben? Rapper. Die Ersten, die auf Instagram geballt haben? Rapper.

SALWA HOUMSI Zu Rap gehört nun mal Selbstinszenierung. Und durch Instagram kannst du das halt richtig zuspitzen. Einen Rapper ohne Instagram bekommst du nicht mit. Heutzutage musst du dir ein gesamtmediales Bild überlegen, das du verkörperst und verkaufst.

MAX HERRE Musik und das Visuelle müssen heute zusammenpassen. Wenn meine Söhne Musik suchen, gehen die auf YouTube. Einen neuen Song hören, heißt für die, sich ein Bewegtbild anzugucken. Ich komme da aus einer anderen Generation.

AZAD Ich war lange Zeit kein Freund von Promo oder Social Media. Ich habe immer gesagt: Ich gebe Musik – wenn es dir gefällt, dann sei so respektvoll und zahl den Betrag für meine Arbeit, und wir sind quitt. Wie für die Brötchen bei einem Bäcker! Erst sehr spät habe ich gemerkt, dass ich meine Brötchen auch bewerben muss.

LGOONY Heutzutage reicht es nicht mehr, einfach Songs zu veröffentlichen. Man muss auch wissen, wie man sich selbst vermarktet. Es braucht viel Kraft, sich gegen diese Masse an neuer Musik durchzusetzen und gehört zu werden – vor allem, weil jeder nur auf sich bedacht ist.

ROE BEARDIE Daraus ist eine Art Personenkult entstanden. Das ist etwas, was ich ursprünglich der ganzen Selfmade-Blase anlaste: Da ging es gar nicht mehr darum, über welche Art von Beat man rappte, sondern nur noch um das Image.

MARC LEOPOLDSEDER Durch das permanente Schielen auf Außendarstellung und Reichweite wird die Musik so weit in den Hintergrund gedrängt, dass sie nur noch der Soundtrack zum Rapper-cool-Finden ist.

RALF THEIL Ein sehr gutes Beispiel für die Zuspitzung dieses Phänomens – im Guten wie im Schlechten – ist meines Erachtens der Erfolg der 187 Strassenbande.

AHZUMJOT Bonez und Gzuz sind einfach interessante Character. Gerade Bonez ist in den sozialen Medien total präsent. Der antwortet supervielen und betreibt somit Fanbindung. Erfolg hat ja ganz viel mit Identifikation zu tun. Wenn Rapper Videos auf Yachten in Dubai drehen, können die Fans keine Verbindung zu sich und ihrem eigenen Leben herstellen. Aber wenn Bonez MC davon erzählt, wie er an der Tanke Wodka-Energy trinkt, dann können Kids etwas damit anfangen. Der ist nahbar. Klar postet der auch seinen Kontostand, aber im Endeffekt sind er und die anderen von 187 immer noch Asis, die an der Tanke Carazza kaufen. Also gehen die Leute gerne zu den

Konzerten, um diese Künstler zu sehen und andere Leute zu treffen, die drauf sind wie sie selber.

BONEZ MC Bei uns macht es den Leuten Spaß zuzugucken, weil es authentisch ist. Bei anderen Rappern sieht man richtig, wie schwer sie sich damit tun, weil sie eigentlich ungern Sachen aus ihrem Privatleben preisgeben, aber ständig das Gefühl haben, eine Story machen zu müssen. Es wirkt aufgesetzt und teilweise krampfhaft. Bei uns wirkt das authentischer.

AHZUMJOT Das ist Ikonisierung! Das geht so weit, dass die Kids auf dem Splash »1-8-7« brüllen, selbst wenn die in dem Jahr gar nicht spielen. »1-8-7« ist im Grunde das neue »Heeelga!«.

XATAR Als wir uns nach meiner Entlassung das erste Mal im Studio gesehen haben, hat Bonez mir auf seinem Laptop Live-Aufnahmen von den Jungs gezeigt. Das waren nur kleine Locations, aber richtig heftige Auftritte, bei denen sie auf die Bühne gepisst und die Leute mit Whiskey vollgeschüttet haben. Krasser als jede Rock'n' Roll-Show! Ich habe damals schon zu ihm gesagt: »Bruder, ihr werdet die neuen Böhse Onkelz« – nicht, was diesen rechten Scheiß, aber was den ganzen Rest angeht!

BONEZ MC Ich kenne Gzuz seit den Neunzigerjahren, über meinen Neffen. Das waren damals schon die Outsider, betreutes Wohnen und so. Ich bin dann wegen meinen Eltern viel rumgezogen: Frankreich, Landau, zu meiner Oma, auf zwei verschiedene Internate. Meine Eltern wollten mich und meine Schwester nicht in der Großstadt aufwachsen lassen und es etwas behüteter für uns haben. 2003 bin ich dann aber wieder nach Hamburg gezogen. Da haben Gzuz und ich mehr Kontakt aufgebaut. Wir haben den Großteil unserer Zeit miteinander verbracht: Basketball, Musik ...

EIZI EIZ 2008 habe ich meinen Kumpel Goran im Büro von Deluxe Records besucht, der damals dort Grafiker war. Er hat mir erst so einen Savas-Remix mit gefühlt 80 Rappern gezeigt, darunter Laas

Unltd., der irgendeine Line hatte von wegen: In Hamburg geht gar nix. Dann hat er einfach Stopp gedrückt, gegrinst und das 187-Video angemacht.

BONEZ MC Wir waren damals krass von Berlin beeinflusst, andererseits haben die die ganze Zeit auf Hamburg rumgehackt und sich über »Digga, Migga« und die schlabbrigen Hosen lustig gemacht, was wir ja selbst peinlich fanden. Uns hat krass genervt, dass man nicht einfach sagen konnte: Das ist meine Stadt, fickt euch! Ich denke, dadurch ist viel entstanden. Wir wollten zeigen, dass wir in Hamburg auch hart sind. Dass wir auch Hochhäuser haben und Kampfhunde und Messer und alles andere, was man eben so braucht als Gangsta. (lacht) Erst haben wir viel adaptiert, hatten Lederjacke, Zahnstocher und gegelte Haare. Aber zum Glück haben wir schon bald unsere eigene Version gefunden. Berliner waren wir halt nicht. Man musste schon zu Hamburg stehen.

STEPHAN SZILLUS Ich denke, dass auf Medien- oder Industrie-Ebene kaum jemand auf Bonez gesetzt hat. Der ist einfach selbst durchmarschiert.

EIZI EIZ Ich habe das sofort gefeiert. Musikalisch hat mich das natürlich nicht so umgehauen wie Hafti oder Marsi – 187 waren damals ja auch noch nicht auf dem Level wie heute. Aber ich fand den Spirit geil. Ich kannte die schon als Graffiti-Crew und habe mich einfach gefreut, dass auf St. Pauli eine Generation von Straßenkids heranwächst, die einen authentischen HipHop widerspiegelt, wie ich ihn immer gehört habe, aber trotzdem ein politisches Bewusstsein mitbringt, eine linke Haltung.

BONEZ MC Wir haben nie die HipHop-Fahne hochgehalten, aber wir waren immer mehr HipHop als alle anderen. Sogar Tante Emma von nebenan hat schon mal ein 187-Tag von Frost gesehen. In Hamburg ist alles ein bisschen überschaubarer und geballter, da passiert die Nähe automatisch. Gzuz' Mama kommt aus der linken Szene, mein

Vater war Musiker, mein Onkel ist Musiker. Das sind alles Künstler. Ich bin voll offen erzogen worden. Dadurch haben wir immer schon alles selbst für uns interpretiert und wollten etwas Eigenes machen. Ich will ja eigentlich nicht das Wort »Elemente« benutzen, aber es ist tatsächlich so: Das Zusammenspiel all dieser Elemente hat den 187-Flavour ergeben.

HAIYTI Gzuz ist ein Talentrapper. Und Bonez ist ein Macher, ein Büdchenbauer. Wenn ich Geschichten darüber höre, wie er schon als Junge Boybands zusammengestellt hat, er gesagt hat, wer was anziehen soll und so, macht alles Sinn. Er hat die richtigen Leute ins Boot geholt, und jetzt ist es die größte Boyband in Deutschland.

FIZZLE Bonez ist ein richtiges Mastermind. Der schneidet so viel mit wie vier bis fünf Leute zusammen. Ich habe selten jemanden gesehen, der so zielstrebig seinen Plan verfolgt und Dinge auch tatsächlich umsetzt. Das trägt ja viel zu dieser Faszination bei: wie er immer wieder ein neues Fass aufmacht, immer wieder einen neuen Hashtag erfindet, in seiner Instagram-Story immer wieder einen draufsetzt.

FIJI KRIS Deren Media-Game war einfach revolutionär. Ihre Monsta Bloggs auf YouTube waren quasi Instagram-Stories, bevor es Instagram-Stories gab: ein Fenster in ihre Welt. Das hat dem Ganzen den Kontext und die Aura gegeben, ohne die die Musik nicht das wäre, was sie ist.

BONEZ MC Wir hatten immer schon das Bedürfnis, den Leuten möglichst alles zu präsentieren, um zu zeigen, dass wir die einzig Wahren sind und die anderen nur Schauspieler. Durch Instagram hatte man dann plötzlich die Möglichkeit, alles direkt zu teilen, 24/7. Gut, dann filme ich halt meine Chromfelgen ab, meine Waffe, die Drogen. Warum nicht? Mir fällt das leicht, weil bei mir die Rolle und das Privatleben so stark miteinander verflossen sind. Ich komme nicht abends nach Hause, ziehe meine Rolex aus und meine Birkenstocks an – und bin plötzlich John Moser statt Bonez MC. Der Titel meines ersten Albums »Krampfhaft Kriminell« hat den Nagel eigentlich auf den Kopf getroffen. Wir müssten nicht kriminell sein, wir könnten auch bei Aldi an der Kasse oder im Lager arbeiten. Aber wir halten es krampfhaft kriminell, weil geil.

FIZZLE Du merkst an deren Video ganz genau, was das für Charaktere sind. Du weißt, dass du dich besser nicht mit denen anlegst, andererseits haben die wirklich Humor.

MARC LEOPOLDSEDER Ich finde das interessant: Die wirklich erfolgreichen Leute aus der Generation Instagram sind die, die ihre Internet-Persona auch nach außen tragen können. Yung Hurn malt U-Bahnen an, nimmt Drogen und hängt mit Promis rum. Ufo361 war in Berlin schon stadtbekannt, als er noch auf rumpeligen Boom-Bap-Beats gerappt hat. Und Bonez und Gzuz sind halt wirklich zwei Meter groß und leben diesen Film jeden Tag. Das sind einfach faszinierende Persönlichkeiten, und das spüren Fans.

BONEZ MC Instagram hat uns die Möglichkeit gegeben, noch schneller voranzukommen. Man hat damit andere Rapper auch weggedrückt. Das klingt hart, aber ich weiß nicht, wie ich es schonender ausdrücken soll. (lacht) Wir haben Rapper arbeitslos gemacht durch unsere Geschwindigkeit.

XATAR Wie die durchziehen, verdient größten Respekt. Da können wir alle noch von lernen.

BONEZ MC Diese ganzen Fotos haben natürlich auch viel von meiner Seele aufgefressen. Aber es war halt was Neues, und ich habe die Welle geritten. Ich habe es nie darauf angelegt, dass mir wildfremde Kids ihr Handy ins Gesicht halten und sagen: »Bonez, nie die Story vernachlässigen.« Aber man ist da halt so reingewachsen … Man kann es ja ein bisschen regeln. Zum Beispiel habe ich früher jedes Essen in einem Restaurant in meine Story gepackt und mich dann gewundert, wenn direkt tausend Leute vor dem Laden standen. Das lasse ich jetzt bleiben, dann kann ich auch in Ruhe essen. Aber grundsätzlich habe ich mich total davon verabschiedet, dass ich da irgendeine Trennung hinbekomme. Das ist alles so groß geworden, dass ich eh abgeschlossen habe mit Privatleben. Ist halt jetzt so. Ich bin der Influencer Nummer eins – auch wenn ich nicht weiß, wozu ich die Leute beinfluencet habe. (lacht)

48 Menace 2 Society

RALF THEIL Die Instagram-Stories von Bonez MC sind ein gutes Beispiel für das komplett umgedrehte Machtverhältnis zwischen Künstlern und Medien.

VISA VIE Früher haben Rapper sich gewünscht, von einem bestimmten Medium interviewt zu werden. Seit ein paar Jahren ist man als Medium eher in der Rolle des Bittstellers.

KURT PRÖDEL Erfolgreiche Rapper brauchen keine Journalisten mehr. Die haben eigene YouTube-Channels mit mehr Abonnenten, als private Fernsehsender Zuschauer haben. Die juckt nicht mehr, ob ein Feuilletonist ihre Platte in einer Zeitung bespricht. Die sagen, was sie sagen wollen, über ihre eigenen Kanäle.

ROOZ Du weißt, was ein Rapper über dieses oder jenes Thema denkt, weil er sich dazu immer und ständig auf Social Media äußern kann. Deswegen ist das klassische Interview meiner Meinung nach momentan tot. Zwei Stühle, ein Mikrofon, reden – das Spiel ist durchgespielt.

VISA VIE Es gibt immer noch junge Rapper, die mir schreiben, dass ich sie eines Tages interviewen werde. Das ist immer eine ganz niedliche Mischung aus Kompliment und Drohung. (lacht) Weil Rapper wissen, was ihre Statements für einen Effekt haben, ist alles viel kalkulierter geworden, sowohl bei den Rappern als auch bei den übrig gebliebenen Magazinen im Netz.

PRINZ PI Für mich war und ist das Internet etwas für Amateure. Da ist nicht klar, ob etwas von Fachleuten geschrieben wurde oder von einem 15-jährigen Typen aus Buxtehude. Es findet derjenige am meisten Beachtung, der am lautesten schreit. Oder du hast Leute wie Rooz, die skandalmäßige Quatsch-Interviews machen und sich da Character schaffen, was auch fast eine Kunstform ist. Aber es gibt wenig seriöse Journalisten mit Substanz.

ROOZ HipHop ist über die Jahre einfach viel größer und damit auch der Anteil der Nerds kleiner geworden. Es interessiert doch nur einen ganz geringen Teil der Leute, welche Kick wie abgemischt wurde. Deshalb geht es mir mit #waslos um Unterhaltung, um gute Gespräche und vor allem um Humor. Ja, die Musik ist wichtig, aber Rapper haben auch darüber hinaus etwas zu sagen. Klar ist das interessant für Jugendliche! Moritz Bleibtreu meinte mal zu mir: »Was du da machst, ist eine Form von investigativem Journalismus – und das machst du richtig gut.« Ich finde, damit hat er recht. Kann sein, dass #waslos nicht allen journalistischen Standards gerecht wird, aber das will es auch gar nicht. Dafür sind andere da. Ich mache einfach mein Ding.

RALF THEIL Vieles von dem, was man unter »Deutschrap-Journalismus« subsumiert, ist eine Mischung aus Gossip, Hofberichterstattertum und Influencer-Arbeit, die keine kritische Auseinandersetzung, sondern die Nähe zu Stars und Erfolg sucht – und deswegen eben nicht darüber spricht, wenn in Rap-Texten Vergewaltigungen verharmlost werden.

NURA Instagram zeigt dir: Hab Kontakt mit Leuten, die dich weiterbringen! Häng dich an erfolgreiche Leute, dann schaffst du es auch! Das ist richtig geisteskrank. Weißt du, wie viele Rapper im Backstage oder auf Festivals Anhängsel dabeihaben, die ihnen in den Arsch kriechen? Auch die Journalisten sind teilweise richtige Fame-Bitches, die nur am Schwanzlutschen sind und sich in jedem Interview ihrem Gegenüber anpassen.

LGOONY Keines der Rap-Medien fühlt sich zuständig. Jeder sieht sich eher als Moderator, nicht als Journalist. Niemand übt Kritik an kritikwürdiger Musik, weil der Künstler sonst das nächste Interview absagt. Überall wird rumgeschleimt, und es wird massive Vetternwirtschaft betrieben.

MARC LEOPOLDSEDER Es fehlt halt an einem medialen Korrektiv, gerade angesichts des De-facto-Monopols der Streaming-Plattformen wie Spotify oder Apple Music. Wenn Musik da mehr oder weniger kontextlos reingeschüttet wird und man es dem Konsumenten selbst überlässt, bestimmte Textstellen einzuordnen, muss man sich nicht wundern, wenn selbst die menschenverachtendsten Aussagen durchgewunken werden. Bei »JBG3« von Kollegah und Farid Bang gab es den großen Backlash halt ein halbes Jahr später im Zuge der ECHO-Verleihung – und zwar von Leuten, die damit eigentlich nichts zu tun haben. Die Massenmedien haben jedes Recht, zum Beispiel antisemitische Lyrics zu kritisieren. Was mich stört, ist, dass es innerhalb der HipHop-Welt kaum relevante Plattformen mehr gibt, auf denen so etwas diskutiert wird. Diese Wagenburg-Mentalität, mit der reflexhaft HipHop verteidigt wird, macht mich richtig sauer. Damit gibt man den Diskurs aus der Hand. In so einer Situation waren wir seit 15 Jahren nicht mehr.

SALWA HOUMSI Wenn ECHO-Kritik aufkommt, sind wir plötzlich »eine Community«, die sich gegen die bösen Anti-HipHop-Medien verschwört. Und inhaltlich? Sind wir oft antisemitisch, sexistisch, rassistisch, homophob – all das. Also Community, aber nicht für alle?

MARC LEOPOLDSEDER HipHop ist jetzt da angekommen, wo wir ihn immer haben wollten: Er ist jetzt die Mega-Mainstream-Kultur. Aber was eigentlich die gemeinsamen Werte dieser Kultur sind – darüber hat in den letzten zehn Jahren kein Austausch stattgefunden.

AFROB Ich habe mich ab einem gewissen Punkt nicht mehr wohlgefühlt in dieser Szene, weil sie teilweise krass faschistoid und rassistisch war. Bei den Texten von M.O.R. dachte ich, ich wäre im falschen Film: »Affen wie Afrob fliehen aus dem Zoo.« Hallo? Da habe ich gedacht: Das ist es nicht mehr. Ich war enttäuscht über die hiesige Rap-Szene: nicht nur dass sie es erlaubt haben, sondern dass keiner es kritisch hinterfragt hat.

STEPHAN SZILLUS Ich hatte früher immer dieses El-P-Zitat auf den Lippen: »Du darfst gegen das Auto nur treten, wenn du es gekauft hast.« Sprich: Man darf etwas erst kritisieren, wenn man etwas dafür gegeben hat. Aus dieser Haltung heraus habe ich zum Beispiel Fler vor meinen akademischen Freunden verteidigt, weil er als Writer sein Leben für die Kultur riskiert hat. Das hat sich mit der Zeit ein bisschen gewandelt. Ich sehe mich als Teil der Szene, will deswegen aber nicht meine Schnauze halten müssen, wenn ich was uncool finde. Ich kann mittlerweile auch akzeptieren, wenn ein Journalist der ZEIT einen Rap-Text kritisiert. Der muss nicht zwanzig Jahre gesprüht haben, um eine sexistische oder antisemitische Line kritisieren zu dürfen. Früher war es ein Wir-gegen-die. Aber für mich gibt es dieses Wir so nicht mehr. Das liegt daran, dass es keine lineare Erzählung gibt. Ich glaub da schon seit Jahren nicht mehr dran.

DANGER DAN Es gibt eine romantisierte Idee davon, dass HipHop mal etwas total Subversives gewesen ist. Ich habe das aber nie erlebt und halte es für totalen Quatsch. Vielleicht gab es mal einen antirassistischen Konsens, aber da hört es dann auch auf. Die HipHop-Polizei passt auf, wenn jemand die N-Bombe droppt, aber Vergewaltigungs-Lines über die Mutter des Gegners gehören im Grunde fast zum guten Ton. Das ist für mich nicht subversiv.

MARC LEOPOLDSEDER Wenn man sich ansieht, wie sich in den letzten Jahren die Diskussionen um das N-Wort, »schwul« als Schimpfwort und frauenfeindliche Lines ausgewirkt haben, dann bleibt die Hoffnung, dass sich mittelfristig etwas tut. Ausgrenzung zu befürworten ist nämlich so gar nicht HipHop, eigentlich. Aber manchmal frag ich mich schon, ob es eine gemeinsame Wertebasis in der Szene gibt oder je gab und was genau diese Werte denn sein sollen. Die Sache mit Kollegah und Farid Bang war so ein Moment. Im Wagenburg-Aktionismus der Szene ging völlig unter, dass es da tatsächlich was Handfestes zu kritisieren gab und das nicht nur eine »Kampagne der Medien« war. Vor allem wurde der Fokus auf eine Line von Farid gelenkt, die zwar geschmacklos, aber eben nicht der Grund für die Antisemitismus-Vorwürfe war. Da wurde leider klar, dass das Bewusstsein dafür, was Antisemitismus ist und bedeutet, in weiten Teilen der Szene nicht besonders ausgeprägt ist.

KOLJAH Diese Zeile von Farid Bang war eine geschmacklose Punchline, aber ein schlechtes Beispiel für Antisemitismus. Antisemitismus ist eine bestimmte paranoide Denkform, mit der manche Leute glauben, das gesamte Weltgeschehen erklären zu können. Von Juden ist da heutzutage fast nie explizit die Rede. Man spricht eher von bestimmten Banken oder übt sich in Zinskritik und überträgt die gängigen Stereotypen auf den Staat Israel. Wie die meisten Antisemiten legt Kollegah Wert darauf, kein religiöser Judenfeind zu sein. Aber er ist halt ein fanatischer Israelhasser und Antizionist, und das ist das wesentliche Merkmal des modernen Antisemitismus. Diese Brandreden auf Kollegahs YouTube-Channel, in denen das Volk gegen irgendwelche dunklen Mächte aufstehen soll, von denen es verarscht wird, hören sich an wie klassische faschistische Propaganda.

MARC LEOPOLDSEDER Kollegah ist leider nicht der Einzige, der antisemitische Narrative bedient. Die gleichzeitige Beteuerung, »nichts gegen Juden« zu haben, ändert leider nichts daran, dass viele Rapper immer noch auf dem Klischee des jüdischen Anwalts oder Bankers rumreiten – und damit natürlich den Antisemitismus in der Gesellschaft reproduzieren.

FATMA AYDEMIR Mich hat genervt, dass die Diskussion wegen Farid Bang einen latent rassistischen Unterton hatte. Das ist schade, weil in dem Moment die Kritik, die berechtigt ist, nicht mehr so viel wert ist. Wenn das Rassismus ist, sollte das auch benannt werden – genau wie wenn es Antisemitismus ist. Das ist halt ein Problem. Wenn du sagst: »Die Muslime sind das Problem!« oder »Die Rapper sind das Problem!«, machst du aus Antisemitismus ein partielles Problem. Es ist aber eigentlich gesamtgesellschaftlich.

SALWA HOUMSI Ich finde es unfassbar frustrierend, dass wir in einer Zeit leben, in der es als besonders gilt, wenn man sich politisch positioniert. Ich wünsche mir so sehr, dass mehr Leute eine Haltung zu bestimmten Themen zeigen. Wie können Leute »HipHop« grölen und gleichzeitig nicht bereit sein, sich mit Gleichberechtigung auseinanderzusetzen? HipHop bedeutet für mich, dass es kein Thema ist, dass ich Araberin und eine Frau bin oder aus was für Verhältnissen ich komme.

STEPHAN SZILLUS Wenn jemand den Mund aufmacht, kassiert der auch noch den Shitstorm – wie bei Megaloh, der 2018 eine H&M-Werbung als rassistisch kritisiert hat, was ein Großteil der HipHop-Szene gar nicht verstanden hat.

AFROB Als ich 2001 mit »Made In Germany« als zweites Album ein politisches gemacht habe, habe ich meiner Karriere sicher keinen Gefallen getan. Wir sind komplett geschnitten und gemobbt worden. Wir hatten keine redaktionelle Berichterstattung, keine Rotation, keine Interviews. Aber ich habe das Album als meine Pflicht gesehen. Ich wusste, dass ich der Einzige bin und auf lange Zeit der Einzige bleiben werde, der eine schwarze Agenda nach vorne bringen kann, also habe ich versucht, das zu tun. Ich bin ein hochbegabter afrikanischer Deutscher, der hier seine Chance bekommen hat und sie nutzt. Mir ging es darum, meine persönliche Position klarzumachen, sodass wir überhaupt in irgendeine Kommunikation über Rassismus in Deutschland treten können.

CHEFKET Musik könnte so viel mehr sein und tun. Wir alle könnten diese Gesellschaft zusammen so krass formen und zum Positiven wenden, wenn wir alle ein bisschen mehr Inhalt in unsere Songs packen würden. Es gibt ja jetzt schon keinen Weg an uns vorbei. Wir sind im Mainstream angekommen, und jetzt ist es an uns, etwas daraus zu machen.

PETER FOX Ich finde nicht, dass ein Musiker grundsätzlich eine Verpflichtung hat, sich zu bestimmten Themen zu äußern. Das muss er oder sie auch wirklich fühlen. Und ein Song, der politisch was reißt, ist eh fast unvorstellbar. Songs sind Kunst und Pose – wichtiger ist, denke ich, wie ein Künstler ansonsten im Leben auf sein engeres Umfeld oder die Gesellschaft einwirkt.

NURA Natürlich kann man mit Rap ein politisches Bewusstsein schaffen! Aber viel zu viele halten die Schnauze, weil sie Angst haben, Fans und Follower zu verlieren. Ich weiß das, weil ich Nachrichten bekomme, dass ich meine Fresse halten soll, wenn ich Sachen gegen die AfD oder zu LGBT-Themen poste. Die Leute reden immer von Influencern. Aber du kannst deine Reichweite doch auch nutzen, um damit Gutes zu tun, und nicht nur, um deine Box zu bewerben, in die du einen Zehennagel gepackt hast.

FALK SCHACHT Rap ist immer politisch. Viele Leute möchten eine direkte Ansage hören, aber wenn Haftbefehl mir erzählt, wie er an der Ecke Packs verkauft, ist das hochpolitisch. Die Gesellschaft müsste nämlich die Frage beantworten, was sie falsch gemacht hat, dass er Packs verkauft, statt eine Ausbildung zu machen oder zu studieren. Man würde aber lieber Rap verbieten, als sich selbst den Spiegel vorzuhalten.

FATMA AYDEMIR Das Politische an Rap ist eine Lesart. Es gibt viele Sachen, die ich als total politisch einschätzen würde: Ich meine jetzt nicht Blumentopf und ihren Song gegen George W. Bush, sondern Songs von einem Haftbefehl. Ich bin aber auch cool damit, wenn jemand darin gar nichts Politisches sieht. Am Ende sehe ich Rap in erster Linie als Kunst, und die darf nicht mit zu vielen Forderungen und zu viel Verantwortung überladen werden. Ein Künstler soll in erster Linie das tun, was er fühlt.

SALWA HOUMSI Wir brauchen gar keine Zeigefinger-Texte. Es reicht, wenn Künstler wieder anfangen, echte Geschichten zu erzählen, anstatt von ihren Schuhen zu reden. Aber gerade entscheiden die sich alle irgendwie für Gucci und Bitches ...

MARCUS STAIGER Der aktuell erfolgreiche Rap ist auf eine Art wahnsinnig ehrlich. Die Musik zeigt, wie die Welt ist: Setz dich durch um jeden Preis, ohne Erfolg bist du nichts. Auf vielen der neuen Alben wird genau eine Geschichte erzählt: Keiner hat an mich geglaubt, alle sind neidisch, ich bin erfolgreich, du immer noch nicht. Was soll man daran aussetzen, außer dass man die Zeit kritisiert, in der wir leben?

SHINDY Ich würde gerne sehen, dass die Kids meinen Erfolg als Inspiration auffassen. Ich habe die Ami-Rapper gesehen und wollte das alles auch haben. Das hat in meinen Augen auch nichts mit Oberflächlichkeit zu tun. Was ist schlimm daran, als junger Typ Spaß zu haben und sein Leben zu genießen? Es ist doch kein Geheimnis, dass man sich besser fühlt, wenn man bestimmte Marken trägt. Kann ja sein, dass du den schwarzen Sweater für acht Euro bekommst, aber wenn du den für 700 Euro anhast, fühlst du dich einfach anders. Ich feiere das Gefühl. Ich habe mir das schließlich erarbeitet und hoffe, dass es für die meisten eine Motivation ist.

ALI AS Das Markennamen-Ding hat sich leider ein bisschen abgenutzt. Inzwischen kann jeder Hinterhof-Kanake ein paar Designermarken aussprechen, und dadurch ist es weniger reizvoll geworden. Wenn eine Sache so präsent wird, ist sie nicht mehr so geil. Ich mag dieses Anti-Ding, einfach einen Fick geben. Aber grundsätzlich war das immer schon das Geile an Rap – dass da ein eigentlich unterprivilegierter Charlie wie Slick Rick dermaßen auftrumpft, dass alles zu spät ist und die Leute sich denken: Der ist ja mehr Kette als Mensch.

Dieses ganze »Ich studiere zwar kein BWL, aber verdiene trotzdem mehr als ihr«-Ding. Smack your favourite BWLer, aber nix gegen BWLer. (lacht)

MARC LEOPOLDSEDER Wenn es in Rap-Lyrics ausschließlich darum geht, was der Rapper alles erreicht und konsumiert hat, dann passiert Selbstermächtigung nur zu dem Zweck, sich über andere zu erheben. Damit reproduziert man die Werte der Ellenbogengesellschaft, die einen zuvor marginalisiert hat. Das eigentlich sehr mächtige Sprachrohr Rap verkommt zum Selbstzweck – und der Rapper zum Influencer mit Mehrfachreimen.

MARCUS STAIGER Der einzige Weg, da rauszukommen und die Verhältnisse zu ändern, wäre, sich zu organisieren – also im Grunde das, was wir mit Royal Bunker gemacht haben, aber auf einer gesamtgesellschaftlichen Ebene.

STEPHAN SZILLUS Linke, systemkritische Stimmen sind im HipHop nicht mehr laut. Das finde ich schade und prangere ich an. HipHop ist ein neoliberaler Soundtrack geworden und erklärt dir eigentlich nur, wie du in einem System gut mitspielen kannst, in dem Trump mächtig ist. Dabei war die Subkultur ursprünglich ein Tool für Unterdrückte, die nicht mitsprechen durften und sich selbst ermächtigten. Und was ist daraus entstanden? Eine riesige Industrie, die einige wenige aus der Armut auf die Yachten gebracht hat. Durch die Illusion, dass das möglich ist, ist die Maschinerie nur noch stärker geworden.

PETER FOX Viel von dem Rap, der erfolgreich ist und den ich auch gut finde, funktioniert als Rap total gut, ist aber wenig kompatibel mit der Solidarität und Gemeinsamkeit, die ich mir für unsere Gesellschaft wünsche. Das ist natürlich ein gewisser Widerspruch, dessen ich mir auch bewusst bin. Aber auch wenn ich die Einstellung, die in den Texten und den Interviews durchkommt, inhaltlich nicht teile, kann es unter Entertainment-Gesichtspunkten einen Wert haben.

49 Und der MC ist weiblich?

FATMA AYDEMIR Eine Line, in der es um Bitches geht, die blasen, ist nicht das grundlegende Problem. Sexismus hat eine viel größere Dimension. Was mich daher eher interessiert, ist, wie viele Frauen im Deutschrap überhaupt involviert waren und wie mit denen umgegangen wurde. Es gab nämlich gar nicht so viele, und mit denen wurde auch nicht gut umgegangen. Über Nina MC oder Pyranja wurde immer gesagt, wie peinlich sie sind. Ich habe die jetzt auch nicht gepumpt, aber ich glaube trotzdem, dass die nicht schlechter waren als so manch männlicher Rapper. Die sind als peinlich abgestempelt worden, weil sie Frauen sind.

NURA Guck dir doch die ganzen Rapper mal an: Die sind alle so todeshässlich, haben einen beschissenen Style und keinen krassen Körper. Aber sobald eine Frau mit dem Rappen anfängt, muss sie wie ein Topmodel aussehen, damit sie nicht beleidigt wird. Wenn ich ein Feature mit drei Typen aufnehme, heißt es direkt: Nura hat einen Gangbang mit denen gemacht! Nicht einer würde auf die Idee kommen, dass die mich nach dem Feature gefragt haben und nicht andersrum. Das wird sich auch nicht ändern, so traurig das auch ist. Frauen werden in dieser Szene nie denselben Wert wie die Männer haben.

DANGER DAN Für Filme gibt es den sogenannten Bechdel-Test. Da überprüft man einen Film auf den Umstand, ob es darin zwei Frauen gibt, die sich miteinander über etwas anderes als einen Mann unterhalten. Fast alle Filme fallen da durch. Genau wie Rap-Alben. Ganz unabhängig von dem Fakt, dass es in Deutschland vielleicht fünf Frauen gibt, die von Rap leben können, kommen Frauen in den Rap-Texten entweder gar nicht oder als Fickobjekt vor – oder sie sind Inhalt gut gemeinter Liebeslieder, in denen sie meist aber auch entmündigt werden. Selbst da, wo es emanzipatorisch wird, ist es schwierig. Marteria behauptet, dass er auf dem CSD Kondome aus dem Wagen wirft, eine Zeile weiter spricht er dann aber davon, dass er mit einer Blonden und eine Brünetten in einer WG lebt – da geht es nicht um die Frauen oder die WG, sondern nur um die Haarfarben und den Umstand, dass er beides gleichzeitig haben kann. Er gibt sich zwar Mühe, aber das findet trotzdem auf einem Level statt, das sich nicht groß von Kegelverein und Fußballstadion abhebt.

SOOKEE Auch K.I.Z werden in linken Kontexten abgefeiert, weil es da genau diesen Swag gibt, den die Band verkörpert: linke Macker, die zwar gegen Rechts sind, denen der Rest aber scheißegal ist. Gegen Rechts sind wir ja alle. Aber dass K.I.Z ihr Album »Sexismus gegen Rechts« genannt haben, habe ich als persönliche Verletzung empfunden. Die hätten das Album niemals »Rassismus gegen Rechts« genannt! Megaloh hat mal gesagt, dass der Sexismus das Kavaliersdelikt unter den Diskriminierungen in der HipHop-Szene ist. Ich habe das am eigenen Leib erfahren, und deshalb ist das scheiße.

FATMA AYDEMIR Ein wichtiger Wendepunkt hätte Lady Bitch Ray sein können. Diese Kanakin ist aus dem Nichts aufgetaucht, hat über »deutsche Schwänze« gerappt und Begriffe wie »Bitch« und »Fotze« positiv besetzt. Sie war so: Ja, Sex ist geil – aber ich bestimme, wie er gemacht wird. Das war ein Novum in Deutschland, und, ganz ehrlich, sie war keine schlechte Rapperin. Aber irgendwie war sie einfach too much für die Szene. Deutschrap war nicht bereit für sie. Man hat sie einfach ein bisschen belächelt, auch weil sie in Talkshows saß und gleich auf die großen Bühnen wollte. Aber ich bin sicher, viele Rapper haben heimlich zu Hause Lady Bitch Ray gehört.

SALWA HOUMSI Auch SXTN haben sich empowert dadurch, dass sie das Spiel umgedreht haben. Meine vielleicht liebste Deutschrap-Line ever: »Wir ficken deine Mutter ohne Schwanz.« Ja, es geht irgendwie immer noch »gegen die Frau«, aber gleichzeitig findet endlich mal eine Auseinandersetzung mit den Genderrollen statt. Ein Großteil der Menschen, die mir erzählen wollten, dass SXTNs Frauenbild genauso schädlich ist wie das aller männlichen Rapper, waren komischerweise weiße Männer. Die wollten mir erklären, dass ich mich davon offendet fühlen sollte. Aber, guess what: SXTN haben einen großen Teil dazu beigetragen, dass ich mich als Frau im Deutschrap wohler fühle!

VISA VIE Mein Ansatz ist auch weniger, dem Mann den Sexismus auszutreiben, sondern anderen Mädchen und Frauen vorzuleben, was sie in dieser Szene alles sein können. Ich wollte von Anfang an zeigen, dass man nicht die Video-Hoe sein muss, die ihre Titten zeigt. Wenn Frauen sich gar nicht in diese klassischen Rollenbilder begeben, können sie auch weniger zum Opfer von Sexismus werden.

SALWA HOUMSI Superschweres Thema. Wie findet man da ein gutes Fazit? Wahrscheinlich gar nicht. Ich hasse Sexismus. Aber ich liebe nun mal Rap. Was soll ich tun? Hartes Dilemma. Im ersten Schritt ist es superwichtig, dass Frauen überhaupt da sind und sich nicht einschüchtern lassen. Nura und Juju sind ein gutes Beispiel: Selbst wenn ich vielen ihrer Äußerungen zu Frauenfeindlichkeit und Feminismus nicht zustimme, finde ich gut, dass sie da sind – genauso wie Sookee, die im Herzen eher eine Aktivistin ist, oder Haiyti, die gar keinen Peil von Politik hat. Endlich sind Frauen da. Um eine Veränderung einzuleiten, brauchst du halt Vorbilder. Solange sie diese Wirkung haben, ist das Wichtigste getan.

NURA Ich bekomme ständig Post von Mädels, die mir schreiben, dass sie wegen SXTN ihren ersten Text geschrieben haben. Mich macht es stolz, dass wir Mädels mit unserer Musik motivieren konnten. Vielleicht haben die vorher schon mal drüber nachgedacht, aber sich nicht getraut, und wegen uns fangen sie jetzt mit Rappen an.

SOOKEE Ich bin froh, dass ich zwar lange die nervige Buh-Frau war, sich dafür aber inzwischen etwas tut und sich Räume auftun, in denen jeder er selbst sein kann. Was linkspolitische, queere, autonome Inhalte angeht, war HipHop um die Jahrtausendwende ein totales No-Go. Mittlerweile gibt es Leute, die ausschließlich Female HipHop auflegen, Rapperinnen spielen ihre eigenen Solo-Shows, und Haiyti ist auf dem *Juice*-Cover. Das ist alles nicht mein Verdienst, aber es tut sich etwas.

50 5 Songs in einer Nacht

FARID BANG Das Musikgeschäft hat sich in jeder Hinsicht krass geändert. Ich habe schon 2012 mein eigenes Label Banger Musik gegründet, weil ich den Eindruck hatte, dass uns zu viel Geld von den großen Labels weggenommen wird. Die Majors behalten eine große Summe ein, obwohl sie gar nichts machen. Aber es geht nicht nur um das Geld. Wenn du dein eigenes Label hast, bist du vor allem auch frei. Du musst nicht jeden Scheiß absprechen und kannst dich so verwirklichen, wie du willst. Bei Banger Musik kümmern sich Mo, Ralph Jacobs und ich zusammen um alle Aufgaben. Mo ist bei den Videos und den den grafischen Sachen stark involviert. Ralle macht die Promoarbeit und überlegt sich, was in eine Box kommt oder wann wir ein Video veröffentlichen. Auch bei musikalischen Fragen sind Mo und Ralle eine gute Hilfe für mich, weil sie keine Rapper sind. Insbesondere Mo hat ein sehr gutes Gehör, was die Hitlastigkeit betrifft. Das ist heute ja essenziell! Das Einzige, was Major-Labels noch können, ist dich ins Radio zu bringen. Das ist so ein Majormafiamove. (lacht)

KRYPTIK JOE Ich kann mich erinnern, dass früher viele Songs einfach im Marketingzirkus verpufft sind. Die wurden kaputt gemacht, weil die Plattenfirmen ganz konkrete Vorstellungen hatten, wie Musik erscheinen soll. Dank dem Internet werden Songs einfach rausgehauen. Jemand wie Haiyti ballert einfach raus. Auch ein Yung Hurn ist viel freier in seiner Entscheidung, wie er Musik veröffentlicht und wie er sich vermarktet, als es in unserer Anfangszeit üblich war.

MORLOCKK DILEMMA Ich kann mich drehen und wenden, wie

ich will: Ich bin einfach eine andere Generation. Ich bin von einer Zeit geprägt, in der man nichts Halbgares rausgeballert, sondern in gewissen Abständen den bestmöglichen künstlerischen Status Quo manifestiert hat. Die Generation nach uns ist völlig anders aufgewachsen. Die denken nicht mehr in Alben und wollen das, was sie gemacht haben, möglichst schnell an die Leute bringen.

HAIYTI Für mich ist das Wichtigste, dass meine Musik schnell rauskommt. Die darf nicht in meinem System sein, sonst blockiert die mich. Wie sie rauskommt, ist mir eigentlich egal. Sie muss einfach raus.

LGOONY Mein Grundgedanke war immer, dass die Musik für jeden verfügbar sein sollte. Jeder, der die Musik hören will, kann das tun, und zwar auf die Art und Weise, wie er oder sie es möchte. Ich bin Teil einer Generation, in der man sich die Sachen auf dem einen oder anderen Weg eh immer kostenlos besorgen konnte. Inzwischen hat jeder zusätzlich die Möglichkeit, einen kostenlosen Streaming-Account zu erstellen.

AHZUMJOT Seine Musik selber zu veröffentlichen, ist einfacher denn je. Im Grunde lade ich meine Songs so auf Spotify oder Apple Music wie damals auf MySpace. Das kann jeder.

TRETTMANN Ich habe Musik schon immer als etwas begriffen, das allen zugänglich sein sollte. Das liegt bestimmt auch an der Zeit, aus der ich komme. Platten waren Mangelware, und es war einfach schwer, an die neue S.O.S. Band oder Cameo zu kommen. Da tut es gut, die Musik mit allen teilen und feiern zu können.

SUMMER CEM Deutschland tut sich ja immer schwer mit Neuem. Während man überall schon auf den Trichter gekommen ist, wehrt Deutschland sich immer noch. »Streaming? Auf gar keinen Fall! Wir pressen weiter CDs, und das Radio ist total wichtig!« Am Ende steht man dann vor vollendeten Tatsachen und fuckt sich darüber ab, dass man sich nicht besser positioniert hat.

BONEZ MC Ich bin ehrlich: Ich habe das Internet und Streaming anfangs als Bedrohung gesehen. RAF steht diesen Sachen immer etwas positiver gegenüber. Er erklärt mir lachend, dass es die Zukunft ist, während mein Herz blutet, weil ich CDs und Platten liebe. Ich komme halt aus einer anderen Zeit: Wenn mich etwas interessiert, dann kaufe ich das – dabei haben die meisten Autos nicht mal mehr CD-Player. Aber ich verstehe auch die andere Seite. Du kannst ein MP3 hochladen und direkt damit Geld verdienen. Und wir leben gut davon.
NURA Ich glaube, Streaming hat deutschen Rap insofern verändert, als er von viel mehr Leuten gehört wird. Du musst dich ja gar nicht mehr richtig auskennen, sondern klickst einfach nur auf eine der großen Playlisten und kannst alles hören, was gerade angesagt ist. Wenn du als Künstler da reinkommst, ist das natürlich ein Vorteil. Wir sind mit SXTN 2018 Gold gegangen – zur Hälfte wegen Streaming.
STEPHAN SZILLUS Der ganze Rap, der jetzt auf den Streaming-Plattformen groß ist: Das sind alles keine Sachen, die Rückenwind von den Medien bekommen haben. Die kommen aus dem Nichts, und die Kids machen sie groß.
AHZUMJOT Für einen Hit braucht man kein Label oder Management mehr. Dafür braucht man nur eine geile Idee und muss den Nagel auf den Kopf treffen. Ace Tee ist das beste Beispiel dafür. Die hatte mit »Bist du down?« einen erfolgreichen Song. Die hat einen H&M-Deal und war die Muse von Karl Lagerfeld. Wegen einem Song!
SUMMER CEM Ich kann dir bei Songs wie »Tamam Tamam« oder »Casanova« bis aufs Komma genau sagen, was die wert sind und was ich damit für Kohle gemacht habe. Diese Songs haben gar nichts mit einem Album zu tun und pushen auch nicht den Verkauf meiner Box, sondern stehen für sich selber. Ein Song hat jetzt einen Wert.
KRYPTIK JOE Die Art, wie Musik im Streaming-Zeitalter veröffentlicht und vermarktet wird, hängt natürlich ganz eng damit zusam-

men, wie Musik überhaupt entsteht. Was dabei nicht weggeht, ist die Frage, wie man dauerhaft erfolgreich bleibt. Dafür muss man natürlich dranbleiben.

TRETTMANN Mir ist wichtig, dass wir meine Songs richtig ausarbeiten. KitschKrieg und ich sitzen da echt lange dran, aber erhalten auch den ursprünglichen, unmittelbaren Vibe.

SUMMER CEM Früher bin ich ins Studio gegangen und wollte einfach den besten Sechzehner haben. Einfach ein geiler Einstieg, hier noch eine geile Punchline, da noch ein guter Spruch – fertig. Erst ganz am Schluss kam dann der Gedanke: Scheiße, wir brauchen ja noch eine Hook – lass mal irgendwas rappen! Man hat nicht einmal einen Gedanken daran verschwendet, wie man einen Song so strukturiert, dass die Leute ihn sich öfter anhören oder sogar mitsingen. Was ist das denn bitte für eine Herangehensweise an Musik? Mittlerweile denke ich das alles mit. Ein Song ist für mich nicht mehr geil, nur weil er eine krasse Punchline hat. Das ist mir zu klein gedacht. Zu einem guten Song gehört viel mehr.

MAX HERRE Dass Rap musikalischer wird, ist ein internationales Phänomen. Die Grenze zwischen Rappen und Singen verschwimmt einfach – die Drake'sche Entwicklung! Die Leute hören eine Trettmann-Platte und empfinden das als Rap. Mir kommt diese Entwicklung total zugute: Das ist ja etwas, das ich schon seit D'Angelo und Digable Planets wahnsinnig gerne mochte.

STEPHAN SZILLUS Freundeskreis waren diejenigen, die erstmals wirklich Musik gemacht haben. Vorher ging es halt um Beats und Raps, und danach hat wieder ganz lange keiner Musik gemacht. Das hat sich komplett geändert. Ein Summer Cem oder ein RAF Camora machen natürlich ganz andere Musik als ein Max Herre, aber diese Betonung von Melodie und Musikalität hat wieder extrem zugenommen. Was neu ist: dass die Straße die Melodie für sich entdeckt hat. Im Straßenrap ging es ja immer mehr um Brachialität und Stärke.

Jetzt geht es auch darum, dass es in den Clubs läuft und in der Playlist durchlaufen kann, ohne zu stören.

JAYO Ich hätte mir niemals träumen lassen, dass ein DJ im Club auf Ami-Rap verzichtet und lieber deutschen Rap spielt, weil das besser ankommt und krassere Gefühle hervorruft. Das ist definitiv ein neues Kapitel in der Deutschrap-Geschichte.

XATAR Rap aus Deutschland klang lange Zeit nach Rap aus dem Land der Dichter und Denker. Klar, dass das nicht so viele Leute interessiert hat. Seitdem es melodischen Straßenrap gibt, hört jedes Mädchen und jeder Junge schon mit zwölf Jahren Deutschrap. Das Ding ist geknackt.

STEPHAN SZILLUS Die Shisha-Bars pumpen inzwischen ja alle Rap. Das gab es früher so nicht. Ich glaube, dass es HipHop gutgetan hat, diese arabischen oder generell migrantischen Einflüsse zuzulassen.

FIZZLE Auch Trettmann hat durch seine Vergangenheit und seine Sozialisation ein Skillset mitgebracht, das im Deutschrap so nicht üblich war – inhaltlich wie melodisch.

STEPHAN SZILLUS Vor fünf Jahren hätte auch keiner gedacht, dass RAF Camora ein Star wird. Der war aber immer schon ein guter Musiker, und mit jedem Album ging ein bisschen mehr. Und dann kam Bonez MC, der in Hamburg ja auch schon über 15 Jahre am Start ist und lange gestrugglet hat, bis es mit seiner Musik funktioniert hat. Zusammen gingen die mit »Palmen aus Plastik« komplett durch die Decke.

BONEZ MC Ich denke, wir haben Grenzen geöffnet und alles wieder ein bisschen lockerer gemacht. Bei den Gangstarap-Konzerten waren lange nur schüchterne Mädels und Typen in Lederjacke, die verkrampft in der Ecke gestanden und das Konzept von Feiern nicht so richtig verstanden haben. Die Rapper haben genau so performt: von rechts nach links latschen, auf den Boden gucken und die Texte runterrattern, wie verschüchterte Jungs aus dem Jugendhaus, die zufällig vor Tausenden Menschen gelandet sind. Das ist doch kein Entertainment! Man muss doch nach einem Konzert nach Hause gehen und sich denken: Das war ein geiler Vibe, da will ich wieder hin. Ich würde sagen, wir haben ein bisschen den Stock aus dem Arsch gezogen und Deutschrap eine gewisse Offenheit gebracht.

TRETTMANN Wo früher zwanzig Typen oberkörperfrei gepogt haben, tanzen jetzt Girls. Ich find das cool.

BONEZ MC Wir haben viele Zeitpunkte richtig erkannt, um eine Welle so zu reiten, dass wir noch eine Welle draufsetzen können. Streaming. Dancehall. Das Melodische in der Musik. Die Leute sind verwöhnt inzwischen. Wenn man etwas Melodisches macht, ist man viel schneller im Kopf der Leute.

STEPHAN SZILLUS Man sieht immer mehr Musik, die klar auf Streaming hin produziert ist. Es gibt keine langen Intros. Meistens beginnt der Track mit der Hook, hat eine Melodie-lastige Strophe und wenige Worte. Es werden also die Bedingungen von klassischem Pop-Songwriting erfüllt.

SUMMER CEM Ich sage mal so: Hier steigt aktuell eine Party. Ob du zu der Party kommst oder nicht: Sie steigt. Es gibt Leute, die 50 000 CDs verkaufen, aber nur ganz wenige monatliche Hörer im Streaming haben. Das betrifft aber meistens Künstler, die Mucke so wie früher machen: Irgendein Verse, noch ein Verse, und die Hook wird als Letztes gemacht. Das hört man einmal, und dann war's das. Warum sollte man sich das auch mehrmals anhören? Die Songs sind keine Ohrwürmer, die kann man nicht mitsingen, nix.

MARC LEOPOLDSEDER Die Algorithmen der Streaming-Plattformen sind jetzt die Gatekeeper. In der Theorie ist das gut, weil du als Künstler keine Marketingmaschine mehr haben musst: Wenn die Leute deine Songs mögen, dann funktionieren sie auch so. Ich fand diese Vorstellung total spannend. Nur haben diesen Mechanismus halt alle durchschaut und produzieren ihre Musik genau dahin. Und wenn das einzige Relevanzkriterium die kommerzielle Verwertbarkeit ist, entsteht ein sich selbst erhaltender Kreislauf, der Kreativität und Neuerung nicht mehr belohnt.

MARTIN STIEBER Ich finde das, was abgefeiert wird, manchmal sehr dünn: viel Auto-Tune und viel Effekthascherei, wenig Substanz. Aber die braucht es halt. Die Substanz ist im Laufe der Zeit verloren gegangen.

ROE BEARDIE Das ist alles unglaublich beliebig geworden, und es geht nur noch darum, Klischees zu erfüllen. Ich würde behaupten: Was Marteria und die Krauts geschaffen haben, war das letzte Aufbäumen einer kreativen Keimzelle und der kongenialen Zusammenarbeit aus Musikern und einem Rapper, die versuchen, Kunstwerke zu schaffen. Man kann es sich als Newcomer ja gar nicht mehr erlauben, sich mal ein Jahr wegzuschließen und einen eigenen Sound zu entwickeln, der von Dauer ist.

MARC LEOPOLDSEDER Traditionell war es im Deutschrap ja so: Wann immer jemand dachte, dass er den Mechanismus durchschaut hat, ist er damit auf die Schnauze geflogen. Kopieren wurde nie wirklich belohnt. Wenn du »Party« auf »Bacardi« gereimt hast, warst du ein Volltrottel. In den Jahren 2017 und 2018 hatte man oft das Gefühl, du bist ein Volltrottel, wenn du überhaupt versuchst, etwas anderes zu machen, als Fußballer- und Markennamen aneinanderzureihen.

MARTIN STIEBER Die Vielfalt der Künstler fehlt. Es gibt eine Richtung, und alle gehen drauf, weil sie wissen, dass es funktioniert. In den Achtzigern und Neunzigern gab es verschiedene Charaktere, und die haben alle Erfolg gehabt – ob A Tribe Called Quest, Slick Rick, Kool G Rap oder sonst wer. Jeder hatte etwas Eigenes, wie in einem Marvel-Comic verschiedene Charaktere eigene Superkräfte haben. Heute kommt es mir oftmals vor, als wenn es einen Beatmaker gäbe und alle genauso rappen wie der eine, der den Trend gesetzt hat.

MC RENE Es ist alles erlaubt, wenn es dem gängigen Hype entspricht – sogar Biten. Früher wäre man damit nicht durchgekommen. Das war eine absolute Todsünde. Aber wenn heute jemand etwas ganz offensichtlich nachmacht, geben die Leute ihm dafür Respekt. Das ist schon erstaunlich.

CELO Wir haben uns damals auch vom französischen Rap inspirieren lassen. Aber manche Jungs kopieren einfach eins zu eins: die Melodien, die Wortwahl, sogar die Titel. Das hat für mich nichts mit Kunst zu tun, das sind Dolmetscher mit Platinauszeichnung.

MARC LEOPOLDSEDER Es werden keinerlei Impulse gesendet, dass man sich seinen Platz in dieser Sache erkämpfen kann, indem man das Rad neu erfindet. In einer Subkultur, die zu einem großen Teil auf Nonkonformismus aufgebaut ist, ist das eine riesengroße Gefahr. Auch viele Hörer haben so einen Big-Data-Ansatz und hören nur Sachen, die ohnehin schon gute Kennzahlen haben. Dadurch besteht die Gefahr, dass wir ästhetische und inhaltliche Gegenbewegungen nicht mehr mitbekommen und sie daher mittelfristig auch nicht mehr passieren werden.

DANI FROMM Ich glaube nicht, dass die fehlende kommerzielle Verwertbarkeit einen echten Künstler davon abhält, echte Kunst zu machen. Ich glaube nicht, dass das die Kunst ausrottet. Ich kann das nicht beweisen. Aber ich glaube es einfach nicht.

STEPHAN SZILLUS Durch die neue Übermacht des Streaming sieht es danach aus, als würde jede Form von Rap, die nicht nach bestimmten Prinzipien tickt, irrelevant werden und wegfallen. Ich glaube aber, dass sich das ausgleichen wird, sobald gesamtgesellschaftlich mehr Leute die Technologie für sich entdecken, vor allem ältere Menschen. Es wird sich austarieren. Es gab in der Geschichte von HipHop schon so oft solche Momente. Aber es hat sich noch immer austariert.

51 Standard

CELO Am Anfang haben nur Leute HipHop gehört, die auch gebreakt oder gemalt haben. Die Aktivisten wollten gar nicht, dass andere Leute die Musik hören. Dreißig Jahre später hört jeder HipHop. Ist doch baba!

SUMMER CEM Die Akzeptanz für HipHop in Deutschland hat sich krass gewandelt. Ob die Leute wollen oder nicht, die Zahlen sprechen für sich. Wenn du dir die Charts und das Streaming anguckst, ist klar, dass wir diese Sachen in der Hand haben.

SHINDY HipHop ist nicht die größte Jugendkultur, sondern die größte Kultur in ganz Deutschland. Das hören ja Leute von fünf bis 50 Jahren. Man muss sich ja nur angucken, wie die Leute aussehen. Als ich noch Jugendlicher war, gab es House-Freaks, Techno-Hörer und diese ganze Satanisten-Kacke. HipHop hat das alles verdrängt.

KATMANDO Du kannst in eine x-beliebige Wohnung gehen und siehst einen Haufen Dinge, die es ohne HipHop nie gegeben hätte: bestimmte Grafiken, DJ-Schallplattenspieler, Sneaker. Es macht mir wahnsinnig Spaß, das zu sehen, denn das ist ein essenzieller Teil des ganzen HipHop-Dings: dass wir gemeinsam diesen Stellenwert etabliert haben.

XATAR Für alle, die auch in der Durststrecke durchgehalten haben, ist das ein Traum. Früher haben wir im Viertel Jogginghosen von Adidas getragen, und plötzlich sitze ich mit dieser Firma an einem Tisch. Ich mache Soundtracks für Filme, ich sitze mit Moritz Bleibtreu im alten Büro von Bernd Eichinger und spreche mit ihm und dem Chef von Constantin Film über Rap. Mehr muss man doch nicht sagen.

FALK SCHACHT Als Kaya Yanar Anfang der Nullerjahre eine Show auf Sat.1 bekommen hat, war das eine riesige Schlagzeile: OMG, ein Türke bekommt seine eigene Sendung im Fernsehen. Das ist längst Normalität. Und Rap hat seinen Teil dazu beigetragen, dass es heute Stars mit Migrationshintergrund gibt.

CELO Selbst Tipico macht Werbung mit Haftbefehl und Summer Cem.

ABDI Bei diesen ganzen Sendungen wie »taff« oder »Galileo« auf Pro7 oder RTL läuft immer Deutschrap im Hintergrund.

CELO »Gerade bereitet Mareike ihr Kuchenrezept vor ...« Und dann läuft im Hintergrund »Heute mit mir« von Nimo.

SUMMER CEM Ich bekomme mittlerweile Feature-Anfragen von Künstlern wie Glasperlenspiel. Einer von deren Hintergedanken ist, dass sie in die Rap-Playlisten bei den Streamingdiensten wollen, die sehr viele Abonnenten haben. Das ist gar nicht böse gemeint, aber die wollen natürlich auch daran partizipieren.

NURA Rapstars sind in Deutschland immer noch keine richtigen Stars wie in Amerika. Die Gesellschaft hat immer noch Schiss vor Rappern. Aber die Kinder von diesen Leuten, die Schiss haben, feiern uns. Das ist ein Generationending und wird sich nach und nach ändern.

STEPHAN SZILLUS Die Gesellschaft hat Rap nicht unbedingt verstanden, aber doch akzeptiert. Weder muss man sich für HipHop schämen noch muss man besonders cool sein, um ihn zu hören. Rap ist einfach die heutige Popmusik.

MARTERIA Ich meine, ich habe 2018 eine Show im Ostseestadion vor 33000 Zuschauern gespielt: in meiner Heimatstadt, im Stadion von meinem Verein. Mehr geht nicht. Das ist, blöd gesagt, das Ende dieser Rap-Idee, sich mit anderen messen zu müssen. Daran sieht man, wie viel Macht diese Musik hat.

TOBI TOBSEN Der Deutschrock der Neunziger war ja latent unangenehme Musik. Rap hat überhaupt erst die Möglichkeit aufgezeigt, die deutsche Sprache so zu benutzen, dass sie sich schön anhört. Wenn man heute die guten Rapper hört, geht das ähnlich gut ins Ohr wie Rap und Pop aus Amerika. Diese Entwicklung hatte einen großen Einfluss auf deutsche Popmusik allgemein. Der offene Umgang mit Satzstrukturen, die ungenauen Reime, wie Umgangssprache in Texten verwendet wird – das haben sie sich alle ganz genau angeguckt.

MOSES PELHAM Wenn ich sehe, wie junge Brüder und Schwestern ganz selbstverständlich in der Sprache singen, in der sie mit den Leuten um sich herum kommunizieren und in der sie träumen, dann freut mich das sehr, weil es bei uns noch nicht so war. Und ich glaube, dass das auch damit zu tun hat, dass irgendwelche Kinder sich vor dreißig Jahren mal gedacht haben: Wir brauchen jetzt Rap in unserer Sprache.

TOBI TOBSEN Seit Jahren hat jeder zweite Popsong eine Rap-Strophe oder einen HipHop-Beat, teilweise sogar HipHop-Attitude. Das wäre früher undenkbar gewesen. Damals hat sich HipHop, wenn er kommerziell sein wollte, dem Pop angebiedert. Heute biedert sich Pop, wenn er cool sein will, dem HipHop an.

MARTERIA Wir haben den Pop abgelöst!

DJ RON Stillstand war schon immer der Feind von HipHop. Man will nach vorne kommen, spannende Dinge machen, Neues erreichen.

FELIX BRUMMER Es geht immer weiter. Eine Zeit lang ist Cro der heiße Scheiß, und man denkt: Fresher geht es nicht. Aber dann kommt auf einmal RIN, und man weiß: Geht doch.

FALK SCHACHT Ich weiß, dass viele Leute aus meiner Generation das nicht nachvollziehen können, aber ein Yung Hurn hat mir das gleiche Gefühl gegeben wie damals Dendemann oder Samy Deluxe. Ich dachte mir: Wow, das ist neu, das ist radikal, das fordert mich heraus, das macht mich neugierig. Diese Neunziger-Verklärung langweilt mich zutiefst. Als Schüler und Anhänger der Kultur bin ich mir bewusst, dass wir auf Schultern von Riesen stehen dürfen. Und deshalb schätze ich jede Ära. Allschool-HipHop nenne ich das.

AFROB Die Suche nach etwas Eigenem, das ist ja Rap. Du musst etwas Eigenes daraus machen. Im Prozess einer Emanzipation passiert manchmal viel Scheiße. Das ist wie bei einem Sohn, der sich von seinem Vater emanzipiert: Da läuft ja auch nicht immer alles korrekt.

FELIX BRUMMER Im Grunde ist Deutschrap seit jeher damit beschäftigt, sich von den Dogmen der Gründerväter zu emanzipieren. Aggro Berlin, K.I.Z, Casper, Haftbefehl, SXTN, Trettmann oder wir – jeder hat auf seine Art und Weise versucht, die aufgestellten Regeln zu brechen.

OLLI BANJO Ganz ehrlich? Als wir jung waren, sind wir genauso drauf gewesen. Es gehört doch dazu, alles andere scheiße zu finden. Wenn mir als 16-Jährigem einer mit Kultur angekommen wäre, hätte ich zu dem gesagt: Verpiss dich, ich will rappen!

MARTERIA Für mich ist ganz klar, dass die Pioniere nicht gefickt werden dürfen. Die haben die Türen aufgetreten, die haben alle mit reingeholt. Und dafür gebührt ihnen auf ewig größter Respekt.

CASPER Ich finde erstaunlich, wie schlecht sich in der Rap-Szene um die alten Generationen gekümmert wird. Das ist echt ein szenespezifisches Phänomen. Wenn man Namen wie Torch oder MC Rene nennt, hagelt es direkt Gags. Wenn jemand in den Zweitausendern fünf heftige Singles hatte, aber danach nichts mehr gerissen hat, wird darüber gewitzelt, dass er jetzt unter der Brücke lebt. Im Rock- oder Electronica-Bereich genießen die Pioniere ein extrem hohes Ansehen. Das ist quasi eine Lebenslinie und ein Miteinander. Aber im Rap wird immer wieder draufgepisst. Das ist wie ein immer wiederkehrender Pubertätszyklus. Aber vielleicht muss das auch so sein. Vielleicht ist ja genau das das Alleinstellungsmerkmal.

MAX HERRE Rap funktioniert nach einem Wettbewerbs- und Verdrängungsprinzip. Wer hat die Krone? Wie lang kann man die verteidigen? Und wer ist der oder die Nächste, die einen runterstößt? Von allen Musikrichtungen ist Rap am ehesten wie Sport. Man kann sich nur einen Namen machen, wenn man den anderen Namen ein Stück weit wegradiert. Das garantiert wiederum, dass es immer eine Weiterentwicklung geben wird. Wann immer man denkt, dass Rap jetzt wirklich in einer Sackgasse steckt, kommt doch wieder was Neues.

DANI FROMM HipHop wird nie sterben. Das wird einfach nicht passieren. Was tatsächlich nie wieder kommen wird, ist dieser Suchen-und-finden-Stolz. Die Zeiten, in denen man mit dem Zug zu einer Jam in einem Kaff auf der Schwäbischen Alb fahren musste, weil da Toni-L Special Guest war, oder man stundenlang in komischen Plattenläden wühlen musste, bis man ein Fitzelchen HipHop gefunden hat, sind unwiederbringlich vorbei. Jetzt ist alles einen Klick entfernt. Das macht es viel einfacher, und es entsteht auch mehr. Das hat definitiv sein Gutes, schon weil die Bandbreite riesig ist.

SALWA HOUMSI Deutschrap ist so groß, dass er dir alles bieten kann. Egal, was dein Hustle als Teenie ist – du wirst eine Sparte finden, die zu dir passt. Deutschrap ist Emo, Gangster, Mallorca, links, poppig und und und.

AUDIO88 Was sich zudem geändert hat, ist die Notwendigkeit, sich für eine Ecke entscheiden zu müssen. Früher hast du entweder RHP oder Fantas gehört, aber auf keinen Fall beides. Heute können diese Ecken in deiner Playlist friedlich nebeneinander koexistieren. Das find ich gut.

SCHOWI In den ersten zwanzig Jahren hatte jede Fraktion mal ihre Zeit exklusiv. Aber inzwischen kann alles parallel existieren. Man lacht sich ja tot, wenn man an die Grabenkämpfe von früher denkt. Die heutigen Battles finden zwischen Leuten statt, die im selben Graben um ein und dieselbe Position kämpfen. Das sind keine ideologischen Kämpfe, sondern Kämpfe darum, wer der noch schwerere Verbrecher oder der noch zynischere Klugscheißer ist.

DANGER DAN Im Grunde koexistieren diese ganzen Künstler nebeneinander, und es gibt ganz wenige Berührungspunkte. Auf Konzerten von Farid Bang und Casper wird es nur kaum Überschneidungen im Publikum geben. Wenn Journalisten uns damit konfrontieren, dass die HipHop-Szene homophob oder sexistisch sei, dann sage ich deswegen immer, dass es gar keine HipHop-Szene mehr gibt. Es gibt mehrere Szenen, die nebeneinanderlaufen. Ich würde die Antilopen Gang eher in einer Szene mit Feine Sahne Fischfilet als mit Farid Bang oder Bass Sultan Hengzt sehen. Diese Idee davon, dass es mal eine familiäre HipHop-Szene gegeben hat und das auch wieder so werden muss, kommt mir immer wie der Wunsch eines trotzigen Scheidungskindes vor, das seine Eltern gerne wieder zusammen sehen würde, obwohl es denen in getrennten Haushalten viel besser geht, weil sie sich einfach nicht mehr lieben.

FELIX BRUMMER Ich fand es immer so lächerlich, wenn diese oder jene Strömung von Rap totgesagt oder wieder für lebendig erklärt wurde. Im Grunde existiert ja alles immer zeitgleich. Natürlich waren Sachen mal mehr und mal weniger angesagt. Aber das heißt ja nicht, dass das andere aufhört zu existieren.

GÖTZ GOTTSCHALK Künstler wie Samy Deluxe mit »Schwarz-Weiss« 2011 oder Max Herre mit »Hallo Welt!« 2012 haben auch zu einem relativ späten Zeitpunkt ihrer Karrieren extrem anspruchsvolle Rap-Alben gemacht, die unabhängig von aktuellen Trends entstanden sind und auch rezipiert wurden. Das waren einfach Alben von Künstlern, die klargemacht haben, dass sie bereit sind, mit den eigenen Mitteln noch mal anzugreifen und das Ganze in Erfolg umzumünzen – im Kritikerbereich wie auf kommerzieller Ebene.

CHEFKET Jemand, der in meinen Augen würdevoll gealtert ist, ist Sido. »Astronaut« ist für mich guter Conscious-Rap in einem Pop-Gewand. Und Samy ist immer noch der Guteste.

GÖTZ GOTTSCHALK Meiner Beobachtung nach sind unterm Strich aus jedem Zyklus zwei bis drei Acts übrig geblieben.

ANDRÉ LUTH Von zehn Bands zerlegen sich acht selbst. Die neunte geht noch mal ganz andere, ungeahnte Wege. Und die zehnte ist gut beraten in dem, was sie tut. Fettes Brot existieren jetzt seit 25 Jahren, aber das ist echt die Ausnahme – siehe auch die Beginner, die nach 25 Jahren mit »Ahnma« ihren ersten richtigen Single-Hit hatten … Drei Jahre abliefern mit einer LP, die richtig knallt, das schaffen viele. Aber versuch mal, auf dem Level zu bleiben und weiterzukommen.

TONI-L Hätte mir mit 15 jemand gesagt, dass ich mit 50 noch das Mikrofon rocken werde, dass durch HipHop Stadien gefüllt und die Charts von deutschem Rap dominiert werden, hätte ich wahrscheinlich laut gelacht.

EIZI EIZ Als wir 2017 und 2018 zu »Advanced Chemistry« auf Tour waren, haben sich sehr viele Kreise geschlossen. Nach über 25 Jahren immer noch auf einer Bühne zu stehen, und dann auch noch in riesigen Hallen, ist einfach unfassbar. Sam, Torch und Toni sind auf Tour teilweise wochenlang mitgefahren, wie früher. Das war derbe Klassenfahrt. Mir ist das alles nach wie vor wichtig: dass man sich gegeneinander featuret und auf die Bühne holt, ein fetter Auftritt auf dem Splash, ein *Juice*-Cover. Gleichzeitig bin ich total entspannt. Wir haben unseren Beitrag geleistet. Ich weiß, was Sachen wie »Bambule« den Leuten bedeuten – sogar, wenn sie fünf Jahre alt waren, als das rauskam. Das wird immer bleiben.

52 Danke, gut

MARC LEOPOLDSEDER Am Anfang fand ich HipHop einfach aus undefinierbaren Gründen cool. Ich hatte immer diese Szene aus »New Jack City« im Kopf, in der Pookie durch die Blocks flieht und im Hintergrund »New Jack Hustler« von Ice-T läuft. Das war so roh und einfach geil gefährlich irgendwie. Als ich dann Wu-Tang Clan und Mobb Deep gehört habe, ist mir klar geworden, dass die aus der Perspektive des Unterprivilegierten sprechen. »Life as a shorty shouldn't be so rough«, diese Zeile ist voll hängen geblieben. Meine Kindheit war richtig scheiße. Ich war immer der Einzige, der nix hatte, musste alte Klamotten auftragen und habe zu Hause jeden Tag auf die Fresse gekriegt. Plötzlich war da diese Musik von und für Leute, die sonst nicht mitmachen dürfen. Für mich ist das nach wie vor das Allerwichtigste an HipHop: dass jeder, für den die Gesellschaft sonst nichts bereithält, zumindest diese Option hat. Ob Mobb Deep oder Capital Bra: Du weißt, das sind Leute, die kommen von gar nix, kriegen aber irgendwas hin. Und dann sagen sie auch noch, dass sie keine angepassten Leute sind und sich ein größeres Stück vom Kuchen holen wollen, als man ihnen gönnt.

FATMA AYDEMIR Dass bei HipHop alle mitmachen und sich künstlerisch ausdrücken können, hat mein Leben auf jeden Fall geprägt. HipHop öffnet Möglichkeiten in deinem Kopf. Ich meine das gar nicht finanziell oder karrieretechnisch. Es geht um den eigenen Blick auf das Leben und die eigenen Fähigkeiten. Was kann ich? Was traue ich mir zu? Ich kenne viele migrantische Jugendliche, die im Rap, Graffiti und B-Boying künstlerisch tätig geworden sind und dadurch etwas in sich entdeckt haben. Jede Kreativität, die ich in meinem Leben verspürt habe, hatte ihren Ursprung in dieser Kultur – egal wie weit ich mich von dieser Kultur inzwischen entfernt habe. Das ist ein großer Verdienst von HipHop.

TONI-L HipHop kann dafür sorgen, dass du an dich glaubst. Du machst etwas und bekommst Bestätigung dafür. Das war, gerade für mich, der ich als Schlüsselkind durch die Straßen gelaufen bin und ganz woanders hätte landen können, ein gutes und wichtiges Gefühl. Ich glaube, Politiker und Eltern wissen gar nicht, wie viel sie HipHop zu verdanken haben, weil diese Kultur viele Schicksale aufgefangen und Menschen auf den richtigen Weg geleitet hat. Egal ob man tanzt, malt, rappt oder als DJ aktiv ist: Man braucht Ausdauer und Disziplin, aber auch soziale Fähigkeiten, weil man sich ja mit anderen trifft und sich gegenseitig unterstützt. So entsteht ein Gefühl von Gemeinschaft und Wertschätzung, das mancher von zu Hause vielleicht so gar nicht kennt.

MÄDNESS HipHop hat etwas krass Verbindendes. Ich glaube, ich habe über HipHop so viele Leute kennengelernt, wie sonst durch nichts in meinem Leben. Ich kenne in fast jeder deutschen Stadt mindestens einen Menschen, mit dem ich eine Geschichte teile und den ich anrufen könnte, wenn ich eine Couch zum Schlafen brauche.

DANI FROMM Der Mensch ist nicht gemacht dafür, alleine zu sein. Du willst dich nicht alleine fühlen. Wenn du als junger Mensch das Gefühl hast, dass alle anderen da draußen die Welt wirklich komplett anders sehen als du, fängst du eben auch mal an, darüber nachzudenken, ob vielleicht mit dir was nicht stimmt. In diesen Momenten hat mir Rap sehr geholfen. Zu wissen, dass ich nicht alleine bin, sondern es auch ein paar anderen Leuten da draußen so geht wie mir, das fand und finde ich sehr besonders und wertvoll.

MC BOGY Als ich mit Rap richtig anfing, hatte ich schon dreißig Überfälle, Drogengeschichten und andere verrückte Aktionen hinter mir. Ich war aggressiv, böse und verunsichert, ein Angststecher. In Berlin weiß jeder, was ich gemacht habe und wie viel ich gelaufen bin. Das hinterlässt alles seine Spuren. Rap war da immer ein Ventil für mich: Ich war anderthalb Jahre in U-Haft in der Forensik, dann vier Jahre in der Psychiatrie. In der Zeit habe ich immer geschrieben, und HipHop hat mir immer geholfen.

DJ RON HipHop hat mir alles gegeben. Mein ganzer Lebensinhalt besteht daraus. Als Kind hat es mich immer beschäftigt, dass man nach dem Tod nichts hinterlässt. Ich will nicht sterben – das ist mein Urinstinkt, deshalb möchte ich kreative Dinge machen, an die man sich später erinnern kann. Das treibt mich irgendwie an.

KOOL SAVAS Ich will es auch nicht zu groß machen, weil die Eltern einen ja eigentlich noch viel krasser prägen. Aber meine ganze Persönlichkeit ist einfach HipHop. Ich habe oft darüber nachgedacht, wie oder wer ich eigentlich war, bevor ich Rap für mich entdeckt habe. Ehrlich gesagt, kann ich mich nicht erinnern. Ich bin HipHop, durch und durch. Das ist wie bei einem Warrior, der immer ein Kämpfer bleiben wird: Du wirst HipHop nie mehr aus mir rauskriegen.

ANDRÉ LANGENFELD Für viele ist HipHop eine Kultur, aber für mich ist es mehr eine Idee. Eine Idee des Selbermachens – wie Punk. So habe ich HipHop Anfang der Achtziger für mich entdeckt. Mich hat fasziniert, dass HipHop ein riesiger Schmelztiegel ist, einfach alles machbar ist, es keine Grenze gibt. Man braucht nicht einmal Instrumente dafür, man nimmt einen Plattenspieler und ein paar Platten oder seinen Mund. Die Stadt ist Tanzfläche, Bühne und Leinwand. Und jeder darf mitmachen. Außerdem hat mich die ständige Veränderung begeistert, HipHop klang jedes Jahr anders, und es ging immer nach vorne. Jede technische Entwicklung wurde gleich zu einem neuen Stil, der das Genre erneuert.

SCHOWI Ich fühle mich immer noch als HipHopper und werde es immer tun. Dafür muss ich nicht täglich irgendwelche Rituale praktizieren. HipHop hieß für mich immer samplen: Man nimmt von allem das Geilste und baut sich das zu etwas Eigenem zusammen. So kann man als Kreativer gut durchs Leben gehen. Außerdem war HipHop für mich immer DIY. Heutzutage kann jeder mit einem Handy alles sein: Filmer, Fotograf, DJ, Musiker, Journalist. Der Zeitgeist hat den HipHoppern recht gegeben.

SCHIVV Rap steht für Haltung, zuerst für dich selbst, aber auch immer für die und das, was dir wichtig ist. Außerdem verbinde ich mit Rap-Musik eine Ästhetik und Struktur, die sich hinter all dem Vordergründigen verbirgt und gefunden werden will. Schwer zu beschreiben, aber Rap-Musik zu durchdringen, heißt irgendwie auch, geschmackssicher zu werden.

DAVID P. Ich bin Arzt, Philosoph, Künstler, Vater und MC. Meine Haltung gegenüber der Welt ist eine HipHop-Haltung: Ich respektiere jeden Menschen. Es geht nur darum, was du kannst und was du tust, nicht woher du kommst und was du hast. Alles, was ich an Idealen aus dieser HipHop-Kultur gezogen habe, sind immer noch meine Ideale. Man kann sich auch als Arzt verkaufen, indem man irgendwelche schwachsinnigen Untersuchungen anbietet oder irgendeinen Scheiß verkauft. Aber das ist dann Sellout. Das mache ich nicht. Das ist meine Haltung.

MC RENE Für mich fängt der positive Vibe von HipHop in meinem musikalischen Schaffen wieder von vorne an – mit einem jungen Geist, gefangen in einem alten Körper. Der Unterschied ist, dass ich meine Relevanz nicht so ernst nehme, und es eigentlich auch nie wirklich getan habe. Ich mache meine Art von HipHop-Musik, einfach um sie zu machen und weil es mir und anderen Lebensfreude bereitet. Der Weg war schon immer das Ziel oder das Ziel war im Weg. Am Ende habe ich für mich persönlich erkannt: Das Beste am HipHop war immer das Machen selber.

SEPALOT Anfang und Mitte der Neunzigerjahre brauchte es einen bestimmten Schlag Mensch – und einen bestimmten Künstler –, um Rap zu machen, und das auch noch auf Deutsch. Das war alles andere als angesagt und alles andere als cool in der Schule. Du musstest schon ein kleines Protest-Gen in dir haben. Die Leute aus dieser Generation wollten Sachen anders machen, auch gegen Widerstände. Das ist sicher ein Grund, warum so viele Leute aus dieser Zeit nach wie vor aktiv sind – sei es auf oder hinter der Bühne.

DAVID P. Ich war mir meiner Aufgabe damals nicht bewusst. Ich hab's halt einfach gemacht, intuitiv. Wenn ich heute Leute treffe, die mir sagen, dass sie durch unsere Sachen zum Rap gekommen sind, weiß ich, dass es alles nicht umsonst war. Das ist ein schönes Gefühl. Ich bin nicht stolz, ich bin dankbar. Stolz ist befriedigte Eitelkeit, und das ist ein ignorantes Gefühl, das ich vermeiden will. Ich danke dem Allmächtigen, Tao, dem lieben Gott, dem Universum, dem Schicksal – wem auch immer –, dass ich zur richtigen Zeit am richtigen Ort war und durch meine Freunde da reingerutscht bin.

GRIM104 Mir geht heute noch das Herz auf, wenn ich durch ein Dorf fahre und dort irgendwo ein Tag sehe. Ich meine, wie absurd ist das? Es gibt in diesem Kaff eine einzige Bushaltestelle, und trotzdem schnappt sich irgendein 15-Jähriger die Sprühdose, mit der sein Vater die Dellen im Autolack ausbessert, um damit ein 187-Tag irgendwohin zu sprühen. Wie etwas in der Stadt geboren worden ist und sich so lange weitertragen kann, bis es im hinterletzten Dorf seine Entsprechung findet, fasziniert mich jedes Mal aufs Neue.

TRETTMANN Die Kultur verbindet, auch über Ozeane hinweg. Wenn ich in Übersee bin, fühle ich mich nicht wirklich fremd, denn wir alle teilen die gleiche Liebe zur Kultur.

AKIM WALTA In Ländern wie China, Indien, Indonesien bedeutet HipHop viel mehr als nur Freizeitbeschäftigung. Wie HipHop in Indien das Kastensystem aushebelt oder in China demokratische Werte belebt, finde ich spannend. Meine Reisen dorthin sind deshalb immer Zeitreise und Refreshment zugleich, da mich die jungen Generationen an unsere frühe Zeit erinnern.

GRIM104 Als es mit der Karriere von Zugezogen Maskulin gerade losging, haben wir mal besoffen ein Interview gegeben, in dem ich gesagt habe: »HipHop kann alles schaffen.« Das habe ich in dem Moment wirklich so gemeint, und das meine ich auch immer noch so. HipHop kann eine total integrative Kraft entwickeln. Bei den letzten Jams, die ich Anfang der Zweitausender in Friesland miterlebt habe, waren alle da: richtig hängen gebliebene HipHopper, türkische Hoodboys, Sprüher, Leute mit Hang zur Kriminalität, kunstaffine Typen und Gymnasiasten. Ich bin kein Verfechter der vier Elemente, aber das hat mir damals schon einiges gezeigt. Dass ein Blokkmonsta unter seiner Sturmmaske dieselben leuchtenden Augen bekommen kann wie ein David P. – das ist schon faszinierend.

SCHIVV Durch Rap habe ich gelernt, dass man sich, wenn man etwas wirklich gut können möchte, intensiv damit auseinandersetzen muss. Wie bei allem: Talent alleine reicht nicht. Und es hat mir eine gewisse Form von Mut gegeben. Aus meiner Sicht ist jeder Rapper mutig. Das gilt natürlich für alle Künstler, aber im Rap ist es schon noch mal besonders: Du gehst mit etwas nach vorne, das aus deinem tiefsten Innersten kommt, bellst das in ein Mikrofon und stehst dafür ein – und das in einem Umfeld, das grundsätzlich eher von Wettbewerb und Missgunst geprägt ist. Das muss man erst mal machen.

MOSES PELHAM Nichts sagt dir mehr »Digger, jetzt ist alles vorbei!«, als vor 1000 Leuten zu stehen, die deine Texte mitrappen. Wenn man mit Rap anfängt, weiß man ja noch nicht mal, ob das, was man da gerade macht, überhaupt jemals das Licht der Welt erblicken wird – oder ob das auf ewig nur deine Freunde hören, denen du es aufzwingst. Wenn 100 000 Leute deine Platte kaufen, ist das auch krass – nur das kannst du nicht anfassen. Nichts zeigt so deutlich, dass sich etwas verändert hat, wie 500, 600 oder 1000 fremde Leute, die in einem T-Shirt, das du designt hast, vor dir stehen und den Mist rappen, der nachts zu dir kam. In dem Moment wird aus dem Insider-Ding zwischen dir und deinen Kumpels etwas, das die ganze Welt erschüttert, obwohl du gedacht hast, dass diese Leute nicht mal deine Sprache verstehen. Das ist ein Gefühl von: Wir sind nicht alleine, und die Flaschenpost, die wir ins große, weite Meer geworfen haben, ist irgendwo angekommen.

MAX HERRE Gehört werden wollen, ist definitiv der Antrieb als junger Musiker. Man möchte sein Fähnchen auf die Landkarte setzen. Der Traum, in der Welt, die man liebt, eine Rolle zu spielen, ist der ursprüngliche Motor für die allermeisten Rapper. Mit 45 würde man damit wohl schon deshalb nicht mehr anfangen, weil man sich das gar nicht mehr traut. Ich werde in meinem Leben wahrscheinlich keinen Roman mehr schreiben, weil ich zu viele Sachen zwischen zwei Buchrücken gelesen habe, die von wirklicher Relevanz sind. Diese Vermessenheit hatte ich aber mit 16 und auch noch mit 23, als wir »Quadratur des Kreises« gemacht haben. Ich dachte: Da ist eine Stimme und eine Kraft, die einen Platz haben kann. Zu wissen, dass immer wieder Leute nachkommen werden, die genauso fühlen, ist beruhigend. Diese Energie und diese Vermessenheit sind es, die Hip-Hop immer am Leben halten und einzigartig machen werden.

Dank

Shoutout alle, die uns ein Interview für dieses Buch gegeben haben.

Shoutout Maria Barankow für das Lektorat, den Gin Tonic und die motivierenden Mails. (Gesendet von unserem iPad.)

Shoutout Oliver Brauer für das Vertrauen, die Neugier und die Ruhe.

Shoutout Ralf Theil, Marc Leopoldseder, Viola Funk, Maria Frank, Elise Bunge, Wenzel Burmeier, Carlos Steurer, Stephan Szillus, Dominik Dobiasch, Philipp Laage, Kolja Podkowik, Alex Engelen, Mitra Kassai fürs Mitdenken und Mitmachen.

Shoutout Ama Jozefczyk, André Langenfeld, André Luth, °awhodat°, Basti Schweizer, Brown Shootta, Chris Schwarz, Christian Alsan, DJ Tomekk, Frauenarzt, Joseph Strauch, Katja Kuhl, Markus Werner, Mika Väisänen, Moses Pelham, Murat Aslan, Oliver Schnell, Rick Ski, Saeed Kakavand, Scope für die Fotos.

Shoutout Jürgen Teipel sowie Felix Denk und Sven von Thülen, die uns mit »Verschwende deine Jugend« bzw. »Der Klang der Familie« gezeigt haben, wie man diesen ganzen Irrsinn zusammentragen und zugänglich machen könnte.

Shoutout Cora E. und Marius No. 1 für die Inspiration zum Titel.

Shoutout Falk Schacht für die Extra-Recherche zu frühem Deutschrap.

Shoutout Julian Brimmers für Teile des STF-Interviews.

Shoutout Barbara Reiser für die Buchcamp-Beherbergung in der Foodora-freien Zone.

Shoutout unsere Freunde, Familien und Kollegen für die Geduld und die Unterstützung.

Shoutout Tine Arndt für das Fettes-Brot-Tape, mit dem alles angefangen hat. (Jan)

Shoutout Florian Siepert für die Motivation in '05. (Jan)

Shoutout Ilke Ulusoy, Jonas Ahlers und Thomas Burkholz für Schlafplätze und Chatverläufe. (Jan)

Shoutout Ben und Max, weil sie als erste dran geglaubt haben. (Jan)

Shoutout Aylin, Bobby, Lisa, Mama und Papa fürs da sein. (Jan)

Shoutout Max Srba für den Nachmittag mit der Alten Schule. Außerdem Shoutout Marc Leopoldseder und Marcus Staiger für die Schule, ganz allgemein. (Davide)

Shoutout Ena für den Support, die Liebe und dafür, dass du mich kennst. (Davide)

Shoutout HipHop. Ohne Scheiß jetzt.

Personenverzeichnis

ABDI (*1987, eigentlich Abderrahim el Ommali) Rapper aus Frankfurt am Main. Eine Hälfte des prägenden Straßenrap-Duos Celo & Abdi. Mitbetreiber des Labels 385idéal.

AFROB (*1977, eigentlich Robert Zemichiel) Rapper aus Stuttgart. Teil des Kolchose-Verbunds um Massive Töne und Max Herre. Bildet zusammen mit Samy Deluxe die Gruppe ASD.

AHZUMJOT (*1989, eigentlich Al Julian Asare-Tawiah) Produzent und Rapper aus Hamburg. Produziert und veröffentlicht seine Musik in Eigenregie.

AKIM WALTA (*1970, auch bekannt als Zeb.Roc.Ski / Zebster) Hip-Hop-Aktivist der ersten Stunde. Gründete u. a. das wegweisende Label MZEE Records und veranstaltet weltweit HipHop-Workshops.

ALI AS (*1979, eigentlich Zulfiqar Ali Chaudhry) Rapper, Ghostwriter, Silbenwunder und Bachwirfer aus München. Hannt nix Wronges gemaket.

ANDRÉ LANGENFELD (*1970) DJ und Journalist aus Berlin. Moderierte beim DDR-Jugendsender DT64 die »Yo! Show« und später viele Jahre auf Radio Fritz.

ANDRÉ LUTH (*1964) DJ, Journalist und Musikmanager aus Hamburg. Der Tobi & Das Bo und Eins Zwo veröffentlichten über sein Label Yo Mama ihre ersten Platten. Heute Manager von Fettes Brot.

APHROE (*1970, eigentlich Karsten Stieneke) Rapper aus Herne. Bildete mit Mr. Wiz das Duo Raid, aus dem in Kombination mit Pahel und Galla von Filo Joes die Gruppe RAG (Ruhrpott AG) hervorging. Ihr Album »Unter Tage« gilt als Meilenstein.

AUDIO88 (*1983, eigentlich Florian Kerntopf) Rapper und Produzent aus Cottbus. Teil des Duos Audio88 & Yassin und Mitbetreiber des Labels Normale Musik.

AZAD (*1973, eigentlich Azad Azadpour) Rapper aus Frankfurt am Main. War Mitglied der Formation Asiatic Warriors. Sein Solodebüt »Leben« gilt vielen als erstes ernst zu nehmendes Straßenrap-Album. Seine größten kommerziellen Erfolge feierte er gemeinsam mit Kool Savas als ONE.

BABAKONE (*1976, eigentlich Babak Soltani) Rapper, Writer und Aktivist aus Teheran. Ehemaliges Mitglied von Anarchist Academy bzw. Doppel A, betreibt in Köln seit 2004 den Dedicated Store.

BARTEK (*1983, eigentlich Bartek Nikodemski) Rapper aus Breslau, später Stuttgart. Wurde bekannt als das Plan B in Maeckes & Plan B. Später Teil von Deutschraps innovativster Boygroup, Die Orsons.

BEAT GOTTWALD (*1979) Musikmanager und Unternehmer. Arbeitet mit Acts wie Casper, K.I.Z und Kraftklub.

BLOKKMONSTA (*1983) Rapper, Produzent und Labelbetreiber aus Berlin. Seine Musik war immer wieder Gegenstand von Gerichts- und Indizierungsverfahren.

BONEZ MC (*1985, eigentlich John Lorenz Moser) Rapper aus Hamburg. Gründer der 187 Strassenbande. Mit RAF Camora und dem Album »Palmen aus Plastik« etablierte er einen melodischen und tanzbaren Sound im Deutschrap.

CASPER (*1982, eigentlich Benjamin Griffey) Rapper aus Bielefeld. Brach 2011 mit seinem Album »XOXO« mit Konventionen, indem er Rap, Indierock und weitere Einflüsse vermengte. Gilt als einer der Wegbereiter des neuerlichen Erfolges von Deutschrap.

CELO (*1982, eigentlich Erol Huseinćehajić) Rapper aus Frankfurt am Main. Die andere Hälfte von Celo & Abdi. Ebenfalls Mitbetreiber von 385idéal. Gemeinsam mit Abdi der beste Interviewpartner der Welt.

CHEFKET (*1981, eigentlich Şevket Dirican) Rapper aus Heidenheim a. d. Brenz. Behauptete sich vor seinem Durchbruch in Berlin in Freestyle-Cyphers und als Straßenmusiker.

CORA E. (*1968, eigentlich Sylvia Macco) Rapperin und HipHop-Pionierin aus Kiel. Lieferte mit ihrem Song »Könnt ihr mich hör'n?« mit Marius No. 1 eine Inspiration für diese Oral History.

CRO (*1990, eigentlich Carlo Waibel) Rapper aus Stuttgart. Sein Viral-Hit »Easy« startete eine Bilderbuchkarriere als Nicht-nur-Teeniestar sowie die endgültige Pop-Werdung von Deutschrap.

CURSE (*1978, eigentlich Michael Kurth) Rapper aus Minden. Sein Debütalbum »Feuerwasser« versöhnte Oldschool und Newschool und Rap-Fans mit ihren Gefühlen. Beschäftigt sich mittlerweile auch als Autor, Podcaster und Coach mit Themen wie Meditation und Bewusstheit.

DANGER DAN (*1983, eigentlich Daniel Pongratz) Rapper und Produzent aus Aachen. Ein Drittel der Antilopen Gang.

DANI FROMM (*1974) Journalistin aus Konstanz. Machte sich mit schonungslosen Plattenkritiken für das Online-Magazin laut.de einen Namen.

DAVID P. (*1975, eigentlich David Papo) Rapper aus München. Gilt als Freestyle-Meister und war mit seiner Gruppe Main Concept einer der Wegbereiter der Szene. Lebt HipHop-Werte heute als Arzt.

DENDEMANN (*1974, eigentlich Daniel Ebel) Rapper, Produzent und wandelndes HipHop-Lexikon aus Menden. Bildete mit DJ Rabauke das Duo Eins Zwo. Heute als Solokünstler aktiv, als Showact in Jan Böhmermanns »Neo Magazin Royal« leider nicht mehr.

DENYO (*1977, eigentlich Dennis Lisk) Rapper und Produzent aus Hamburg. Ein Drittel der Beginner. Früher Chartleader der Styleliga und heute auch als Solokünstler erfolgreich.

DEXTER (*1983, eigentlich Felix Göppel) Beat-Gott, Teilzeitrapper, Vollzeitkinderarzt und Socken- sowie Käsefan aus Heilbronn.

DJ DEREZON DJ und Produzent aus Berlin. Hatte mit Rock da Most 1989 einen der ersten Releases der deutschen HipHop-Szene und begleitete u. a. Afrob und die Spezializtz als Tour-DJ.

DJ ILLVIBE (*1980, eigentlich Vincent von Schlippenbach) DJ und Produzent aus Berlin. Erst bei Seeed und Moabeat, dann Teil von The Krauts und damit schwer mitverantwortlich für die Erfolge von Peter Fox und Marteria.

DJ MAD (*1971, eigentlich Guido Weiß) DJ, Regisseur und Quartettkartenspieler im Herzen aus Hamburg-Norderstedt. Beginner-Drittel und Besitzer einer Motorsäge (Gewicht: zehn Zentner).

DJ RON (*1977, eigentlich Ron Schindler) DJ, Produzent und Podcaster aus Chemnitz. Etablierte mit seinem Label Phlatline eine Mixtape-Kultur in Deutschland und veröffentlichte Musik von u. a. Tefla & Jaleel. Heimlicher Innenminister des Splash-Festivals.

DJ TOMEKK (*1975, eigentlich Tomasz Kuklicz) DJ und Produzent aus Berlin. Brachte auf seinen Singles HipHop-Größen aus USA und Deutschland zusammen und landete Hits mit Fler oder Lil Kim.

DOKTER RENZ (*1974, eigentlich Martin Vandreier) Rapper aus Pinneberg. Zunächst Mitglied der Gruppe Poets of Peeze, schrieb dann mit König Boris und Björn Beton als Fettes Brot Jahrhunderthits wie »Jein« oder »Emanuela«.

DUAN WASI (*1973, eigentlich Wasili Ntuanoglu) Rapper und Produzent aus Stuttgart. Ehemaliges Mitglied der Band Massive Töne.

EIZI EIZ (*1976, eigentlich Jan Eißfeldt) Rapper, Produzent und Sänger aus Hamburg. Ein Drittel der Beginner und als Jan Delay einer der größten Popstars Deutschlands.

EKO FRESH (*1983, eigentlich Ekrem Bora) Rapper aus Mönchengladbach. Rappte mit Kool Savas und lieferte mit seinem Label German Dream die Blaupause für modernen Straßenrap. Außerdem: Schauspieler und Stimme der Migranten im Deutschrap.

ELVIR OMERBEGOVIC (*1979) Unternehmer und überzeugter Ferrari-Fahrer aus Düsseldorf. Sein erstes Label Selfmade Records (u. a. Kollegah, Genetikk, 257ers) hat über eine Million Tonträger verkauft. Investiert mit Divison (u. a. RIN) in die Zukunft von Deutschrap.

FALK SCHACHT (*1974, auch bekannt als Hawkeye) Journalist, Moderator, DJ, Produzent, Chef-Nerd und HipHop-Philosoph aus Hannover. U. a. bekannt für seine Kolumnen in der *Juice*, die TV-Sendung »Mixery Raw Deluxe« und den Podcast »Schacht und Wasabi«.

FALKADELIC (*1973, eigentlich Falk Utermöhle) Rapper aus Hamburg. Ein Drittel der HipHop-Formation Doppelkopf, die Ende der Neunzigerjahre ein so verqueres wie prägendes Album veröffentlichte.

FARID BANG (*1986, eigentlich Farid Hamed El Abdellaoui) Rapper aus Düsseldorf. Steht für ironischen wie kontroversen Straßenrap. Hat mit Kollegah die Alben-Trilogie »Jung, brutal, gutaussehend« und über sein Label Banger Musik erfolgreiche Rapper wie Summer Cem oder KC Rebell veröffentlicht.

FAST FORWARD (*1972, eigentlich Peter Sreckovic) Rapper und Produzent aus Köln. War Teil der Gruppe STF und betrieb das legendäre Label Put Da Needle To Da Records mit frühen Veröffentlichungen von Kool Savas, Taktlo$$ oder Creutzfeld & Jakob.

FATMA AYDEMIR (*1986) Journalistin und Autorin aus Karlsruhe. Schreibt für die *taz*, *Spex* und das *Missy Magazine* über Popkultur, Literatur und die Türkei. Ihr Debütroman *Ellbogen* wurde 2017 mit dem Klaus-Michael-Kühne- und dem Franz-Hessel-Preis ausgezeichnet.

FATONI (*1984, eigentlich Anton Schneider) Rapper aus München. Begann zusammen mit Keno (heute Moop Mama) als Teil der Formation Creme Fresh. Gönnt sich auf Instagram und seinen Fans eine unterhaltsam kritische Sicht auf die Absurditäten des Deutschrap-Betriebs.

FELIX BRUMMER (*1989, eigentlich Felix Kummer) Sänger und Rap-Fan aus Chemnitz. Kreuzt mit seiner Band Kraftklub Indierock mit Sprechgesang. Kennt sich krass aus und engagiert sich für eine bessere Welt.

FIJI KRIS (*1981, eigentlich Christian Meyerholz) Produzent aus Kreuzberg via Braunschweig. Ein Drittel des Produzententeams KitschKrieg, das gemeinsam mit Trettmann den melodischen Trap-Sound der späten Zehnerjahre geprägt hat.

FIZZLE (*1979, eigentlich Christoph Erkes) Produzent aus Kreuzberg via Krefeld. Der andere bei KitschKrieg, der nicht °awhodat° ist.

FLIPSTAR (*1979, eigentlich Philipp Dammann) Rapper und Produzent aus Witten. War Teil des Duos Creutzfeld & Jakob und startete mit Elvir Omerbegovic das Label Selfmade Records. Praktiziert als Neurochirurg.

FRAUENARZT (*1978, eigentlich Vicente de Teba) Rapper und Autoritätsperson aus Berlin. Gründungsmitglied der Gruppierung BC und des Labels Bassboxxx, das zahlreiche Untergrund-Klassiker veröffentlichte. Bildet mit Manny Marc das Duo Die Atzen.

GÖTZ GOTTSCHALK (*1970) Musikmanager und Unternehmer. Verlegt, betreut und berät seit über zwanzig Jahren Musiker wie Curse, Max Herre, Joy Denalane und Megaloh. Als Teil der Gruppe Exponential Enjoyment selbst HipHop-Pionier.

GRIM104 (*1988, eigentlich Moritz Wilken) Rapper aus Zetel (!). Bildet gemeinsam mit Testo das Duo Zugezogen Maskulin. Ist zugezogen, erlaubt sich dennoch eine Meinung.

HAIYTI (eigentlich Ronja Zschoche) Rapperin und Künstlerin aus Hamburg. Vereint in ihrem Wirken Kiez, Kunsthochschule und kapitalistische Tagträume. Gewann 2018 den ECHO und war als erste deutsche Rapperin alleine auf dem Cover der *Juice*.

HARRIS (*1976, eigentlich Oliver Harris) Rapper, kommt aus Berlin und aus Tash. Bildet mit Dean das Duo Spezializtz und mit Sido

Deine Lieblingsrapper. Ist zwar DJ Binichnich, aber legt trotzdem viel und gut auf.

HIOB (*1981, eigentlich Julius Endler, früher bekannt als V.Mann) Rapper und Produzent aus Berlin. Gründete mit Marcello, Sir Serch und V.Raeter das Tape-Label Funkviertel. Sein Album »Fragmente« gilt als Untergrundklassiker. Ebenfalls beliebt: seine Alben mit Morlockk Dilemma.

JACK ORSEN (*1977, eigentlich Nikolai Poptrandov) Rapper aus Berlin. Mitglied der Westberliner Battlerap-Supergroup M.O.R., die u. a. Kool Savas hervorbrachte.

JAYO (*1981) Unternehmer aus Osnabrück. Betreiber des Vertriebs distri, ehemals Distributionz, der maßgeblich für den Erfolg der Berliner Untergrund-Szene war.

JUICY GAY (*1996, eigentlich Arthur Rudt) Rapper aus Borken. <3

KAETE (eigentlich Kaete Ewert-Hessel) Musikmanagerin aus Berlin. Verhalf mit ihrer PR-Arbeit dem Label Aggro Berlin zu Medienpräsenz. Kümmert sich inzwischen exklusiv um Sido.

KATMANDO (*1968, eigentlich Sven Christ) HipHopper der ersten Stunde aus München. Mitbegründer des *Juice* Magazins. Heute: DJ, Berater, Buchautor und Koch.

KOLJAH (*1986, eigentlich Kolja Podkowik) Rapper aus Düsseldorf. Ein Drittel der Antilopen Gang und 1. Vorsitzender sowie Hauptkassierer des inoffiziellen Illmat!c-Fanclubs e. V.

KOOL SAVAS (*1975, eigentlich Savas Yurderi) Rapper aus Berlin. Bildete mit Taktlo$$ das Duo Westberlin Maskulin und war Teil von M.O.R. Großen kommerziellen Erfolg hatte er mit dem Song »Schau nicht mehr zurück« mit Xavier Naidoo. Gilt vielen als bester deutscher Rapper aller Zeiten.

KRYPTIK JOE (*1974, eigentlich Philipp Grütering) Rapper aus Hamburg. Letztes verbliebenes Gründungsmitglied der Saufpöbelavantgardespektakelkombo Deichkind.

KURT PRÖDEL (*20. Jahrhundert) Musiker und Medienkünstler aus dem Internet. Drehte stilprägende Musikvideos für Künstler wie Money Boy oder LGoony.

LAKMANN (*1978, eigentlich Evangelos Polichronidis) Rapper aus Witten. Die andere Hälfte von Creutzfeld & Jakob. Solo und als Teil von Witten Untouchable das letzte Gewissen des Underground.

LGOONY (eigentlich Ludwig Langer) Rapper aus Köln. Vermengte Mitte der Zehnerjahre Battlerap Berliner Schule und Auto-Tune-Gesang zu Klassikern des sog. »Cloudrap«.

MÄDNESS (*1980, eigentlich Marco Döll) Rapper aus Darmstadt. Eilt ein Ruf als kompletter MC voraus. Seinem Bruder, Döll, ebenso. Zusammen sind sie Mädness & Döll.

MARC LEOPOLDSEDER (*1980) Journalist und A&R-Manager aus München. Hat als *Juice*-Redakteur Künstler wie Huss & Hodn oder Marsimoto erstmals prominent erwähnt, sich aber auch echt viel Scheiße anhören müssen. Beim Digitalvertrieb Believe tut er heute im Grunde das Gleiche.

MARCUS STAIGER (*1971) Journalist und Aktivist aus Stuttgart, was man aber vergisst, weil er Berlin-Rap quasi erfunden hat. Gründer von Royal Bunker. Gilt als Mitentdecker von Kool Savas, Sido, K.I.Z, Kay One und Eko Fresh. Autor und Industriekletterer. Kann BJJ.

MARTERIA (*1982, eigentlich Marten Laciny, auch bekannt als Marsimoto) Rapper aus Rostock. Ex-Model, Ex-Fußballer, Ex-Feierbiest. Veröffentlichte 2010 das Gamechanger-Album »Zum Glück in die Zukunft«. Spielte 2018 vor 33 000 Zuschauern im ausverkauften Ostseestadion.

MARTIN STIEBER (*1972) HipHopper aus Heidelberg. Bildet mit seinem Zwillingsbruder Chris das Duo Stieber Twins. Betreibt heute den Sneaker- und Streetwear-Laden The Flame in Heidelberg und waltet seines Amtes als bescheidenste Ikone der Welt.

MAX HERRE (*1973) Musiker und Musik-Connoisseur aus Stuttgart. Gründete mit DJ Friction und Produzent Don Philippe das Trio Freundeskreis. Heute Solokünstler und in Berlin.

MAX MÖNSTER (*1984) Ex-Rapper aus Bremen (Montana Max) und Musikmanager aus Berlin (Universal Urban). Fan geblieben.

MAXIM K.I.Z (*1984, eigentlich Maxim Drüner) Rapper aus Berlin. Ein Drittel der Gruppe K.I.Z, die von vielen ehrfurchtsvoll als »Die Ärzte des Rap« betitelt wird.

MC BOGY (*1979, eigentlich Moritz Christopher Udem) Rapper und Untergrundlegende aus Berlin. Mitglied von BC und Interviewer für den YouTube-Kanal TV Strassensound.

MC RENE (*1976, eigentlich René El Khazraje) Rapper, Moderator, Schauspieler und Autor aus Braunschweig. Machte sich in jungen Jahren einen Namen als Freestyler und Leader of the Neue Reimgeneration, später auch als Moderator von »Mixery Raw Deluxe«.

MEGALOH (*1981, eigentlich Uchenna van Capelleveen) Über-Rapper aus Berlin. Kämpft in seiner Musik (und darüber hinaus) gegen institutionalisierten Rassismus.

MELBEATZ (*1977, eigentlich Melanie Wilhelm) Produzentin aus Berlin. Versorgte nach Graffiti-Anfängen u. a. Kool Savas mit sehr eigenen und sehr guten Beats, ehe sie für ihr Album »Rapper's Delight« mit Kanye West und Ol' Dirty Bastard arbeitete.

MONK (*1978, eigentlich David Cohen) Gehört neben DJ Illvibe und Dirk Berger zu den Krauts. In der Branche bekannt als begnadeter Texter und, wichtiger noch, Textestreicher.

MORLOCKK DILEMMA (*1981, eigentlich Falko Luniak) Rapper und Produzent aus Leipzig. Real Rap in dein Gesicht, yo.

MOSES PELHAM (*1971) Rapper und Produzent aus Frankfurt am Main. Gründete 1990 das Label 3p und verkaufte mehr als neun Millionen Tonträger von Acts wie Rödelheim Hartreim Projekt, Sabrina Setlur, Xavier Naidoo, Azad, Illmat!c, Snaga & Pillath und Glashaus.

MURAT ASLAN (*1983) Fotograf aus Mönchengladbach, aber bekannt aus Berlin. Arbeitete für I Luv Money Records, Aggro Berlin, *Juice* und Sido.

NICO K.I.Z (*1983, eigentlich Nico Seyfried) Rapper aus Berlin. Neben Maxim sowie Tarek ebenfalls ein Drittel von K.I.Z und damit einer der erfolgreichsten Rap-Künstler des Landes.

NURA (*1988, eigentlich Nura Habib Omer) Rapperin und Ehrenfrau aus Wuppertal. Ehemaliges Mitglied der Bands SXTN und The Toten Crackhuren im Kofferraum.

OLLI BANJO (*1977, eigentlich Oliver Otubanjo) Rapper aus Aschaffenburg. Gemeinsam mit Produzent Roe Beardie zeigte er Anfang der Nullerjahre, wo der Hammer hängen wird. Früh dran, daher tendenziell unterschätzt.

PANIK PANZER (*1985, eigentlich Tobias Pongratz) Rapper und Produzent aus Aachen. Teil der Antilopen Gang.

PETER FOX (*1971, eigentlich Pierre Baigorry) Musiker aus Berlin. Bekannt von Seeed. Sein Soloalbum »Stadtaffe« ist eines der erfolgreichsten und einflussreichsten deutschen Pop-Alben aller Zeiten.

PILLATH (*1982, eigentlich Oliver Pillath) Rapper aus Gelsenkirchen. Schalke-Fan und Erfinder des Horndog Shoe Shuffle. Eine Hälfte des Kult-Duos Snaga & Pillath.

PRINZ PI (*1979, eigentlich Friedrich Kautz) Rapper aus Berlin. Ehemaliges Mitglied der Gruppe Beatfabrik, damals noch als Prinz Porno. Porno-Rap hat er nie gemacht, dafür aber das Label Keine Liebe Records.

PURE DOZE (*1970, eigentlich Michael Fritze) Rapper und Produzent aus Dortmund. Teil der legendären Formation Too Strong und Gründer der Silo Nation.

RALF KOTTHOFF (*1971) HipHop-Aktivist und -Experte. Hat, obwohl dies in einer früheren Auflage behauptet wurde, nie in Flensburg gelebt. Sorgt bis heute dafür, dass das MZEE Forum nicht abgestellt wird.

RALF THEIL (*1978) DJ, Journalist und Musikmanager. Arbeitete u. a. für »Mixery Raw Deluxe«, den Mojo Club, Fatoni und außerdem viel zu viel für dieses Buch. Extradank an dieser Stelle.

RICK SKI (*1968, eigentlich Detlef Rick) Produzent, Rapper und DJ aus Köln. Seine Formation LSD veröffentlichte 1990 das erste wirklich wichtige Rap-Album aus Deutschland. Mitglied des Blitz Mob sowie Gründer des Labels Blitz Vinyl.

RIN (eigentlich Renato Simunovic) Rapper aus Bietigheim-Bissingen. Stimme einer Generation. Star.

ROE BEARDIE (*1972, eigentlich Roman Preylowski) Produzent und Engineer aus Düsseldorf. Betreute frühe Veröffentlichungen von MZEE und produzierte Meilensteine mit u. a. MC Rene, Walkin Large, Plattenpapzt und Sido. Sparringspartner von Olli Banjo und Legende. Isso.

ROOZ LEE (*1979, eigentlich Roozbeh Farhangmehr) Moderator, Journalist und DJ aus Essen. Erlangte durch die millionenfach geklickte Interview-Show #waslos Prominenz.

SABRINA SETLUR (*1974, auch bekannt als Schwester S.) Rapperin aus Frankfurt am Main. Verkaufte von ihren Alben auf 3p über zwei Millionen Tonträger. Das ist abartig viel.

SALWA HOUMSI (*1996) Moderatorin, Journalistin und DJ aus Berlin.

SAMY DELUXE (*1977, eigentlich Samy Sorge) Musiker aus Hamburg. Gilt vielen als bester deutscher Rapper aller Zeiten. Früher: Dynamite Deluxe mit Tropf und DJ Dynamite. Heute: solo, aber selten alleine.

SCHIVV (*1974, eigentlich Sebastian Möllmann) Entertainment-Anwalt und selbst erklärter Hobby-Rapper aus Köln. Als Mitglied von DCS (Die Coolen Säue) selbst Deutschrap-Pionier.

SCHOWI (*1974, eigentlich Jean-Christoph Ritter) Ex-Rapper, DJ und Unternehmer aus Stuttgart. Früher: Massive Töne. Für immer: Musikfan, Lebemann und Rap-Auskenner.

SCOPE (*1969, eigentlich Jens Kameke) Rapper und DJ aus Köln. Mitglied der Gruppen Rude Poets und STF, außerdem einer der Moderatoren der legendären VIVA-Sendung »Freestyle«.

SEBASTIAN SCHWEIZER (*1978) Musikmanager aus Stuttgart. Einer von vier Gründern des Chimperator-Labels und Förderer von u. a. Cro und Die Orsons. Früher selbst Rapper. Hätte aber vermutlich gefördert werden müssen.

SEPALOT (*1974, eigentlich Sebastian Weiss) DJ und Produzent aus München. Teil der inzwischen aufgelösten Formation Blumentopf, die als »Jungs aus dem Reihenhaus« zum Sinnbild für den Neunziger-Deutschrap bildungsbürgerlicher Prägung wurden.

SHINDY (*1988, eigentlich Michael Schindler) Rapper und Produzent aus Bietigheim-Bissingen. Veröffentlichte über Bushidos Label erstguterjunge drei Nummer-eins-Alben. Seine Autobiografie »Der Schöne & die Beats« erreichte Platz 1 der Spiegel-Bestsellerliste.

SIDO (*1980, eigentlich Paul Würdig) Lebende Legende aus Berlin. Mit seinem Solodebüt »Maske« machte er deutschen Straßenrap (wichtig: nicht Gangstarap) salonfähig. Schrieb in der Folge einige der größten Radiohits der Deutschrap-Geschichte.

SMUDO (*1968, eigentlich Michael Schmidt) Rapper und Tausendsassa aus Offenbach am Main, später Stuttgart. Mitglied von Die Fantastischen Vier. Als Mitinhaber des Labels Four Music half er u. a. Freundeskreis, Afrob, Blumentopf und Clueso.

SOOKEE (*1983, eigentlich Nora Hantzsch) Rapperin und Aktivistin aus Berlin. Setzt sich in ihrer Arbeit mit queeren Themen, Sexismus, Homophobie, Rassismus, Antisemitismus und Heteronormativität auseinander.

STEPHAN SZILLUS (*1977) Journalist und Playlist-Kurator aus Laboe. Langjähriger *Juice*-Chefredakteur, jetzt verantwortlich für die Rap-Playlisten beim Streamingdienst Spotify.

SUMMER CEM (*1983, eigentlich Cem Toraman) Rapper aus Rheydt-West, Mic Check. Wurde von Eko Fresh entdeckt. Hat bei German Dream, ersguterjunge und Banger Musik veröffentlicht und ist dabei immer erfolgreicher geworden.

TOBI TOBSEN (*1974, eigentlich Tobias Schmidt) Rapper und Produzent aus Hamburg. Gründungsmitglied der Poets of Peeze, aus denen Der Tobi & Das Bo hervorgingen, aus denen Fünf Sterne Deluxe hervorgingen. Bildet mit KoweSix auch das Electronica-Duo Moonbootica.

TONI-L (*1969, eigentlich Toni Landomini) HipHop-Pionier aus Heidelberg. Mitglied von Advanced Chemistry – für viele die Initialzündung für echten Rap in deutscher Sprache.

TRETTMANN (*1973, eigentlich Stefan Richter) Sänger aus Karl-Marx-Stadt. Wurde nach über zwanzig Jahren im Game zur Stimme einer neuen Rap-Generation.

TUAREG (*1971, eigentlich Haluk Korkmaz) Rapper aus Köln. Teil der Gruppen STF und La Familia.

VISA VIE (*1987, eigentlich Charlotte Mellahn) Moderatorin und DJ aus Berlin. Veröffentlichte zuletzt das Hörbuch »Das allerletzte Interview« und gilt als eine der wichtigsten Stimmen der Szene.

V.RAETER (*1980, eigentlich Martin Pohle) DJ und Produzent aus Berlin. Gründete auch Funkviertel und anschließend Sichtbeton mit. Bildet zusammen mit Breaque das Duo Ecke Prenz.

XATAR (*1981, eigentlich Giwar Hajabi) Rapper aus Bonn. Erlangte nicht nur durch seine Musik, sondern auch durch einen spektakulären Goldraub und die anschließende Flucht Bekanntheit. Betreibt das Label Alles Oder Nix.

YASSIN (*1985, eigentlich Yassin Taibi) Rapper aus Darmstadt. Der von Audio88 & Yassin, der nicht Audio88 ist. Normal.

Bildnachweis

Die Bilder sind der Reihenfolge nach nummeriert.

Oliver Schnell: Bilder 1 und 6
Katja Kuhl: Bilder 2, 22, 29 und 37
Moses Pelham: Bilder 3 und 4
Detlef Rick: Bild 5
Nesola: Bild 7
Ute Herrendorff: Bild 9
André Luth: Bilder 10, 15 und 17
DJ Tomekk: Bild 18
Frauenarzt: Bilder 26, 27 und 31
Murat Aslan: Bild 28
Mika Väisänen: Bilder 8, 11, 12, 13, 14, 16, 17, 19, 20, 21, 23, 25, 27 und 30
Christian Alsan: Bild 32
Chris Schwarz: Bild 33
Joseph Strauch: Bild 34
Sophie Schweighart: Bild 35
Chimperator: Bild 36
Brownshootta: Bild 38
°awhodat°: Bild 39

In der früheren Auflage des Buches waren im Kapitel »B-Stadt für immer, stirb hart, Mutterficker!« zwei Zitate von Prinz Pi über BC und Bassboxxx zu lesen, die nachträglich entfernt wurden.